定位理论过时了吗

基于历史、理论、实践和
观念的探讨

◎ 乐 易 著

Is Positioning Theory
Outdated?

上海大学出版社

图书在版编目(CIP)数据

定位理论过时了吗?：基于历史、理论、实践和观念的探讨/乐易著. ——上海：上海大学出版社，2021.1(2021.11重印)

ISBN 978 - 7 - 5671 - 3963 - 3

Ⅰ.①定… Ⅱ.①乐… Ⅲ.①市场营销学—研究 Ⅳ.①F713.50

中国版本图书馆 CIP 数据核字(2020)第 259095 号

本书由上大社·锦珂图书出版基金资助

责任编辑　石伟丽
封面设计　缪炎栩
技术编辑　金　鑫　钱宇坤

定位理论过时了吗?
基于历史、理论、实践和观念的探讨

乐　易　著

上海大学出版社出版发行
(上海市上大路 99 号　邮政编码 200444)
(http://www.shupress.cn　发行热线 021 - 66135112)
出版人　戴骏豪

*

南京展望文化发展有限公司排版
江阴市机关印刷服务有限公司印刷　各地新华书店经销
开本 787mm×960mm　1/16　印张 19.75　字数 323 千字
2021 年 1 月第 1 版　2021 年 11 月第 2 次印刷
ISBN 978 - 7 - 5671 - 3963 - 3/F·208　定价　68.00 元

版权所有　侵权必究
如发现本书有印装质量问题请与印刷厂质量科联系
联系电话：0510 - 86688678

本书献给我的妻子谢佳谕

前言
定位理论的三次危机

2014年对定位理论来说是非常特殊的一年,在这之前中国的营销人和广告人都是用仰视的目光来看定位理论的,然而从2014年开始,网上开始出现大量批评和反思定位理论的文章。这一年到底发生了什么事情,让"大名鼎鼎"的定位理论备受质疑呢?那就是移动互联网的普及。那么,我们可不可以认为是移动互联网将定位理论拉下了"神坛"或者定位理论不适应移动互联网的时代呢?答案可能没那么简单。

以移动互联网为代表的新技术新观念的快速发展,确实是这个时代最重要的变革,关于"定位理论过时了吗?"的争论也恰恰与这个时代的来临在时间上相吻合。2014年9月,营销大V金错刀加按转发了傅骏发表于《中欧商业评论》的文章《一个老广告人的反思》。金错刀认为:"……心智、品类策略仍很关键。但是,在互联网时代,工业时代最强悍的品牌营销武器定位理论,的确在失效。"由于金错刀先生拥有众多的粉丝,此文一经转发便一石激起千层浪,正式掀起了"定位理论是否过时"的论战。此后,关于定位理论是否过时的文章陆陆续续又出现了很多。这些评论文章的出现,充分体现了新时代对传统理论、传统观念、传统方法的拷问与反思。所以,从时间节点上看,关于定位理论的争论似乎是个时代性的话题。国内多篇有影响力的批判定位理论的文章,也主要是从时代变迁的角度入手得出定位理论过时的结论的。

然而在美国,定位理论从诞生的第一天起就饱受争议,并且遭受了至少两次理论危机。

21世纪初,诺基亚和柯达的衰落,让定位理论遭受了第一次危机。中国的读者可能会充满疑问,支持定位理论的人和反对定位理论的人好像都拿诺基亚和柯达说事。反对者说,诺基亚和柯达,一个是手机的代名词,一个是胶卷的代名词，具有强大的心智定位，两者的没落说明定位理论并不能确保品牌保持成功的地位；支持者说，诺基亚和柯达主要是没有吸取定位理论的最新成果所以失败。那么，这两个品牌的衰落甚至是破产，到底证明了定位理论无用还是它们没有正确使用定位理论呢？显然，令人刻骨铭心的两个案例，确实是动摇了定位理论信奉者的信心，旧的定位理论并不能解释这种衰落。在经历了这次危机后，定位理论发生了重要转折。

里斯于 2004 年在《品牌的起源》中深化了"分化"的概念和"品类战略"。特劳特于 2009 年重塑了"重新定位"，让静态的定位战略具备了动态战略的部分特征。诺基亚和柯达之所以没落，就是因为面对变化没有"分化"出新品牌以及"重新定位"。经过创新，定位理论合理地解释了诺基亚和柯达的没落，从而顺利渡过危机。不过这也让人感受到，定位理论并不万能。

然而，里斯和特劳特在提出"品类战略""分化"和"重新定位"后不久，一个历史上颇具争议的人物再一次出现在人们的视野中，他就是乔布斯。2007 年，"二进宫"的乔布斯在苹果公司推出融合了传统手机、iOS 系统、全触摸屏幕、上网、游戏、音乐播放器的 iPhone 手机。当时，全美的咨询公司都嘲笑乔布斯，认为他和他的 iPhone 手机不会成功，因为消费者是用品类思考问题的，这决定了你只能在现有手机市场上分化出高端手机、音乐手机等新产品，唯独不能融合出什么功能都有的 iPhone 手机，心智中没有为 iPhone 手机留位置。事实证明，里斯和特劳特又错了。里斯的"分化"和"品类战略"诞生没几年，以 iPhone 为代表的互联网新物种就颠覆了定位理论。这就是定位理论的第二次理论危机。

回过头来我们再看一下中国的情况。定位理论真正传入中国是 20 世纪 90 年代的事情，火爆营销界则是在 2000 年之后，遭受广泛的质疑（也包括广泛的拥护）是在 2014 年之后。定位理论在中国传播、火爆、遭受质疑的过程集中在十几年的时间内，并且正好碰上了移动互联网的高速发展期，这不能不说是一种巧合。很明显，前面几年，中国的营销还处在学习外国的阶段，学习都来不及，怎么可能质疑呢？然而，经过十多年的积淀，我们手头上增加了很多定位理论的实操案例，正面的和反面的都有，有人在这个时候跳出来对定位理论"评头论足"也就不足为奇了。

2014 年来，发生在网络上的围绕着定位理论在移动互联网是否过时的论战构成了定位理论的第三次危机。质疑者从数字时代用户、市场、沟通环境的变化及定位理论的缺陷、定位理论在实践中的成效等各个方面入手，提出自己的质疑和观点。定位理论的支持者积极地站出来接招，对各种质疑先否定再圆场进而攻击对方。可惜的是，定位理论的第三次危机并没有像前两次危机一样激发出新的灵感，定位理论还是以前那个定位理论。问题是，支持者仅仅靠嘴硬就能够赢得论战吗？

事实上，当我们在问"定位理论过时了吗？"这个问题的时候，很多人并不知道或者不是清晰地知道自己的问题意味着什么。随着本书内容的展开，大家会看到，诞生四十多年来，定位理论已经从最初的广告理论，逐步发展成为营销理论、战略理论、品牌理论，甚至上升到国家竞争战略、生产力革命的层面。定位理论的开拓者和后学们的雄心壮志远远超过了定位理论质疑者"狭隘"的视角。除了理论的性质，定位理论也不是一个简单的概念或者思潮，它有完整且庞大的理论体系，有独特的理论基础和概念模型，还有围绕核心概念立论的营销观念，以及各种广告、营销、传播、战略的方法。

这样来看，当说定位理论过时的时候，就会有多种可能性：从理论上看，定位理论是作为一种广告理论过时了呢，还是作为营销理论过时了呢？是作为品牌理论过时了呢，还是作为战略理论过时了呢？从理论基础上看，是竞争导向的营销思维过时了呢，还是以"心智"为核心概念的理论体系过时了呢？是"心智模型"过时了呢，还是"品类战略"过时了呢？从营销方法上看，是品牌命名方法过时了呢，还是"视觉锤"过时了？是"信任状"过时了呢，还是"运营配称"过时了呢？从思维方式上看，是"简化思维"过时了呢，还是"争当第一"过时了呢？是"由外而内"过时了呢，还是"自下而上"过时了呢？……

移动互联网的发展以及各种新理论、新方法的诞生，让中国的营销理论与实践可以脱离欧美而独自根据自身特点得以发展，这当然是很有意义的事情。笔者要提醒的是，移动互联网的发展是个导火索，我们在探讨时代特征的时候，还要站在更高的层面上，用更加多元化的视角来评价定位理论。因为，孤立地讨论一种理论是否过时，带来的只能是"骂战"。只有多角度、全方位地审视定位理论，论战才有意义。毕竟，定位的主体是企业、是品牌，它们不能被简单地划分为定位理论的"支持者"或者"反对者"。企业和品牌不要轻易站队，对于理论，它们都是"机会主义分子"，好用、有效才是它们的价值观，也是评价理论好坏的唯一标准。

为此，本书将研究的视角横向地划分为历史、理论、实践和观念四个角度，纵向地分为传播(广告)、营销、战略、品牌和经济五个层面,尽可能全面地反映定位理论的思想和方法、来龙和去脉、定位理论的"定位"。那么关于定位理论过没过时,读者心中自会有结论。

定位理论将如何定位?

本书适合的人群:

一是定位理论的爱好者。准备"入坑"定位理论的你,把《定位:争夺用户心智的战争》《营销战》《重新定位》《聚焦》看一百遍可能不是理智的选择,因为定位理论的基本原理就那几条,大部分内容只是车轱辘话来回说。这时候,读一些反思性质甚至是批判性质的书反而更好。

二是定位理论的怀疑者。你只是在运用中产生了怀疑,但又不知道问题出在哪里,这本书将会让你豁然开朗。

三是定位理论的支持者。本书可以帮助你全方位地了解定位理论,甚至发现之前没有发现的视角,开创新的研究和应用领域也大有可能。

四是企业家和营销从业者。定位理论是很好的营销工具,看过本书会让你运用得更加自如。

目录 Contents

第一章　定位理论的产生与流变 / 001
　　一、定位理论的"诞生" / 001
　　二、定位理论的发展阶段及其主要内容 / 020
　　三、本章小结 / 050

第二章　定位理论在中国的发展及理论危机 / 052
　　一、定位理论在中国的传播与发展 / 052
　　二、定位理论的分化、泛化、"神化" / 068
　　三、定位理论的危机 / 079
　　四、本章小结 / 083

第三章　从理论的角度看定位理论是否过时 / 084
　　一、科学？艺术？宗教？——定位理论的理论特点 / 084
　　二、定位理论的根本思想：心智决定论 / 092
　　三、定位理论的"假想敌"——品牌延伸 / 108
　　四、定位理论的学派 / 118
　　五、本章小结 / 133

第四章　从实践的角度看定位理论是否过时 / 134
　　一、"定位"的定位和"定位理论"的定位 / 134

二、定位理论的解释力和指导力 / 141

三、定位理论在实践中的适用性 / 150

四、本章小结 / 172

第五章　从观念的角度看定位理论是否过时 / 173

一、定位理论的思维方式 / 173

二、定位理论的营销观 / 185

三、定位理论的传播观 / 200

四、定位理论的战略观 / 216

五、定位理论的品牌观 / 229

六、本章小结 / 241

第六章　定位理论的重建 / 242

一、为什么要重建定位理论 / 242

二、融合的视角——"定位管理学"的构建 / 254

三、定位的宽度：营销定位管理 / 265

四、定位的深度：品牌定位管理 / 272

五、定位的高度：战略定位管理 / 290

六、结束语 / 294

图表目录 / 297

参考文献 / 299

后记 / 304

第一章
定位理论的产生与流变

> 如果你支持定位理论,首先应该彻底搞懂定位理论;
> 如果你反对定位理论,首先应该彻底搞懂定位理论。

如果你支持定位理论,那你应该好好研究定位理论,因为研究明白了,理论才能够更好地服务实践;如果你反对定位理论,那你也应该好好研究定位理论,因为研究透彻了,才知道问题出在哪里。有了充分的认识,我们的支持才充满底气。有了充分的依据,我们的反对才掷地有声。因此,在回答"定位理论是否过时"前,我们有必要重新梳理一下定位理论的起源、发展、演变的全过程,看看定位理论是在什么样的环境下产生的,内容和观点是什么,用来解决什么问题,经历了哪些发展阶段,与其他理论的区别是什么……只有厘清了以上问题,才谈得上对定位理论有了一个较为完整的了解,之后才能走向深入,才能初步回答诸如"定位理论过时了吗?""定位理论的优劣势?""定位理论未来如何发展?"等等这些问题。

一、定位理论的"诞生"

关于定位理论"诞生"方面的资料,散见于艾·里斯(Al Ries)和杰克·特劳特(Jack Trout)的论文、专著和采访录。如果你读过这些资料,对于定位理论的产生过程一定会有很深的印象。只是有些时间和对话方面的内容,可能是因为年代久远了,连当事人也记不太清了,所以会有些许矛盾与偏差。在这里,笔者将相关资料进行整理,试图理顺定位理论产生的来龙去脉。

当然,定位理论的发展并非一帆风顺。

(一) 定位理论"诞生"小记

艾·里斯生于1926年，1950年毕业于迪保尔大学（DePauw University），同年进入通用电气公司（GE）的广告与营销部门工作，1955年后曾在两家品牌和营销咨询公司工作，此后又在广告行业混迹多年。1963年，艾·里斯在纽约成立了自己的第一家广告公司"艾·里斯广告公司"（Al Ries Advertising）。六个月后，托尼·卡皮耶洛（Tony Cappiello）和鲍勃·科尔韦尔（Bob Colwell）加入进来，里斯把公司名字改为Ries Cappiello Colwell Advertising①。这家广告公司很小，当然也没有什么名气。

正如里斯所言，那个年代"大多数广告都很糟糕，都是在强调最好的口味、最好的功能，所有的产品都是这样最好或那样最好，完全没有可信度"。于是，里斯提出了一个创新的理念，即每一个广告都应该基于某个单一的、强有力的概念，并持续地进行传播。开始，他称这个理念为"The Rock"。入选美国营销名人堂之后，里斯先生在一次视频采访中说："Rock一词要表达什么？是要表示这是一个人们无法质疑的理念。"（"Rock"有"岩石"之意）因此，他最初的想法是每个广告都应该基于一个"像岩石一样令受众无法质疑"的概念。"岩石"就是RCC公司独特的广告方法论，当然也是"定位"的雏形。该观念是里斯与其同事托尼·卡皮耶洛、鲍勃·科尔韦尔、尤德·艾里什（Jud Irish）、阿尔·贝克尔曼（Al Beckerman）、托尼·皮亚诺（Tony Piano）共同酝酿的，只是该观念并不成熟和系统，当然也没有在业界进行推广。

RCC曾经为优耐陆（Uniroyal）公司提供广告咨询服务。优耐陆公司原本的广告口号是"橡胶行业的技术领导者"，但是这一表述或许无法令潜在顾客信服。"因此我们找到了一个能够传达同一个意思但更可信的'岩石'——'优耐陆比其他橡胶企业拥有更多的专利'，这后来成了这个公司的传播口号。"当时，优耐陆公司广告部经理正是后来大名鼎鼎的杰克·特劳特。细心的读者可以发现，"优耐陆比其他橡胶企业拥有更多的专利"似乎不像是定位语，而是更像USP，即独特的销售主张②。这说明，该时期的"定位理论"并不成形，也不系统，与同时期的其他广告理论也没有实质性的差异。"定位理论"还在等待杰

---

① 下文缩写为RCC。不过，定位理论反对这种毫无意义、极易混淆的字母缩写名称。
② 也有人认为更像"信任状"，但是信任状是定位理论后来提出的一个概念，从逻辑的角度只能说更像早已存在的USP理论。

克·特劳特的加入。

杰克·特劳特出生于 1935 年，本名叫约翰·弗朗西斯·特劳特（John Francis Trout），"杰克·特劳特"是他的笔名。他于 1953 年就读于纽约艾奥纳学院（Iona College），毕业后参加美国海军成为一名领航员，1960 年进入 GE 公司广告部门做文案。后来，一位两人共同的朋友将特劳特推荐给了里斯，但由于当时里斯的广告公司并没有空缺的职位，因此又将特劳特推荐给了当时的客户优耐陆，特劳特于是进入优耐陆公司任广告经理。当里斯公司于 1967 年有了职位空缺，特劳特随即加入 RCC 公司任客户主管。从后面的内容中你将得知，特劳特早年的参军与从业经历，对他提出"定位"的概念有至关重要的影响。

里斯和特劳特两人谁也没有猜到，他们创立的理论即将改变整个营销界。

特劳特对定位理论的发展和传播（包括在中国的传播）起到非常重要的作用，如果没有特劳特，定位理论能否传播是个很大的疑问。里斯在一次专访中曾说："杰克是一个非常外向的人，而我则很内向。他比较健谈，擅长社交，体格健壮，而我则不是。他是典型的左脑思维，而我则是右脑思维。几乎所有方面，我们都是相反的两人。"

特劳特对里斯提出的广告思想深表认同，只是觉得用"岩石"这个词很难表达里斯的想法，并且难以传播。1969 年 2 月 3 日晚上，特劳特发邮件给里斯和另外两位合伙人，原文是这样的："For sometime, I've been looking for a concept that presented our approach to the business of doing great advertising... Gentlemen, I present for your thoughts positioning."（一段时间来，我一直在寻找一个概念，以呈现我们做伟大广告业务的方法。……先生们，我建议使用"定位"这个词来概括你们的想法）

Positioning（定位），最初是个军事用语，本义是"驱动军队抵达决战地点"。里斯为这个词拍案叫绝，就采用了这个词。此时，特劳特入职里斯公司不过一年左右。很明显，position 这个词更好。

里斯后来讲到，因为 position 这个词可以作为名词，positioning 可以作为动词，而 rocking 作为动词没有意义（翻译成汉语就更有优势了，因为汉语词语没有时态和词性变形，"定位"既可以表示名词性的策略和结果，也可以表示动词性的定位过程）。当然，"定位"这个名字只是整个理论中的一个部分。他补充道："我坚信最初的想法仍然有其自己的优势，因为太多企业自称拥有'定位',但很多都是令人难以置信的'伪定位'。"①

"定位"一词在 1969 年就这样诞生了。不过,此时的定位理论距离自己火爆营销界还有几年时间。

同年,在里斯的支持下,特劳特在美国《产业行销杂志》(*Industrial Marketing Magazine*)上独立署名发表了一篇题为"'Positioning' Is a Game People Play in Today's Me-Too Market Place"的论文。题目直译为《定位是当今模仿主义市场上人们所玩的游戏》,后来随着定位理论在中国传播的深入,人们赋予了这篇文章一个十分中国化的名字——《定位:同质化时代的竞争之道》。这篇文章首次将"定位"这一新的广告概念公布于世。虽然跟后来正式出版的《定位:争夺用户心智的战争》一书相比,该文章显得不是那么成熟,并且在某些观点上的陈述也不够犀利,但其已经包含了定位理论的几个核心概念和观点。

文章还根据定位理论的原则,预测 RCA 和通用电气推出自己的个人电脑产品是不明智的,因为个人电脑的心智已经被 IBM 占据了。RCA 在传媒行业有优势,它的电脑产品必须紧扣传媒行业,靠巨额广告来模仿 IBM 是不会成功的。

1971 年,RCA(美国无线电公司)电脑业务宣告巨亏 2.5 亿美元,通用电气公司也垂头丧气地将旗下电脑业务卖给霍尼韦尔(Honeywell)公司。特劳特在《定位:同质化时代的竞争之道》一文中的预言被证实。《产业行销杂志》的编辑们为之惊讶,遂再次邀请他撰文。于是特劳特当年又在《产业行销杂志》发表了"Positioning Revisited: Why Didn't GE and RCA Listen?"(《重提定位:通用电气与美国无线电为何不听劝?》)一文,重申了定位理论的原则。

不过,《产业行销杂志》终归是个行业性小杂志,影响力非常有限。接下来的几年"定位"并没有产生大的影响,反倒是遭遇了来自传统营销界的种种质疑和反驳,认为这只不过是换汤不换药的新名字罢了。确实,一篇文章并没有将定位讲透。直到 1972 年,在《广告时代》杂志时任主编兰斯·克莱恩(Rance Crain)的力邀下,里斯和特劳特在有着"美国广告行业圣经"之称的《广告时代》(*Advertising Age*)杂志上联合发表了"定位时代来临"(The

---

① 里斯这句话的意思是,"定位"一词没有自我检查的功能,无法判定一种定位是不是"伪定位"。但是"岩石"一词就有自我检查的功能,企业应当自我检查自己提出的概念是不是"令受众无法质疑"的概念。笔者在本书第二章提出了一种检查定位概念是否成立的等式,供读者参考。

Positioning Era Cometh）系列文章。该系列文章包括"The Positioning Era Cometh"（《定位时代来临》）"Positioning Cuts through Chaos in Marketplace"（《定位：终结市场混乱》）和"How to Position Your Product"（《产品如何定位》）这三篇文章。

第一篇文章主要通过对三个时代的划分引入定位理论，揭示定位的要义。这三个时代也就是现在很多定位圈小伙伴提到的产品时代、形象时代以及定位时代。第二篇文章主要揭示一些具备定位思维而非传统创意至上、产品至上的案例。第三篇文章主要介绍如何定位你的产品，并给出如下六个步骤：一是企业本身拥有什么定位（不同顾客可能有不同的认知）；二是我们想拥有什么定位（我们必须选择一个予以强化）；三是谁是我们必须超越的（尽可能避免与行业领导者的直接竞争）；四是我们有足够的资金吗（包括可能调配的资源）；五是你能坚持足够长的时间吗（战略持久能力而非时常变化调整，具体需要定期检视竞争环境）；六是我们的传播与定位匹配吗（不只是原文所提的广告，还有公关以及企业日常的内容营销）。

三篇连载文章一经刊出，全球震动，营销时代从此翻开新篇章。真正使定位理论传播出去的就是这一系列文章，两人也由此走上成名之路。接下来，里斯和特劳特将这三篇文章编辑成册，赠送给邀请他们演讲的人和企业，这件事一做就是20年，这本小册子也发行了足足15万册。用里斯的话讲，定位理论的推广，主要应用的是公关的方法而不是广告。

1979年，里斯将其公司更名为"特劳特和里斯广告公司"（Trout & Ries Advertising），两人都被称为"定位之父"[①]。

麦格劳希尔出版社历经八年，直到1980年才说服艾·里斯将定位系列文章编撰成书。1981年，随着两人合著的《定位：争夺用户心智的战争》（*Positioning：The Battle for Your Mind*，早期又翻译为《广告攻心战略——品牌定位》和《定位：头脑争夺战》，以下简称《定位》）一书出版，在美国企业界引起轰动。此后该书在全球22个国家畅销逾300万册，标志着"定位"理论走上了世界舞台。

《定位》是介绍定位理论最早的专著，是学习和了解定位理论的必读书，包

---

① 关于谁才是"定位之父"，里斯和特劳特双方的支持者争论较多，这不是本书要讨论的话题，但认为两人都是定位理论的创始人。

含了定位理论的核心概念和理论,也代表了定位理论在"广告理论时代"的最高成就。《定位》连同后续的《营销战》(*Marketing Warfare*,又译作《商战》)、《营销革命》(*Bottom-Up Marketing*)、《22条商规》(*The 22 Immutable Laws of Marketing*,又译作《市场营销的22条法规》)、《人生定位》(*Horse Sense*:*The Key to Success Is Finding a Horse to Ride*,又译作《人生犹如赛马》)一起,成为里斯与特劳特合作期间的理论成果,也奠定了定位的理论体系。1994年,里斯与特劳特分开,各自成立了自己的公司,定位理论开始走向分化。

(二) 定位理论的基本观点

定位理论到底说了啥?

"心智"(Mind)是定位理论的核心概念,定位就是关于如何通过广告让产品进入消费者心智,从而在拥挤的信息环境中脱颖而出的理论。这样,早期的定位理论就包含三个大的问题:心智和心智规律、定位的方法和策略以及广告如何更加有效。

1. 心智和心智规律

如果关注产品是不对的,那应该关注什么呢?答案是消费者,更进一步说是消费者的"心智"。"心智"是定位理论的独有概念,也是一个全新的概念,定位理论新就新在独特的"心智"视角。

传统的视角认为,企业要想做大做强就应该广撒网。竞争对手做得好,但只要我们更加努力,把产品做得更好,团队付出得更多,我们就能够做得更好,直至超越对手。里斯和特劳特认为,在传播过度和竞争加剧的社会里,搞品牌延伸和模仿对手都无法使你成功,只会让消费者的心智变得模糊,或者根本就无法进入心智。获得成功的唯一希望就是要有选择性,缩小目标,分门别类。想让人听你讲什么,就要在市场上找到一个位置,也就是"空位"。你既不能通过模仿对手而成功,也不能通过更好的产品来取胜,因为这个"空位"并不存在于超市的货架上,而是存在于消费者的大脑中,定位理论称其为"心智"。

心智对信息不会全盘接受,它是有选择性的。在传播过度的社会里,你唯一的屏障就是过分追求简单的大脑。"大脑装满了东西,只有挤掉多余的内容才能吸收新的信息,终极的解决方法就是传送极其简单的信息。""信息越简单越好,必须把信息削尖了,好让它钻进人们的头脑。不要在产品上,甚至不要在自己的头脑里寻找解决问题的方法,要在消费者的头脑里寻找解决问题的方法。""定位理论的精髓在于,把观念和认知当成现实来接受,然后重构这些观念,以达到你所希望的目标。"

至此我们可以看出,定位理论的视角已经从产品转向了消费者。了解定位理论的人都知道,定位理论后来发展成一种以心智为核心概念、以竞争为导向的营销战略。但是在早期定位理论阶段,"心智"是大于"竞争"的。虽然定位理论已经有了竞争导向的雏形,但还不是一种竞争理论,定位理论真正发展为竞争战略是《营销战》出版以后的事情。此时的定位理论还只是一种广告理论,因此其在方法上追求的是广告信息的简化,主要目的则是通过广告来高效地影响消费者,从而提升销售业绩,赢得市场竞争。

用里斯和特劳特自己的话讲,"定位是一个有组织的体系,它告诉我们要在合适的时间对合适的人说合适的话,传播只有在合适的环境中和合适的时间里才能实现"。

那什么是"心智"呢?

心智是定位理论的核心概念,不过在定位理论的相关著作中,里斯和特劳特并没有对其给出过明确的定义。两人把重点主要放在了心智的运作规律,即后来提出的"心智模式"上。品牌为什么需要进行定位、定位以何种方式起作用、定位如何操作等问题,都是通过心智来进行解释的。

首先,大脑就像一坨海绵,它崇尚接受简单的信息,但如果"海绵"注满了水,往里塞过多的信息,这些信息便会被排斥,传统的广告就像往大脑里塞过多的东西,效果事与愿违。媒体大爆炸、产品大爆炸、广告轰炸,让心智变得更加混乱。因此,要进入大脑和心智,靠的不是好的产品和更夸张的广告,而是简化的信息。

其次,人的大脑类似计算机的存储器,有独特的储存机制。它为每一组选来存储的信息备有一个"小格子"或"位置"。运行上,心智很像电脑。但有个非常重要的不同之处,电脑必须接受输入的东西,而心智不会。事实上,恰恰相反,心智作为对今天大量传播的防御机制,屏蔽和拒绝了许多迎面而来的信息。基本上,心智只接受那些与先前知识或经验相符的东西。换句话说,心智只会接受那些与"小格子"或"位置"相符的新信息,而把其他一切都过滤掉。而且,它对呈现的新信息多么有"创造性"也不怎么关心。例如,当通用电气告诉你,它的计算机比IBM的计算机好时,你就不信,因为那跟大部分人对IBM的看法不符。你会接受通用电气关于灯泡方面的新信息，但不会接受它关于计算机方面的信息。这就解释了通用电气或任何其他公司试图利用自己已确立的定位进入全新领域时所面临的困境。

最后，心智中存在一个所谓的产品阶梯。乔治·米勒（George Miller）通过实验证实，人的大脑无法同时处理7件以上的信息单位。某类产品中，很少有人能罗列出7种以上的品牌。这是因为大脑有一种分类机制，对人、事物、品牌进行分类，从而自动地简化对世界的理解，避免过多信息的干扰。这种机制对企业的启发是：新的、不同的东西必须与原有的东西相关，否则在人们的头脑里没有立足之地。里斯和特劳特甚至认为"定位不是创造出新的、不同的东西，而是改变人们头脑中已经存在的东西，把那些早已存在的联系重新连接在一起"；广告不能自说自话，而是要充分考虑竞争对手的位置。所以有时候，告诉消费者该产品不是什么，往往比告诉他们该产品是什么更重要。在当今市场上，竞争对手的地位同你的地位一样重要，有时甚至更重要。

所以，定位理论就是一种让你的产品有效地占据心智位置的理论。为什么产品占领了心智就能获得竞争优势呢？这里面有一个默认的前提，那就是所有的产品都是由消费者购买的，他们在购买前能想起你的品牌，也就是说你的品牌在他们的心智阶梯中占有优势地位，你的产品才有可能被想起并最终促成购买。也就是说，占领了心智意味着更大的购买概率，企业只有把产品卖出去才能赢得竞争。

比如，现在你想买一台安全系数高的汽车。此前，沃尔沃一直在广告中声称它是"安全的汽车"，这一概念是别的汽车品牌不曾提出过的，因此就能够进入消费者的心智。你恰巧看过沃尔沃的广告，恰巧你又产生了要买一台安全的汽车的需求，沃尔沃在这个品类中占据了"心智阶梯"第一的位置，你马上想到了安全的汽车就是沃尔沃，于是你就买了一台沃尔沃。是的，定位理论的逻辑就是这样的。后来，里斯和特劳特进一步将简化的信息称为"一词占领心智"。

现在，我们经常说到市场定位、产品定位、价格定位，其实这些概念跟里斯和特劳特提出的定位有比较大的差别，因为它们都不是基于心智的定位。定位的真正含义和战略类似，是要针对竞争对手，确立最具优势的位置，这个位置不是在市场上，而是在潜在消费者心中。

2. 定位的方法和策略

我们已经知道，所谓的定位就是在潜在消费者心智中抢占一个有利的位置。如何才能抢占有利位置，就要依靠定位的理念和方法。最初，定位理论"被定位为"一种新的广告传播观念，这种观念正好匹配20世纪六七十年代嘈杂的传播环境、同质化的竞争环境以及不知所措的消费者。所以，定位的方法基本上就是如何做广告的方法。不过，关于定位的方法，里斯和特劳特的早期论文以及《定位》一书谈得都非常散，并且是以案例的方式介绍定位的方法。所以，早期的定位理论著作的一个主要缺陷就是缺少系统化和步骤化的定位方法。

懂得了心智运行的规律和心智阶梯后，你首先要做的工作就是明确你的产品在心智中的位置：你是领导者还是跟随者，这是定位的前提。企业永远不能忽视对手的存在，然而在广告中自说自话，无视对手存在，却是最常见的情况，这是很多广告无效的一个重要原因。如果已有品牌的地位牢固，你又没有采取定位的战略战术，要想登上心智阶梯就不可能，做大量的广告也不行。里斯和特劳特将这种情况称为"你不能由此及彼"。七喜（7-Up）放弃非可乐定位，宣称"美国处处有七喜"是失败的；RCA无视IBM盲目进入计算机领域，认为只要投入更多广告、团队更加努力就可以赢得市场也是失败的。这说明，心智阶梯一旦形成就难以改变。

（1）第一种定位方法是"成为第一"

"进入心智的捷径是争当第一。"里斯和特劳特用第一个穿越大西洋的人、第一个登月者、世界第一高峰举例，说明消费者一般倾向于记忆第一个进入心智的人或事。同理，要先进入心智，最好的方法就是当第一。不过这里的"第一"并不是指第一个发明某种产品的人或企业，而是指第一个进入心智的品牌，言外之意就是第一个通过广告或者公关大肆宣传自己的品牌。因为在20世纪60年代还没有网络，进入心智的方法要么是公关要么是广告，而公关也可以理解为一种相对较软且具有新闻属性的广告。

成为领导者有很多好处，因为消费者对领导者有最大的信任度，并且对竞争对手的进攻有强大的免疫力，因此相对于第二、第三位的品牌，领导者往往也是市场占有率最高的品牌。里斯和特劳特指出，很多营销上领先的公司都没有积极主动地在广告中宣扬其领导地位，这是不对的，既然领先就一定要让消费者知道，消费者知道才算进入心智。如果消费者已经知道你是领导者，你再在广告中直接宣称自己是第一那就不是一种很好的策略。当对手眼疾手快占据了一个好的概念时，作为领导者要及时反应，拦截对手，或者像宝洁（P&G）一样，运用多品牌战略阻击对手。

不过，只有少数把握住机遇的企业才能成为第一，绝大多数的企业和产品都是在一个成熟的同质化市场上痛苦地展开竞争。然而，里斯和特劳特乐观地告诉我们"如果你不是第一，那么你就面临定位的问题了"。

（2）第二种定位方法是"比附定位法"

如果你不是市场的领导者，那么随意照搬领导者的做法就是最糟糕的选择，别指望花更多的广告费或者让销售团队付出更多努力就能超过对方。里斯和特劳特就指出了依附市场领导者而登上心智阶梯的几个办法。一个是"对比定位法"，经典案例是安飞士（AVIS）租车公司的"我们只排第二，因此我们工作更努力"的广告运动，直接将自己与租车行业老大赫兹（Hertz）发生关系。另一个是"非可乐定位法"，直接来源于七喜的"非可乐"广告运动，它将七喜与可口可乐（Coca Cola）和百事可乐（Pepsi Cola）并列为市场第三位的碳酸饮料。

（3）第三种定位方法是"寻找空位"

当市场上已经有领导者了，除了与领导者挂钩外，跟随者还可以寻找空位，也就是领导者尚未占据的属性。这种策略比不上"成为第一"，因为只有第一品牌才能享有最大的市场份额，寻找空位适合那些后入场的企业。在市场所提供的产品和服务、在大公司的业务结构中寻找薄弱环节。有多种空位：

尺寸空位：比如大众甲壳虫（Beetle）进入市场时，其口号就是"想想还是小的好"，从而占据了小型车的定位。

高价空位：比如芝华士（Chivas）牌威士忌，口号就是"我们是昂贵品牌"。不过，高价满足不了贪婪之心，不是随便什么产品都能卖高价，你必须第一个在该品类声称高价，并且要做到名副其实。

低价定位：与高价相反，低价也是一个可以利用的空位。那么如何选择高价与低价呢？对于新产品来说，低价空位往往是好的选择，因为对于购买新产品的顾客来说他们会因为价低而碰运气；对于汽车等老产品来说，特别是对那些顾客对现有产品和服务不满意的产品来说，高价空位往往是有效的。

性别空位：比如金利来，通过"男人的世界"，建立起男性服饰皮具品牌的定位。

年龄空位：比如百事可乐，通过"新一代的选择"，实现与可口可乐的区隔。

不过，在寻找空位的时候企业常犯三个致命错误：

一个是"填补自己工厂的空位"，而非人们心智中的空位。也就是说，虽然你的公司没有该类产品，但是市场上却已经充斥同类产品，当你推出此种产品后它就成为众多同质化产品中的一员。

一个是"技术陷阱",如果人们心智中没有空位,实验室里研制出来的技术成果再好也会归于失败。

还有一个是"人人满意陷阱"。很多营销人员不愿意把自己的产品局限在一个特定的空位上,他们认为这样会限制他们的机会。事实上,想让人人满意的结果往往是人人都不满意。

(4) 第四种定位方法是给竞争对手重新定位

如果市场上的空位太少,同质化的竞争对手又太多,那么还可以给已经占据人们心智的竞争对手重新定位。给竞争对手重新定位实际上就是试图推翻已经存在的心智概念,然后再引导消费者寻找一个新的概念去填补这个人为制造的空位。

比如,在泰诺推出新的解热镇痛药对乙酰氨基酚时,该市场是阿司匹林的天下。于是,泰诺就在广告中大肆宣扬阿司匹林的副作用,告诉人们服用阿司匹林会刺激肠胃甚至造成肠道黏膜出血,还会引起哮喘和过敏,总之暗示人们阿司匹林不安全,进而为泰诺牌对乙酰氨基酚找到一个安全可靠的空位。

红牌伏特加则在广告中告诉消费者,萨莫瓦伏特加产自美国宾州,斯米诺伏特加产于康涅狄格,而红牌则是正宗的苏联进口伏特加。

3. 广告如何更有效

以上是早期定位理论的方法,不过要确保广告效果,必须还要满足两个重要条件。

(1) 好名字原则

里斯和特劳特特别重视名字的威力,从他们的第一篇文章开始,一直到2019年出版的《21世纪的定位:定位之父重新定义"定位"》,名字的重要性被一次又一次地提及。其实,品牌名称属于广告层面上的问题,里斯和特劳特执着于名字不放,说明两人有着十分强烈的广告情结。从理论层面上来说,名称之所以重要,是因为名称就是品牌能够挂上心智阶梯的钩子,消费者的心智是靠名称来产生记忆的。那么,在里斯和特劳特的眼中,什么样的名字才算好名字呢?

毫无意义的名字很难进入心智,企业需要的是能够启动定位程序的名字、一个能告诉客户该产品主要特点的名字,比如"飘柔洗发水""劲量电池"。但是,现实中是有很多反例的,比如施乐打印机、柯达胶卷,都是没有意义的名字。

里斯和特劳特的解释是,这些品牌都是行业第一品牌,只有首先进入心智,产品又是刚需,才能取一个毫无意义的名字。

要避免使用通用名称,比如莱特低度啤酒(英文中"低度"和"莱特"发音一样),竞争对手也可以用跟你品牌名一样的品类名称,这样定位就很难站住脚了。里斯和特劳特的建议是,好的名字是那些近乎通用但又不十分通用的名字。

企业还应该防止掉进"无名"陷阱,所谓无名指的是使用字母缩写作为品牌名称。那为什么 IBM、GE、3M 成功了呢?里斯和特劳特的解释是,这些品牌在使用简称前就出名了,人们总是先熟悉全称,然后才会对简称做出反应。

(2) 警惕"搭便车"和"品牌延伸"陷阱

里斯和特劳特所说的搭便车指的是"并购"策略,他们之所以批评并购,是因为当时的很多企业在并购了新业务之后,将自己原有的品牌名称用在了新的产品上,从而造成心智混乱。他们推崇的是宝洁这样的多品牌策略的公司,即对旗下的产品分而治之,用不同的名称来命名不同的产品。

里斯和特劳特跟品牌延伸是"世仇",即便在现实中有大量成功的品牌延伸案例,两人也坚决否定品牌延伸。里斯和特劳特认为,品牌延伸往往见于一个已经成名的品牌,而该品牌之所以成名就是因为它与特定的产品之间建立了紧密的关联,从而在消费者的心智中占据了一个位置。当你将这个品牌名称应用于一个新的产品上时这个心智位置就被破坏了,结果很可能是新产品无法立足,就算新产品成功推出,品牌所代表的原有产品的销量也会受到影响,这就是"跷跷板效应"。

里斯和特劳特将"搭便车"和"品牌延伸"视为陷阱,主要出发点也是品牌名称,在他们眼中名字必须代表某一个特定的产品品类。如果一个品牌名称不能清晰地表述为一种产品,那么他们就说这个品牌没有清晰的定位。为什么他们反对搭便车和品牌延伸呢?就是因为这两种策略将同一品牌名称先后用于不同的产品上,导致一个名称无法代表特定产品,这是不符合他们所提出的心智规律的。

为什么一些延伸产品可以成功呢?里斯和特劳特的解释是,品牌延伸可以获得短期的成功,因为新产品与现有名称有关联,在没有投入广告的情况下就可以为人所知。但长远来说这是有害的,因为一个品牌名称代表多个产品所造成的混淆开始显露出来。此外,两人指出有五种情况可以使用品牌延伸的

策略:
一是预期销量——有获胜潜力的产品不该用,产量不大的产品该用。
二是广告支持——广告支持大的品牌不该用,广告预算小的品牌该用。
三是竞争——没有竞争的地方不该用,竞争激烈的地方该用。
四是影响——创新产品不该用,一般产品如化学品该用。
五是经销——上货架的产品不该用,由销售代表上门推销的产品该用。

也就是说,不怎么重要的产品就用品牌延伸吧,反正也没啥影响,这跟不延伸品牌差不多一个意思。

(三) 定位理论产生的背景和条件

俗话说,时势造英雄。历史选择了里斯和特劳特是偶然的,但是定位诞生在 20 世纪 70 年代前后的美国却是必然的,那么这个时期的美国哪些因素催生了定位理论呢?按照里斯和特劳特自己的说法就是一句话:时代变了,旧的理论过时了,时代呼唤新的理论。

1. 环境的变迁:产品同质化与传播过度

二战后,美国曾经有过 20 年的经济高速发展期,这让美国登上了头号资本主义强国的位置。然而到了 20 世纪六七十年代,美国经济增长急速放缓。随之而来的则是石油危机和资本主义世界经济危机,让美国经济深陷泥淖,大大小小的企业为销售而发愁。曾经的战败国德国和日本迅速崛起,并将产品出口到了美国本土,加剧了美国的市场竞争。拿汽车工业来说吧,在 20 世纪 50 年代,买车意味着在通用、福特(Ford)、克莱斯勒(Chrysler)区区几个品牌中做出选择。到了 20 世纪 70 年代早期,市场上有 140 种车型。消费者的大脑痛恨复杂和混乱,在这么多的品牌中,你可以想象有多少品牌会因缺乏定位而无法在顾客心智中立足,从而被顾客忽略。没有进入顾客心智的品牌,其整体企业的生产率低下,人员也很难成长,如五十铃(Isuzu)、三菱(Mitsubishi)等,这样的企业对于社会资源而言是一种巨大的浪费。

市场竞争越来越激烈,跟风产品越来越多,这就决定了一味地讲产品有多好是行不通的,因为任何公司都认为自己的产品是最好的。为了在竞争中胜出,企业必须理解消费者的大脑是如何工作的,并在消费者心智中占有一个独特的定位。这个基本的想法成为里斯和特劳特这么多年来著书和工作的基石。

产品同质化带来两条推论:第一,传统营销和广告的出发点在于需求,而满足消费者需求只能进一步带来同质化；第二，产品同质化造成广告中的产品卖点也是同质化的，这直接导致广告失效。因此，为了克服产品同质化带来的广告无效，必须绕开产品卖点和市场需求另辟蹊径。

在他们发表定位方法之前，做品牌基本等同于做产品。企业说出自己产品的好处，广告公司想办法把这些好处宣传起来。对于这个传统的方式来说，最重要的战场是在产品部门、工厂和车间里。但是特劳特和里斯说："你们在错误的时间错误的地点打了一场错误的战争，真正的战场不在超市的货架上，而是在顾客以及潜在顾客的脑子里。"

在产品同质化的市场上，消费者天天面对无数的推销和广告的狂轰滥炸，没工夫坐下来听你细细道来你的产品怎么好。如果有一个一以贯之的信息或印象能够留在他们脑子里，那么相比那些凌乱的甚至自相矛盾的信息，他们会更容易接受这个前后一致的说法。一旦他们脑子里形成了某个印象，要改变它可就难了。面对无穷无尽的信息，他们不得不过度地简化自己看法和经验的形成过程。

他们告诉你，不管你花了多少工夫做出了多么好的产品或服务，到头来，消费者认为你是什么，你就是什么。你的好产品，你的好服务，都不顶用，除非它在消费者心目中是好产品、好服务。

因此，在这个沟通信息过剩的环境中，品牌要做的事情就是传达一个简单的信息，并确保这个信息与目标顾客大脑中形成的观念保持一致。这样一来，产品的"真相"并不重要，重要的是你的目标顾客脑子里形成的那个版本的"真相"。所以广告的主战场是在顾客的脑子里。

2. 向旧的广告理论说再见：定位时代来临

里斯和特劳特说时代变了，旧的广告理论无法满足时代的新需求。实践都是由理论来指导的，如果说之前的广告都没有效果了，等于说以前的广告理论都过时了。那以前的广告理论是怎样的呢？大体来说，以前的广告理论可以划分为艺术派和科学派两个分支。

艺术派认为广告的本质是艺术，具体而言是吸引和说服，而吸引和说服不是科学而是艺术。艺术派创意强调情感在广告中的特殊重要性，强调趣味性和冲击力，强调对目标受众心灵的沟通与冲击，让受众产生共鸣和认同。艺术派创意观对直觉思维和创作力倍加推崇。艺术派的代表人物是比尔·伯恩巴克（Bill Bernbach）和李奥·贝纳（Leo Burnett）。

ROI 理论是伯恩巴克创立的一种实用的创意指南,其要点就是一则好广告应具备三个基本特质:一是关联性(relevance);二是原创性(originality);三是震撼性(impact)。也就是说,广告必须既要与产品和消费者关联,又要以原创性吸引人,同时还要具备震撼力,使人过目不忘。

戏剧性理论是李奥·贝纳的创意观念,他认为任何商品都有戏剧化的一面,即都有所谓"与生俱来的戏剧性",也就是商品恰好能满足人们某些欲望的特性,具有能够使人们发生兴趣的魔力。人最重要的任务就是把商品的戏剧性发掘出来并加以利用,令商品戏剧化地成为消费者心里的英雄。应通过自然简洁的方式表达商品的戏剧性,向消费者传递可信和温馨的信息。

科学派是与艺术派相对的创意理论流派,它强调的是广告要服务于销售,并且广告要有坚实的理论依据和科学的方法。其代表人物主要有大卫·奥格威(David Ogilvy)与罗瑟·瑞夫斯(Rosser Reeves)。很多书籍和文章在谈到定位理论的时候,往往同时提到罗瑟·瑞夫斯的 USP 理论和大卫·奥格威的品牌形象论。为什么要把这三种理论放在一起呢?因为三种理论都属于广告理论,更准确地说是指导广告公司如何做广告的理论。最重要的是,三者都属于科学派广告理论,定位理论的侧重点是策略,所以科学派广告理论是最好的靶子。

定位理论主要是针对当时广告的效果进行批判的,认为广告是无效的,无法达到效果(你无法由此及彼)。没有定位,广告就无效。"在那个时代,大多数广告都是诸如'这很棒!这是最好的,没有之一!一切都是最好的!'这样的表达,没有建立可信度。"里斯说。

特劳特在《定位:同质化时代的竞争之道》一文中指出:回溯到 20 世纪 50 年代,传播和营销行业处于一个被罗瑟·瑞夫斯称为 USP 或"独特销售主张"的时代。营销人忽视人们对公司的感受而把他们的注意力集中在产品及其差异上。从很多方面来说,那是些美好的旧时光,那是一个"更好的捕鼠器"和一些推广它的钱就是你全部所需的时代。但在 50 年代后期,技术开始抬起它那可怕的头颅,而进入 60 年代,想建立起那种独特的销售主张就变得越来越难了。

你的"更好的捕鼠器"会迅速被三个跟它相似的产品跟进,而且全部声称比你的好。情况变得如此之糟,以至于一位产品经理私下跟特劳特说:"你可能不知道,去年我们实在没什么可说了,就把'最新和改进款'加到我们包装上。今

定位理论过时了吗?

年研究人员带来了产品上的真正改进,我们都不知道说什么好了。"就是那些"模仿"产品的蜂拥而至终结了 USP 时代。

下个时期看到的是"形象"概念的崛起。像通用电气和杜邦(DuPont)那样的成功公司发现,声誉或"形象"在产品销售中比任何具体的产品特色都重要。新技术公司的项目(施乐、IBM 等等)取得了惊人的成功,而那些成立较早的公司就没那么成功。

形象时代的缔造者是大卫·奥格威。这里顺便更正一个观念上的错误,就是国内几乎所有的广告教科书都说"品牌形象"的提出者是大卫·奥格威,这是不对的,"品牌形象"一词是 1955 年西德尼·莱维(Sidney Levy)提出的。奥格威大受启发,很快就接受了这个概念,并将其发扬光大,就像他在他著名的讲演中就这一主题讲的那样,"每个广告都是对品牌形象的长期投资"。他还用为劳斯莱斯(Rolls-Royce)、哈撒韦(Hathaway)衬衫、怡泉(Schweppes)苏打水和其他产品所做的项目证明他理念的正确性。

正如"模仿"产品毁掉了 USP 时代一样,"模仿"公司也毁掉了形象时代。因为每个公司都试图为自己树立形象,同质化的形象广告铺天盖地,以至于几乎很少有公司成功。而大部分成功的公司之所以成功主要是因为引人注目的技术成就,而不是引人注目的广告(例如施乐及其干式复印机)。

今天,我们正进入定位时代。这将是一个承认产品特色和公司形象重要性,但与其他任何事情相比,更强调在潜在客户心智中创建一个"位置"必要性的时代。里斯和特劳特很早就发现,品牌并不是靠投入大量金钱与传播就能进入顾客心智的,而是要以准确定位为前提。进一步说,进入心智的最佳方法是简化信息,最有力的战略定位是聚焦在一个词上。例如,沃尔沃的"安全"和宝马的"驾驶"。

里斯和特劳特后来又批判了经典的广告创意理论。

特劳特认为,广告创意失效了。他指出"心智只会接受那些与先前类型的小格子或位置相符的新信息,而把其他一切都过滤掉。而且,它对呈现的新信息多么有'创造性'也不怎么关心。"所以,在特劳特看来,广告应该以简单明确的语言和概念来传达定位信息,在与原有认知相符的前提下进入消费者的心智。于是,广告创意变成了可有可无的东西,甚至还经常扮演冲淡定位、扰乱心智的"可恶角色"。

广告的重点也不再是创意、形象或者 USP,而是"定位"。里斯说:"我和特劳特站在坚决反对创意的立场,是因为我们想要在人们的心智中建立属于我们自己的位置。换句话说,你必须在占据这个位置之前击败对手。"然而,在对于"创意"的理解上,里斯与广告公司存在着"根本性的差异"。"它们(广告公司)对于创意的定义是不一样的,它们不认为通过一个不同寻常的想法帮助品牌进入心智是创意。就像如今的艺术品一样,艺术品的基本要点就是与众不同。除非你产生了一个崭新的且与众不同的想法,否则你永远无法成为一个有创意的艺术家。不一定要更好,但必须新颖、与众不同。"里斯同时也承认:"定位系列的文章深深冒犯了广告代理公司们。我印象中,所有在广告公司工作的人对定位都没有好感。另一方面,我们在客户中却收获了很多粉丝。"

3. 定位理论与旧广告理论的区别

对于定位理论与之前广告理论的区别,宇见有自己独到的见解。他认为:"早期广告人的观念是质朴且'唯物'的,此期间广告虽风格各异,有的强调形象,有的强调创意,有的强调独特性,但毫无例外都还聚焦在'产品'之上。定位理论则不同,它是第一个出现在营销中的'唯心'流;定位与它之前乃至同时代的广告观念有着根本性的区别。"[①]对于定位理论是一种"唯心"理论的评判,笔者持部分认同的观点。因为"唯心"只是体现在早期定位理论的"心智"观点上,至于竞争导向和产品差异化的观点还是非常"唯物"的。

"定位"断然放弃了对"产品"的关注,而完全转向了探索消费者的"心智";以此为基,它横跨市场营销、心理学和消费者行为学,对同时期的管理思想,比如迈克尔·波特(Michael Porter)的竞争战略思维也是兼收并蓄(当然,这是后话)。从整体上,定位并不看重"产品卖点和特性"这类问题,而更关心"针对消费者心智,如何让他们接受并选择产品"。(后来,里斯提出了"分化"和"品类战略",定位理论开始重视产品)

于是,里斯和特劳特为品牌的历史翻开了新的一页,对20世纪70年代之后的广告业产生了划时代的影响。此时问题的中心不再是我们的产品是什么了,而转变为:在顾客的心目中这个品牌的产品或服务是什么?所有的打造品牌的重点战场,就转移到了顾客和潜在顾客的心智空间中,在那里为品牌建立一个身份、一个印象、一个认知。

---

① 宇见:《告别极限用语,4步升级你的广告策略》,https://www.huxiu.com/article/125145.html?f=member_article。

除了对各种广告理论的批判，里斯和特劳特的主要贡献还在于提出广告应该集中火力，即广告不能漫天撒网，而应当长期坚持和重复某一定位概念。在定位之前，企业的广告都是经常变换的：今天讲形象，明天说独特的销售主张，后天又用一条充满创意的广告画面来吸引你的眼球。即便是讲形象，也有可能今天说自己是一家负责任的企业，明天又说自己充满科技感，后天说自己关注环保。是的，过去广告巴不得把所有的好话都说了。里斯和特劳特站出来说，不对，什么都说意味着顾客什么也记不住。

有一点需要澄清，后出现的理论未必就一定比原来的理论先进，在品牌问题上，品牌形象理论就比其他理论先进。大卫·奥格威在 20 世纪 50 年代就已经认识到，广告和营销的最终目的是塑造品牌。广告除了促进销售，更要重视其塑造品牌的长期价值。在这个问题上，里斯和特劳特的定位理论则经过了一个发展周期，即先是把定位作为一种广告理论，然后上升到营销理论，之后才是品牌理论。

这个时期，定位理论、品牌理论和 USP 理论都还停留在广告公司创意层面上。是先有了产品，然后广告公司再帮助企业思考是炒作产品功能，还是塑造一种形象，抑或找一个差异化的定位。后来，随着时代的发展，USP 理论被并入了定位理论，成为一种具体的定位方法。而品牌形象论仍然是一种独立的广告理论。很多书在谈论定位的方法时，经常会提到"形象定位"，这是错误的，品牌形象就是品牌形象，定位就是定位，两种理论是不相融合的，不能混淆。

这三者也不是简单的替代关系，不代表定位理论一出现，品牌形象理论和 USP 理论就被淘汰，当然也不代表更新的理论出现，定位理论就会被淘汰。这些理论在相当一段时间内都是并存的，有人做定位广告，有人就会做形象广告。不仅是在不同公司之间，同一公司也会在同一时间做不同的广告：这支广告宣传定位，另一支广告突出产品特性，还有一支广告塑造企业或者品牌形象。

4. 站在巨人的肩膀上思考——旧理论的启发

尽管里斯和特劳特批判了 USP 理论，但我们依然相信，定位理论从 USP 理论那里获得了大量灵感，甚至有很多人认为定位理论只是换了"马甲"的 USP 理论。事实上，定位理论是对李奥·贝纳、霍普金斯(C. Hopkins)、奥格威、瑞夫斯、迈克尔·波特等人已有的理论成果的继承和发展。

罗瑟·瑞夫斯，广告大师，1940 年进入达彼思广告公司(The Bates Company)，1955 年成为该公司的董事长。罗瑟·瑞夫斯创立的广告哲学和原则，使这家公司从小型公司跃升为世界最大的广告公司之一。瑞夫斯提出了著名的USP理论,这一理论,对广告界产生了经久不衰的影响。瑞夫斯是广告科学派的忠实卫道士,他也一直宣称自己是科学派鼻祖霍普金斯的信徒。他认为,广告创作应该多讲点科学和研究,少讲点艺术,他甚至略带偏激地说:"创意在广告里是一个最危险的词。"

何为USP理论独特的销售主张呢?那就是每一种商品都应该拥有自己的独特性,并通过足量的重复,把这种独特性传递给受众。瑞夫斯的USP理论的核心就是发现商品独一无二的好处和效用,并有效地转化成广告传播的独特利益承诺、独特购买理由,进而诱导消费者,影响消费者的购买决策,从而实现商品的销售。USP理论的运用,可以使广告活动发挥得更有效,是使成千上万的广告策划成功的一个秘诀。

那么,里斯和特劳特从USP那里得到了哪些启发呢?

首先,是对心智的启发。瑞夫斯同样也引入了米勒教授的认知心理学,认为顾客的大脑就像一个箱子,容量有限,"箱子"被各种信息充满了,消费者就无法记住所有信息,广告是将品牌信息植入顾客头脑的艺术。消费者从一个广告里只记得一件事——一项强烈的诉求或者一个强烈的概念。广告应该反复强调一个主题——"买下这个商品,你会因为它的独特用途而受益"。说到这里,提醒一句,你还记得里斯的"The Rock"吗?是不是感觉似曾相识呢?

其次是对广告战略性的启发。瑞夫斯认为,USP理论就是基于对产品的独特性的真实思考,在广告中,把它的这种独一无二的特质变成一句有力的说辞并且要长期坚持。USP应该是消费者从广告中领悟到的东西,而不是文案人员硬加在广告里的。"优耐陆比其他橡胶企业拥有更多的专利"似乎不像是定位语,而更像USP。

但是,里斯和特劳特对USP的批评主要在于该理论基于产品而非心智:许多商品的独特性并不是显而易见的,它隐藏在商品本身之中,因此,在这样的情况下,USP的界定依赖于对商品和消费者的使用情况进行详细的调查。一旦USP找到之后,广告的创作就会水到渠成。瑞夫斯认为,只有从商品中发掘出与众不同的独特销售主题,才能使广告的表述更加令人信服。因此,他对调查工作十分重视,有时甚至达到了一种吹毛求疵的地步。为了找到商品的独特销售主题,并使其确实可靠,瑞夫斯对所宣传的商品进行反复的测试和实验,不惜下大本钱。棕榄牌香皂"使皮肤更为娇嫩"、M&M巧克力豆"只溶在口,不溶在手"都是他的经典之作。

对瑞夫斯及其 USP 理论批判多年后，特劳特笔锋一转开始对瑞夫斯大加赞赏，将其称为"差异化"的最早扛旗者而加以膜拜。其原因在于特劳特后来将自己的理论重点放在了战略定位和差异化竞争上，而瑞夫斯及其理论再一次启发了他。特劳特甚至在其《与众不同：季度竞争时代的生存之道》(Differentiate or Die: Survival in Our Era of Killer Competition)一书的扉页上清楚地写着"本书献给罗瑟·瑞夫斯"。这虽然是后话了，但是我们必须知道，被里斯和特劳特批判的品牌形象论和 USP 理论其实都是两人理论的思想源泉。

二、定位理论的发展阶段及其主要内容

关于定位理论的著作可以说是汗牛充栋，读者可以通过阅读里斯和特劳特著作的方式来系统地学习和了解定位理论。加之本书不是定位理论的教科书，因此不会对定位的概念进行逐字逐句的解读。为了让读者能够自行判断定位理论过时与否，本书更多地采用理论考古性质的解读，向大家揭示定位理论每个发展阶段的时代背景和理论体系，让大家对定位理论有更加系统和宏观的认识，进而得出自己的判断。

很多人都对定位理论进行过发展阶段的划分，有人采取了三阶段划分法，有人则认为应分为四个阶段，划分的依据不尽相同。特劳特中国公司按照特劳特的理论体系源流，将其划分为定位、商战、战略定位、重新定位四个阶段；里斯中国公司的张云按照里斯的理论体系源流将其划分为定位、营销战（商战）、聚焦、分化四个阶段；还有人按照定位理论的成长过程将其分为奠基、发展、提升、定型四个阶段。各种分法基本上是按照里斯和特劳特具有革命性的新观点的作品问世顺序来划分的，并且还将里斯和特劳特的观点截然分开。

2017 年 6 月 5 日，杰克·特劳特先生于家中辞世，享年 82 岁。《福布斯》在纪念专文中写道："特劳特先生提出的'定位'，起源于广告传播，发展于市场营销，应用于企业战略。今天，定位是企业家的使命。"《福布斯》的评语包含了对定位理论发展阶段的看法，并且划分得相当准确。该划分法摆脱了将"重新定位""聚焦""品类""分化""战略定位"等过于具体的方法论和过于门派化的概念作为划分定位理论发展阶段的方法，而是将定位理论的发展提炼为"广告传播""市场营销""企业战略""企业家的使命"四个更加一般性的阶段。这种划分

的意义在于,淡化了学术派别的意味而变得具有普遍性。虽然《福布斯》的划分是针对特劳特一人的,但是,显然这种理论发展阶段的划分同样也适用于里斯的学术成果。

需要指出的是,里斯和特劳特在合作期间的著作其实已经包含了定位理论中后期成果的全部滥觞,只是在那个时期这些显得比较新颖的观点尚未理论化和系统化,作为方法也显得不够成熟。因此,笔者将这些新的观点归属到下一个发展阶段。同时,理论时代的划分是以一种思潮提出的大体时间段为标准的。比如,本书将20世纪70年代的定位理论称为广告层面的理论就是个大体时间,也不代表80年代、90年代、00年代的定位理论就不是一种广告理论了。事实上,即便是发展到战略理论阶段,里斯和特劳特也依然在广告层面上对定位理论进行着升级。本书的划分在定位理论自身发展的层面上,更多考虑了当时整体理论环境和应用环境上的实际情况,而成为各种学术思潮的组成部分。比如作为品牌理论的定位是2000年前后各种品牌思潮大爆发时期的一种,尽管在20世纪70年代定位理论已经多少包含了其独特的品牌观点。

另外,定位理论是一个整体,各阶段成果不是替代关系,后来的理论都是对之前理论的补充,整体上看是一种协同进化的关系。发展的最终结果是,定位理论成为集广告传播、营销、战略、品牌于一体的大而全的理论。

(一) 广告层面上的定位理论(20世纪70年代的定位理论)

广告理论时期的定位思想,主要体现在从1969年定位理论提出后里斯和特劳特在《产业行销杂志》《广告时代》等报刊上发表的一系列文章,以及1981年出版的《定位》一书之中。广告时代的定位理论的主要成果就是"心智"核心概念和"竞争导向思维"的确立,《定位》宣告了定位的思想逐渐体系化。在这本书中,确立了定位最重要的两个原则:竞争原则和心智原则,而占据心智被视为竞争的终极目标。此后定位理论向品牌理论、战略理论一路升级,但都没有脱离心智这个基础。

广告层面上定位理论的主要内容前文已经详细介绍了,这里不再重复。下面再补充两点。

1. 为什么说定位理论是一种广告理论?

这一时期的定位理论强调不用改变产品、服务、企业本身,要改变的是名称和传播等要素，将定位的操作方法局限在传播策略之中，因而是一种典型的广告理论而没有上升到营销的层面。

很多人也会认为，《定位》应该是营销理论阶段的著作。确实，《定位》一书已经包含了大量的营销层面上的观点和方法，并且与后来的《营销战》《营销革命》有较强的关联度，出版的时间也较接近。但准确地说，《定位》是一本承上启下的书：它全面总结了定位理论在广告理论时期的全部成果，同时又将定位理论上升到了营销的层面，连同后来的《营销战》《营销革命》一起开创了定位理论的营销理论时代。不过在理论基础和方法论上，该书还是将重点放在了广告上，也就是传播的层面上。在后来的《营销革命》一书的前言中，里斯和特劳特也指出"第一本书《定位》是关于沟通的教科书……我们的第二本书《营销战》是关于营销的课本"。因此，笔者还是把《定位》一书列为广告理论时期或者传播理论时期的代表性成果。

将这个时期的定位理论视为一种广告理论的原因还有：

第一，里斯和特劳特都是广告公司出身。当时，《定位》的扉页上赫然写着"致力于成为全球第二好的广告公司"(Dedicated to the second best advertising agency in the whole world)，这表明当时里斯和特劳特的志向是把自己的公司打造为一家伟大的广告公司。

第二，里斯和特劳特基于广告传播环境的变化提出定位时代来临。

第三，里斯和特劳特批判的是 USP、品牌形象理论、广告创意理论等广告理论。

第四，里斯和特劳特提出的"心智"概念以及对"消费者"的关注，都集中在广告传播的层面。

第五，里斯和特劳特研究的主要是广告理论的案例，诸如"可乐战""啤酒战""汽车战"，都是各个行业广告层面上的竞争。

第六，定位所强调的"品牌名""广告语""广告投放策略"，也基本上可以算作广告层面的问题。

第七，《定位》引言第一页明确指出："本书旨在讨论一种新的传播方法，叫作'定位法'。书中引用的例子多数是所有传播方式中最棘手的案例。"

虽然只是一种广告理论，但是此时的定位理论已经具备了完整的框架，确立了自己独特的思维方式，并为未来的发展奠定了基础。

2. 最佳定位案例：定位理论的自身推广

所有关于定位理论产生背景的文章，包括里斯和特劳特的，几乎只谈客观原因和条件，当然也包括本章第一节。笔者认为，主观原因更加重要。事实上，任何一种广告理论，都是为了在品牌中脱颖而出，也都是为了克服产品同质化和信息干扰而做出的应对方式。只是罗瑟·瑞夫斯认为要通过科学的方法来找出产品独特的价值主张，奥格威则认为要通过塑造人格化的形象来让品牌长期受益，李奥·贝纳、伯恩巴克、乔治·路易斯（George Lois）等更多的广告专家则提出通过不同的文案和视觉的创意来吸引顾客的眼球。在这一点上，定位理论与其他各种广告和营销的理论并没有什么本质的不同，因为没有任何一种理论是教你如何强化同质化、如何让广告令人生厌的。

  定位理论之所以诞生，除了前边大家老生常谈的媒介爆炸、产品同质化以及由此带来的所谓"大脑混乱"等客观原因之外，其实还有一点最重要的原因，那就是里斯自己的小算盘——为自己的广告公司拉业务。毕竟里斯自己是广告公司的老板，要与麦迪逊大道上的大佬们竞争，就先要给自己打广告。他想到的一个方法就是通过建立和包装一种新的广告理论，获得更多的客户。

  里斯是如何做的呢？他用的不是常规的方法，整个过程充分体现了作为广告理论的定位的各种理念和原则。

  首先就是界定竞争对手，里斯并没有把自己的广告公司的对手设定为跟他的公司一样小、一样年轻的广告公司，而是直接瞄准了麦迪逊大道上的那些广告大佬——奥美（Ogilvy）、达彼思、李奥·贝纳等广告巨头，这直接体现了定位理论的"竞争导向思维"。

  第一步是与这些巨头直接发生关联，也就是定位理论倡导的关联定位，或者说是"非可乐定位"。先指明这些广告公司背后的大佬及其广告理论和主张，然后声称这些广告理论都已经过时，例如瑞夫斯的 USB 理论、奥格威的品牌形象理论，以及李奥·贝纳和伯恩巴克等创意高手的创意理论都已经过时了。要知道，这些理论几乎代表了 20 世纪 70 年代之前科学派、艺术派广告理论的全部成果，里斯和特劳特一记闷棍几乎"打死"了广告界的所有人，怪不得当时整个广告界都视里斯及其定位理论为洪水猛兽。里斯将自己的理论与这些广告主流理论等同起来，同时也就以这种方式将自己的广告公司与奥美、达彼思、李奥·贝纳等广告大鳄直接画等号。而里斯也好，特劳特也好，直接将自己与李奥·贝纳、罗瑟·瑞夫斯，还有大卫·奥格威画等号，成为与他们齐名的广告专家。里斯和特劳特也确实做到了这一点，甚至还成了与迈克尔·波特、菲利普·科特勒（Philip Kotler）同一量级的战略家和营销家。当然，这些都是后话了。

第二步是将这些广告公司及其背后的老板进行重新定位。定位理论认为 USB 理论、品牌形象理论，还有其他的广告创意理论，是与机器大工业时期的经济相关联的过时的广告理论，因为它们已经无力赢得竞争，也无力帮助品牌获得成功，是过时的品牌理论，从而将自己定位成一种新时代的先进的广告理念。将广告大佬重新定位，然后给自己设定一个定位，定位理论就是用自己的这套方法论让自己获得了成功。这为小公司的崛起指明了一条道路。就如你将在本书第二章看到的，随着新时代的发展和移动互联网络的兴起，很多新兴的广告公司咨询公司和企业，为了出人头地，为了获得胜利，纷纷建立自己的学术体系和理论专长，它们走了跟定位理论同样的道路，就是对定位理论进行重新定位，然后给自己一个新的定位。这就是定位理论在移动互联网时代遭受质疑的一个重要原因。

第三步是在定位概念制定出来以后，通过广告公关等大众传播方式对自己的定位进行推广，从而在预期顾客的心智中成功地建立一个位置。里斯和特劳特所采用的方法，首先是通过全国性的广告媒体即《广告时代》发表三篇连载文章一炮走红，接着他们又通过出书的方式分享案例，将自己的思想推向全国乃至世界。《定位》一书中的案例，并不都是里斯和特劳特公司亲手经历过的案例，但是这正是他们两人聪明的地方——把别人的案例拿来为我所用，认为他们之所以获得成功就是因为符合定位理论，而那些失败的案例则是因为没有符合定位的理论。

不难看出，定位理论的走红是自己策略的一次集中的演练，研究定位理论自身的推广可以深化对定位理论的理解。

(二) 营销层面上的定位理论(20 世纪 80 年代的定位理论)

1972 年，当里斯和特劳特在《广告时代》连载三篇定位文章之后，广告界就开始了对定位理论的质疑。有广告专家评论说："定位理论是换汤不换药的旧概念。"曾经写过《蔚蓝诡计》(What's the Big Idea?)、有着"广告疯子"之称的乔治·路易斯讥讽说："如果广告是科学，那我就是女人。"(现实中，乔治·路易斯是个男人)

广告人之所以批评定位理论，多半是感觉定位理论"长得"很像 USP，定位的早期案例也确实有 USP 的影子。路易斯的评价则包含了当时广告创意人的傲慢——我们在做广告创意的时候早就想过你们所谓的"定位"了,所以你们提出的"定位理论"就是多此一举。看来,定位理论之所以会上升到营销层面,广告人的批评也功不可没。等到定位理论成为一种营销理论和战略理论的时候,广告创意人的批评也就不攻自破了。

作为营销理论的定位理论以《营销战》《营销革命》两本书为主要成果,包括了之前作为广告理论的全部内容在内,构成了里斯和特劳特合作时期的理论成果。

1. 以竞争为导向的营销思想

早期定位理论的主要观点集中体现在里斯和特劳特发表于《产业行销杂志》和《广告时代》上的系列文章和《定位》一书中,主要成果是确立了以"心智"为核心概念的定位理论体系,并且总结了"成为第一""比附定位法""寻找空位"和"给竞争对手重新定位"四类定位方法。我们把这个阶段的定位理论称为早期定位理论,除了时间上较早以外,最主要的原因在于它还只是一种广告理论,方法和案例基本上局限于广告领域。不过,此时的定位理论已经透露出"以竞争为导向"的苗头,只是这种竞争导向主要用于指导广告,即广告不能像过去一样声称"更好的产品"或者"与众不同的形象",而是要与竞争对手区别开来,并在顾客的"心智"中找到一个位置。

在具体的广告操作层面上,不论你是领导者还是跟进者,或者你只是千千万万的模仿者之一,你的广告都不能自说自话,你都要首先考察竞争对手拥有怎样的定位;里斯和特劳特所总结的四类定位方法的主要依据也在于你在竞争中所处的位置以及所拥有的资源,领导者有领导者的定位方法,挑战者有挑战者的定位方法。

作为一种广告理论,定位理论自成一派。同样,作为一种营销理论,定位理论也是自成一派。我们说定位理论是一种"以竞争为导向的营销理论"是相对于菲利普·科特勒"以需求(市场)为导向的营销理论"而言的。传统的营销理论的基本假设和理论基础是"需求"与"供给",但在定位理论中,营销的基本假设和基础是"竞争"与"心智"。在 20 世纪六七十年代,营销不是满足顾客需求,而是与竞争对手展开的战争,这场战争不是在市场上展开的,而是在顾客的心智中展开的。用后来的话讲,营销就是品牌与竞争对手在顾客心智中的战争。如你所见,这一次里斯和特劳特调整了"大炮"准星并"瞄准"了科特勒。

与大家印象不同的是,虽然里斯和特劳特都有过从军的经历,对军事的爱好又为他们提出定位理论提供了生活素材，但是"营销战"这个词最早却不是他们两人提出的。20 世纪 80 年代，市场竞争日趋激烈，学者们越来越强烈地感受到营销就是一场战争，需要用军事理论来加以指导。1981 年，菲利普·科特勒和雷维·辛格（Ravi Singher）首先考证了"营销战"这个概念。几年后，《新竞争——Z 理论未涉及的市场营销理论》（The New Competition: What Theory Z Didn't Tell You About Marketing）一书运用军事理论分析了日本开拓国际市场的成功经验。

在广告理论时代，定位理论的主要竞争对手是 USP 理论、品牌形象理论以及各种广告创意理论，而此时里斯和特劳特终于将对手设定为"现代营销之父"菲利普·科特勒及其需求理论。里斯和特劳特在《营销战》开篇就指出，科特勒的营销哲学是"人类通过交换过程来满足需要和需求的活动"，然而这种营销哲学过时了，假定美国汽车公司在确认顾客需求的基础上制定一种产品策略，结果会产生同通用汽车公司相同的产品线。美国汽车公司的问题不在于顾客，而在于与通用、福特、克莱斯勒及其他进口汽车的竞争。现在一个公司想要成功，必须面向竞争对手。它必须寻找对手的弱点，并针对这些弱点发动营销攻势。

里斯和特劳特将营销类比为"战争"，认为顾客的心智是"战场"，定位就是争夺心智"战场"的理论，营销战的四种战法则是具体的排兵布阵的方法，营销的根本目标就是在竞争中获胜。

里斯和特劳特的营销理论本质上来讲是竞争导向的。从形式上来看，里斯和特劳特则从军事理论中得到启发，并把营销类比为"战争"。《营销战》假定任何一个品牌进入市场时都会有既定的角色：领导者、挑战者、补缺者，不同的企业要根据自己在竞争中的角色来选择策略和分配兵力。换句话说，任何企业都不能站在自己的角度制定营销策略，其策略应是由竞争对手决定的。

里斯说："《营销战》的思想来源于军事理论的奠基之作《战争论》。我们认为战争是竞争的极端形式，而在当时那个超级竞争时代，营销即战争，只是营销的战场是潜在顾客的心智。营销战面对的是一个比定位竞争更为残酷的时代，我们指出，单纯地满足需求已经远远不够。换言之，满足需求只是基本的门槛，企业必须从竞争的角度思考，根据品牌在潜在顾客心智中地位的不同，应该选择不同的战略。尤其对于非领导品牌而言，你的战略是由领先于你的竞争对手决定的。选择每一种战略战术都必须紧盯你所在市场中的竞争对手的状况，同时，一定要通过走到对手的对立面至少是不同的侧面来定位。"

《营销战》的出版标志着定位理论成为一种营销理论,具体而言是一种以竞争为导向的营销理论;同时也标志着里斯和特劳特开启了与菲利普·科特勒"营销管理"体系争夺话语权的历程。之后你会发现,批评定位理论过时的人大部分都是菲利普·科特勒的忠实粉丝。这真应了那句话:道不同不相为谋。

2."老兵不死"——营销的四种战法

如果说定位理论在广告理论时代的营销观点只是只言片语,那么《营销战》[①]的出版则让定位理论成为一种系统的营销工具。1979年6月,里斯和杰特劳特回顾定位理论的发展时指出:"(20世纪)70年代营销战略方法的名字是定位,80年代营销战略方法的名字是营销战。"从这句话可以看出,当时里斯和特劳特是想把"营销战"发展为跟"定位"并列的理论,不过后来他们没这么做。在定位的第一本经典书籍《定位》中,已经提到了市场领导者与跟进者的战术需求,《营销战》将这种方法进一步系统化,从而将定位理论从广告理论上升为市场营销理论。1985年,里斯和特劳特运用军事战略家克劳塞维茨(Clausewitz)的某些观点和原则来解释市场营销中的问题,形成《营销战》一书。此书问世后大受好评,与前书一起被译成近20种语言发行。

既然是把营销类比为战争,那么战争最重要的问题是什么?一是兵力,二是策略。

尽管历史上有很多以少胜多的战例,但是兵力和资源依然在很大程度上决定了胜败,现实总是上演大鱼吃小鱼、大企业淘汰小企业的故事,你有多少兵力就决定了你将打一场什么类型的战争。因此,别指望有更优秀的员工和更优秀的产品就能改变事实,认知大于事实。兵力多的一方在防御上也是有优势的,你可以长期地享受胜利成果。挑战者要先挑战成功的话,要具备三倍于敌人的兵力。

在掌握了双方的兵力后,就应当匹配不同的战略战术,即作战计划。里斯和特劳特以兵力原则为营销的基本原则,在此基础上提出了营销的四种战法,即防御战、进攻战、侧翼战和阵地战,这四种战法构成了营销战的理论体系。

(1)领导者打防御战

只有领导者才能打防御战。对领导者来说,最好的策略就是自我攻击,也

---

① 《营销战》在中国后来又翻译成《商战》,笔者认为《商战》翻译得既不准确也不顺口,改名的原因本书第二章会讨论。

就是不断推出新的产品和服务,以此来巩固自己的地位。例如,吉列(Gillette)就通过不断地推陈出新将对手拒之门外。领导者还要时时刻刻保持清醒,阻止竞争对手强大的进攻。如果领导者没有很好地通过自我升级来推出新品,那么就要在进攻者的地位尚未确立前就阻止它。方法很简单,就是照抄挑战者的策略。例如,泰诺在得知同类产品戴特尔(Datril)想要通过低价进入市场时率先降价,从而瓦解了对手这轮强有力的营销战争。

(2) 跟进者打进攻战

处于市场第二或第三位的公司,如果有足够的资源和力量的话,应该针对市场领导者发起进攻战。要把重点放在对手身上,充分认识到领导者的优势,而不是从产品到价格再到渠道做自我研究。研究领导者优势的目的是发现其中"固有的弱点",并攻击此弱点,这有点像阿喀琉斯之踵。比如,价格昂贵不是IBM固有的弱点,它有足够的降价空间来瓦解你发起的价格战。赫兹租车要排很长时间的队就是无法解决的固有弱点,这被安飞士抓住了三寸。因为领导者异常强大,而你的资源又相对有限,因此进攻战需要瞄准一个狭窄的阵地,做到专注于单一产品,这就是集中优势兵力的原则。

(3) 创新者打侧翼战

更大胆的侧翼战多少带点豪赌的性质。虽然跟进攻战一样,侧翼战也是对领导者发起的主动进攻,但两者还是有差别的。进攻战针对的是领导者优势中固有的弱点,而侧翼战则是针对尚无设防的真空地带;进攻战需要大量兵力做保证,侧翼战则不费太多兵力即可获胜,不过要掌握更加精细的作战方法。要发起侧翼战,自己的手上必须有创新产品或观念。接着,不要在市场测试和调研上浪费时间,必须迅速发起奇袭,让领导者措手不及。成功之后,一定要继续追击,把竞争对手全部干掉,而不是高枕无忧地转去做别的事情。例如,哈根达斯(Häagen-Dazs)推出豪华高价冰激凌,这在市场上是个空白,短时间内也没人入场竞争。还有大众甲壳虫,用新产品占据了小型车市场。至此我们可以发现,侧翼战其实就是细分市场战略,只是用营销战的话语做了类比。

(4) 中小企业打阵地战

所谓的中小企业不是自己跟自己比,而是跟竞争对手比你还比较小。因为实力有限,资源不足,你必须找一个细分市场,小得足以守得住。小有两方面的意思,要么是市场规模小,要么是区域性的地方市场,总之就是小得引不起领导者的注意力。阵地战的目的是通过缩小市场而形成集中优势兵力的效果,也就是当小池塘的大鱼。例如,劳斯莱斯是超豪华顶级座驾,这个市场规模很小,那些汽车巨头不会随随便便进入这个市场来争夺那一点生意。还有就是饭店,很多饭店针对的只是附近的消费者,任何连锁餐饮品牌都不可能独占这个市场。很明显,阵地战不同于侧翼战,侧翼战是主动攻击领导者,去跟领导者抢市场;阵地战不一样,它是避免直接与领导者正面冲突,去占一个领导者看不上的市场。里斯和特劳特还指出,受自身资源的限制,打阵地战的企业不能盲目打侧翼战。比如,如果劳斯莱斯在游击战成功的基础上,推出低价的汽车,就会陷入品牌延伸的陷阱。企业更要避免按照市场领导者的身份思考问题,一旦面临失败,就要随时退出,切勿恋战。

在营销的四种战法中,防御战适用于领导者,进攻战适用于有实力的跟进者,侧翼战适合资源充足的创新者,前三种战法都对企业在竞争中的角色和营销资源有严格要求。只有阵地战广泛适用于大大小小的企业,它们要么针对一个狭小的市场,要么处在一个地方性的本地市场。一般来说,假如一个行业有一百家企业,只有一家领导者打防御战,两三家有实力的跟进者打进攻战,另外两三家企业伺机打侧翼战,剩下的打的都是阵地战。

此时的定位理论,将眼光瞄准了各种类型和实力的企业,让它们可以根据自己的实际情况采用不同的营销战法。可以说,相对于"成为第一"的定位,里斯和特劳特的营销战思想是具有广泛的适用性的。

3. 定位理论的"外部性思维"

学过定位理论的人有一个问题总是想不通:既然定位理论的核心是"心智",为什么在营销上又是竞争导向的?两者的关注点一个是消费者,一个是竞争对手,这两者的关系又是什么呢?其实,这两者并不矛盾,"心智"是定位理论的基础,用于解释市场的运行规律,定位理论所提出的各种方法都是以心智规律为依据的。竞争呢,它属于方法论层面上的问题,不论是领导者、跟随者还是模仿者,尽管各自匹配的策略不同,争夺的对象却是一样的,那就是消费者的心智。将两者统一起来的是"由外而内"的思维方式,或者说是"外部性思维",即跳出产品和企业的愿望,去考察消费者的心智空位,然后匹配相应的战略战术,从而获得差异化的竞争优势。

20 世纪 60 年代末 70 年代初,里斯和特劳特从广告出发,率先提出广告应该跳出产品本身,在消费者的心智中和竞争对手身上找机会。这种从"内求"到"外求"思路的转化为深陷经济危机困扰的美国营销界提供了新的思路。此后,很多专家都将目光转移到消费者和竞争对手身上。比如,著名的4C理论就是劳特伯恩(Robert Lauterborn)教授基于"由外而内"的思维对传统4P理论的升级和改造。

到了20世纪80年代,里斯和特劳特所提出的定位理论已经具备了完善的"外部性思维"。此时,定位是一种从消费者心智出发的广告理论,营销的四种战法则是一种从竞争对手出发的营销理论。两者结合后就形成了以心智为核心,以竞争为导向的差异化营销理论,或者说是一种"由外而内"的营销理论。不过,里斯和特劳特发现,这种思路还是不够完善,因为此时的广告和营销还处在战术层面上,那么企业的营销战略是如何形成的呢?是公司董事会开会决定好公司战略,然后再去实施定位和营销战,还是说将成功的定位和营销战术逐步升级为营销战略呢?里斯和特劳特选择了后者,他们称之为"自下而上的市场营销",该思想集中体现在1989年出版的《营销革命》一书中(原书直译为《自下而上的市场营销》)。

(1)"自上而下"制定营销战略的缺陷

自下而上营销理论出现的背景是,很多企业家在接受营销战思想后,纷纷为自己的品牌制定详尽的营销战略和分解执行计划,但是他们发现,自己制定的战略似乎总是赶不上市场竞争的变化,有时候战略还未制定完就已经过时了……《营销革命》抨击了某些在市场营销学界所谓经典的概念,如目标、任务陈述、战略计划等。里斯和特劳特指出:"战略应是自下而上地制定,而不是由上而下地灌输。大部分企业的营销决策是少数几个高层人员在会议室里制定的,在我们看来,这是很多悲剧的根源。因此,我们指出战略形成的两个重要方式:由外而内和自下而上。战略来自一线,来自潜在顾客的心智,而非会议室。"

《营销革命》指出了传统自上而下制定营销战略的不足:当你把重点放在战略上,你至少犯了如下两个主要营销过错中的一个。一个是拒绝承认失败,因为将战略放在首位的公司不会轻易改变战略,要成功地实施计划所需要的仅仅是战术上的调整;另一个是不能主动地把握成功的机会,因为在商业中人们倾向于看那些期望看见的东西,而忽略任何与战略成功无关的因素。

(2)战略与战术的关系

里斯和特劳特提出的自下而上的营销指的是战术支配战略。

什么是战术呢?虽然没有直接说明,但是从书中的描述我们可以确认,战术其实就是里斯和特劳特之前提出的四种定位方法和四种营销战法。定位和营销战是以心智为核心、以竞争为导向的广告和营销理念,它们为广告和营销活动提供了"创意",从而让你的企业和产品具备了竞争优势。里斯和特劳特再次重申,好的战术是差异化的竞争优势,不是更好的产品和服务。

仅有战术是不够的,为了实现经营的成功,企业还必须将战术转化为战略。首先,战略不是目标,传统的战略是目标导向的,它们首先决定想要达到的效果,然后去想达到目标所需的方案与手段。自下而上的营销战略与之相反,认为战略应该把注意力集中在营销过程而非目标上。战略的目标是动员公司的财力,从而抢先占有战术,保证最大限度地开发战术。于是,里斯和特劳特将战略定义为:

> 战略是一致性的市场营销方向。

战略一致性有三方面含义:一是指战略以选定的战术为中心;二是指战略贯穿在一致性的市场营销活动中;三是指战略一经制定,方向就不能改变。

战术是竞争优势,战略是保持这种竞争优势。对企业、产品和服务来说,战术是外部性的,甚至不考虑产品;战略则属于内部性的,需要重组企业、产品、服务来匹配战术。

至此我们可以发现,里斯和特劳特所发展的自下而上的营销事实上是用营销战术来代替战略。一种定位或者营销战坚持一年就是战术,如果坚持不变自然就是战略了。

里斯和特劳特所讲的战略与战术跟大家所理解的战略与战术存在着极大的不同,理解起来也有很大困难,笔者的建议是暂时忘掉你所理解的有关战略战术的知识。

(3)"自下而上"制定营销战略的过程

"自下而上"的营销要求深入市场一线去寻找竞争观念,然后回到总部实施有利于该方向的变革,这需要至少副总裁级别的人来担此职责,而不是派人代替高层去一线调研。深入一线的目的是搜集信息以从中发现战术机会,而不是为一个经由自上而下思路制定的战略寻找证据。要搜集的信息很明显,当然就是消费者的心智,问他们在购买时的第一印象是什么,然后提炼出一个想法或观念。

既然战术决定战略，战略驱动战术，那么决定营销战胜败的就是战术而非战略。这样，制定成功的营销战略的前提就是策划和执行成功的定位和营销战。《营销革命》一书所谈到的战术制定方法基本上就是定位原则和营销战法的重申，并着重强调了侧翼战的威力，因为侧翼战更擅长推出有竞争优势的新产品和服务。当战术成功后，就可以将该战术发展为一致性的营销方向，这就形成了战略，接下来战略将为战术的深入保驾护航。

"由外而内"的广告和营销思维，加上"自下而上"的营销战略，此时的定位理论已经是具备完善的外部性思维的营销理论了。

4. 该阶段定位理论的其他补充与发展

1990年，里斯和特劳特合著的《人生定位》出版。两人用轻松幽默的语言向读者讲述了通向成功的方法。

1993年，两位大师联手推出《22条商规》，将定位理论的核心内容总结为22条简单、明晰的定律，里斯和特劳特称这些定律为"市场营销永恒不变的定律"。此书是写给那些整日忙碌的商业界的决策者们的，他们可以将定位理论的核心内容尽收眼底。不过该书也造成了不良的后果：因为该书采用了条条框框的书写形式，并且把两人的经验上升为所谓的"定律"，于是很多人便将定位理论教条化，遇到问题就去抠教条，从而忽视了定位理论的整体性。

1994年，里斯和特劳特定位组合宣布解散，里斯创建了里斯伙伴公司，特劳特成立了特劳特伙伴公司，从此两人各自走向了独立发展的道路。虽然两人此后的研究思路各不相同，但是他们都积极地互相吸收和认可对方的观点，并且共同将定位理论推向了战略和品牌的高度。

（三）战略层面上的定位理论（20世纪90年代以来的定位理论）

我们必须承认，定位理论从诞生的第一天起就是极具"战略性"的理论，里斯和特劳特一直主张站在战略的高度来审视广告、营销和品牌。他们在《定位》中指出"广告业正进入一个战略至上的时代。在定位的时代里，光靠发明或者发现新东西是不够的，甚至没它也行；但你必须第一个打入预期消费者的心智才行"，还说"定位本质上是一个累积性的概念，某种能够利用广告长期性的东西。因此，与你一起工作的人必须能够理解你要建立的东西。高层管理人员必须做出公司将成为什么的决策——不是下一个月或下一年，而是未来五年。"

之前，定位是产品上市之后如何获得竞争优势的传播策略，当定位上升为战略的时候，意味着产品在生产之前就要思考定位了。同时，里斯和特劳特开始站在整个企业的组织机构层面，而不仅仅是产品的层面来审视定位问题了。

1. 企业的战略转型——重新定位

《新定位》(*The New Positioning：The Latest on the World's #1 Business Strategy*)是特劳特与里斯分手后出版的第一本书，合作者是史蒂夫·里夫金(Steve Rivkin)。《新定位》讲了三方面的内容，包括对心智规律的深入解读、重新定位以及一些散论性质的定位诀窍，这里需要重点介绍的就是"重新定位"，因为"重新定位"的再次升级标志着定位理论正式跻身战略理论行列，这才是真正"新"的地方。

其实在早期定位理论中已经有了"重新定位"的概念，只是该时期的重新定位专指"给竞争对手重新定位"，目的是通过改变现有的心智来制造新的空位，这是四种定位方法中的一种。20世纪90年代初，特劳特将重新定位的观念升华，并站在企业战略的高度重申这一观念。特劳特在一次访谈中说："重新定位就是调整消费者心智中的认知，这些认知可以是关于你的，也可以是关于竞争对手的，重新定位的关键在于为自己建立起正面定位。"

除了环境变化、科技发展、品牌延伸、新品牌崛起等客观因素的激发以外，特劳特之所以对重新定位概念进行改进，非常重要的原因就是定位理论自提出以来就受到了营销界和广告界的批评。受到较多批评的一个硬伤就是定位理论是一种"静态的理论"。里斯和特劳特指出，当企业找到一个空位时就应该一直坚持下去，因此当时他们所理解的定位就是围绕战术开展的一致性行动。批评者指出，里斯和特劳特的观点是对战略的误读，战略是具有长期性的指导原则，不过战略不意味着固定不变，战略也需要随着时代的变迁、技术的进步、竞争的加剧以及企业自身目标的改变而做出调整。总之，定位理论的主要问题在于没有考虑变化，是一种机械的静态理论。于是，特劳特开始思考如何将变化引入定位理论，他把目光指向了"重新定位"。2011年，特劳特与里夫金又合著了《重新定位》(*Repositioning：Marketing in an Era of Competition Change and Crisis*)一书，更加系统地论述了重新定位观念。这本书是特劳特生前出版的最后一本书，足见特劳特对重新定位观念的重视。

(1) 为什么要重新定位？

在《新定位》中，重新定位被视为应对竞争、变化和危机的方略。特劳特说：

"在今天这个飞速发展的世界上,'变化'成了一个日益增长的因素。这也是我们在有关定位的早期著作里从未涉及的问题。但是许多年后,我发现存在问题的公司主要有两类,一类已经丧失了市场的焦点,它们要么进行品牌延伸,要么多元化经营,结果却作茧自缚。比如雪佛兰汽车,它从家庭小轿车变成一种有大有小、有贵有贱的跑车、轿车或卡车;另一类公司的问题是公司背后的市场变化,公司为了生存不得不寻找一种新的观念或定位以求发展。"

先来看第一种情况。20世纪80年代到90年代,各行各业特别盛行多元化战略,甚至当时的中国各大国企也热衷于搞多元化。企业都迷信业绩来源于更大的规模和更多的业务种类。但事与愿违,这些盲目搞多元化的企业业绩不仅没上涨,反而都在面临亏损。特劳特的解释是,多元化和品牌延伸破坏了品牌定位,品牌已经不再代表某个特定的品类,引起了消费者认知的模糊。比如,当时大众(Volkswagen)在美国消费者的心目中代表小型车,当大众推出一系列豪华轿车的时候,就引发了消费者的认知混乱。一方面,消费者不认可大众的大型车和豪华车。另一方面,大众的小型车也受到了损害。于是,大众的规模和品类虽然扩张了,销售量却下降了。特劳特认为多元化和品牌延伸造成了企业的亏损,扭转局面的方法就是放弃多元化和品牌延伸,重新聚焦在一个狭窄的领域,也就是从没有定位回到重新定位。很多公司已经开始这样做了:施乐推出计算机失败后,又重新定位回"文档公司";通用磨坊和宝洁将精力重新集中在核心品牌上;柯达也重新定位到胶卷上,非摄影摄像产品被低价甩卖……特劳特指出,重新定位需要的是勇气,需要企业放弃一些东西重新回到一个观念、一个词语上来。

第二大挑战是变化。我们处在一个日新月异的时代,新技术的出现,迫使品牌要适应这种变化,也就是说,应当适时调整战略。但是,品牌最根本的定位不能变,很多情况下,晚做总比不做好。我们来看一下宝洁:佳洁士有一个非常清晰的定位"预防蛀牙",这是佳洁士品牌的核心。但问题是,随着含氟牙膏的出现和口腔医学的进步,蛀牙问题越来越少,这就需要进化产品,推出一款可以防蛀牙、减少牙结石、保护牙龈的牙膏,也就是提供全面牙齿保护。

在《重新定位》一书中,特劳特将竞争放在更加重要的位置。特劳特指出,重新定位要以心智中的竞争为起点,重要的不是你想要做什么,而是你的竞争对手允许你做什么。定位理论提出几十年来,竞争激增。每个品类中都有上百个品牌在参与竞争,消费者心智异常混乱。既有的品类又持续分化出更多新的品类,让消费者有太多的选择。在这种竞争泛滥的背景下,你必须学会重新定位,重新建立差异化。除了为自己的品牌重新定位外,还要积极地为竞争对手重新定位。

以上就是重新定位的理由,用邓德隆的话来讲,重新定位就是应对 3C 时代——"竞争"(Competition)、"变化"(Change)、"危机"(Crisis)——的战略营销之道。

(2)重新定位的方法

结合《新定位》和《重新定位》,我们可以总结出三种类型的重新定位:

第一种是那些没有清晰定位的大型企业,迫于竞争压力逐步放弃多元化的企业战略,转向聚焦单一品类并重新获得竞争优势。简单地说就是从没有定位到有定位。

第二种是那些曾经有清晰的定位的企业,随着技术的发展,原来的品类面临更新换代,市场被越来越多的细分品牌蚕食,从而造成原有的定位面临淘汰,它们不得已必须对原来的定位做出调整,并重新获得竞争优势。简单地说就是定位的调整。

第三种就是早期定位理论提出的四种定位策略中的一种——给竞争对手重新定位,即通过颠覆竞争对手已有的定位来制造新的心智空位从而获得竞争优势。

在这三种类型的重新定位中,前两种属于战略选择,后一种属于营销策略。

特劳特所提出的重新定位并不是一种具体的定位方法,而是面对竞争、变化、危机时定位的战略性调整。因此,这里没有必要把重新定位的具体方法讲一遍,因为重新定位的方法就是前面提到的定位的各种方法。重新定位所坚持的原则,同样也就是定位的原则。比如,特劳特指出"重新定位是调整人们的认知,而不是改变人们的认知,这一点至关重要。市场上改变心智的失败案例比比皆是:施乐试图让人们相信,施乐还可以生产复印机以外的机器——比如计算机,结果损失了几十亿美元。可口可乐试图让消费者相信,新可口可乐比经典可乐更好,结果名利双失。"

这里需要强调的应该是重新定位的条件:

首先,重新定位需要时间。重新定位是调整人们的认知,定位理论认为认知难以改变,大脑是顽固的。所以重新定位战略越早实施越好,整个过程需要的是时间。一致性比什么都重要,必须始终如一地坚持下去,年复一年,绝不动摇。

其次，重新定位需要勇气。企业领导者需要深入一线，且还要进行必要的组织调整。这一点前面已经讲了，不再赘述。

再次，重新定位需要 CEO 全程参与。只有 CEO 有权力主动攻击自己的现金牛业务。尽管是柯达最早发明了数码照相技术，但是因为没有主动攻击作为现金牛的胶卷业务，柯达失去了重新定位的机会。

最后，重新定位是显而易见的。如果重新定位的时机成熟，那你所面临的问题是显而易见的。同样，问题的解决方法也是显而易见的。特劳特所说的显而易见：一是指企业存在的问题是显而易见的，只是因为人们盲目自信或者想把问题推给别人，所以非要到发生经济危机时才放弃问题产品；二是指定位和重新定位的概念是显而易见的，不要去追求复杂，言外之意就是不要对重新定位概念做过多的研究和调查，简单明了即可。

2. 做小池塘里的大鱼——聚焦战略

在特劳特将视角转向战略并提出新定位的理念时，里斯也开启了定位理论战略化升级的尝试。

"聚焦"一词最早出现在里斯和特劳特合著的《营销革命》一书中，其实在《营销战》里已经有了聚焦的影子，那时候叫作"关注一个狭窄的位置"，其实跟聚焦是一个意思。20 世纪 80 年代，迈克尔·波特将"定位"引入企业战略，作为战略的核心，开创了竞争战略理论。此后，波特又提出了总成本领先、差异化、专一化三种竞争战略。里斯和特劳特受到波特理论启发，将专一化战略也就是聚焦战略引入定位理论之中。这两个概念的区别在于，"专一化战略"是三种竞争战略之一，是个管理学概念；"聚焦战略"是定位理论关于营销战略的理论，是个市场营销概念。此后，特劳特将研究的重点放在了"重新定位"和同样由波特提出的三大竞争战略之一的"差异化战略"上，而里斯通过升级"聚焦法则"，将定位理论提升到战略的高度，定位理论的"聚焦战略"也由此诞生。

里斯所提出的聚焦战略同样是建立在对企业多元化和品牌延伸的批评上的。里斯的抨击更显犀利，他说："多元化发展战略已经受到普遍质疑。长期而言，成功的是那些聚焦程度高的公司，失败的是那些聚焦程度低的公司。……品牌延伸短期内可能成功，但长期来看注定失败。"多元化和品牌延伸是里斯提出聚焦战略的主要动因，两者虽然不是一个层面上的问题，多元化是企业战略，品牌延伸是营销手段，但是它们的思路是一样的，即一个品牌或一个企业经营多种不同品类或者同一品类但属性不同的产品的行为。里斯彻底否定了多元化和品牌延伸，然后 180 度大转弯地肯定了聚焦战略的价值：聚焦可以显著改善经营，聚焦可以明显提升利润，聚焦决定你企业的未来，聚焦就是营销的目的……在里斯的口中，"聚焦"大有取代"定位"地位的架势。

1989 年 10 月，在美国第 30 届年度餐饮行业大会上，里斯再次提出："今天市场生存的三个基本法则是聚焦、聚焦、再聚焦。"1994 年，里斯和特劳特联合接受采访时指出："下一个 10 年，美国企业应该关注聚焦。"

1996 年，几乎在特劳特出版《新定位》的同时，里斯出版了《聚焦：决定你企业的未来》(Focus: The Future of Your Company Depends on It)一书，对之前的聚焦法则进行了升级并系统描述了聚焦战略的思想。里斯在该书中花了大量篇幅，罗列了多元化和品牌延伸的失败案例，当然其中也不乏里斯认为必将失败但至今活得好好的品牌。里斯指出，多元化和品牌延伸短期内可以提升业绩，长期来看则是有百害而无一益。一个重要原因就是：很多延伸品牌虽然现在看起来很成功，那是因为该领域还没有专业品牌。随着技术变革的加速，专业化的时代就会到来，整个商业社会将变得越来越专业化，到那时就是延伸品牌和多元化企业的死期。全球化是推进企业趋向聚焦战略的另一个动力。市场越大，专业化的企业就越多。市场越小，专业化的企业就越少，公司经营的项目就越多。随着世界进入全球经济时代，公司将变得越来越专业化。

里斯指出："《定位》告诉你到哪里寻找想法或概念，但《定位》没有告诉你要寻找什么，《聚焦》这本书做到了——你要寻找的是一个'精准的焦点'。这是一个很重要的概念，因为大多数公司都在做相反的事。为了提升销售，它们试图建立一个尽可能宽而全的定位，它们想要生产所有产品，满足所有人的需求。也就是说，定位本身并不涉及取舍，而聚焦意味着必须进行取舍，聚焦使得定位理论真正进入了战略领域。"

至于聚焦的方法，这里没有介绍的必要，因为聚焦的方法其实就是诸如简化、名字、占领心智等定位理论那些老生常谈的原则，这里不再赘述。

可以看出，聚焦其实新颖的地方也不多，只是告诉你要站在战略的高度思考品牌单一品类的问题。当我们说定位的时候，更多的是指一种广告或者营销理念，即心智中的专有位置；而当我们说聚焦的时候，则意味着在表达一个战略概念，企业的生产、财务、人力、营销等各个部门和资源都要围绕着这个定位展开。

3. 战略即定位

如果"重新定位"和"聚焦战略"都只是通过间接的方法实现了定位理论的

战略化改造,那么接下来,特劳特则直接将战略等同于定位。重新定位和聚焦等新概念多少显得有些多余,毕竟定位的方法还是以前那些。奉行实用主义原则的特劳特看到了这一点,指出:战略即定位。言外之意,定位不需要借助聚焦和重新定位,定位本身就是战略。

为了让"战略即定位"的说法成立,特劳特大量借鉴了迈克尔·波特的理论成果。这种借鉴主要集中在三个层面:

(1) 与波特的竞争战略挂钩

当时波特凭借他的竞争战略理论成为最炙手可热的战略家,他的理论被称为"定位学派"。波特曾说:"战略就是创造一种独特、有利的定位。"特劳特频繁地引用波特的这句话,完全不顾波特的定位与他的定位基本上不是一回事的事实,让人们误以为,定位理论就是战略理论。

(2) 对麦肯锡发起进攻战

特劳特借波特关于运营效益与战略的评价来批评麦肯锡的战略咨询,旁敲侧击地暗示定位理论是比麦肯锡战略咨询更厉害的战略理论。波特曾指出:"运营效益和战略定位是企业取得卓越绩效的两个关键因素,运营效益代替战略的最终结果必然是零和竞争、价格战,以及不断上升的成本压力;战略定位,就是要做到差异化。"特劳特指出:"麦肯锡(McKinsey)展开目标的框架是财务框架,典型的描述方式是'5年100亿,10年500强';麦肯锡的战略理论中,没有顾客心智战场的概念,也没有品牌概念。对组织和运营不善的企业来说,麦肯锡的疗效很明显。但标杆法存在一个战略陷阱,那就是同质化竞争:就是我要学习你,做得和你一样甚至更好,这会让一些本身管理不错的大企业陷入同质化竞争的困境。"

(3) 引入"战略配称"的概念

特劳特借助了一个叫作"配称"的词语来实现定位理论战略化的发展大计。

配称观点最早由波特在《什么是战略?》("What Is Strategy?")(《哈佛商业评论》2004年第1期)一文中提出的。波特认为战略不仅在于选择适当的经营领域,因为建立在经营领域选择基础上的竞争优势很容易被其他企业所复制,战略管理的重点在于将企业一系列营运活动联合起来,建立一个能为其所选择的经营领域提供特别价值的系统。这种可以实现各项活动间相互协调的机制称为配称。

特劳特将波特的配称思想引入定位理论,同时又批评了波特的战略理论不是围绕心智展开的,倡导企业的各项活动要围绕着"定位"来实现相互协调。特劳特讲道:"我发现,企业如果不能从顾客心智中的定位出发以引领内部运营,必将造成企业的绩效不佳。"基于这种认识,特劳特又对战略进行了新的定义:"战略是指企业如何在顾客心智中建立差异化定位,并由此来引领企业内部的运营。"

这样,定位理论的主要任务就分成了两个进程:第一,要在企业外部的用户心智中确立一个独一无二的位置;第二,以这个位置为导向配置企业内部的所有资源并进行运营管理。具体而言,是指企业必须在外部市场竞争中界定能被顾客接受的定位,回过头来引领内部运营。至此,特劳特给出了战略的最终定义:"战略就是让你的企业和产品与众不同,形成核心竞争力。对受众而言,即鲜明地建立品牌。"

特劳特利用了波特的成果,重新定位"麦肯锡"咨询,最终用"战略定位"来提升定位的战略性,并将这个词作为自己的标签和代名词,占据了这个概念。这等于说,战略就是定位,而定位就是战略。特劳特用心智来解释战略,并以心智为标准批判其他战略理论流派,这标志着特劳特将定位等同于战略。

(4)矛头指向迈克尔·波特

在大量借鉴波特的战略定位相关观点之后,特劳特将定位理论提升到了战略的高度。接着,特劳特将批判的矛头对准了波特。2004 年,特劳特的新书《什么是战略》(*Trout on Strategy*)出版(该书中文版名称与波特 1996 年发表于《哈佛商业评论》上的论文题目一样,内容却大相径庭)。在本书中文版序言中,特劳特引用摩根士丹利(Morgan Stanley)《美国投资研究》中的评论:"波特的战略定位缺陷在于忽视了心智(作为产业结构战略学派代表的波特当然不可能会去考虑心智)……用特劳特的方式来演绎战略,应该会比波特教授的简明易懂些。"通过此段话可以看出,特劳特完全是用自己定位理论的观念来重新解读战略,用自己的标准来要求波特的竞争战略理论,并借摩根士丹利之口指出自己的战略理论要优于波特的战略理论,理由就一条——波特的战略理论不是"心智"的。加减乘除是比微积分要好学,问题在于是不是可以据此认为加减乘除比微积分好呢?

4. 该阶段定位理论的其他成果

《定位》一书对心智模式进行了初步解读,到了 20 世纪 90 年代,尽管定位理论已经上升到战略的高度,但是里斯和特劳特在定位的基础问题上一直都在进行补充和完善。

（1）五大心智模式

1996年，特劳特与里夫金合作出版了《新定位》一书，对心智模式进行了系统升级。他们总结了过去20多年中营销人员在运用定位理论时出现的典型错误，更加深入地挖掘出消费者的接受心理，结合心理学领域的最新研究成果，提出了消费者五个最重要的心智模式：

第一，大脑是有限的，面对信息具有选择性。

第二，心智憎恨混乱，因此信息要最大限度做到简化。

第三，心智是不可靠的，很难回答自己的购买动机，消费者喜欢随大流。

第四，心智难以改变，尝试改变心智的努力是徒劳的。

第五，心智容易失去焦点，只有单一品类品牌可以胜出。

（2）四步定位法

在第一部著作《定位》中，里斯和特劳特曾经对定位的方法有过初步的讨论，并给出了四种定位方法。严格地讲，这些方法不具有太强的可操作性，比如，找空位是一种定位方法，可是如何找空位呢？重新定位竞争对手也是一种定位方法，可是如何对对手重新定位呢？里斯和特劳特举了大量的例子对定位进行说明，但是案例也不是方法。这种局面直到特劳特的《与众不同》一书出版才得以告终。

定位步骤（原书称为差异化的步骤）共分四步：

第一步：分析行业环境。你不能在真空中建立区隔，周围的竞争者们都有着各自的概念，你得切合行业环境才行。要从系统整体的角度来思考各种因素的相互影响；做到知己知彼，知道自己的优势和弱点才能有效利用自己的优势并隐藏自己的弱点，而知道敌人的优势和弱点才能避开敌人的优势并打击敌人的弱点。不能找到对手的弱点，打击不会有效；不能集中自己的优势兵力，成果不能巨大。而不了解对手的优势，容易被定点反击；被敌人抓住自己的弱点，容易被定点打击。知己知彼，才能做到百战不殆。

第二步：寻找差异化概念。分析行业环境之后，你要寻找一个概念，使自己与竞争者区别开来。寻找差异化概念，就是寻找定位点，其本质就是寻找广义动量定理中的作用点，作用点越关键，取得的效果越大。

第三步：找到支持点。有了差异化概念，你还要找到支持点，让它真实可信。缺乏证明的说辞仅仅是说辞而已，你不能凭空建立差异化。

第四步：传播与应用。并不是说有了差异化概念，就可以等着顾客上门。最终，企业要靠传播才能将概念植入消费者心智，并在应用中建立起自己的定位。

（四）品牌层面上的定位理论（2000年以来的定位理论）

里斯和特劳特站在战略的高度讨论了重新定位、聚焦等问题，后来特劳特直接将战略等同于定位，认为战略就是在顾客心智中建立差异化定位，并由此来引导企业内部的运营。至此，定位理论就从具有战略高度的广告理论和营销理论，直接变身为战略本身。不过，这里面有个问题没有解决，或者说没有被深入，那就是战略的核心和目的又是什么？特劳特在批评麦肯锡时讲到，麦肯锡所谓的战略只是个运营目标，它没有指明战略的核心。是的，里斯和特劳特所说的这个核心就是品牌。

1. 企业的基本竞争单位是品牌

2000年前后，品牌理论经过将近十年的发展和沉淀后，人们已经普遍认识到品牌的重要性。品牌已经不仅仅是一个经过注册的商标或者名称，而是企业最重要的资产，并且已经成为市场营销的核心。于是，定位理论也紧跟风潮，将自己的理论提升为一种品牌理论，甚至直接将打造品牌作为自己的目的。

在《什么是战略》一书中，特劳特给出了战略的定义："战略就是让你的企业和产品与众不同，形成核心竞争力。对受众而言，即是鲜明地建立品牌。"在这里，"与众不同"和"建立品牌"被特劳特定义为战略的目的。那为什么要将品牌作为战略的目的呢？特劳特进一步指出，企业的基本竞争单位是品牌而非企业本身。企业是一个法律概念，跟消费者无关，消费者认知的是品牌。成功的企业应该经营品牌，而不是经营企业或产品本身。企业的使命、目标、文化、愿景虽然对企业家和员工有重要的意义，但是跟消费者没有关系。用心智概念讲，能够占据顾客心智的是品牌而不是企业，很多顾客甚至不知道品牌所属的公司。

特劳特在批评波特的战略理论时说："迈克尔·波特的竞争理论默认的商业竞争的基本单位是企业，事实上，商业竞争的基本单位不是企业而是品牌，心智才是商业的终极战场，品牌是决胜这个终极战场的武器。"又说："绝大部分企业经营者都没有意识到竞争的基本单位是品牌而非企业，学术界和咨询界也一样缺乏认识,因此商业战略理论可谓五花八门。"透过这些话可以看出,特劳特一方面将品牌视为战略的目的,另一方面也将品牌和战略视为一个整体。

2. 品牌的起源:分化

过去,定位理论的研究的案例清一色都是既有市场上的成熟品牌。比如,可口可乐、米勒啤酒、IBM、雪佛兰等等。里斯和特劳特基本上都是截取这些品牌发展过程中的一个片段,借以说明定位理论的原则,多少有点"捕风捉影"的嫌疑。但问题在于,这些品牌是如何起源的?如何在一个新兴的市场上创建一个新品牌?一家老公司如何把握新的机遇推出新的品牌呢?此前,定位理论提出,品牌要第一个进入顾客心智,这样就可以成为市场的领导。不过,这个所谓的"成为第一"的定位策略显得过于粗糙了,几乎没有多少可操作性,并且一直被人诟病为"事后诸葛亮"——

"是啊,成为第一当然好啦,不过你要告诉我如何成为第一啊!"

"第一个进入心智,就能成为第一。"

"是啊,第一个进入心智就能成为第一,可你要告诉我如何第一个进入心智啊!"

"你要主导一个领域,并且第一个进入心智。"

"主导一个领域听起来好棒,可你要告诉我如何主导一个领域。"

"……"

"成为第一"既是方法又是结果,说来说去陷入了循环论证的尴尬境地。所以,里斯或者特劳特必须站出来,告诉人们除了碰运气还有什么方法可以确保品牌第一个进入心智。后来,里斯给出了答案,这就是"分化"理论。

(1)"分化"的概念

品类分化的观点最早见于里斯和特劳特合著的《22条商规》一书,其中一条法则叫作"细分法则",类似于市场营销中的"市场细分"。里斯向下深挖,将"细分法则"演化为"分化"思想。2004年,里斯和他的女儿劳拉·里斯(Laura Ries)联手推出了他个人认为是"定位体系的巅峰之作"——《品牌之源》(*The Origion of Brands*:*Discover the Natural Laws of Product Innovation and Business Survival*)。《品牌之源》传承了定位的核心思想,但主要还是第一次系统全面地揭示了品牌来源自"商业中最伟大的力量和最确定不移的趋势"——分化。该书第一次系统地阐述了如何利用"分化"开创、发展、主导新品类去打造新品牌。里斯对这本书推崇有加,认为:"这是我迄今为止最为重要的一本书。就今天而言,我认为它的现实意义和价值将超过《定位》。"

这本书首先反思了之前定位理论的不足,也就是上面提到的在品牌如何起源以及如何成为第一问题上的缺失,里斯借助达尔文《物种起源》中进化论的部分观点,用生物演化来类比品牌的诞生、发展、演化。他指出,在自然界中,原始的生物形态并没有因为高等生物的出现而消亡,事实上,生命之树并没有"进化",而只是不断在"分化"出更多生命个体,其中既有和原来一样的原始生命,也有更复杂的生命。因此达尔文强调所谓生物进化的动力实际上是"分化"。和生物界一样,品牌发展的基本动力也是"分化"。老的品类并不会因为新品类诞生而消亡,它们只是从舞台中央退至边缘而已。作为品类的代名词,品牌也只会越来越多。品类是商业界的物种,是隐藏在品牌背后的关键力量。

里斯在用进化论类比商业竞争的同时,还批判了"融合"趋势:"众所周知,当下'融合'正处于狂热期。根据传统思维,未来品类会融合,汽车和飞机融合,电脑和电视融合,冰箱和火炉融合,等等。索尼和很多其他公司都落入了融合的陷阱,也从这样的幻想中遭受了很多挫折。我们的观点是,品类会分化,而不会融合。比如,起初有了主机计算机,然后分化成很多不同的品类:迷你计算机、台式计算机、笔记本电脑、服务器。"

里斯在《品牌之源》中用了大量篇幅,对各个领域的"融合"行为一一进行批判,认为所有的"融合"都不会成功,这些企业在融合上所花的钱都是浪费,所做的努力都是自欺欺人。里斯认为,"分化"是创新品类的唯一途径,用新的品牌命名这个新的分化出的品类则是品牌的真正起源。

里斯的"品牌起源论"诞生于2004年,16年后的今天,我们已经知道里斯的观点太绝对化了。在"融合论"的思路下智能手机、智能电视、物联网、微信超级平台、特斯拉电动车等大量新品类、新物种被发明和普及。这说明里斯当年独尊"分化"而彻底否定"融合"的观点是错误的。当然这是后话,里斯的"分化论"还是很有创见的。

(2)用品类思考,用品牌表达

《品牌之源》这本书还定义了一直被人们忽视、隐藏在品牌背后的关键营销力量——品类。在此之前,人们普遍认为品牌最为重要,实际上,品类才是关键,品牌是品类的代表。如何创建一个强大的品牌?最为有效的办法就是开创并主导一个品类,这也是营销的终极目的。建立一个差异化的定位,进入潜在顾客的心智,这些都不过是成功路上的标志之一,最终的目的是主导一个品类。然而,开创一个品类并不容易,因为新品类的既有市场通常都很小,甚至为零。所以,大部分大公司很难真正地开创一个新品类,相反,触觉灵敏的创业者们往往能发现新品类的机会。

里斯进一步指出,顾客的行为特征是"以品类来思考,以品牌来表达"。例如,顾客期望购买饮料的时候,首先是在茶、纯净水、可乐等不同品类中选择,在选定可乐之后所表达出的是代表该品类的品牌,如可口可乐。因此,营销的竞争与其说是品牌之争,不如说是品类之争。根据此发现,里斯重新定位品牌为"代表品类的名字",并指出品牌无法在品类消亡的情况下生存,品牌无法永生,企业最佳的策略是拯救企业而非品牌。品牌是品类的代名词,品牌可能会随着产品生命周期的终结而死亡,但通过经营多品牌来涉足不同市场机会的企业在理论上却可以永续经营。

不过,分化出来的品类只能用新品牌来命名,也就是里斯所说的"第二品牌"。如果用现有的品牌来命名新品类那就是"品牌延伸"或者是"多元化",这就违背了"聚焦"原则。理想的方案是,企业利用不同的聚焦品牌来占据细分市场,从而获得最稳定的品牌架构。宝洁、联合利华(Unilever)等多品牌战略,是里斯最推崇的理想架构,他认为随着时代的发展,所有市场都会发展成"专家品牌"一统天下的格局。

图 1-1　品牌起源的路径

"在分化理论基础上,里斯和伙伴一起形成了全新的战略思想和方法——品类战略,提出企业通过把握趋势、创新品类、发展品类、主导品类建立品牌的思想。品类战略颠覆了传统品牌理论强调传播,以形象代品牌、以传播代品牌的误区,为企业创建品牌提供了切实有效的指引,品类战略思想和方法也是定位学派现今最高级的战略方法,被广泛使用于实战领域。"里斯中国公司总经理张云如是说。

3. 该阶段定位理论的其他成果

与里斯分开之后,特劳特将全部精力放在了战略定位的研究上,对于广告和营销的具体工具发展甚少。里斯除了提出分化和品类的概念外,在定位的方法和工具上也进行了深化。1998 年,《打造品牌的 22 条法则》(*The 22 Immutable Laws of Branding*,也译作《品牌 22 律》)出版,此书是一本跟《市场营销的 22 条法则》体例一样的专著,围绕着打造品牌提出了 22 条法则。2000 年,《打造网络品牌的 11 条法则》(*The 11 Immutable Laws of Internet Branding*)出版。这些法则绝大多数内容还是以往定位理论讲过的原则和方法,当然也有部分内容是特别针对品牌和互联网提出的新观点,这里不做详细介绍了,部分内容在后面的篇章中会有所讨论。这里要适当着墨的是里斯关于公关和视觉设计的观点。

(1) 公关与广告

公关的作用在之前的定位著作中有过简单的提及,本章前文亦曾提到里斯和特劳特在缺少广告费用的情况下主要通过论文、演讲、免费印刷品等公关的方式对定位理论进行推广,并引起了轰动。里斯将自己的经验进一步提炼,又形成了一条新的法则,即"公关第一,广告第二"。该观点主要体现在其同名著作《公关第一,广告第二》(*The Fall of Advertising and the Rise of PR*,又译作《公关的兴起,广告的没落》)中。

公关和广告关系理论提出的背景是,定位理论最初同 USP 和品牌形象论一样,属于广告理论,80 年代之后才逐渐演变为营销理论和战略理论,但对广告的依赖确是始终不变。很多企业都能在理智上接受聚焦理论,但它们认为有一个现实的障碍在阻碍它们创立新的品牌,那就是高昂的广告费。既然建立一个新品牌需要天价的广告费,还不如用老品牌来做产品线延伸……

里斯认为,广告的作用在下降,其不再是包打天下的万能良药;在心智时代,广告和公关各自有各自的特点和用途。广告的特点是力量大、可控性强、可信度低,而公关恰恰相反,所以公关的作用应该是建立认知,而广告的作用是持续提醒。

里斯举了大量的案例来印证他的新思想,不过里斯最引以为傲的还是定位理论自身的发展。里斯认为,定位理论的发展壮大是"公关建立认知"的典范,因为里斯伙伴公司开始只是一家小公司,远不如麦迪逊大道上的 4A 公司财大气粗,于是他们主要靠公关来推广定位理论,直至定位理论崛起为具有世界影响力的营销理论。

（2）视觉语言的丰富：视觉锤

1981年出版的《定位：争夺用户心智的战争》一书从未提及图像或视觉的概念，只有语言和文字，而定位的目标是在顾客和潜在顾客的心智中占据一个字眼，比如宝马的"驾驶"、沃尔沃的"安全"。在21世纪仍然如此。每个负责产品定位的策划都应该尝试在顾客和潜在顾客的心智中占据一个字眼。

里斯的女儿劳拉·里斯，将传统的定位重新定位为"语言上的定位"，类比为"钉子"；将视觉则定位为"视觉上的定位"，类比为"锤子"。这就有了劳拉·里斯的专著《视觉锤》(*Visual Hammer*)一书。"定位理论最大的变化就是增加了'视觉锤'，"里斯说道，"如果你看过原先那本《定位》书的话，它所提的内容仅限于文字。我们当时忽视了视觉，而视觉的力量远比文字更为强大。……如果所使用的语言文字无法在脑海中形成视觉关联的话，我们就不会使用这些文字。"

这里多说几句。定位理论自诞生起，就对广告创意不怎么"感冒"。现在，里斯通过"视觉锤"的概念部分地弥补了定位理论在视觉传达上的不足。定位理论类似的缺陷和不足其实还有很多。说不定哪天又会有"听觉针""嗅觉棒""触觉勺""体验锅""情感锣"之类的理论出来，以弥补定位理论在听觉传播、购买体验、场景营销、产品使用、情感互动等环节的不足。当然，这些新概念都要以符合和强化定位为前提。

（五）经济层面上的定位理论（2010年后的定位理论）

里斯和特劳特从未声称定位理论已经成为一种经济理论。笔者之所以提出"经济层面上的定位理论"，依据的是近年来定位系列专著、里斯和特劳特及其伙伴们公开发表的言论中，已经有很多内容不再局限于企业或者部门的营销职能，而是上升到了经济学层面。定位派人士的这些言论，要么声称定位理论对促进社会整体生产力所起到的巨大作用，要么强调定位理论对中国产业升级转型的引导作用，要么提出民族品牌要在定位理论的指导下实现全球化发展。这些观点已经在事实上将定位理论延伸到生产力与生产关系、价值生成、经济全球化、中国经济转型等多个经济学领域。

1. 国家竞争优势：A模式与J模式

里斯和张云在"定位经典丛书"的序言（里斯专著部分）中站在国家竞争战

略的高度，研究了美国企业发展模式与日本企业发展模式的不同，并指出：美国企业之所以更具竞争力，是因为符合了定位理论的战略原则，即一个品牌代表一个特定的品类、多品牌化发展；相比之下，日本经济不断萎缩说到底是因为违背了定位理论的战略原则，采用了品牌延伸和单一品牌的发展模式。他们用两国国名首字母来命名各自的企业结构和发展模式，分别是 A 模式与 J 模式。总体而言，A 模式最为显著的特点就是聚焦，狭窄而深入；J 模式则宽泛而浅显。两人进而指出，中国企业如果及时吸取两国的经验和教训，按照定位理论的原则为品牌进行定位，放弃品牌延伸和单一品牌模式，未来一定能够实现经济的全球化崛起与民族复兴。

两人的依据是 1999—2009 年 10 年间，日本六大电子企业和美国 500 强企业之间财务状况的对比数据。日立（Hitachi）、松下（Panasonik）、索尼（Sony）、三洋（Sanyo）等日本企业都在亏损，它们都是典型的 J 模式企业。相反，同期美国 500 强企业平均利润率高达 5.4％。由此可见，从更宏观的层面看，日本经济长期低迷的根源远非糟糕的货币政策、金融资产泡沫破灭，而是 J 模式之下实体企业普遍糟糕的赢利水平。

定位理论正由于对美国企业的深远影响而成为"A 模式背后的理论"。经过半个世纪以来的不断发展和完善，定位理论对美国企业以及全球企业产生了深远的影响，成为美国企业的成功之源，乃至美国国家竞争力的重要组成部分。

中国家电企业普遍采取 J 模式发展，最后陷入行业性低迷，以海尔最具代表性。海尔以冰箱起家，后来逐步进入黑电、IT、移动通信等数十个领域。根据海尔公布的营业数据估算，海尔的利润率基本在 1％左右。与之相对应的是，家电企业中典型的 A 模式企业——格力，通过聚焦，在十几年的时间里由一家小企业发展成为中国最大的空调企业，并实现了 5％—6％的利润率。

当前，中国经济正处于极其艰难的转型时期，成败的关键从微观来看，取决于中国企业的经营模式能否实现从产品贸易向品牌经营转变，更进一步看，就是从当前普遍的 J 模式转向 A 模式。定位理论应当是中国企业和企业家们的必修课，假以时日，中国经济的成功转型乃至中华民族的复兴都将成为可能。

如何评价这种观点，可能需要经济学家的介入，但是目前来看这两种模式的提出至少在研究方法上是有缺陷的：首先，两人采用的是举例的方法，并且案例也是经过了精挑细选，难免有以偏概全的嫌疑；其次，所有案例的研究只涉及"定位"这一个影响因子，并没有排除其他因素的影响，这导致了结论很难归因为这些企业的成败在于是否符合了定位理论;再次,美国的企业不都是符合定位理论的,日本的企业也不都是不符合定位理论的,直接用国名来命名这两种模式,未免有些唐突。

2."第三次生产力革命"

"定位理论是第三次生产力革命"是2011年由特劳特伙伴公司全球总裁、特劳特中国公司董事长邓德隆在机械工业出版社出版的"定位经典丛书"的总序(特劳特专著部分)中提出来的。虽然该说法不是里斯或者特劳特亲口所言,但是鉴于邓德隆作为特劳特中国公司董事长的身份,以及该说法又是作为"定位经典丛书"的总序中的内容得到了广泛的推广,因此我们还是应当将其作为定位理论向经济学延伸的一种表现。

按照邓德隆的说法,第一次生产力革命,是通过弗雷德里克·泰勒(Frederick Taylor)的《科学管理原理》(*The Principles of Scientific Management*),大幅提升了体力工作者的生产力。欧洲和日本从第二次世界大战的经验与教训中,认识到泰勒工作方法的极端重要性。两者分别通过马歇尔计划和戴明(Edwards Deming)引入了泰勒的作业方法,从而促成了日后欧洲的复兴与日本的崛起。第二次生产力革命,是通过德鲁克(Peter Drucker)开创的管理学理论(核心著作是《管理的实践》及《卓有成效的管理者》)大幅提升了组织的生产力。第三次生产力革命,是通过特劳特提出的定位理论,大幅提升了品牌的生产力。

我们承认定位理论对品牌传播、营销、管理的积极影响,也承认泰勒和德鲁克对现代企业管理的贡献,但是站在生产力和生产关系角度将这三种理论称为"生产力革命"还是欠妥当的。生产力发展水平的高低是生产力要素构成的系统与其所处的政治、经济、社会、文化、生态等环境构成的体系聚合匹配的结果,而生产力要素中最重要的影响因素是科学和技术。科学技术是生产力,而且是第一生产力,这是我们很早就学习过的真理。理论,尤其是管理和营销理论,虽然很重要,但充其量只是生产力要素所处环境中的经济层面的一小部分而已。直接说某种理论本身就是生产力是非常牵强的,会让人们产生定位理论被神化的感觉。

3. 新"国富论"

在里斯和特劳特的眼中,定位理论是价值的源泉,是应对经济危机的良药,也是21世纪全球化竞争的动力。

里斯曾经引用亚当·斯密(Adam Smith)的话来描述定位理论在促进生产

力发展中的作用：到底是什么创造了财富？现代经济学之父亚当·斯密在1776年出版了《国富论》(*The Wealth of Nations*)一书，并在书中回答了这个问题。亚当·斯密认为，财富是由社会化分工和专业化生产创造的，而市场规模决定了分工的程度。市场规模越大，专业化程度越高，国家的富裕程度越高。市场规模越小，专业化程度越低，国家的富裕程度越低。中国市场应该满是聚焦于主导品类的企业。但是，很多中国公司目前所做的事情和很多美国公司所做的事情不谋而合：它们都在延伸产品线。它们本来应该比现在富裕得多，结果却恰恰相反。

里斯认为，多元化和缺乏聚焦是发展中国家普遍存在的问题。这些国家经济规模小、关税高，导致它们的公司失去聚焦的情况非常严重，无法适应国际市场竞争。如果不实行痛苦的改革，这些公司多数都无法生存。里斯所说的改革，当然是用定位理论的原则进行的改革。

特劳特生前对中国有特别的偏爱。从2002年起，几乎每年他都会来中国，为中国企业取得的进步和成就感到高兴。他为特劳特中国公司设立了使命："推动中国经济转型。"他对中国企业家说："中国正处在一个至关重要的十字路口上。制造廉价产品已使中国有了很大的发展，但上升的劳动力成本、环境问题、收入不平等以及对创新的需求都意味着重要的不是制造更廉价的产品，而是在全球拿到行业领导地位和定价权。只有这样，中国才能赚更多的钱，才能在员工收入、环境保护和提升产品品质等其他方面进行更大的投入。"

进入21世纪以来，全球发生了很多变化，包括全球化、城市化、超级技术和互联网的兴起。为了应对这些以及市场上的其他变化，艾·里斯、劳拉·里斯、张云三人合著了《21世纪的定位：定位之父重新定义"定位"》(*Positioning in the 21st Century: What Worked in the 20th Century Won't Necessarily Work in the 21st Century*)。该书概括了7条新的定位原则，以应对新的环境和新的任务。其中涉及经济层面的是该书前三章，也就是定位理论在推动国家和企业应对"全球化""城市化""超级技术"三项挑战与机遇时所起到的巨大作用。

企业在走向全球化时要遵守三个定位原则：其一，要遵循聚焦法则，市场越大，产品线越要收窄。其二，将你的品牌以国内品牌领导者的定位在全球市场上进行营销。其三，你的国家在该品类拥有自己的定位。例如，德国代表着汽车工业。在里斯眼中,中国占有的品类是茶叶和饮食。

在城市化问题上,城市化水平越高,品牌的专业化程度就越高。城市化创造了许多开发新品牌的机会,城市越大,越要聚焦到一个更窄的品牌上。因此,品牌专业化和聚焦化是一个强烈的趋势。

从经济层面上来讲,定位理论还是那个定位理论,里斯和特劳特并没有提出与经济学相关联的新颖理论,只是生硬地拔高了定位理论的地位。我们不禁要问,定位理论从广告理论升级为营销理论,从营销理论升级为战略理论和品牌理论,现在又上升为经济理论,定位理论的升级到顶了吗?这个还真不一定,因为再往上走还有哲学和宗教,只是不知道这个任务由谁来完成。

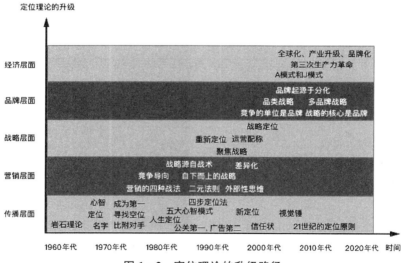

图 1-2 定位理论的升级路径

三、本章小结

经历了五十多年的孕育、诞生、发展、演变的过程之后,定位理论已经演化出庞大的理论体系。里斯和特劳特包括继承他们衣钵的弟子们一直在不断地升级定位理论,从而让定位理论能够更好地适应时代,当然也有可能是让时代适应定位理论。更多的学者加入定位理论的研究,不管是支持的还是反对的,他们都是定位理论的学习者。

定位理论已经在美国、中国乃至全世界证明了其价值。实践中的成功,带来巨大的理论自信,正如你将在本书后续章节所看到的,定位理论的创建者和继承者们试图用定位理论来解释一切,并且在实践中表现出对其他营销理论的排斥性。定位理论自诞生起就伴随着争议,这种争议在互联网大发展的今天日趋严重。尽管如此,定位理论的巨大魅力还是吸引了更多的人加入进来。

第二章
定位理论在中国的发展及理论危机

> 是定位理论成就了中国企业,
> 还是中国企业成就了定位理论?

定位理论诞生在美国,但在中国尤其受欢迎,这可能是因为中国经济高速发展,等不及学习更加完整的营销理论吧!特劳特来中国接受采访时开玩笑式地说:后悔自己没早些来到中国。因为他看到了中国营销人和企业家们学习定位理论的热情。当然,特劳特是一片真心。不过国人的热情却有些慢慢变味。定位理论传入中国后,经历了普及、升级、分化、泛化、神化的过程。无疑,定位理论是成功的,但也在流变过程中孕育着严重的理论危机和实践危机。

一、定位理论在中国的传播与发展

(一)定位理论在中国的"百年翻译运动"

如果你对欧洲历史或者西方哲学感兴趣,那你一定知道"百年翻译运动"。"百年翻译运动"的全称是"阿拉伯百年翻译运动",指的是中世纪阿拉伯帝国开展的翻译介绍古希腊和东方科学文化典籍的大规模、有组织的学术活动。从8世纪中叶起,阿拔斯王朝哈里发实施博采诸家、兼容并蓄的文化政策,大力倡导和赞助对古希腊、罗马、波斯、印度等国的学术典籍进行翻译、介绍和注释。于是,大量作品被学者们从波斯文、古叙利亚文或希腊文译成阿拉伯文。这一方面令阿拉伯世界吸取了先进文化遗产,另一方面也间接保护了欧洲文明成果。在欧洲文艺复兴时期,欧洲因为文本的失传,不得不把很多翻译成阿拉伯文的古典文本从阿拉伯文又重新译成拉丁文。

现在,中国就像当年的阿拉伯帝国一样,对诞生于美国的先进的定位理论充满了向往。

1. 定位理论在中国的早期传播

1985年,由暨南大学经济学院傅汉章、邝铁军主编的《广告学》一书,首次对源于美国的定位理论进行了初步介绍。但是这本书中关于定位理论的内容似乎不是直接来源于里斯和特劳特的相关著作,笔者推测有可能来源于欧美的广告教科书。该书将定位称为"商品定位"和"产品定位",指出"有人认为定位就是为商品在市场上固定一个位置,譬如手表,有的把位置固定在'高级手表'上,有的固定在'大众手表'上……有人则认为定位就是把产品定于在何时、何处、对哪一阶层消费者出售……还有人认为定位就是通过广告赋予产品一定的地位……"①可见,该书对定位的概念并没有理解清楚,只是模糊地认为定位就是为产品找个"位置",这个位置不是"心智"中的位置,而是物理空间的位置或者是产品档次的位置。作者甚至还错误地把定位理论的提出者说成了大卫·奥格威。由此我们可以推测,至少在1985年之前,大陆的学者还没有直接接触过定位理论的相关著作。

1988年,陆永华在《商品定位新论:瑞斯、特劳特〈定位:争夺头脑之战〉一书评介》一文中,对1986年第二版《定位》的内容进行了比较全面的介绍,同时在摘要中顺带提到了《市场战》,也就是后来的《营销战》。该文不是简单的"拿来主义",而是表达了自己的观点。陆永华认为:瑞斯和特劳特的定位理论是针对已有产品的宣传,这种对宣传的"过分"强调是有客观依据的。另外,该书的一些例证比较牵强,缺乏说服力。随后作者还对定位理论做出了切合中国当时实际情况的评价,指出"我国的商品经济还处于不发达状态,市场远没满足消费者的需求,卖方市场的特征还很强,许多产品的质量和品种都有待于大大提高。……一般企业都没有把广告作为整个经营战略的一部分"②。可以看出,定位理论至晚在1988年已经在学界引起注意,并有学者已经开始直接接触定位理论的相关著作了。但是20世纪80年代末的中国,定位理论在实践上还缺乏条件。

---

① 傅汉章、邝铁军:《广告学》,广东高等教育出版社1985年版,第93页。
② 陆永华:《商品定位新论:瑞斯、特劳特〈定位:争夺头脑之战〉一书评介》,《经营与管理》,1988年第5期,第42—46页。

1990年,包含有定位环节的科特勒《营销管理:分析、计划和控制》(*Marketing Management:Analysis,Planning and Control*)第5版的中文版在大陆出版发行。然而,科特勒的定位理论与里斯和特劳特的定位理论并不完全相同,而是置于营销管理的系统之中,成为营销的一个环节。不过,定位的概念正式开始出现在中国营销人和广告人的视野中。

1981年,台湾知名广告学者、辅仁大学教授刘毅志先生赴美旅行期间,见到了刚刚出版的《定位》一书,旋即购买一本装入行囊。返台后,刘毅志认真阅读该书,深感中美两国民族文化传统和社会环境的差异,这与最早讨论定位理论的几位大陆学者感触类似。但是该书也深刻启发了刘毅志的广告思维,于是决定着手翻译该书。1986年,《定位》第2版在美国出版,该版本新增16、20、21三章,总章节达到25章,新版对书中案例进行了大量更新。于是刘毅志在英文第2版基础上,对其第1版译作进行了修订,于1987年正式在台湾出版发行。

1991年,也就是英文版《定位》一书出版的十年后,中国广告教育的先驱唐忠朴先生,将刘毅志组织翻译的一系列广告著作以及部分其他西方广告著作介绍到大陆并整理成"现代广告学名著丛书",由中国友谊出版社出版发行。据说,刘毅志对该丛书能在大陆出版感到十分荣幸,并且只象征性地收了一块钱版权费。除了《广告攻心战略——品牌定位》(刘毅志所翻译的《定位》一书的译名)一书以外,该系列丛书还包括大卫·奥格威的《一个广告人的自白》(*Confessions of an Advertising Man*)、唐·舒尔茨(Don Schultz)的《广告运动策略新论(上下册)》等广告学名著共8部。这套丛书的出版,极大丰富了中国广告教育的素材,同时也正式将定位理论完整地介绍到中国大陆。根据邱敏和王紫的研究,《广告攻心战略——品牌定位》还是我国改革开放以来第一部公开出版的品牌学译著[①]。

中国对外经济贸易出版社也是较早翻译并出版定位理论系列丛书的出版社,于1992年出版《营销战》,于1996年出版《22条商规》。

虽然定位理论的专著已经进入中国,定位仍只在学术界讨论,并没有引起企业和营销人士的重视。90年代对系统的营销和广告理论没有迫切的需求,

---

① 邱敏、王紫:《改革开放40年来我国品牌学译著的引进及分析》,《国际品牌观察》,2020年第5期,第15—21页。

中国当时的市场还处在物质积累期,媒体少、广告效果好。在那个时代,大企业考虑的是如何成为央视广告标王,小企业崇尚的是投机取巧的点子营销。专业的广告公司和咨询策划公司还不成气候。定位理论的普及还在等几个重要人物的出现。

2. 定位理论的"黄埔军校"

1995年,同在TCL品牌部工作的邓德隆和陈奇峰读到了刘毅志翻译的《广告攻心战略——品牌定位》这本书,两人一发不可收拾,开始埋头研读。当时中国彩电行业正值价格战,价格战由长虹挑起,连带一批彩电品牌都跟着降价。邓德隆和陈奇峰一边负责电视品牌,一边走访了一些知名企业,他们惊叹道:我们一定要将这个理论钻研透,介绍给企业,定位对正值转型的中国企业太有启示意义了。

邓德隆和陈奇峰用心研读,但还是有很多地方不懂,于是就给远在美国的特劳特写信、发邮件求教。同时还组织"读书小组",小组里的人一起学习定位。后来读书小组越发扩大,很多营销广告人加入了进来。

1998年,广州成美行销广告公司成立。按照邓德隆的说法,成美的意思就是成人之美,宗旨在于"帮助企业成就自己,但却不抢企业风头"。公司的骨干成员包括邓德隆、陈奇峰、耿一诚、张婷、张云等人。就像里斯当年在自己的广告公司以"岩石"作为自己的模型工具一样,邓德隆与他的伙伴们以"定位理论"作为成美的模型工具,并提出了"先有定位,再做广告"的口号,成为最早在国内实践定位理论的广告公司。后来,这些人成为翻译、传播、实践定位理论的骨干,因此广州成美行销广告公司又被称为"中国定位理论的黄埔军校"。

在乐华彩电、TCL美之声无绳电话的市场推广和各类广告制作中,成美对定位理论进行了初步的实践,TCL美之声无绳电话的推广还被评为"2000年度十大营销案例"。江中健胃消食片、百雀羚、王老吉、血尔都是这一时期的代表案例。

从名字上可以看出,这个时期的成美还是一家标准的"广告代理公司",后来让定位名扬天下的"王老吉"当时也只是想找成美制作新的广告片。"先有定位,再做广告"也只是成美区别于其他广告公司的"特色服务"。因为当时的广告主还没有为咨询方案买单的先例,定位的策略方案当然就不能单独拿出来收费,广告公司只能赚取广告制作和投放的佣金。同时也说明,此时的中国本土定位派人士更多的还是将定位理论视为广告理论,用于指导广告片和广告文案的制作。2005年，成美更名为"成美营销顾问有限公司"，新公司剥离了广告业务而专注于为客户制定定位战略。

1999年，特劳特给邓德隆回复邮件，说他近期将访问新加坡，希望能在新加坡会面。邓德隆携妻子如愿见到了特劳特，妻子做翻译，两人交流颇为顺畅，会谈期间邓德隆建议特劳特双方通过合作，在中国设立分公司。两年后，邓德隆和特劳特达成一致意见，同意在上海成立特劳特中国公司，邓德隆为中国区唯一指定授权人。同年，邓德隆和陈奇峰离开广州成美，前往上海，正式开启特劳特中国公司的定位之旅。邓德隆之所以离开成美，可能是因为他觉得只有"特劳特"和"里斯"才是最正宗的定位，两位大师的名字才是"金字招牌"，而成美多少带点"土味"。张婷回忆成美广告那段日子时就说过："那个阶段做定位的方法不够科学，很随机，基本上是根据成美人的个人经验，用拍脑袋、找灵感的方式帮助客户寻找定位，用拍广告片的方式来解决客户的销售问题。"这是否说明"正宗"比"第一"更有价值呢？当然，如果放眼全球的话，里斯和特劳特才是当之无愧的"定位第一"。这不禁让人觉得，邓德隆就是西天取经的唐僧，只是取的不再是佛经，而是正宗的定位理论了。

邓德隆等人加入特劳特中国公司以后，耿一诚继任广州成美行销广告公司董事长和总经理，张婷任研究总监。2002年，已经加入特劳特中国公司的邓德隆和陈奇峰与成美的耿一诚、夏毅一起合作出版了《定位中国实践版》一书。该书回顾了定位理论的核心内容，针对中国当时在白酒、家电、运动品牌已经出现的广告战，着重指出企业要"先有定位，再做广告"，同时用农夫山泉、血尔、TCL、美之声等成功案例，翔实生动地演绎了对定位理论如何中国化的见解。2006年，耿一诚与张婷对《定位中国实践版》进行修订，新版名称改为《不同于奥美的观点》，并增加了后来让定位理论在中国风光无限的"王老吉"和"江中健胃消食片"等最新案例。《定位中国实践版》和《不同于奥美的观点》两本书的出版，是定位理论中国本土化的成功经验总结，对定位理论在中国的发展具有重要意义。

俗话说"时势造英雄"，邓德隆等人之所以首先站出来大力推广定位理论，最主要的原因是中国经济的快速发展，让营销理论的传播具备了各种主客观条件。90年代末，以海尔、海信、澳柯玛、春兰、科隆、容声、格力、长虹、TCL等品牌为代表的家电品牌快速崛起，并通过价格战的方式压低了家电价格，让电视机、空调、电冰箱、电脑等大家电走进千家万户，同时淘汰了一大批不具备实力的中小企业,实现了品牌集中。尤其是海尔和联想,率先进入国际市场。

另一个热点是体育运动品牌。随着奥运会、世界杯、欧洲杯、各类联赛的持续火爆,观看体育赛事成为老百姓日常生活的一部分。于是,李宁、安踏、匹克、特步等运动品牌应运而生,它们纷纷请知名的奥运冠军和体育明星甚至是体育团队代言,并且成为以CCTV-5为主要阵地的央视广告大客户。

于是,当年里斯和特劳特所讲的市场状况开始在中国出现:产品同质化、媒体大爆炸、广告失效……如果你还有印象的话,一定还记得,当时家电产品的广告往往是形象广告,而运动品牌的广告往往都是体育明星代言广告,也属于一种形象广告。虽然家电和运动品牌只是一个缩影,当时中国的市场确实越来越像20世纪70年代的美国。企业和品牌亟须品牌战略的加持,广告和营销则亟须系统的工具。

巧合的是,特劳特中国公司成立后拿到的第一个单子就充分体现了定位理论与品牌形象论的正面交锋。2002年,邓德隆为特劳特中国签下第一个定位咨询客户——劲霸。劲霸是福建的一个服装品牌,这听起来似乎没什么特别,但是前文提到过,安踏、匹克、特步等运动品牌打广告战所借助的是体育明星代言和央视广告,属于典型的"品牌形象"的方法。这几个品牌,就是福建服装品牌和运动品牌的代表。现在,劲霸第一个站出来,放弃了屡试不爽的形象工具,转投到定位理论的石榴裙下,凭借"每一款夹克都有一处独创设计"的广告,成功占据了"男士夹克"这一心智定位。这件事象征意义巨大,也昭示了时代的变迁。

显然,除了"产品同质化、媒体大爆炸、广告失效"等问题的出现,倒逼定位理论火爆起来的还有中国快速发展的消费市场。特劳特更具战略眼光,将定位理论上升到了中国市场转型升级的层面上,鼓励中国的营销人积极主动地寻求变革。

3. 定位理论的广泛传播

2000年前后,菲利普·科特勒的《营销管理》、唐·舒尔茨的《整合营销传播》(Integrated Marketing Communication)、戴维·阿克(David Aaker)的品牌三部曲都传入中国,并成为业内热议的话题。里斯和特劳特的定位理论系列著作也被重新翻译。2002年,中国财政经济出版社在麦格劳·希尔(McGraw-Hill)2001年《定位:20周年纪念版》基础上,重新翻译和出版了《定位》《营销战》《营销革命》三本经典定位理论著作,一时间洛阳纸贵,成为广告和营销人员的枕边书。三本书的出版,让定位理论以拥有较为完整的理论体系的姿态展示在中国营销人面前,让他们知道,定位理论不仅仅是一种广告理论,还是一种营

> 定位理论过时了吗？

销管理理论，并且已然上升到公司战略的高度。

这三本书从问世到被重新翻译已经过去了二十年，这反映出中美在经济和理论上的巨大差距。这正应了马克思的那句话，经济基础决定上层建筑。但是情况很快发生了根本改变，随着《新定位》的出版，定位理论最新著作在中国的问世差不多做到了与美国同步。

这里要插播一个段子，就是在 2001 年发生了一件大家后来都知道的事。这年，美国营销学会票选 20 世纪对美国营销影响最大的观念，定位理论击败瑞夫斯的"USP 理论"、奥格威的"品牌形象理论"、科特勒的"营销管理理论"、波特的"竞争价值链理论"而获胜。此后，"有史以来对美国营销影响最大的观念"这句话就被印到了定位理论的系列著作的封面上。

同样是在 2000 年前后，中国的各大高校开始扩招，以满足快速发展的经济对人才的需求。市场营销学、广告学、电子商务学、公共关系学等新专业开始遍地开花。定位理论也和整合营销传播理论、品牌资产理论一起走向课堂，成为当时最先进的营销理论。艾·里斯、杰克·特劳特、菲利普·科特勒、唐·舒尔茨、戴维·阿克成为中国营销人和广告人心目中的"营销大师"和"品牌大师"。

随着高校广告学、市场营销学专业的设立，各种广告教材也开始丰富起来。从唐忠朴先生组织出版"现代广告学名著丛书"，《定位》一书被正式介绍到中国大陆开始，定位理论成为各种广告教材的必备内容，由此可见定位理论的普及程度。但是，翻看这些教材会发现一个规律，就是定位理论永远跟瑞夫斯的"USP 理论"和奥格威的"品牌形象理论"摆在一起。也就是说，至少在教材层面上，定位理论只是作为一种广告策略理论被介绍，远远没有涉及营销、品牌、战略的层面。

虽说"定位""整合营销传播""品牌资产"等概念已经为人所知了，但是当时真正把定位理论、整合营销传播理论、品牌资产理论搞明白的人确实不多。大家只觉得这些理论很牛，但牛在哪里又说不出。在应用层面上就更差强人意了，成功案例不多，也缺少成熟的运营体系。定位理论"一看就懂，一学就会，一用就晕，一做就错"成为定位理论学习者最痛的领悟。对于定位理论的应用，企业也好，广告公司也好，大家都在观望。定位理论在实践中的普及，还需要里斯、特劳特和他们最早的追随者们亲自来操刀。

前面说过，里斯和特劳特早在 1994 年就宣告分手走向各自发展的道路。

在中国市场的经营上,特劳特显然更具慧眼,并且先人一步。当然,这也与特劳特的个性有关。特劳特率先进入中国,可能这也是特劳特在中国的知名度比里斯更高的原因吧！2002 年,特劳特中国公司在上海成立,邓德隆任 CEO,陈奇峰、李湘群等追随邓德隆到上海,致力于协助中国企业以定位引领战略,"定位就是战略"等理念一时让很多中国商业人士耳目一新。当然,里斯也不会落下太久,毕竟中国市场太具有吸引力了。2007 年,里斯进入中国,原成美公司的客户经理张云出任 CEO,把聚焦、品类战略、视觉锤等理论引入中国。2008 年,里斯开始直接在中国权威营销和管理杂志《销售与市场》《中外管理》上开辟专栏,结合中国实际,持续发表系列文章,极大地推动了定位理论在中国的传播。

  里斯说过：公关第一,广告第二。里斯和特劳特刚刚提出定位理论的时候,他们还没钱做广告,他们选择在《产业行销杂志》《广告时代》上刊载文章,在业内积累起一定名气之后再去企业演讲并免费发放定位理论的小册子,用这种低成本的方式迅速积累了知名度。特劳特中国公司成立以后除了日常的营销和广告咨询外,他们还频繁地亮相电视节目,为观众传道、授业、解惑。同时还开设培训班作演讲,以公关的方式推广定位理论。笔者记得当时也打印了邓德隆的小册子,为里面的精彩案例所倾倒。

  第二步看起来似乎不是什么大不了的事情,但是对于推广定位理论,推广特劳特中国和里斯中国起到了不可替代的作用,那就是重新翻译和补充出版里斯和特劳特的全部著作。

  到此时为止,《定位》已经在中国出了两个版本,分别是台湾刘毅志译本和中国财政经济出版社出版的王恩冕译本。同时,中国财政经济出版社还出版了《营销战》和《营销革命》两本书。其他类似《公关第一,广告第二》《市场营销的 22 条法则》和《精灵的智慧》(*A Genie's Wisdom*)等经典定位图书也经由不同的译者和出版社出版。那特劳特中国公司和里斯中国公司为什么要重新翻译和补充翻译定位理论的系列著作呢？是前面的版本翻译得不好吗？当然不是。首先,这些书是不同的译者和不同的出版社出版的,存在着概念和风格不统一的问题,读者读来容易混淆甚至是前后矛盾。其次,这些书在美国的出版时间和在中国的出版时间不一致,导致中译本出版的先后次序混乱,就像看电视剧一样,从第一集蹦到第五集,然后又是第二集,难免造成阅读上的障碍。

  新的定位系列丛书从 2011 年开始陆续出版,新的版本做了以下几方面的

| 定位理论过时了吗？

优化：

第一，统一装帧设计。所有的定位专著都是统一显眼的大红色封面，右上角"定位经典丛书"标识的下面统一印有"对美国营销影响最大的观念"字样。

第二，由特劳特中国公司或者里斯中国公司的合伙人充当翻译，成为定位理论的官方权威发声人。

第三，对书名重新翻译，并且书名采用主副标题的形式。例如，《营销战》改名为《商战》，《公关第一，广告第二》改名为《广告的没落，公关的崛起》，《聚焦法则：企业经营的终极策略》改名为《聚焦：决定你公司的未来》。《品类战略》的副标题是"定位理论的最新发展"，《与众不同》的副标题是"极度竞争时代的生存之道"。①

第四，对概念、品牌译名、翻译风格进行统一，让人们感觉所有的书都如出一辙。通过经典定位书籍的重新翻译出版，统一"心智""认知""聚焦"等核心概念，为理论推广铺平道路。

第五，第一时间对里斯和特劳特的著作进行翻译和出版，做到中美同步。《定位》一书首次进入中国距离该书首次出版正好是 10 年时间，《营销战》进入中国距离该书在美国出版甚至超过了 17 年。但是从特劳特中国公司和里斯中国公司重新翻译定位理论著作以来，该步伐明显加快。除此之外，里斯和特劳特也是经常赴中国出席论坛、研讨会，面对面与中国学者和实践者交流。

第六，独立出书以及合著。单纯的翻译不能保证权威性，关键是要推出中国本土化的定位理论著作。特劳特中国公司的邓德隆出版了《2 小时品牌素养》，里斯中国公司发布了《品类战略：中国企业如何创品牌》的报告。里斯中国公司的张云出版了《品类战略：定位理论的最新发展》，并与艾·里斯和劳拉·里斯合著《21世纪的定位：定位之父重新定义"定位"》一书。这些中国本土化的著作和合著著作，共同构成了定位理论的著作体系。

关于定位理论相关著作名称的新旧翻译请参考表 2.1。

---

① 这里要插一句，新译著的小修改本无可厚非，但是笔者认为把《营销战》重新翻译成《商战》是十分不恰当的。首先，《商战》既不准确也不顺口，Marketing 无论如何也不会等于 Business；其次，在第一章中我们指出，《营销战》是定位理论从广告理论上升为营销理论的重要理论成果，这里居然直接把"营销"的字眼给去掉了。为改而改、为区别而区别的目的使然。唯一讲得通的就是其为"商场如战场"这句话的简称了。

第二章 定位理论在中国的发展及理论危机

表 2.1 定位理论系列著作名称新旧译法一览

序号	出版时间	英文书名	作者	中文旧译名及出版时间	中文新译名及出版时间
1	1981	Positioning: The Battle for Your Mind	艾·里斯,杰克·特劳特	《广告攻心战略——品牌定位》(1991);《定位:有史以来对美国营销影响最大的观念》(2002,2011)	《定位:争夺用户心智的战争》(2015)
2	1985	Marketing Warfare	艾·里斯,杰克·特劳特	《营销战》(2002);《商战:摩根士丹利所推崇的商业战略思想》(2007);商战(2011)	《商战:"定位之父"教你打赢商战》(2017)
3	1988	Bottom-Up Marketing	艾·里斯,杰克·特劳特	《营销革命》(2002,2012)	《营销革命:颠覆传统思维的营销战略》(2017)
4	1989	Horse Sense: The Key to Success Is Finding a Horse to Ride	艾·里斯,杰克·特劳特	《人生犹如赛马:营销大师教你如何推销自己》(2005)	《人生定位:特劳特教你营销自己》(2011)
5	1993	The 22 Immutable Laws of Marketing: Violate Them at Your Own Risk	艾·里斯,杰克·特劳特	《22条商规:违背这些法则你将自冒风险》(1996);《市场营销的22条法则》(2002)	《22条商规:美国CEO最怕竞争对手读到的商界奇书》(2009,2013,2016)
6	1996	The New Positioning: The Latest on the World's #1 Business Strategy	杰克·特劳特,史蒂夫·里夫金	《新定位:"定位"理论的刷新之作》(2002);《新定位:定位战略的新进展》(2014)	《新定位:对心智的新认识,定位理论更新之作》(2019)
7	1996	Focus: The Future of Your Company Depends on It	艾·里斯	《聚焦:决定你公司的未来》(2002);《聚焦法则:企业经营的终极策略》(2003)	《聚焦:决定你企业的未来》(2012)

061

续表

序号	出版时间	英文书名	作者	中文旧译名及出版时间	中文新译名及出版时间
8	1998	The 22 Immutable Laws of Branding: How to Build a Product or Service into a World-Class Brand	艾·里斯、劳拉·里斯	《打造品牌的22条法则》(2002);《品牌22律:定位大师教你轻松打造品牌》(2004);《品牌22律:轻松打造品牌的22条定律》(2011)	《品牌22律:最受美国企业家欢迎的三大品牌经典之一》(2013)
9	1998	The Power of Simplicity: A Management Guide to Cutting Through the Nonsense and Doing Things Right	杰克·特劳特、史蒂夫·里夫金	《简单的力量:删繁就简正确行事管理指南》(2004)	《简单的力量:穿越复杂正确做事的管理指南》(2010)
10	2000	Future Focus: How 21 Companies Are Capturing 21st Century Success	西奥多·B·金尼,艾·里斯	《核心经营:基业长青的经营之道》(2004)	/
11	2000	The 11 Immutable Laws of Internet Branding	艾·里斯、劳拉·里斯	《打造网络品牌的11条法则》(2002);《互联网品牌11条:摩根士丹利所推崇的商业战略思想》(2006)	《互联网商规11条:互联网品牌圣经》(2012,2013)
12	2000	Differentiate or Die: Survival in Our Era of Killer Competition	杰克·特劳特、史蒂夫·里夫金	《与众不同:极度竞争时代的生存》(2005)	《与众不同:极度竞争时代的生存之道》(2009,2011)
13	2001	Big Brands Big Trouble: Lessons Learned the Hard Way	杰克·特劳特	《大品牌大问题:"定位"之后的企业发展战略》(2004)	《大品牌大问题》(2011)
14	2002	The Fall of Advertising & the Rise of PR	艾·里斯、劳拉·里斯	《公关第一,广告第二》(2004)	《广告的没落·公关营销崛起:彻底颠覆传统的公关圣经》(2009,2014)

续表

序号	出版时间	英文书名	作者	中文旧译名及出版时间	中文新译名及出版时间
15	2003	A Genie's Wisdom: A Fable of How a CEO Learned to Be a Marketing Genius	杰克·特劳特	《精灵的智慧：从首席执行官到营销天才的神话》（2003）；《特劳特营销十要》（2011）	《特劳特营销十要：CEO如何成为营销天才的故事》（2017）
16	2004	The Origin of Brands: Discover the Natural Laws of Product Innovation	艾·里斯，劳拉·里斯	《品牌之源》（2005）	《品牌的起源：揭示打造品牌的最基本法则》（2010，2013）
17	2004	Jack Trout on Strategy: Capturing Mindshare, Conquering Markets	杰克·特劳特	《什么是战略：摩根斯坦利所推崇的商业战略思想》（2004）	《什么是战略》（2010）
18	2008	In Search of the Obvious: The Antidote for Today's Marketing Mess	杰克·特劳特	《终结营销混乱》（2009）	《显而易见：终结营销混乱》（2011）
19	2009	War in the Boardroom: Why Left-Brain Management and Right-Brain Marketing Don't See Eye-to-Eye—and What to Do About It	艾·里斯，劳拉·里斯	《董事会里的战争：企业管理层的25个营销误区》（2009，2013）	/
20	2009	Repositioning: Marketing in an Era of Competition, Change and Crisis	杰克·特劳特，史蒂夫·里夫金	《重新定位》（2010，2011）	《重新定位：竞争、变化、危机时代的战略之道》（2011，2017）
21	2009	Visual Hammer: Positioning in The Visual Era	劳拉·里斯	《视觉锤：视觉时代的定位之道》（2012）	/
22	2019	Positioning in the 21st Century: What Worked in the 20th Century Won't Necessarily Work in the 21st Century	艾·里斯，劳拉·里斯，张云	《21世纪的定位：定位之重新定义"定位"》（2019）	/

定位理论系列著作坎坷的出版历程,加上成美、特劳特中国、里斯中国三个在中国推广定位理论的代表性公司的创业发展史,是定位理论在中国传播过程的缩影。其折射出中国市场经济不断进化、不断与西方缩小差距的历史进程,也反映出定位理论从广告理论到营销理论、战略理论、品牌理论甚至是特劳特和邓德隆所说的国家战略的不断升级的过程,只是相对于定位理论的母国美国,这个过程被大大压缩了。

至此为止,定位理论的"百年翻译运动"就告一段落了,经典定位书籍的统一化出版,让定位理论在学界和商界得以普及。但是,真正让定位理论火爆中国的则是极具火药味的理论竞争——与其他营销理论的论战,以及极具吸引力、说服力的信任状——大量本土成功案例的积累。论战和信任状构成了定位理论在中国发展的第二阶段。

(二) 言必称定位——定位理论在中国的火爆

"全球没有哪个国家像中国这样,有如此多的企业家和定位爱好者狂热地学习定位、实践定位,甚至高校也在开展定位研究。"特劳特多次盛赞中国在这次浪潮中全球领先。特劳特的称赞是否意味着定位理论在其他国家没有在中国火爆我们不得而知,但是定位理论在中国的火爆确实是毋庸置疑的。

不论是"每一款夹克都有一处独创设计"的劲霸男装,还是"肚子胀,不消化"的江中健胃消食片,虽然广告很成功,但都没能把定位推向巅峰。——人们并不知道这些成功的广告运动的背后有定位理论的加持。直到 2002 年末,一个叫"加多宝"的公司,叩开了成美的大门。它们当初只是想拍一支广告片,却从此成就了定位理论。

1. 火了凉茶,红了定位

过去,凉茶是两广地区的区域性饮品,由中药或药食同源的材料熬制而成,有降火、治感冒、祛湿气、润喉等不同功效的品种,用来治疗和预防两广地区湿热气候产生的各种小病,其他地方的人很少知道。并且凉茶不是听装或者密闭的瓶装,而是摆在铺子里散装叫卖,口感跟中药一样苦涩。所以在消费者眼中,王老吉是"药",而非饮料。对于这样一种产品,谁都不会去打它的主意。

陈鸿道看到了凉茶的商机,花高价从香港的王氏后人处拿到配方,为了顺利开展内地业务,1997 年陈鸿道的香港鸿道集团有限公司与广州羊城药业王老吉食品饮料分公司签订了商标使用许可合同。至此,王老吉凉茶同宗不同门,药品属性的绿盒王老吉属于广药集团,而饮料属性的红罐王老吉则属于加多宝。在 2003 年之前,加多宝版王老吉只在南方部分市场运作,全国市场尚未打开。

2002 年 12 月,加多宝公司的管理人员找到成美公司,请其参加广告比稿,想为红罐王老吉拍一支以赞助奥运会为主题的广告片,以期推动销售。接到邀请后,时任成美公司研究总监的张婷、客户主任王丹带队前往东莞,与加多宝时任市场部负责人阳爱星、产品经理王月贵等进行了充分交流。

双方经初步研究后发现,红罐王老吉的销售问题不是通过简单地拍广告可以解决的,它首先要解决的问题是定位。因为它虽然销售了 6 年,但企业无法回答它究竟是什么,消费者就更不用说了,完全不清楚为什么要买它。这个根本问题不解决,拍什么样"有创意"的广告片都无济于事。

经过深入沟通后,加多宝公司最后接受了建议,决定暂停拍广告片。2002 年 12 月 28 日双方签订了为期一年的品牌代理合同,加多宝委托成美首先对红罐王老吉进行品牌定位。以此案例为标志,成美开始了独立的品牌战略定位研究。在中国,这是广告代理公司第一次因为品牌定位研究而收费。

经过一个多月的研究,2003 年 2 月,成美的品牌定位研究报告出炉——首先明确红罐王老吉是在"饮料"行业中竞争,竞争对手应是其他饮料;其品牌定位是"预防上火的饮料",独特的价值在于"喝王老吉能预防上火"。

"预防上火饮料"的定位一出,加多宝董事长陈鸿道带头鼓掌,"好!我想了好几年,就是要这个东西!"凭借在饮料市场的丰富经验和敏锐的市场直觉,陈鸿道当场拍板,决定接受成美的建议,立即根据品牌定位对红罐王老吉展开全面推广。

在 2003 年接下来的几个月,加多宝一举投入 4 000 多万元广告费,并在渠道、促销各个方面强力展开。广告给消费者的感觉是,王老吉是一种类似可口可乐的罐装饮料,并且还有预防上火的功能。2003 年底,红罐王老吉年销售额从上一年度的 1 亿元跃升到了 6 亿元,并冲出广东和浙南。其后两年,加多宝乘胜追击,再斥巨资连续几年购买了中央电视台黄金广告时段,在铺天盖地的广告加持下,红罐王老吉从区域走向了全国市场,迅速红遍大江南北。

2004 年,红罐王老吉销售额突破 10 亿元。接下来,每年都有爆炸式的增长,2007 年销售额超过 80 亿元。2009 年,王老吉销售额达到 160 亿元。2011 年的销售额据称高达 200 亿元。王老吉全面赶超可口可乐、百事可乐、红牛等成为年度全国罐装饮料的销售第一仅用了 4 年时间。

至此,我们看到的只是王老吉的火爆。那么,定位理论是如何伴随着王老吉火起来的呢?这主要还得归功于邓德隆。是的,红罐王老吉是成美的作品,但是很多人却误认为是邓德隆的功劳。这深刻体现了定位理论的原则:认知大于事实、抢先进入心智。

王老吉成功之后,熟谙定位心法的邓德隆再次使用公关利器,让定位理论也让自己着实火了一把。邓德隆频繁地亮相各种电视节目和讲座,为人们讲述王老吉的成功故事以及背后的定位法则,发表大量定位理论文章和案例分析文章,继续印制并免费发放"定位小册子"。2011 年,邓德隆根据王老吉凉茶实践定位的过程,出版了《2 小时品牌素养》一书,成为定位理论非常好的一本入门书。

在邓德隆的"洗脑"下,我们到处可见解读"王老吉"凉茶的文章以及推广特劳特定位的文章。大家都认为,王老吉的操盘手是邓德隆及其特劳特中国公司,王老吉背后的大 Boss(老板)成美广告却没人提起。后来,加多宝也将邓德隆选作了自己的合作伙伴,而非成美,这下认知也变成了事实,搞得耿一诚不得不在各类杂志上刊登关于王老吉定位服务的证明信。

定位理论在中国就这么火了,只是火得让人有些唏嘘。

2. 定位理论在中国的普及

王老吉成功之后的成美、特劳特中国发生了很大的变化,它们纷纷从广告代理公司转型为"营销顾问公司",为客户提供"定位战略咨询"服务,而不再涉及媒介代理和广告设计拍摄服务。这意味着,定位理论已经从广告代理公司的附属免费服务,变成了收费服务,而且价格不菲。定位理论以大量成功的案例证明了自己的价值,也确立了自己在中国营销市场的地位。

定位理论在中国的火爆有以下几种表现:

首先是掀起了定位理论的学习热潮。这里笔者从里斯中国网站上截取了一些关于人们学习定位理论盛况的资料:

2007 年 8 月,里斯伙伴中国公司成立,并在中国正式发布了《品类战略:中国企业如何创品牌》的报告。报告首次结合中国企业实情,系统介绍了由定位之父、里斯伙伴全球主席艾·里斯先生创建的代表定位理论体系发展巅峰的战略方法——品类战略。报告发布之后,引起了中国企业界、学界和政府部门的广泛关注与热烈反响。

当然，能够聘用特劳特中国、里斯中国、成美以及其他声称自己是定位专家的顾问公司的人毕竟是少数。大部分追捧定位理论的人更多的还是通过自学来了解定位理论。定位的系列丛书占据当当网、京东图书畅销书排行榜的前列；线下书店的营销书架上从来没有哪套丛书比定位理论丛书专属的红色更加闪耀；很多企业家会在老板椅后边的书架上摆上几本《定位》《商战》《显而易见》等定位理论的书籍，随时为自己充电；在大学的图书馆里，《定位》《营销战》《营销革命》比起大部头的《营销管理》《消费者行为学》更受学生欢迎；当人们三五成群地探讨营销话题时，总会有人用充满睿智的神情跟你说"如果只看一本营销书的话，我推荐你看《定位》"。

特劳特、里斯、张云、邓德隆频繁地亮相各种电视节目、论坛峰会，为中国的企业家们出谋划策。很多营销类的杂志还为里斯、特劳特设立了专栏，用来回答学习这一理论的疑问，并对各种营销案例进行点评，当然是用定位理论的原则来进行点评。大师们的亲自关怀，让定位理论在中国的发展势头越来越猛。

其次，定位成了营销的必要环节。

随着定位理论在中国的日益盛行，尤其是王老吉获得巨大成功后的现身说法，越来越多的中国企业改变了过去的广告规划，从最初的"拍广告片解决战略问题"，转变成先找专业战略定位服务公司做定位，再找广告公司合作。

广告公司在调研时询问客户的第一个问题就是"你们的品牌定位是什么？"；年轻的创业团队在向投资人介绍项目时，眉飞色舞地陈述着项目的定位，并决心让该产品成为某个新品类的代名词。

更常见的情况则是，"定位"已经成了品牌策划方案、营销企划案、新产品上市方案的必要环节。"什么？你的新产品连定位都没有？那你怎么可能成功呢？""我们认为，该品牌的定位与竞争对手重复了，我们必须找到差异化重新定位"……是的，所有人都认为营销之前都要有个定位，虽然他们口中的定位未必就是里斯和特劳特的"心智定位"，但是至少在字面上，定位理论做到了普及。

3. 中国成为定位理论的全球阵地

定位理论在中国的快速发展也着实震惊了远在地球另一端的里斯和特劳特，他们当时答应邓德隆和张云的请求时，心里想的可能只是增加一处海外分部而已。他们万万没有想到，定位理论的"全球"总部会从美国搬到中国，而他们的弟子也变成了黑头发的中国人。在美国，尤其是那些大型跨国公司，可能压根没听过定位理论，更别说应用定位理论了。但是在中国不一样，除了有里斯和特劳特的中国弟子呐喊助威外,还有一帮忠实信众趋之若鹜。不光是中小企业主,连马云、江南春、周鸿祎这些业界大佬也对定位理论推崇有加。

我们说中国成为定位理论的全球阵地,这一点也不夸张。

2017年1月,基于对定位理论的理解以及在定位实践上的丰富经验得到了特劳特的极大认可,邓德隆被任命为特劳特公司全球总裁。随着特劳特的离世,定位理论特劳特一脉的薪火传递到了中国人的手中。

再来看一下里斯一脉。尽管里斯后来的绝大多数著作都是同他的女儿劳拉共同执笔的,劳拉也确实正在逐步接过里斯的定位理论接力棒,但是我们也认为里斯在把重心往中国转移。"品类战略"是里斯后期的重要概念,但是里斯并没有为该概念单独出书,这件事情是由里斯中国公司的张云完成的。2011年,里斯中国公司合伙人张云和王刚在里斯《品牌之源》一书的基础上发布了《品类战略》,指出品牌是主导某个品类的名字,建立品牌就是要利用分化创建新品类,通过推动、发展、主导新品类来打造品牌。2019年,张云又与艾·里斯和劳拉·里斯合著《21世纪的定位:定位之父重新定义"定位"》一书,提出了定位理论在21世纪的最新观念。

伴随着中国市场的快速发展,里斯和特劳特中国公司不断升格,定位理论的最新成果也在中国瓜熟落地。这些趋势都表明中国正在成为定位理论创新的桥头堡,里斯和特劳特也将定位理论的接力棒交到中国弟子手里,中国代替美国成为定位理论的全球阵地。

二、定位理论的分化、泛化、"神化"

邓德隆们占据了中国早期战略咨询的红利,名利都收进了口袋里,自然有人看着眼红。随后的几年,陆续有人从成美、特劳特中国、里斯中国离职,开始创办自己的定位咨询公司。例如特劳特中国公司的谢伟山,在2015年另立山头,创办了君智咨询,主打"竞争战略",已不单单是特劳特和里斯的定位理论,还融合了波特的竞争战略理论。定位理论也开始火爆培训界,很多公司通过培训定位理论来收取高额学费,找到了另外一条生财之道。

当然,定位理论的嫡系部队就那几个人,不可能独占定位理论的饭碗。很多人在定位理论基础上进行"分化",试图占据一个小的山头;还有人换汤不换药,嘴上虽然不说,用的却是定位的方法;水平高点的,给定位理论做些手脚,将其重新包装一番后，当成自己的原创理论来进行宣传；更多的人则是撷取精华，把定位理论中自己可用的部分单摘出来，成为自己理论和工具的一部分。这就是定位理论在中国的流派分化。

（一）定位理论的分化和中国本土流派

随着各种标榜"定位"的品牌咨询公司、战略咨询公司的成立，定位正式开启了中国的本土化发展之旅。但这些公司真正能够称得上流派的并不多，大部分只是换个名字而已。

1. 原教旨主义者：沿袭派

沿袭派就是严格沿袭里斯和特劳特的理论思想，否定其他定位流派，坚持"定位原教旨主义"思想，试图用"最正宗"的定位理论来解释所有的营销现象和实践营销过程。沿袭派以特劳特和里斯在中国的分支机构为代表，并且包含里斯和特劳特的忠实"P粉"。

沿袭派除了理论的本土化外，不敢越"定位原教旨主义"雷池一步，也就不可能有实质的理论创新。沿袭派认为"心智模式""竞争""第一品牌"都是普遍真理，不会伴随着时代的发展和国家的不同而发生变化。定位理论在20世纪70年代适用，在21世纪同样适用；在美国市场适用，在中国市场同样适用。所以，不要考虑太多，按照里斯和特劳特说的做就是了。

当然，里斯和特劳特分手后的理论倾向存在差异，里斯沿着"分化—品类战略"的道路、特劳特沿着"差异化—战略定位"的道路各自发展。他们的中国机构，在指导思想上也表现出了不同：以特劳特中国公司为代表，包括成美顾问公司，他们咨询依据的是特劳特定位思想——战略定位；以里斯中国公司为代表，他们咨询依据的是里斯定位思想——品类战略。

2. 定位的分化：细分派

细分派指的是以定位理论为指导思想和作业模型，但是专注于一个细分的市场，并试图成为该细分市场的"第一品牌"。国内很多自称在定位理论界开宗立派的人士和咨询公司，也试图建立一种新的定位流派。这样做的目的不是基于学术研究，而更多的是想为自己的公司招徕生意。细分派可以说也深得"心智派"精髓，并且将定位理论的思想应用于己身，做各个细分市场小池塘里的大鱼。例如："定位教育领导者""定位设计领导者""定位屋""系统定位""定位落地实战""升级定位""战略定位第一品牌""中小企业定位""餐饮定位""互联网

+定位"等等,林林总总几十种说法都是在细分定位理论。细分派的创新也更多地体现在实践上,而非理论层面。

3. 定位理论的比附者:"位"字辈派

"位"字辈派在理论延伸上类似苹果公司的 iPod、iPad、iMac、iPhone、iTunes 等副品牌,而产生了一大批以"位"字结尾的新生概念,诸如"靠位""挤位""卡位""抢位""霸位""占位""升位""降位""越位"等等不一而足。这些"位"字辈概念和理论其实都可以在定位理论中找到原型,但并不一定对应着相同的理论层面。例如"霸位"对应着营销战中的领导者战术,"靠位"对应着比附定位,"挤位"对应着给竞争对手重新定位,"升位"和"降位"对应着向上和向下的重新定位。也就是说,"位字辈"在事实上并没有带来多少理论上的创新,多的只是新名字。

4. 师夷长技以自强:杂交派

杂交派顾名思义就是将定位理论与其他的营销理论相结合,试图改造定位理论或者试图建立一种新的理论。这种做法其实更多体现在日常的营销活动中,即在营销策略的规划中将"心智派""需求派""战略派""资产派"①甚至本土流派的思想全部拿来为我所用,搞个大杂烩出来,试图面面俱到,提高营销的成功率。这样做无可厚非,毕竟绝大多数的营销人员和企业都不是"名门正派"的嫡系部队,一般都不会依据某一特定营销流派开展工作。只是这样做是不是能够提高营销的成功率,那就不得而知了。

除了以上这种"大杂烩",还有很多营销人士和研究人员确实是通过"杂交"的方式试图实现理论创新,市面上也能见到类似"双定位""新定位理论""错位营销""市场切割"等等自称"革了定位理论的命"的新理论,但仔细探究后发现,其实只是定位理论与科特勒理论的嫁接。

综上可见,中国目前的定位理论界基本还处在引进外来思想并实现本土化的操作层面上,创新也局限于操作细节或者"新瓶装旧酒"的重新命名层面,严格地讲不能称为流派,理论价值不高且稍显浮躁。但是随着移动互联网的快速发展,定位理论在中国市场上实现阶梯式的跨越应该不会太远。微信营销、短视频营销、移动支付、计算广告、大数据、物联网、新零售、O2O、5G 通信、人工智能、场景营销、IP 运营、内容营销等新技术、新营销理念快速发展并领先于世

---

① 定位理论的学术流派将在第三章进行详细论述。

界,让我们对此充满信心。

(二) 定位理论的泛化与误用

作为一种营销理论,定位理论是非常成功的。经过十多年的发展,"定位"这个字眼想必已经妇孺皆知,即使是完全不懂定位理论的人也会偶尔从嘴里说出这个词。至于营销人就不用提了,凡事必称"定位"成为营销人的一种条件反射。"定位"二字已经渗入人们的血液之中,成为商业场景甚至是生活场景中的高频词。于是,一种很吊诡的现象随之出现:人们在谈论定位时,这个"定位"究竟指的是里斯和特劳特所讲的定位理论还是科特勒抑或波特的定位理论?是在讲"市场策略"还是"目标市场"?是指"品类"还是"产品卖点"?要弄清"定位"所指代的对象,似乎必须要依赖语境。因为不同的人所讲的"定位"很可能不是一回事。从这一点上来说,美国市场营销协会(AMA)将其褒奖为"有史以来对美国营销影响最大的观念"并不为过。定位理论确实影响很大——不懂的人在讲,懂的人到处讲还到处用。讽刺的是,特劳特本人是反对这些做法的,认为他们走到了定位的对立面。

1. 定位理论泛化与误用的表现

××车型定位为中型SUV,全系标配全铝车身及双电机智能电子四驱……

我们的顾客定位在25—35岁的都市新女性,她们对生活有自己的主张……

该项目定位为未来新城商业综合体。

你想获得事业上的成功,就必须明确你在公司的定位。

该系列女士羽绒服价格定位中端市场,主打一、二线城市年轻群体。

××手机定位为"为发烧而生"。

×××饰品新的品牌情感定位是"真诚和永恒"。

×××,定位为整体橱柜第一品牌。

……

如果你已经对定位理论有了初步的了解,那你一定会发现,以上表述讲的并不是里斯和特劳特的心智定位,是对定位理论的"泛化"。

泛化必然导致伪定位。特劳特在一次中国的电视节目专访中坦言："确实很多人仅从字面意思上来理解定位,而没有注意我们真实的观点,可能我的下一本书应该以此为主题。"当然,这只是特劳特的一句玩笑话,因为特劳特当时已经宣布封笔,两年后特劳特便不幸去世。这件事情要留给邓德隆、张云们来做了。

2014年,张云、王刚在"定位学习网"发表了《警惕企业陷入"误解定位"之陷阱——谈中国企业营销定位之误》一文,对当下大家对定位理论的误解展开了一番讨论:

> 根据我们的观察,90%以上的企业所标明的"定位"都是脱离心智而谈的伪定位,令人触目惊心,危害也不可估量,典型的代表有以下几种。
>
> 第一,把定位等同于从企业自身出发设定目标。
>
> 企业在谈定位时,往往把定位等同于自己要占据的一个目标,企业经常会说自己的定位就是"要做某某领域的第一",或者"全球百家电行业的数一数二",这是企业的主观目标,是"由内而外"思想的产物,与顾客的认知和心智完全背离,而定位的产生方式恰恰是"由外而内"的。
>
> 第二,定位不符合心智已有的认知。
>
> 定位的力量,来自对认知优势的充分发掘,所以定位首要的原则就是符合顾客已有的认知。但很多企业的"定位"恰恰是建立在违背认知的基础上的,例如茅台这个品牌的认知是高档白酒,但茅台偏偏要推出茅台红酒和茅台啤酒。……
>
> 第三,把形象广告、企业理念当作定位。
>
> 定位是确立品牌在心智中的位置,这个位置切实存在于心智,并且可以影响消费者购买行为,而不是抽象的形象。NEC的定位是"只要你想"、青岛啤酒的定位是"激情成就梦想"、TCL的定位是"创意感动生活"这些概念都是抽象的理念和形象广告语,因为消费者心智中不存在一块地皮叫作"激情成就梦想",只存在纯生、高档啤酒这样的空缺,所以,这样的概念无法帮助品牌进入消费者心智,更无法直接创造顾客。
>
> 第四,基于市场进行定位。
>
> 咨询公司在为企业做营销咨询的时候,常常会用到著名的营销学教授菲利普·科特勒先生提出的"STP"营销定位工具。……但是他显然也没有完全

把握定位的精髓,他发明的"STP"工具也忽视了定位是在心智中展开的原则。

2. 如何避免误用定位理论

特劳特在接受《商业评论》专访时又说:"最大的误读是没有抓住'竞争的地点发生在顾客心智'这一要点,以致出现了定位的滥用。定位一词满天飞,比如价格定位、人群定位、功能定位等等。这些说法都属于运营层面的东西,而非心智层面。而最大的错误应用则是资本市场或者企业自己本身想要强行实现增长的努力。这通常会导致产品线扩张,削弱消费者对品牌的认知。"

同样是在《警惕企业陷入"误解定位"之陷阱——谈中国企业营销定位之误》一文,张云和王刚进一步指出了应对的方法:

> 第一,从具有心智资源的产业切入。
>
> 所谓心智资源,就是历史积累形成的国家优势认知,比如瑞典的钟表和银行,日本的电子和汽车,美国的软件和金融,这些就是各个国家的心智资源。……
>
> 中国企业要在世界范围内获得营销的成功,最好的捷径就是挖掘人们对中国认知的国家定位。……
>
> 从全球来看,中医、中药、中餐、中国白酒、丝绸、陶瓷等实际上比中国的电器、汽车、DVD更具有建立品牌的基础。……
>
> 第二,寻找市场上有而心智中处于空缺的品类。
>
> 在定位的观念中,心智和市场是独立而又紧密相连的两个部分,心智决定市场。一个产品进入市场并不意味着进入心智。因此从心智角度看中国的市场,仍有大量的抢占定位机会存在。例如中国生产男袜的企业千千万万,但说起男袜的品牌心智几乎等于空白,如果有一个企业率先占领这一个心智地盘,将是一个很大的市场。……
>
> 第三,调整现有定位,避免与国际巨头直接竞争。
>
> 对于中国缺乏优势心智资源的行业例如汽车、手机、服装等领域,企业可以通过定位的调整或者品类的创新来避免与国际巨头的直接竞争。

其实,张云和王刚的解决方案浓缩为一条的话就是:紧扣心智。

事实上,里斯早就发现了定位理论容易导致"伪定位"的缺陷,并认为这一缺陷恰恰是"定位"这个名字本身造成的。里斯在一次采访中指出:"我坚信最起初的想法(即将这种方法命名为'岩石'的想法)仍然有其自己的优势,因为太多企业自称拥有'定位',但很多都是令人难以置信的'伪定位'。"显然,定位理论是缺乏预防"伪定位"的基因的。

3. 小工具:"定位检测等式"

那么,如何判断已有定位的真伪呢?笔者认为其必须符合定位理论的核心三要素:第一,该定位或定位口号必须是在顾客的心智中的一个位置,并且符合心智模式;第二,必须与竞争对手有差异,或者是将竞争对手重定位;第三,品牌对应着一个明确的品类。基于上述三个要点,笔者提出了一个"定位检测等式",该等式的形式为:

$$A=B \text{ 并且 } B=A$$

在这个公式里,A 代表某品牌,B 代表定位口号,A=B 代表 A 品牌的定位过程,B=A 代表定位是否成立的检验过程。如果定位成立,则 A=B 的同时也能推出 B=A;如果定位不成立,虽然品牌试图建立 A=B 的定位等式,但是无法倒推出 B=A,即 B≠A。举个正面的例子:

王老吉=预防上火的饮料,预防上火的饮料=王老吉

在该案例中,"王老吉"是品牌,"预防上火的饮料"是定位。从心智上看,建立等式的第一步是在心智中占一个"预防上火"的位置;从竞争上看,王老吉在进军全国市场时,市场上还没有"凉茶"的概念,属于空白市场,同时"凉茶"应该是一种饮料而不是中药;从品类上看,王老吉通过"预防上火的饮料"的定位成为凉茶的代名词。这符合定位的三大原则,因此,可由"王老吉=预防上火的饮料"这个定位过程来倒推出"预防上火的饮料=王老吉"的定位检验过程,所以"王老吉=预防上火的饮料"的定位是成立的。

再来看一个例子:

青花郎=中国两大酱香白酒之一,中国两大酱香白酒之一=茅台或青花郎

此案例中,"青花郎"是品牌,"中国两大酱香白酒之一"是定位。从心智上看,建立等式的第一步是在心智中让顾客认识到酱香型白酒只有两个代表品牌,一个是茅台,另一个是青花郎;从竞争上看,虽然酱香型白酒有很多品牌,但是茅台一家独大,市场上没有有实力的跟随者,青花郎试图通过广告建立这一认知;从品类上看,主打酒的香型,即酱香型白酒。茅台已经是领导者了,青花郎要么差异化要么跟随,但不能是简单模仿。根据以上分析发现,青花郎的新品牌定位符合三大原则。再来看一下等式,定位过程是"青花郎=中国两大酱香白酒之一",检验过程则变成了"中国两大酱香白酒之一=茅台或青花郎"。茅台的地位毋庸置疑,但是青花郎成功占据其中一个位置则依然昭示了定位的成功。

举几个反面的例子:

快狗打车=拉货、搬家、运东西,搬家、拉货、运东西≠快狗打车

快狗打车的主要竞争对手是货拉拉,但货拉拉比快狗打车更有优势。首先,"货拉拉"具备了定位理论梦寐以求的"好名字","货拉拉"一听就知道是拉货运东西的;其次,货拉拉进入市场比快狗打车要早,已经率先在顾客心智中占据了"拉货、搬家、运东西"的位置,而快狗打车经历过"58速运"的不温不火之后,重新定位之路走得并不顺利。所以,商家试图建立"快狗打车=拉货、搬家、运东西"的定位,但是在顾客心智中倒推的话很可能是"搬家、拉货、运东西=货拉拉"。

那么快狗打车应该怎么进行定位呢?按照定位理论"心智、竞争、品类"三大原则,品牌策略必须符合心智认知,必须区别于竞争对手,必须能够代表一个品类。首先,"快狗打车"这个名字不好,容易让人们更多联想到"滴滴打车"而不是搬家拉货。其咨询服务机构所谓的巧占"快车"强势认知,然后再让人们形成"打车有两种,一种拉人,一种拉货"的策略其实是违背了定位理论中"认知无法改变"的原则,应该改成"快狗拉货";在定位策略上,应该认真研究"快狗"的优势,与"货拉拉"区别开来,进而建立差异化的竞争优势,而不是跟"58速运"区别开来——是研究对手而不是研究过去的自己。如果货拉拉这个对手够强大的话,似乎还可以说"中国两大拉货品牌之一"。如果"快狗打车"坚持现在的策略,那就做好花更多广告费的准备吧,实在不行就打价格战。

再举一个奢侈品的案例：

劳力士＝高档手表，高档手表≠劳力士

定位派人士经常举劳力士的例子来说明定位理论也适用于奢侈品品牌，他们认为劳力士占据的是"高档手表"的定位，所以才成功。说"劳力士＝高档手表"似乎是成立的，但是反过来呢？说到"高档手表"恐怕不同的人会有不同的答案，比如宝珀、万国、卡地亚、百达翡丽、江诗丹顿……对于喜欢奢侈名表的人来说，甚至能口若悬河地说出三五十个品牌。所以，劳力士的定位就不是"高档手表"。那劳力士的定位是什么呢？事实上，奢侈品的品牌力并不来自定位，我们也不是用一个词语来定义奢侈品。相反，奢侈品的品牌联想越丰富越有血有肉，品牌价值越高。当然，这属于后话。

甚至连特劳特本人也稀里糊涂搞出过伪定位。特劳特曾经把三星电子定位为"全球消费电子领导者"（又是烂大街的"领导者"），那什么是"消费电子"呢？如果"三星＝消费电子"姑且可以成立，那么"消费电子＝三星"定然是无法成立的。如果从心智和品类的层面考虑，顾客也不可能去买一件叫作"消费电子"的产品。

当然，决定定位能否成功还需要更多的条件。其中，定位的有效性就是要考虑的因素。举个例子："我是我们班坐最后一排学习成绩最好的学生"，反过来也成立，"我们班坐最后一排学习最好的学生是我"。但是这样的一种定位显然是没有意义的。那些在自己的定位口号上加入太多限定语的品牌，很有可能又制造了另外一种形式的伪定位。

（三）走向"神坛"的定位理论

定位理论走向"神坛"，除了要拜里斯和特劳特本尊所赐以外，其中国分公司的推波助澜可能起到了主要作用。除了利益的驱使，我们更愿意相信，他们确实是怀揣着定位理论崛起的梦想而开启神操作的。

1. 僵化的定位理论

首先是套路化，让定位理论从体系化的理论降格为某几位专家的专利，而定位策略则是他们的灵光乍现。随处可见的××行业领导者、第一品牌、品牌名＋品类名＋定位口号＋视觉锤的品牌设计，让定位理论成了流水线作业的垃圾。

汪新平将定位理论在中国的模板化分成了三类,比较有趣:

> 定位理论在中国品牌的实施表现大致经历了几个标准范本时代:
> 一是正宗时代。从街头餐饮到最早的可口可乐,正宗可乐!到前两年的加多宝、王老吉正宗之争……
> 二是专家时代。这些是白家电品牌竞争时候用的,如:美的中央空调——全变频科技专家;长虹空调——空气品质专家。
> 三是销量领先时代。如:绕地球圈圈的香飘飘,销量遥遥领先的电动车、二手车……①

除此之外,还有"领导品牌""第一品牌"定位。违反新广告法、侵犯同行权益先不说,这种走捷径的"妙招"直接就反映了企业的行为方式——不是研究如何做到行业第一,也不是思考如何为顾客创造价值,而是直接在广告中声称自己是第一,期待着吸引顾客和打击对手的双重作用。"做第一"堕落成为"说第一"。

其实对于在广告中声称自己是第一的做法,《定位》一书早有批判:

> 在广告中说"我们是第一"为什么不是个好主意呢?是出于心理上的考虑:你的预期客户已经知道你是第一了,这时就会纳闷,你心里为什么那么没底,非得要挂在嘴上?要不然他们不知道你是第一。如果不知道,那又是为什么呢?也许你是用你自己的而不是预期客户的标准来确定你的领导地位的。不幸的是,这样做行不通。

"说第一"和"讲销量"其实源于里斯在《聚焦》一书中的一段话:"树立质量认知最简单、最容易和最直接的方法就是成为行业领导者并广而告之。领导地位不仅能提升质量认知,还能巩固领先地位,销量最大的品牌往往能年复一年地保持领先地位。"细心的中国人记住了这句话,并把它制作成了模板。

定位的实践操作也表现得越来越机械化、程式化。比如设计一个 Logo,首先字一定要大,名字要简单易记,方便进入心智;品牌名称后边一定要跟着品类,因为顾客是用品类思考,用品牌表达(按此标准,所有的奢侈品牌都要关门了);然后底下还要加上口号,口号当然是定位口号,你取个好听的有创意的口

---

① 汪新平:《为什么践行定位理论的大品牌加多宝、香飘飘等都在亏,定位究竟是什么?》,http://m.sohu.com/a/287492451_100084434。

号一点作用都没有,只有定位口号才能进入心智,比如"臭豆腐第一品牌"……

2. "神化"的定位理论

定位理论被"神化"的首要特征是绝对化,指的是把定位理论的观点当成真理,认为它可以解释一切营销活动和营销现象,也可以解决一切营销问题,并且不受时代的影响,拥有广泛的解释力和适用性,绝对不会犯错。定位理论的绝对化体现在从理论到实践再到对理论的态度等各个方面。

成功是因为符合了定位理论,失败是因为违背了定位理论,很多人都对此态度表示反感。里斯和特劳特的书中绝对性的表述也是不绝于耳,什么"认知大于事实""公关第一,广告第二""战略就是独特的定位""满足需求导致产品同质化"。特劳特在 2010 年 11 月《商业评论》的《再谈"定位"——专访定位理论之父杰克·特劳特》中直接讲道:"请记住定位的一条重要法则是——没有事实,只有认知。"这些表述缺少数据支撑,仅仅是他们主观的论断,因此可靠性存疑。

还有一个被广泛质疑的绝对化的例子就是前文讲过的"有史以来对美国营销影响最大的观念",这句话被印在了中国"定位经典丛书"中每一本书的封面上。苗庆显就在自己的微信公众号撰文公开质疑这一说法。据说,2001 年美国市场营销学会票选 20 世纪对美国影响最大的营销观念,定位理论战胜了瑞夫斯的 USP 理论、奥格威的品牌形象理论、科特勒的营销管理还有波特的竞争战略和价值链理论,从而成功当选。这件事的真实性存疑:首先,这句话从未出现在里斯和特劳特原版的书籍中,仅仅体现在它们的中文版中;其次,去美国市场营销学会官网的协会年度大记事栏目也找不到这次投票活动的信息。当然,这只是笔者的怀疑而已,说不定只是年代久远,相关信息已经丢失了呢。如果这件事是事实,就算定位理论得票第一,但仅就此就毫无保留地说定位理论是"有史以来对美国营销影响最大的观念"也太不严谨了吧?

绝对化的下一步是"唯一化"。"成为第一"是定位理论在市场竞争中所追求的目标,很明显,定位理论也在追求将自己塑造为"第一"。定位理论发展了五十年,其实只做了一件事情,那就是将定位理论在各个领域实现唯一化:广告就是定位,需要年复一年地重复;营销就是定位,是赢得心智的战争;品牌就是定位,让品牌成为品类的代表;战略就是定位,企业一切资源围绕定位进行配称……

特劳特曾说:"企业有且仅有两种存在方式:要么定位,要么消亡。"还说:

"人们能把我这本两本书(指的是《定位》与《重新定位》)看懂就很足够了。我觉得很多企业家其实根本还没看懂。我经常为自己看到的愚蠢营销行为而困扰。"

特劳特对定位理论的评价已经够夸张了吧？别急，接下来它将被"神化"。

特劳特去世后，奇虎360公司董事长周鸿祎在微博上发文缅怀称："我是定位理论的忠实信徒。"

"所以关于聚焦这个理念，因为知易行难，所以要先认同再理解，也许你开始并没有完全理解，但是你先认同。"这是长城汽车董事长魏建军先生的感触，"对聚焦要有宗教般的信仰，然后你会逐渐体会到它的威力，我觉得这是一个非常重要的建议。"

"实践证明，'定位论'是当今世界最好的竞争理论，更是最实用的行动指南。它以竞争为导向，以消费者的大脑为战场在实践中无处不显现出巨大的威力。几乎所有优秀的企业，都是因为契合于定位法则而成功的；而绝大多数的商战败局，都是因为违背了定位法则而被送往品牌墓地的。"[①]

定位理论的"神化"还体现在支持者对自身理论错误和缺陷的"死不认账"上。比如，里斯对待"融合"的观点是极力反对的，但是现实的发展已经证明了"融合"确实是科技发展的大势所趋。里斯的"分化"理论固然具有很高的价值，但是"分化"再怎么正确，也不能证明"融合"就是错误的，两者在现实中是并存的，都是制造新物种新品类的方式。遗憾的是，里斯以及定位理论的支持者们从来没有承认过错误。

品牌竞争、企业发展，没有定位不行，但过度夸大定位而无视商业本质和基本规律，危害更大；不允许辩驳，不容人质疑，戾气极重，不利于理论的探索和发展；解释不了的事情就推给时间——虽然现在很成功，随着时间的推移，一定会走向失败。是的，品牌都会走向消亡，把问题推给时间，定位理论的支持者打了一场稳赚不赔的赌。

三、定位理论的危机

定位理论在走向"神坛"之后，也将自己暴露在危机之中。正如本书序言讲

---

① 侯惪夫：《重新认识"定位"》，中国人民大学出版社2007年版，封面勒口"内容简介"。

到的,定位理论在这之前其实已经经历过两次理论危机,但都通过理论升级成功"转危为安"。然而,在中国移动互联网高速发展的时代背景下,定位理论迎来"第三次理论危机"所面临的挑战似乎更加棘手,理论创新也变得异常艰难。

(一) 关于定位理论是否过时的争论

对于定位理论的质疑其实是伴随定位理论始终的。在理论层面上对定位理论批评最多的是"整合营销传播之父"唐·舒尔茨。在他《论品牌》一书中,舒尔茨将定位理论称为"品牌妄语"。现在,中国年轻的品牌创建者们,在新的时代环境下企图突出自己的理论和方法。于是他们将目标指向了定位,就像20世纪70年代初一样,向人们宣告"定位理论过时了"。

定位理论已经诞生了50多年,在中国的传播也超过了20年,可以说定位已经成为家喻户晓的营销理论。随着移动互联网、移动支付、大数据、AI等技术的发展,中国在新零售领域实现了世界领先,与之相匹配的新营销工具和理论也在诞生和发展。大约在2014年,网络上掀起了"定位理论是否过时"的争论,导火索就是前文提到的金错刀加按转发傅骏的文章《一个老广告人的反思》。此后,网络上开始大量出现批评和反对定位理论的声音。

批评者基于互联网时代媒体、沟通、消费、品牌、竞争的变化,指出定位理论是落后于时代的理念和方法,从而得出"定位理论过时"的结论,又总结出定位理论主张的"以营销为中心""强调第一""品牌核心"观念的失效。相反,定位理论的支持者则认为,"定位理论在互联网时代不是过时了而是更加重要了",根本依据在于互联网时代"混乱依旧、同质化依旧""心智不变""心智模式依旧有效""未来属于专家品牌"……即定位理论的基本假设没有发生改变。

除了上述内容,自2014年以来网络上关于定位理论是否过时的话题其实是此起彼伏的,一一列举恐怕占据太大篇幅,此类文章虽然数量不少,但是简单归纳后其实只有三类:

第一类是关于"工业时代"和"数字时代"理论适用性的讨论。反对者认为,定位理论是"工业时代"的过时理论,不适用于"数字时代";支持者认为"数字时代"竞争、心智、认知都没有发生改变,因此定位理论不仅没过时,反而变得更加重要。

第二类是关于"平台战略"和"心智模式"相互矛盾问题的讨论。反对者认为,小米、华为、微信、苹果、阿里巴巴等平台型、生态型企业的大量涌现,宣告了品牌可以跨品类延伸,世界也将走向融合,定位理论所坚持的"一词占有心智""品牌是品类的代名词""心智阶梯""品类源于分化"等原则已经不再有效,因此定位理论过时了;支持者则认为,"心智模式"适用于所有行业和品类,所有延伸性品牌和平台型企业的成功都是暂时的,未来属于"专家品牌""聚焦型企业"和"多品牌组合战略"。

第三类是关于失败案例谁来负责的争执。反对者认为,很多采用了定位策略的公司纷纷面临业绩下滑甚至破产的厄运,证明了定位理论在实践中的表现并没有宣传的那样理想,定位无效甚至将企业拖入深渊都已是家常便饭,这说明定位理论过时了;支持者认为,成功的品牌都符合至少是"暗合"定位原则,失败的品牌都违背了定位原则。那些失败的定位案例都另有原因,其失败用定位理论也能解释通,因此失败不是定位理论的错。

支持者和反对者互不相让,谁也说不动谁,并最终沦为说也不服谁的口水战。尽管双方的争论没有得出实质性的结论,但是至少反映出定位理论已经面临深刻的理论危机了。

(二) 评价定位理论是否过时的原则

关于定位理论过时与否的网上讨论,支持者和反对者的参与度都很高,这是好事。可惜的是,论战并没有形成良好的理论互动,局面也逐步走向了失控。大家各说各话,专挑对方的逻辑漏洞和用词失误来转移话题,观点很多流于片面,真正有价值的话题并没有打开,让本该碰撞出思想火花的理论大比拼沦为口水战。理论讨论要符合规范才能走向健康发展的道路,为此,笔者给出以下几点建议:

1. 去利益化原则

理论研究不能有利益交织其中,否则将会失去客观性。定位理论的支持者和反对者应该以客观公正的学术态度和实事求是的实践态度为前提来讨论定位理论,不应该夹带"私货"借以推销自己的方法,更不能宣泄情绪。

2. 合乎逻辑原则

面对质疑,定位派常用三个万能公式进行回应,当然也是逻辑陷阱:

公式一:你不懂定位理论。诸如"你没读懂《品类战略》""你没理解'只有认知,没有事实'这句话""你最好先来我这里培训一下定位理论的基本知识"。这属于典型的人身攻击,对人不对事。

公式二：你是用定位理论的原则攻击定位理论。例如："你不认为定位理论是战略，说明你是在对定位理论重新定位""你揣着定位反定位""'爆品战略'抄袭'品类战略'""定位理论对你来说是自用理论，你的'超级符号'其实就是'视觉锤'的翻版"……此种回应除了毫无逻辑之外，又包含偷换概念的陷阱，并且转移了话题。

公式三：你批评定位理论是想借定位理论的势。你一说我，你就是在用比附定位，你就是想借定位理论出名，你就是想对定位理论重新定位，这些方法都是定位理论的方法，所以你批评我就是在证明定位理论是对的。——学过形式逻辑的人一眼就看出来了，这不就是循环论证嘛！

定位理论不是仙药，任何把定位理论吹捧上天的行为都是有毒的。定位理论也不是洪水猛兽，觉得它今天下午就应该被淘汰的想法也是天真的。定位理论过时与否，应在正确的逻辑思维下进行讨论。

3. 全面系统原则

评价定位理论是否过时有个理论上的难点，那就是定位理论经历了四十多年的发展后从最初的广告理论蜕变为现在的战略理论，很多具体的观点也发生了很大改变，甚至有很多前后不一致或者相互矛盾的现象。质疑者抓住定位理论早期论点的不足，在片言只语上下功夫，同样也流于片面。因此，评价定位理论就要引入多个角度，进行全面系统的讨论。笔者提出了四个角度：历史的角度、理论的角度、实践的角度、观念的角度。

(三) 评价定位理论是否过时的四个角度

目前，对定位理论是否过时的讨论要么是聚焦一个个别论点展开讨论，要么是抓住一个个案提出质疑，这些评价的角度都是不全面的。

1. 历史的角度

学习任何一门学科，最好的方法就是研究它的发展历史。本书第一、二章已经对定位理论自产生到现在的发展历程做了全面系统的整理，可以说就是一部"定位理论思想史"，读者一定会在定位理论云谲波诡的历史进化过程中找到一丝关于"定位理论是否过时"的线索。既然定位理论历史部分的阐述已经完成，本书后面的章节就集中在其他三个角度上。

2. 理论的角度

理论的角度即从概念模型、研究方法、核心观点等方面入手，探讨定位理论的特点和存在的问题。同时，引入不同专家和流派的定位理论分支，与里斯和特劳特的心智定位理论进行对比，从而发现定位理论的侧重点和理论倾向。

3. 实践的角度

实践的角度主要分析定位理论在实践中的解释力、指导力和实际运用的效果，看看广大企业是如何看待和使用定位理论的以及又取得怎样的效果；然后将定位理论置身于消费品、奢侈品、B2B等不同行业，以及初创、成熟、规模化等不同的企业发展阶段中，探讨定位理论在实践中的适用性问题；由于数字和移动互联网时代的变化是定位理论普遍受到质疑的缘起，因此该部分会将数字化和移动互联网时代定位理论的适用性问题单独列出来展开深入的分析。

4. 观念的角度

观念的角度则是深入到思维方式和理念的高度，探索隐藏在定位理论背后没有明确说明却被奉为潜在宗旨的原则，也就是从思维方式、价值观念的角度揭示定位理论到底是怎样的一种理论，以及如果使用定位理论指导营销工作，你必须做出怎样的思维方式和理念上的抉择。笔者将定位理论的思维方式总结为简化思维、点状思维、排斥思维三大思维方式，将定位理论的观念分为传播观念、营销观念、战略观念、品牌观念四大类，并且将其与其他专家和学者提出的相关理念进行比较。

四、本章小结

定位理论为中国企业的快速发展贡献了力量，企业成功后又充当了定位理论再次发展的"旗手"，可以说中国的土壤特别适合滋养定位思想。然而，定位理论不论是在自己的母国还是在中国，都没能走向科学、系统的发展道路，"江湖味重"是定位理论身上独特的气质，并最终走向了神化的不归路。数字技术和移动互联网的快速发展捅破了定位理论多度膨胀的躯体，并将其理论缺陷、实践短板展示在众人面前。然而，面对挑战，定位理论似乎没有像过去一样尝试通过理论升级来度过危机。相反，定位理论的正反两方陷入了旷日持久的网络骂战。看来，评价定位理论还是要另辟蹊径。

第三章
从理论的角度看定位理论是否过时

既要了解定位理论支持者讲了什么，
也要知道定位理论反对者说了什么。

定位理论自成一体，特色鲜明，不过对于这些特点要一分为二地看待。它们既降低了广告、营销、品牌、战略的难度，让复杂的营销理论在实战界得以普及，也让定位理论有失严谨、谬误百出，难登学术大雅之堂。另外，除了站在历史的角度逐层深入了解里斯和特劳特的言论以外，我们还要关注反对者的言论，做到更加全面地了解营销的世界。另外，除了里斯和特劳特，还有哪些专家参与了理论发展与建设，他们是无条件地接受两位"定位之父"的言论，还是另辟蹊径重新解读定位？定位理论是否有不同流派？各个流派之间的联系与区别又是什么？

一、科学？艺术？宗教？——定位理论的理论特点

站在理论和实证的角度来探讨定位理论是有天然的"壁垒"的。里斯和特劳特当年创造定位理论的时候，目的只是为自己的广告公司"拉客户"。他们为自己的观念已经设定了一个"简单易懂"的原则，关注如何更好地触动并影响读者，而不是构建系统和规范的理论，这就决定了定位理论的几个特点：概念模糊不清、理论弹性高、没有统一的范式、理论没有明确的边界、表达方式随意且随性……换句话说，定位理论并不是严格的理论。这一特征导致了我们在探讨定位理论时是难以把握的。尤其是当我们去质疑定位理论的特定观点时，支持者们的回应总是给人们一种"怎么说怎么有"的印象。定位理论就像一条滑溜

溜的鲇鱼，理论的手怎么抓也抓不住。

（一）理论和实证研究的匮乏

实践上的成功难以掩盖理论上的缺陷甚至谬误。虽然我们称其为定位理论，其实定位的理论性非常弱。直到写作本书时，定位理论也仅仅是里斯和特劳特一家之言的经验之谈和似是而非的营销隐喻。目前，定位理论火是火，不过也只是在广告公司、营销咨询公司、中小企业等部分实战领域里面火。在国际国内理论界、学术界，定位理论都是个冷门课题。

打开知网，搜索"定位""定位理论""心智模式""里斯""特劳特"等关键字，相关的论文基本上都是定位方法的介绍、案例分析、各行业的定位策略，即应用层面上的探讨。而实证分析、理论的横向纵向比较研究等较为学术的论文则凤毛麟角。这反映出，国际国内对定位理论基本上持一种默认的态度。近年来，随着数字技术的快速发展，网络上批评定位理论的文章越来越多，但多数也是站在实战角度的自媒体文章，关注的焦点在于定位理论的适用性问题。严谨的研究性、学术性文章依然是空白。定位理论在实战中的火爆跟研究中的空白形成了鲜明的对比，我们不禁要问：是什么原因造成这种局面的呢？

定位理论在实践中的作用有目共睹，它本身就是一种实战中的经验总结，大家对于定位的兴趣在于应用而非理论研究。不过，站在理论的角度对定位进行研究还是很有必要的。

一方面，定位理论自身要发展，就必须经历一个从经验到理论的抽象过程。里斯和特劳特做了这个工作，但做得并不好。二位大师是实战高手，却不是理论专家，以致定位的整个理论体系漏洞百出。他们的弟子们做得也不好，他们只是一味继承而无创见，沦为理论的"原教旨主义者"。在各种营销理论扎堆、数字技术快速发展的时代，定位理论被人质疑也就不足为怪了。所以定位理论要发展，就必须深化自身的学术性，这是定位理论保持长久生命力的根本。

另一方面，目前对定位理论的质疑文章很多水平也不高，缺乏系统性和理论上的高度，绝对无法撼动定位理论支持者的"信仰"。因此，就算站在定位理论的对立面，依然要提升理论性和学术性。

最重要的是，科学理论的根本特征在于可验证性，未经验证的理论只能算经验。定位理论多年来的升级都是内涵和外延的升级，而非理论属性的升级，这成为定位理论下一次升级的重要方向。

(二) 研究方法存在的问题

德鲁克是里斯和特劳特特别推崇的战略家,除了观点上的共鸣外,两者的理论研究方法也有异曲同工之妙。

在写作之前,德鲁克通常对企业进行深入研究和观察,在咨询过程中发现问题,并在这种观察和互动中形成一些颇具洞察力的观点。在他的作品中,很少看到什么"管理模型"和"数据分析",取而代之的则是一些直指人心的故事和富有哲理的观点,行文风格简单、清晰有力。

这种研究方法在管理学术中被称为"经验学派",这种学派在学术研究中不属主流。因为他们的研究方法不符合科学的"学术规范",没有"模型"和"论证",因此很难在学术论文中得到引用。

那么应当如何评价这种"经验主义"的研究方法呢?

舒尔茨曾直言不讳地指出:他们一直暗示我们,通过"模仿这一最佳做法",我们就可以成为成功的品牌管理者、所有者、咨询顾问或其他了不起的人物。一般而言,某一特定品牌能够成功地"诞生"于世仅仅是那些"循规蹈矩"的人在市场上取得的一瞬间的成功,但他们借此大做文章,添油加醋详细阐释一通,然后再向社会推广。而且,更糟糕的是,还将其演绎成了公式化的方法论的一部分。遗憾的是,关于品牌的这些大道理仅仅是基于"市场经验"。除此之外,再没有别的什么依据了。作为学者,也作为咨询顾问和品牌实务工作者,我们对那些缺乏坚实的根基和理论支撑的概念与方法,耐心是有限的。而且,对于那些通过对其他学科或者领域的概念进行歪曲、改头换面、调整甚至误用而杜撰出来的概念,我们的忍耐力更是有限的。我们相信,一个品牌在市场上之所以取得成功,是因为品牌建设者具备消费者行为学、传播学、市场营销学、社会学、信息技术、制图与设计、会计学与金融学以及其他业务工具方面的基础知识,而这些全是创立品牌并维持品牌在市场上的立足之地所必不可少的。有经验当然好,但是,一个人如果把他的品牌思想建立在毫无根基的概念和"内在感受"及"天生本能"上,并以此来实施品牌管理和品牌发展战略,那未免太冒险了,而对当今市场来说代价也不免大了一点。[①]

卢泰宏在《新定位》中译本序言中这样评价定位理论:"在崇尚科学逻辑、实

---

① 唐·舒尔茨、海蒂·舒尔茨:《唐·舒尔茨论品牌》,人民邮电出版社2005年版,前言第3—5页。

证章法的西方学术界,作者强调定位中的感觉创意这一主张显得格外突出。我以为,这一点已与东方的中国智慧相通了,老子曰:大象无形、大巧若拙。学问或功夫至极处,便是'无声胜有声、无招胜有招'。对有相当专业功夫的人而言,这部分的内容确实是画龙点睛之处,而对于初学者而言,更重要的是学好专业基础,不宜班门弄斧。"卢泰宏教授充分肯定了定位理论的价值,但是也委婉地指出,只学习定位理论而不打好营销知识基础就出来指点江山是不靠谱的。

张会锋认为,里斯和特劳特均是咨询顾问、畅销书作家,他们的观点从自身观察和经验中提炼出来,借助大量案例,运用轻松而幽默的语言进行阐述,给人以"实践出真知、毋庸置疑"的感觉。不过,案例研究存在样本量小、随机性差、主观性强、以偏概全等问题,容易掩盖理论缺陷。例如,里斯把柯达数码业务的失败归结为没有使用新名字,理由是"柯达"是胶片业务的代名词,然而富士的数码产品也没有启用新名字,富士的数码转型却比较成功;惠普没有把计算机和打印机分别以惠普和康柏进行命名,雀巢的咖啡和罐装奶粉都很成功。再如,王老吉似乎是国内近年来定位最成功的案例,并广为流传,但这个结论并没有控制定位点以外的变量——如广告投入和媒体的变化。原先王老吉只是一个地方性品牌,只在地方媒体上做广告,定位变换之后却是在全国性高端媒体上密集投放广告。因此,单纯案例研究的方法,将驱使研究者只关注对自己理论和观点有利的事实,而忽视或任意裁剪那些相抵触的事实。[①]

事实上,里斯和特劳特作品中的大量案例几乎都是以举例方式出现的事件片段,而不是真正意义上的案例研究。典型的案例研究需要针对选定的研究对象系统地收集数据和资料,并进行深入的研究。然而,里斯和特劳特的作品中少有纵向研究和综合性案例研究,缺乏对研究对象的定义和度量,特别是缺少对定位点外变量的控制。换句话说,他们得出的结论不具备可信度。

比如,里斯和特劳特认为可口可乐成功的秘诀在于"正宗货"的定位,但是我们并没有看到可口可乐在广告中说自己是正宗的(有也是几十年前的事了)。相反,我们看到的是可口可乐赞助体育,推出创意瓶身,想方设法"巴结"年轻的消费者。里斯和特劳特会说,如果你是市场的领导者就不应该天天挂在嘴上

[①] 张会锋:《里斯和特劳特定位理论反思——一个基于认知的实证研究》,《管理世界》,2013年第7期,第113—122页。

说,消费者在心智中已经给你定位了。但是两人又从来没有做过任何关于可口可乐在顾客心智中的定位研究。

既然里斯和特劳特的观点缺乏科学性,按定位理论的原则指导营销工作就会导致严重的问题。里斯和特劳特以及他们的继承者必然不会承担相应的后果——他们总会找到你违背定位原则的地方。那么承担后果的是谁呢?只能是那些把定位理论当成教条的企业。

里斯和特劳特在很多案例的解读上俨然扮演了"仲裁者"的角色——你有没有定位以及你在顾客心智中代表什么并不是顾客说了算,而是他们两个人说了算。里斯和特劳特将自己的观点称为"定律"或"法则"(Law),诸如《22条商规》(即《市场营销的22条法规》)、《品牌22律》(即《打造品牌的22条法则》),"二元定律""心智定律""第一定律"等等不一而足。里斯讲,"定律,当然就是不言而喻、无须证明的真理"。既然里斯和特劳特认为他们的观点都是定律,都是真理,那别人如何反驳呢?

但是,在该问题上里斯搞错了,定律并不是无须证明的,定律最显著的特点就是"可反驳"。没有实证的支持,理论的科学性就会打折扣,定位理论沦为里斯和特劳特的独门秘籍。既然你不是科学的,那我为什么要信你呢?那你是艺术吗?似乎也不是,定位对创意都不感冒,怎么会把自己当艺术?定位是宗教吗?虽然不是,但有被神化的趋势。是的,人们总是用"信定位"来描述自己的营销倾向。

(三) 概念的模糊性和过大的弹性

很少有人思考一个问题:在与定位理论的支持者辩论时,似乎不论给出多么坚实的证据都不能让对方心服口服,问题出在哪里呢?是因为学习定位理论的人天生都拒绝讨论吗,还是定位理论没有缺陷?其实这背后是有原因的。

学术讨论的重要前提是概念要有明确的内涵和外延,理论要有明确的研究范畴,但是定位理论的内涵和外延以及研究范畴都十分模糊。拿"心智"来说吧,尽管这个词是从心理学领域借用过来的,并且大量引用了心理学的实证数据,但是放在营销领域这些规律是否一样有效,并没有实验的支撑。里斯和特劳特虽然总结了几条"心智规律"和"心智模式",但自始至终都没有给"心智"下一个清楚的定义。除此之外,大家耳熟能详的"脑中阶梯""认知""第一""品类"等等这些定位理论的核心概念,其内涵都十分模糊,几乎没有什么学术论文对这些概念做过规范的定义和深入的研究。就连"定位"本身,都没有一个相对确切的概念,而在"心智中的位置""差异化""战略"等层面上游移不定。对于这些理论和概念,大家只是默认和接受,把它们设定为毋庸置疑的"公理"。理论研究的匮乏和概念的模糊,只会让定位理论面对更多的质疑。当然,也不利于它的未来发展。

里斯和特劳特用"类比"代替了"定义"。尤其是里斯,几乎所有的理论创新都是基于一个形象的类比。比如,里斯开始时用"岩石"来类比其广告方法,但是后来觉得特劳特从军事思想中得到的"定位"一词更容易理解;用太阳光和激光来说明"聚焦"的重要性;用"锤子"和"钉子"来说明视觉符号和抽象语言在让定位概念进入顾客心智中所起到的作用;用"进化论"来说明品类创新和品牌的起源在于"分化"。类比的方法非常便于读者理解定位理论,问题在于前者并不是后者的理论假设和原因。企业聚焦一项业务并不是以光线聚集所以能量才大为前提的;进化论即便是真理,也不能作为"分化才是新品类起源的唯一方式"的依据。你把符合定位原则的视觉符号设计称为"视觉锤"或者"视觉斧"其实是没有区别的,它唯一的作用就是方便读者理解。也就是说,不用类比的方式,我们依然可以读懂定位理论,反倒是用了类比,让里斯和特劳特忘记了为定位理论寻找科学的理论依据。并且,定位理论只能局限在自己的理论框架内进行探讨,广告界、营销界、战略界的学者想要吸纳定位思想就必须用本学科的概念和范式对定位理论做出改造,否则就无法进行理论交流。

除了无法与各领域的理论兼容之外,定位理论过大的弹性导致了理论的探讨无法正常进行,进而成为一种"永远不能被驳倒的真理"。张会锋模仿拉卡托斯的一个虚拟论证来说明这一点:假定 ABC 公司以某种特别概念(功能)定位并传播它的一种电子产品,品牌名为 M,却没有成功,那么,里斯和特劳特会不会认为这驳倒了他们的理论?不会,他们会认为虽然该公司定位独特,但是品牌名字"M"不太好,"M"似乎有"幼稚"的含义;如果经过调查发现这种说法子虚乌有,他们会接着说该品牌虽然定位独特,却不是第一个进入市场的;后来了解到 ABC 公司确实是第一个这样定位的,里斯和特劳特也不会否认他们的理论,他们会说虽然第一个进入市场,却不是第一个进入顾客心智的,因为 ABC 公司没有足够的资源;即便 ABC 公司事实上融到了很多资金用于推广品牌和产品,里斯和特劳特也不会认为他们的理论有缺陷,他们会分析说,ABC 公司最初是做冰激凌的,它在顾客心智中就意味着冰激凌,而改变顾客心智花再多的钱也无济于事,或者……拉卡托斯用这样的假说描述一个理论如何通过把否证转向复杂假设网络的某个地方,从而避免被否证。不难发现,在里斯和特劳特的许多作品和言论中,他们正是这样解释商业实践并排除怀疑和反例的,从而赋予了定位理论超强的解释力①。

概念的模糊和过大的弹性决定了从理论的角度出发评析定位理论是有很大难度的。当我们试图界定清楚相关概念的时候,这个概念可能并不为定位理论支持者所接受。对于批评和质疑,他们也很容易找到开脱的机会。

有人认为,只要在实践中有用,学不学术没有关系。这种说法其实是目光短浅之见,一种理论想要长期发展,必须融入主流学术圈子,让更多的专家和企业家加入进来,就像科特勒的"营销管理"一样,用"开源"的态度才能让理论永葆青春。然而,定位理论概念的模糊、实证研究的缺失、理论体系的松散、研究方法的不严谨,让定位理论缺少理论范式。定位理论成了里斯和特劳特的"私人理论",而很难成为"公共理论"。随着人们理论素养的提升,各种新兴营销工具和模型的成熟,定位理论如若不进行科学化的范式改良,必将身陷困顿。

(四) 经验还是理论?

定位理论稍显随意的研究方法和缺少严格界定的概念,直接导致了定位理论的结论,也就是被里斯和特劳特称为"定律"的那些定位原则,不像是理论而更像是两人的经验总结。诸如"公关建立定位,广告维持定位""用视觉的锤子将定位的钉子敲入顾客心智大脑""长远来看,品牌不过是一个名字""要在合适的时间和地点推出第二品牌""品牌应该是用一种跟它的主要竞争品牌相反的颜色"……这些原则都像是有经验的老猎人对新猎手的谆谆教诲,虽然很有道理也很有用,但是将其当成是唯一的真理就言过其实了。既然是经验,那么就不具有唯一性。

对此,舒尔茨在评论"公关第一,广告第二"和"公关树立品牌,广告维持品牌"时的观点很具有代表性。舒尔茨说:"一些品牌界权威人士提出,单靠公共关系就可以成功投放一个新产品和树立一个新品牌。后续的广告只是作为已经打造出来的品牌的支持工具而已。这就意味着,广告对打造一个新品牌或者

---

① 张会锋:《里斯和特劳特定位理论反思——一个基于认知的实证研究》,《管理世界》,2013 年第 7 期,第 113—122 页。

挽救一个旧品牌来说并没有积极的促进作用。……打造品牌主要是依靠广告呢还是依靠公众关系？……我们的回答是：既是，也不是，也许（很可能是）两者都不是。事实真相是，品牌可以通过其中任何一条路径成功地建立起来，也可以不通过上面所说的任何一种方法照样可以塑造品牌。营销商们一直都在寻找能够保证快速成功打造品牌的'银弹'（Silver Bullet）策略。但是，品牌并不是依靠工具、技巧、口号、广告语、海报以及闪光的装饰材料而打造出来的。相反，品牌是通过买主和卖主之间、组织成员和组织之间、制造商和购买者之间价值主张的不断发展而树立起来的。"[1]

沿着舒尔茨的思路，我们也可以尝试回答诸如以下问题：

> 只有简单的信息才能进入心智吗？
> 成为第一胜过做得更好吗？
> 你的定位取决于竞争对手吗？
> 有一个好名字品牌才能成功吗？
> 只有聚焦企业能变得强大吗？
> 战略来源于战术吗？
> 重新定位好过品牌延伸吗？
> 品牌源于品类分化吗？
> ……

我们的回答是：既是，也不是，也许（很可能是）两者都不是。事实真相是，广告/营销/品牌/战略可以通过其中任何一条路径成功地建立起来，也可以不通过上面所说的任何一种方法照样可以塑造广告/营销/品牌/战略。

"公关树立品牌，广告维持品牌"，语言的钉子、视觉的锤子等结论基本上都是里斯和特劳特的个人经验，不能作为一般性的规律加以遵守。重策略轻创意，鄙视流行文化，与快速多变的移动互联网时代很难对接。里斯和特劳特的经验总结也表现出强烈的时代局限性。

受篇幅限制，本书无意对定位理论提到的所有观点进行逐一讨论（笔者最初确实有这样的想法），而只集中讨论那些根本性的概念和思想。对于很多操

---

[1] 唐·舒尔茨、海蒂·舒尔茨：《唐·舒尔茨论品牌》，人民邮电出版社2005年版，第45—46页。

作方法,本书的态度很明确,那是里斯和特劳特的个人经验,这些经验本身无所谓对错,但绝不是通向成功的唯一道路。

二、定位理论的根本思想:心智决定论

"心智"是定位理论的核心概念,毫不夸张地讲,没有"心智"就没有定位理论。尽管本书第一章已经对"心智模式"和"基于心智模式的定位方法"进行了较为完整的介绍,但是关于心智很多人也跟笔者一样充满疑惑:心智确切的定义是什么?除了早期的认知心理,目前有没有最新证据可以证明心智理论确实可靠?心智模式是消费心理的唯一模式吗?心智模式可以解释甚至代替行为模式吗?心智和认知可以作为营销、品牌和战略的基础吗?认知大于事实吗?心智真的不变吗?如果心智真的不变,就能够解释数字时代的营销与沟通吗?等等。接下来,笔者将就这些问题展开讨论。不过限于笔者的能力,更多的问题还是要交给更专业的人士来回答。

(一) 心外无物:"心智决定论"

心智是定位理论的核心,里斯和特劳特的理论倾向可以概括为"心智决定论"。

1. "心智"到底是什么?

心智的理论基础建立在认知心理学上。认知心理学是20世纪50年代至60年代间发展出来的心理学分支,认知心理学理论时常谈到输入、表征、计算或处理以及输出等概念。1956年,哈佛心理学教授乔治·米勒(George Miller)发表了《神奇的数字7±2:我们信息加工能力的局限》(*The Magical Number Seven, Plus or Minus Two: Some Limits on Our Capacity for Processing Information*)一文。米勒在对消费者心智做了大量实验研究后发现,心智处理信息的方式是把信息归类,然后加以命名,最后储存的是这个命名而非输入信息本身。米勒指出了人类的认知法则,这很快引起了营销界的重视。特劳特引用了米勒的成果,并在论文中将认知心理学的成果类比为电脑存储。里斯和特劳特的功劳是,把认知理论从心理学领域带到营销领域,并成为这一营销领域认知派的代表人。

25年之后,美国出版的《定位》这本著作中直接引述了乔治·米勒的思想

体系。特劳特离开里斯伙伴公司之后所写的书籍中,大量引述了巴里·施瓦茨(Barry Schwartz)、罗伯特·西奥迪尼(Robert Cialdini)等心理学教授的著作和思想。在认知心理学的启发下,里斯和特劳特突破了经典营销理论将"需求"作为理论基础的做法,而将"心智"和"心智模式"作为理论基础。可以说,定位理论本身就是一种教人们如何"抢夺心智"的学问。其中,"顾客心智认知"是其他"定律"发挥效用的前提,是所有定律发挥作用的出发点和终极目标。

那什么是心智呢?在里斯和特劳特看来,心智就是人们过滤信息、接收信息、处理信息和储存信息的空间和方式。简单地说,心智就是一套"记忆机制"。里斯和特劳特不认为"心智"是"消费心理",因为消费心理十分复杂且难以把控。

里斯和特劳特的心智概念与"品牌认知"颇为相似。凯文·莱恩·凯勒(Kevin Lane Keller)认为品牌认知是由品牌再认和品牌回忆构成的。品牌再认指的是顾客分辨出哪些品牌是他们以前所见过的能力,品牌回忆是指在给出品类、购买或者使用情境作为暗示条件时,消费者在记忆中找出该品牌的能力。建立了深度品牌认知可以带来三方面优势:印象优势、入围优势和入选优势。

如果从品牌资产的角度看,"心智"和"心智定位"就更容易理解了。"品牌资产之父"戴维·阿克将品牌资产分解为品牌知名度、品质认知、品牌联想、品牌忠诚度和其他资产等五个方面,而进入心智则意味着获得品牌知名度。别小看了品牌知名度,它指的可不是听说过某个品牌这么简单。品牌知名度指的是潜在顾客认出或想起某品类中某一品牌的能力,所以说除了听说过某品牌外,品牌知名度也包含了所谓的"心智阶梯"中某一品类所含品牌的排序,也就是说品牌知名度是包含品类概念的。当潜在顾客产生购买某一品类产品的需求时,他能想到的品牌越靠前,就表示该品牌的知名度越高。然而,品牌的定位并不总是来源于品类,也可能是产品的价位、档次、产地或者某种属性,所以此种情况下心智定位就表现为一种品牌联想。

然而,品牌资产是比心智定位更科学的概念,它既是静态的结果,更是从无到有、从小到大的积累过程,而心智和定位则是一个静态的点。后来,特劳特又发明了"心智份额"这一称谓,从而赋予了心智部分可衡量大小和动态积累的属性。

可见,心智一点都不神秘,甚至也并不先进。从顾客的角度看,它指的就是顾客大脑对于品牌的信息过滤、信息接收、信息处理、信息储存和回忆过程;从在企业的角度看,它指的就是品牌所拥有的品牌知名度和部分品牌联想等品资产。

2. 无限延伸的"心智"

"心智"作为定位理论的基础已经无限延伸,主要体现在里斯和特劳特试图用"心智"来解释广告、营销、战略、品牌等各个层面的理论问题上。

定位理论的系列书籍基本都是围绕着心智概念展开的:《定位》讲的是广告如何进入心智;《营销战》讲的是根据竞争对手明确进入心智的战略战术;《与众不同》讲构建差异化的心智定位;《聚焦》讲心智喜欢专注和简单,因此企业要获得成功就要局限在一个狭窄的领域;《品类战略》讲顾客心智是用品类思考,用品牌表达,品牌起源于品类分化;《重新定位》讲在竞争加剧、技术进步的时代背景下如何调整心智以重新适应环境;《视觉锤》讲用视觉的"锤子"将语言的"钉子"钉入顾客心智;等等。

定位理论围绕广告、营销、品牌、战略的一路升级本质上也是心智概念的不断升级:广告有没有效果,要看广告是否符合心智模式;营销能不能打赢,要看你在心智上占不占优势;战略有没有效,要看战略是否扎根心智并以此配称资源;品牌有没有价值,要看品牌背后的品类有没有扎根心智……

心智决定广告效果,决定营销战成败,决定品牌,决定战略,决定市场,决定经济,决定未来。所以,在定位理论下只有一个模型,就是心智模型。定位理论浓缩为一点就是——"心智决定一切"。

里斯和特劳特的逻辑是这样的:企业要生存就要击败竞争对手,就要让顾客选择购买你的产品;要想让顾客买你的产品,就要让顾客在产生购买需求时首先想到你的品牌;要想让顾客想到你的品牌,你的品牌必须成为该品类或者某种重要属性的代名词,总之就是要变得与众不同。然而竞争是激烈的,产品是同质化的,媒体数量是庞大的,顾客的大脑是混乱的。要让顾客看到你、记住你,你必须了解心智规律并按照定位理论的原则想方设法进入心智;一旦进入心智,顾客产生相关需求时就会先想到你的品牌,你的品牌要么是这个品类的代名词,要么占据了一个关键字眼;想到你的品牌顾客就会随大流地进行购买,顾客购买了你的而不是竞争对手的产品,这意味着你将击败对手赢得竞争。里斯和特劳特就是沿着这条多少有点"蝴蝶效应"风格的逻辑链条将心智一路升级的。

应该说,整个定位理论的核心就聚焦在"进入顾客心智"这一点上,这是整个体系得以构建和发展的基石。因此,讨论定位理论过时与否应该回答的终极问题是"心智决定一切"这个结论有没有过时。

3. 天不变，心智亦不变

心智不仅拥有强大的纵向解释力，还将超越时代，不断适应新的环境，因为心智永远不变。

早在《定位》一书中，里斯和特劳特就指出"定位理论的精髓在于，把观念和认知当成现实来接受，然后重构这些观念，以达到你所希望的目标，我们称这种方法为'由外而内'的思维"。此时的表达还是比较含蓄的，它只说了认知的重要性近乎事实，但没有用认知去否定事实。

其实开始时连特劳特自己都承认，大部分的公司之所以成功，主要是引人注目的技术，而不是引人注目的广告。但后来其却倾向于认为"认知大于事实"，甚至是"只有认知没有事实"。特劳特在接受《商业评论》专访时被问及对企业家在做定位思考时有何忠告，特劳特指出：我的答案或许会让你失望。几十年来，当我谈论定位时，总是力求简单和显而易见，以对抗外界的复杂。我的最后忠告是，尽量不要对你的定位和重新定位战略进行过多调研和思考。说实话，现在的调研已变成了玩数字魔方的游戏了。请记住，定位的一条重要法则是：没有事实，只有认知。

这里说的不变，指的是心智模式的不变。问题有两个：这个所谓的不变的心智模式在具体的营销应用中如何做到不变？就算心智不变，它能否解释复杂的营销过程和消费行为？是不是掌握一套心智模式的操作方法就可以应对复杂多变的市场环境了？另外，别人质疑的是，90后、00后的消费心理已经改变了，定位理论的方法对他们是否有效，而不是问心智模式是否变。消费心理是比心智更大的概念。

(二)"心智"概念的漏洞

定位理论的做大优势在于其实战性，而实战性一定程度上也要归功于"心智"概念的可操作性。然而这种可操作性是建立在心智理论的缺陷上的。

1. 缺少科学支撑的心智模式

里斯和特劳特将心智的运行规律总结成五条简单的"定理"，称其为"心智模式"，颇似欧几里得几何五大公理。心智模式的理论基础基本上来自20世纪五六十年代认知心理学的成果，不过里斯和特劳特对这些成果进行了一些取舍和修改，使其可以适应他们的定位理论。这五条模式是：① 大脑是有限的，面对信息具有选择性；② 心智憎恨混乱，因此信息要最大限度做到简化；③ 心智是不可靠的，很难回答自己的购买动机，消费者喜欢随大流；④ 心智难以改变，尝试改变心智的努力是徒劳的；⑤ 心智容易失去焦点，只有单一品类品牌可以胜出。

这五条心智模式用一句话表示即"顾客只能接受、记忆和回忆那些简单的、差异化的、重复不变的品牌信息"。

心智模式把握住了传播过程最重要的认知与记忆阶段，从而开拓了以"简化"为核心特征的营销传播模式，特别适合单一品类和需要集中资源实现单点突破的品牌。这是定位理论的贡献。

不过该模型至少存在以下几点缺陷：

第一，心智不是科学的概念。正如本章第一节指出的那样，心智模式只是简单地引用了认知心理学的部分成果，并且这些成果不可谓不支离破碎，然后就将消费者的购买行为解释为"电脑储存"以及后来的"五大心智模式"，缺少对变量进行严格控制的实验。里斯和特劳特关于心智的结论以及由此延伸出来的营销方法很多都经不起推敲，例如：

> 一词占领心智，两个词、三个词为什么就不行？
> 如果心智资源有限，那么在心智中占据了五个词、十个词的品牌是不是应该更加强大？既然如此，定位理论为何又提倡一词占领心智？
> 对于同一个品牌，不同的顾客是用同一个词来定义这个品牌吗？
> 即便是摆出了"信任状"，你在广告中说什么，顾客就信什么吗？
> 如果顾客倾向于接受简单重复的广告，但现实中为何又对"洗脑广告"充满仇恨？或者说顾客情感上的喜好与认知上的喜好不是一回事？
> 定位的认知是顾客听广告语、看视觉锤形成的，还是在产品体验中形成的？
> ……

心智模式只有结论，没有论证过程，更没有研究设计，结论的可靠性必然大打折扣。不仅仅是心智和心智规律，里斯和特劳特提出过的"定律"都缺乏依据。正如前面所讲，心智规律跟定位定律一样，都是两人的经验之道罢了。

第二，心智规律不是普遍规律。里斯和特劳特认为顾客拒绝复杂混乱的信息而倾向于接受简单的、重复的信息，然后就像电脑储存一样对这些简单的信息进行分类。在里斯和特劳特眼中，顾客的心智比流水线上的啤酒瓶还整齐划一。

占据"心智"确实是有效地影响消费行为的方法，但不是唯一，而且大部分时候不高效。所谓的"脑中的品牌阶梯"很多时候可能并不存在,顾客根本不知道你是第几品牌。定位理论经常举的例子是"大家都知道世界第一高峰是珠穆朗玛峰,第二、第三、第四、第五高峰就没人知道了,所以要当就当第一品牌"。问题是,当我想爬山时,我爬的是广州白云山或者我家后边的番禺大夫山,我怎么知道白云山和大夫山是世界第几高峰?

再比如3M,它是一家全球知名的多元化科技公司,旗下产品多得数不胜数,不过3M每年花在科研上的费用也相当可观。对于很多顾客来说,看到3M,竟然说不出它是做什么的,与此形成鲜明对比的是,很多人可以罗列出十几种3M的产品。3M在不同的品类中都能做到名列前茅甚至是行业第一。这说明了什么?说明所谓的脑中阶梯并不总是有效,而《定位》中罗列的"超市购物清单法"和"酒保法"也不是十分科学的消费者研究方法。

事实上,定位理论过分关注了大众消费这一低涉入度的行业领域,从而得出了这一狭隘的结论。除了简化模式,很多高涉入度的产品品类,其顾客更加热爱学习产品和品牌知识,希望获得更加丰富和系统化的信息,从而辅助其制定购买决策。心智模式和心智规律只在特定条件下才能成立,因此不能算作营销的基本规律。

第三,"心智模式"在逻辑上存在悖论。里斯和特劳特反对品牌延伸的一个重要理由是,品牌延伸让一个品牌可以代表多个产品,然而顾客的心智空间是有限的,人们记不住那么多产品。确实,品牌延伸的潜在风险就是稀释品牌联想。不过里斯和特劳特没有回答的问题是,如果顾客的心智空间如此有限,那么为什么他们记不住一个代表多种产品的单一品牌,却可以记住代表不同品类的不同品牌?就像背英文单词一样,你有什么证据可以证明背诵三个不同的单词比背同一个单词的三个不同意思要简单?为什么消费者可以轻松识别华为手机、香山电子秤、咕咚智能手环,却不能记住华为手机、华为电子秤、华为智能手环?

2. 心智对认知的误读

既然心智不是一个科学的概念,并且存在诸多漏洞,那么里斯和特劳特又是怎样在这样一个有问题的概念基础上建立理论体系的呢?答案是通过对事实的曲解和误读。

(1)认知的广度:"抽屉"还是"网"

定位理论将顾客心智解读为电脑储存,品牌认知被分门别类地储存在心智的抽屉里。然而,消费者真实的认知并不像抽屉,而更像一张网。

联想网络记忆模型(Associative Network Memory Model)认为,记忆是由节点和相关的链环组成的。在这里,节点代表存储的信息和概念,链环代表这些信息或概念之间的联想强度。任何信息都可以存储在记忆网络中,包括语言、图像、抽象信息或文字信息。

与联想网络记忆模型相似,品牌知识这一概念也是由记忆中的品牌节点和与其相关的链环组成的。通过扩展该模型,品牌知识由以下两部分组成:品牌认知和品牌形象。品牌认知(Brand Awareness)与记忆中品牌节点的强度有关,它反映了顾客在不同情况下辨认该品牌的能力。在建立品牌资产的阶段中,品牌认知是必需的,但并不充分。另一些需要考虑的事项,如品牌形象等,也经常参与其中。①

例如,如果有人问你:一提到苹果电脑,你的脑海中会想到什么？你可能会联想到"设计精良""使用方便"和"技术一流"等。图 3-1 列出了用户经常提及的关于苹果的一些品牌联想,当这些联想浮现在你的脑海里,就会形成苹果在你心目中的品牌形象。通过创新的产品和高效的营销,苹果公司能够通过顾客脑海里关于苹果电脑的丰富联想形成良好的品牌形象。

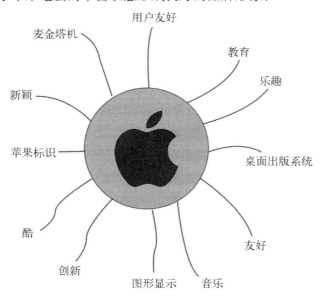

图 3-1　苹果电脑的认知网络

---

① 凯文·莱恩·凯勒:《战略品牌管理》,中国人民大学出版社 2014 年版,第 46 页。

当然，其他的品牌会有不同的品牌联想。例如，麦当劳的营销方案就是在顾客的脑海里建立"质量""服务""洁净"和"价值"的品牌联想。麦当劳的品牌形象同样也包括了其他强有力的品牌联想，如"麦当劳叔叔""金色拱门""为了儿童"和"便利"，但同时也可能出现一些负面的联想，如"快餐"。奔驰汽车让顾客形成的联想是"高性能"和"地位"，而沃尔沃汽车给人的联想是"安全性"。

所以品牌认知未必就是代表定位的一个词或者一句话，而是交织成网络的品牌形象和品牌认知。企业不能仅仅追求简单信息的长期重复，而是要不断丰富品牌联想并将品牌形象引向深入。

（2）认知的深度

将心智理解为记忆机制、将进入心智理解为获得品牌知名度就可以理解为什么定位理论那么依赖传统的灌输式广告了。因为要让顾客记住，最简单的方法就是"砸"广告。那为什么定位理论又很难融入移动互联和数字化的时代呢？也是因为"心智"对顾客的理解过于肤浅，只试图去影响记忆层面来获取知名度，而不是在大脑中深入耕耘，丰富品牌的联想、建立紧密的关系和忠诚度。可以说心智是缺乏深度的概念。

定位理论对消费者的研究停留在认知层面上，没有上升到体验、关系、习惯、价值观、信仰的高级层面上去。比如，在认知层面上，定位理论造就了"怕上火喝王老吉"，但是，你每次喝王老吉未必都是因为怕上火，更主要的原因是你爱这一口。特劳特极力辩称"心智"与"消费心理"不同，并且将"消费心理"曲解为街头的"态度问卷"，从而将"心智"归属于事实层面，而将"消费心理"归属于没有任何可靠性的主观猜测。

但是，按照心理学常识，消费者的认知过程包括感觉、知觉、记忆、思维、想象等环节。消费者的心理过程除了认知，还包括情绪、情感、意志、动机、人格等心理现象。强调品类和特性的定位，最多只是在消费者的知觉层面起作用，却自以为搞懂了消费者心智的全部。心智对顾客理解的肤浅，决定了定位理论对营销、品牌和战略的认识也是肤浅的，并且难以指导企业将营销、品牌、战略引向深入。

（3）认知的个体差异

里斯在《21世纪的定位》中补充道："心智和消费心理是截然不同的概念。心智模式是大脑运转的方式，即如何收集、归类、过滤、存储信息。这个规律是人类经由数百万年的时间积淀而形成的，不会在数十年的时间发生巨大的变化。而消费心理则微观而充满变化，不同年龄和地域的人的消费心理大相径庭。"言外之意似乎是，心智都是一样的，不会随着年龄、地域、性别等因素的变化而变化，心智不存在个体差异。

里斯和特劳特将顾客视为无差别的统一群体。虽然没有直说，但两人默认了所有的人的认知都是一样的，事实上这绝对是不可能的。我们之所以要细分市场、选择目标市场，之所以要建立差异化的产品、提供个性化的品牌体验，根本原因在于顾客的需求、心智、情感、认知都是不同的。定位理论一方面极力主张通过定位塑造品牌差异化的竞争优势，另一方面又把顾客视为毫无差异的心智机器。理论的前提和结论分别建立在不同的假设上，这也是定位理论自相矛盾的体现。

3. 心智对行为的误读

定位认为自己是一个从顾客的角度看问题的理论，因为竞争的终极战场是潜在顾客的心智，其他战场的行动最终都要作用于心智战场。但问题在于，影响顾客行为的因素只有心智吗？当然不只有心智，定位理论最重要的缺陷就是忽视了对顾客行为的研究。消费者的知与行是不能分开的，定位理论过分夸大了消费者认知的作用，而忽略了消费者体验和行为之后对认知的影响。

定位理论将品牌视为一种消费者认知当然很有道理，消费者不认可你，不知道你，你的产品再先进也没用，不论是传统媒体时代还是互联网时代都是这样。但是，我们也不能就此认为消费者心智决定了一切。拿沃尔沃来讲，定位理论视角下的理想购买过程是这样的：沃尔沃的定位是"安全"，潜在顾客正好需要买一辆安全的汽车，就毫不犹豫地买了一辆沃尔沃，这就是所谓的"用品类思考，用品牌表达"。然而这种决策模式在现实中几乎是找不到的。

心智模式并不能解释所有的产品购买形态。面对同质化的市场、数量庞大的产品类别以及铺天盖地的广告、公关和促销活动，消费者在购买时动用的不仅仅是浅层的心智。一个品牌仅仅与一个简单的词语挂钩，是不足以打动顾客的。顾客除了需要这样一个简单的词语，还需要考虑更多的因素、获得更多的信息来辅助决策。

顾客的购买行为除了品牌因素的影响之外，还深刻地受到"价格""服务员的推销""款式""意见领袖的意见""新闻"甚至是一瞬间的不自觉等因素影响。心智只反映了顾客购买的部分事实，而忽略了其他因素的影响。

社交电商、网红带货直播，让意见领袖充当了购买决策的把关人，也就是说,顾客直接将心智过程忽略,转交给意见领袖帮自己决策。笔者不认为网络时代是去中心化的时代,网络时代只是将以前固定充当权力中心的媒体打碎,重新组合成更加多元化和个人化的"新中心",从而实现顾客决策模式的变迁。

4. 心智能否作为理论核心?

既然心智只是顾客大脑中的记忆机制,那么将心智作为传播层面上的定位理论的基础是没有问题的,因为传播研究的内容就是人们如何通过各种符号进行信息交流。尽管经过上百年的发展,广告已经将核心目标放在了销售上,但是广告依据的是一种商业性的传播行为,涉及的主要是如何借助各种广告形式和渠道组合来影响人们对信息的接受、理解、记忆和反馈。而心智主要研究的恰恰就是这一过程,并且比传播学冰冷的概念更有温度,也更容易让人接受。但将心智作为营销、品牌和战略的核心就站不住脚了,因为这些领域是不能用单一因素进行解释的。

里斯和特劳特不断为心智加杠杆,使其在成功撬动广告之后也能撬动营销、品牌和战略,心智确实是一个不错的支点,问题在于这根杠杆是否够长、够有力。

"公司战略的核心要素在处理一个公司对于外部环境的判断,对于机会的把握,以及对于资源的布局,以及产业的组合,这些维度远不是一个心智可以解决的。所以看这个逻辑,你会发现定位有两次升级,从营销传播 Marketing Communication 到营销战略 Marketing Strategy 到公司战略 Corporation Strategy。我觉得从一个广告公司的背景出发,每一次爬坡其实都很艰难,因为理论是有起源和边界的……。我个人在某种意义上认可它是营销战略的一部分,但说是公司战略的核心的确有严重问题。至于经过升级后,到达了营销战略层面,也从属于营销战略整个大厦的一部分,不能无边界浮夸。"[①]

总而言之,心智在深度和广度上都有很强的局限性,将心智概念无限延伸,使其成为定位理论的基础概念是有问题的。"心智"这匹小马,在拖动顾客决策模式上都有些力不从心,更没有力气拉动营销、品牌、战略的大车。将一个存在重大缺陷的概念作为理论核心是否站得住脚呢?本书的回答是否定的。

5. 心智真的不会变吗?

正是因为心智模式过度简化甚至忽视了顾客复杂的心理和行为,才不能客

---

① 《科特勒王赛关于"定位"的九问九答:是"一箭穿心"还是"一叶障目"》,https://m.sohu.com/a/318072046_465378。

观、正确地反映顾客购买过程,因此通过论证"心智模式不变"来作为定位理论不会过时的证据就显得过于敷衍了。甚至,连"心智不变"都有点站不住脚。

李东阳认为,说定位理论过时了,恰恰就是因为"心智变了"。在李看来,理论往往赶不上实践的脚步,特劳特似乎忽略了一个更重要的变化:消费心智的变化。消费升级的当下,人们在消费商品时,看中的是物品所表达或标志的社会身份、文化修养和生活风格。价值创造是产品与消费者交互联结的结果,消费者并不会因为你是品类第一就高看你一眼。他们更在乎的是产品体验、个性与价值观的契合。没有体验就不会有认同,没有认同就无法实现产品价值。品牌的影响之所以如此巨大,是因为粉丝的价值观认同和情感满足,胜过了生理上的满足。这就是当今消费者的消费逻辑。①

刘立波认为,认知不仅会发生变化,而且"易变性"本身就是认知的属性。他在一篇文章中指出:

> 世界是变化的,产业是变化的,认知一样是变化的。张瑞敏说,没有成功的企业,只有时代的企业,意思就是企业要随时代的变化而变化。曾经一度,诺基亚代表手机,柯达代表胶卷,但随后呢? 让我们从认知的角度去看看IBM的发展历史吧:
>
> 1900年,人们对它的认知是自动制表机;
>
> 1911年,人们对它的认知是CTR,是个大杂烩;
>
> 1924年,人们对它的认知是IBM,是商用机器;
>
> 二战期间,人们对它的认知是军火制造商;
>
> 1950年,人们对它的认知是国防级计算机;
>
> 1956年,人们对它的认知是商用电脑,是蓝色巨人;
>
> 1964年,人们对它的认知是兼容机;
>
> 1981年,人们对它的认知是PC;
>
> 1997年,人们对它的认知是解决方案;
>
> 2010年,人们对它的认知是智慧的地球。
>
> 行业在变化,IBM所代表的概念内涵与认知,也在随时代的变化而变化,翻开IBM的历史可以看到,IBM之所以没有消失在历史的长河之中,

---

① 李东阳:《"定位已死"到底是不是个谎言?》,首席营销官公众号,2019-10-25。

是因为企业的战略跟上了时代的发展，而不是什么认知的问题。既然我们认同品牌或概念的内涵会发生变化，那么，一个"直销手机"为什么就不能变成一个"互联网平台"呢？再提出个问题，2010年雷军创建小米之前，小米代表什么？代表长在农田里面、我们不太喜欢吃的那种食物而已。①

因为认知的易变性，品牌延伸就不存在什么认知的问题。

特劳特的支持者可能会将"重新定位"作为对上述问题的回应。然而，"重新定位"模型并不能主动适应认知的改变或者去改变认知，因为"重新定位"是基于外部竞争加剧、科技发展、行业危机而进行的被动调整，是对定位理论所做的一次有限度的调整。

中国与美国市场不同，照抄照搬洋理论，并且把美国市场上一些经验主义的结论当成"定律"，或者如张云所说《22条商规》就是永恒不变的营销法则，那么根本无法解释中国市场的很多特殊情况。比如老品牌的重生，像冰峰、北冰洋、红旗、美加净、健力宝、百雀羚，这些都是改变心智的案例，如果心智无法改变，中国企业也不要崛起了。

6."认知大于事实"观念的危害

当然，让企业家们重视营销重视广告也是特劳特的目的之一。你不觉得"认知大于事实"跟我们中国的广告人常说的"酒香也怕巷子深"有异曲同工之妙吗？

因为品牌更多的还是通过广告来影响认知，说认知大于事实等于说广告大于事实，这种说法很有利于广告公司开展业务，毕竟里斯和特劳特是广告商，这很符合他们的利益。事实上，并非认知大于事实，而在于消费者压根就不知道所谓的事实，过去，消费者所了解的信息大部分来源于企业的单向传播，企业说什么消费者就信什么，企业不说消费者也没办法知道。另外，还要看事实是不是优势，不构成优势的事实没有传播价值。

然而，过分夸大心智的作用和地位，往往会导致企业迷信巨额广告投入，从而陷入营销过度的陷阱。因为在一个过分简化的框架下，影响心智的手段就是不断重复的广告，靠广告传播塑造一个虚拟的现实，这就是认知大于事实的土壤。

---

① https://www.huxiu.com/article/107941.html。

"认知大于事实"无非是依靠广告重塑"事实"。尽管里斯和特劳特后期将研究重点放在了品牌和战略上，但是定位理论依旧跳不出过度依赖广告的窠臼，营销和战略的实施最终还是要回到花大价钱做广告上。认知大于事实的观念符合广告代理公司和媒体的利益，但不见得符合企业的利益，也让尝试升级为战略理论的定位理论终究看起来还是个广告理论。里斯和特劳特花了五十年时间，转了一大圈又回到了原点上。

笔者认为"认知大于事实"的说法确实不够巧妙，一是会让人误解为产品不重要，做广告最重要；二是认知和事实本来就不是谁比谁更重要的关系，某种程度上讲也是认知要以事实为依据，尤其是体验性强的或者高科技行业更是如此。比如餐饮行业、饮料酒水等行业，就算你第一个进入了心智实现了差异化，但是消费者吃过喝过之后感觉不是这么回事或者压根不是自己喜欢的，那么认知还会大于事实吗？还有就是高科技行业，就算率先进入心智，倘若消费者发现企业只是说得好听，那也不会赢得竞争的。

就像德鲁克说的，企业只有两项职能：营销和创新。站在定位角度（非定位角度当然不这么认为）就是，企业只有两项职能：争夺心智跟争夺事实。所以，结论只能是认知跟事实同样重要。

此外，"认知大于事实"的观念也非常不适合发展中的中国企业，有几点理由：

第一，中国是后进市场，企业的技术和管理跟欧美日企业相比整体上还比较落后，像华为、大疆这样的高度创新、高研发投入的企业毕竟还是凤毛麟角。质量问题、食品安全、合同欺诈、消费陷阱等问题还普遍存在于各行各业，在产品关还没完全过去的中国，脚踏实地搞好"事实"才是正路；对于消费者来说，人们依然热衷于在市场上、在超市里、在淘宝上、在拼多多上、在出国旅游时，花时间和精力去找寻品质优异或者物美价廉的产品，他们显然没有被"混乱的心智"所影响。

目前，中国正在倡导"供给侧改革""消费升级"，这在国家战略的层面上指明了"事实"的绝对重要性。因此，在现阶段的中国，妄谈"认知大于事实"是主次不分的行为。如果按照张云和王刚的方案，中国企业应当"从具有心智资源的产业切入国际市场"，那么中国自始至终就只能卖卖茶叶、瓷器、白酒、中餐等特产，高科技那是欧美日的心智资源，这样一来中华崛起算是无门了！

第二，在中国，除了家电和部分消费品已经实现了高度的品牌竞争外，其他很多行业的品牌集中度并不高,中国尚未进入老牌资本主义国家品牌割据与二元分立的市场阶段,将营销定义为"打败竞争对手"尚缺乏土壤。例如,在美国快餐是麦当劳与汉堡王的竞争,但在中国快餐是没有品牌的夫妻店为主,率先出来做好品牌的"真功夫""老乡鸡"就显得独树一帜了,不过它们打得显然不是认知战;就算是消费更加理性的汽车行业,在中国也是进口、合资、国产品牌群雄逐鹿的割据,比不得美国几十年前就成型的四大汽车企业火拼的竞争割据。

即使是在目前领先于国际的移动互联网领域,企业做的也是基于事实的研发与创新,创造新的客户和市场,而不是在既有的市场上打认知战。对于竞争激烈的家电和日化行业,企业目前也更倾向于搞品牌延伸和"小而美"的网红品牌,大家并不热衷"认知战"。这说明,在中国无论是品牌集中度较低的传统行业,还是新型的移动互联网行业,"认知大于事实"都不是很有价值的观念。

第三,中国人大多奉行中庸路线,习惯了模糊表达,不擅长数据化和绝对化的表述。也就是说你讲"认知很重要""重视事实的同时更要重视认知""认知和事实同等重要"这些都没问题,但是你说"认知大于事实""只有认知,没有事实"就不符合中国人的心态了,他们一定会错误地认为事实不重要,定位就是无中生有造概念。连特劳特自己也不止一次抱怨别人误解了自己的意思,这是特劳特的问题,不是读者的问题,这种无心的表达,一定会带偏中国的企业家,让他们以为事实真的不重要,广告里怎么说最重要。

之前我们讲过,至少里斯在认知大于事实上有所松口,他的品类战略还是十分依赖产品创新的,而产品的创新显然不是心智游戏可以达成的。这说明,里斯领军的品类战略流派已经不再坚持自己提出的"认知大于事实"的说法,而是更加注重企业实质性品类创新。当然,里斯依旧是心智派定位理论的开创者,心智和认知依然是他理论的基础。张云进一步指出:"值得注意的是,并非每个掌握领先技术的先行者都能把握成为品类的机会。从商业史上看,相当比例的技术领先者最终并未成为品类之王,其中的关键原因,在于企业未能根据心智规律率先制定品类战略——清晰地定义品类或者使用全新的品牌,最终赢得了技术之战,输掉了心智之战。"张云话锋一转,又强调了心智的重要性,但这种重要性似乎又回到了广告层面上。

(三)营销战与心智定位是两套体系

"心智"和"竞争导向"是定位理论的两个核心,问题是一个理论怎么会有两个核心呢？这两个核心真的能统一到"打造品牌"这个中心上吗？

在整套定位理论体系中营销战或者说营销的四种战法是非常特殊的一个板块。从定位理论的发展过程来看，营销战直接将定位理论推上了营销理论的研究领域，因此应当将营销战视为定位理论的组成部分。本书第一章也指出"定位"和"营销战"统一于"外部性思维"，但这是在心智定位体系中得出的结论，事实上两者从概念到方法再到适用范围都存在很大差异。当我们将营销战放在整套定位理论体系中去检验时，会发现营销战其实是自成一体的。有以下几点理由：

第一，里斯和特劳特曾经将营销战与定位理论视为并列关系，认为营销战是比定位理论更加先进的理论。（见于《营销战》前言）

第二，从性质上来说，两者有着根本的不同。营销战是一种竞争战略理论，定位理论是一种营销传播理论。是定位理论想成为一种横跨广告、营销、品牌、战略的综合性理论的动机，导致定位理论失去了整体性而成为一个松散的理论综合体。

第三，营销战的本质是竞争结构中的位置，而不是心智中的位置，两者有本质上的区别。营销战的四种战法更接近波特的战略定位。尽管在营销战的具体打法上，里斯和特劳特固守了心智的原则，但是营销战的四种战法完全可以不依赖心智定位而得以落实。

第四，营销战比定位理论有更宽的适用范围，能够成为与波特战略定位相类似的通用战略。只不过波特的战略定位属于企业战略范畴，里斯和特劳特的营销战属于战术范畴，更加聚焦于某一行业的竞争。

第五，营销战与定位理论难以自洽。里斯和特劳特有意降低了营销战在定位理论体系中的地位，两人在后期的著作中很少提及营销战，并不是营销战没有价值，而是营销战与定位理论很难融合。在价值追求上，定位理论越来越倾向于"数一数二"和"差异化"，但是营销战大量论及了不具备竞争实力企业的营销方法。比如一家位于郊区的快餐店可能永远做不到数一数二，也不是很有特色，但是也不会被数一数二的对手淘汰掉。因为它处在一个可以固守的阵地上，这解释了大量的模仿者可以存在的原因。这显然与定位理论的体系存在着矛盾，笔者认为，里斯和特劳特抛弃了一个很有价值的独立的理论体系。

通读过关于定位理论的 23 本书的读者可以发现，定位理论的更新和发展是十分缓慢的，虽然出版的专著不少，但基本上就是车轱辘话反复说，同样的案例反复讲。然而,《营销战》所提出的四种战术模型,在后续的定位理论书本中已经很少提及甚至不再提及。里斯和特劳特并没有放弃营销战理论,而是随着定位理论的发展,两人倾向于用一种更加普适性的方法让定位理论的体系更简单明了,即不管你是领导者、跟进者还是其他的企业,都应该按照定位理论的相关要求在预期消费者的心智头脑中找到一个独特的位置。

接下来定位理论走向普及并不断地升级,定位理论成了一种一般性的通用理论,而不再进行细分。中国一些以定位理论为根本指导思想的策划公司,将营销战与定位理论相结合,发明了跨位、挤位、扣位等概念并形成自己的特色,这实际上是传统的定位理论与传统的营销战相结合的一种产物。

"成为第一"至少在《新定位》一书出版时,还只是各种定位实操方法中的一种,但是后来"做第一"显然已经成为定位理论的根本大法和终极追求,并且与后来的"品类"理论再次结合。换句话讲,"做第一"对于定位理论来讲,就已经从战术上升为了战略。这样,《营销战》所提出的市场领导者打防御战,第二位企业打进攻战,再小一些的企业打侧翼战,区域性企业打阵地战,在"定位理论就是要做第一,就是要成为品类代表"这一价值观下逐渐失去了意义。不过不管你在市场中是大是小、市场占有率如何,要做的最重要的事情就是在顾客心智中找到一个位置,并第一个占有它,这才是具有普遍意义的营销战。

然而,营销战比心智定位具有更广的普适性。定位理论是一种营销传播理论,尽管具有了战略属性,但依旧不是战略本身。定位的主要目的是指导和规范传播行为,因此定位必须形成具有传播性的概念,也就是一个词或者一句话,定位概念一定要符合顾客的认知心理,这样才能通过各种传播手段达成预期。然而,营销战的直接目的不是传播,它的目的是指导企业形成竞争战略:是保卫目前的成果还是挑战对手,是发起突袭还是固守自己的一亩三分地。这种战略的职能是对内的,而不是对外的,你没有必要让顾客理解你的战略意图。

说营销战比定位理论普适性更广也是有理由的,因为任何企业都有战略,但不是任何企业都有定位。比如一家粥铺,它做不到数一数二,甚至也毫无特色。它没有定位,它不能做到某个领域的第一,更不是某个品类的代名词,它只是具有了空间意义上的便利性,从而解决了附近居民的早餐问题。这就是它的战略——固守一个山头,不参与麦当劳、海底捞、老乡鸡的竞争,也不会被它们淘汰。对于广泛存在于市场上的同质化企业、地方性企业、一店一厂,心智定位是不具备指导力的。

可以看出，里斯和特劳特对心智的偏执也阻碍了营销战的进一步发展，他们建立了一套具有世界性影响力的营销传播理论，却放弃了一套同样会有巨大影响力的竞争战略理论，让营销战理论永远停留在了战术理论水平上。同时也说明，心智导向和竞争导向在目前定位理论体系下是难以融合的。所谓的"一个中心，两个基本点"，即"以打造品牌为中心，以竞争导向和顾客心智为基本点"的说法也只是和稀泥，现实中两者很难并行不悖。还有人提出定位理论的本质是"争夺心智的战争"，认为竞争总要有竞争的对象嘛，对象就是心智。这也似乎完美地处理好了两者之间的关系。其实，诸如这类"各打三十大板"的处理方式，只能是人为地掩盖理论的问题和潜在的风险。

曾经追随邓德隆到特劳特中国公司的谢伟山，似乎就看到了定位的本质应该是"竞争"而不是长久以来所谓的"心智"。他后来成立了自己的公司，其口号就是"竞争战略，助企业赢得竞争"，他致力推广的也不再是"心智定位"，而是"竞争战略系统"。这从一个侧面反映了定位派人士对"心智"和"竞争"关系的再认识，同时也说明了定位理论抛开心智也能达成一样的效果。

三、定位理论的"假想敌"——品牌延伸

定位理论的创立始于批判，广告层面上定位理论批判的是旧的广告创意方法，营销层面上的定位理论批判的是传统的营销管理体系，战略层面上的定位理论批判的是自上而下的战略制定法、麦肯锡工作法以及多元化，品牌层面上的定位理论批判的是品牌延伸和各种复杂的品牌模型，经济层面上的定位理论批判的是所谓的 J 模式。定位理论的每次理论升级都伴随着批判对象的变化，然而有这么一个假想敌，贯穿了定位理论从诞生到发展的各个阶段，它就是"品牌延伸"和"多元化"。

"品牌延伸"和"多元化"本质上其实是一样的，都是产品的扩张行为，只不过里斯和特劳特所说的"多元化"跟管理学中的"多元化"不完全是一回事。比如，生产手机的小米再去生产路由器、平板电脑、行车记录仪、空调，这在管理学中就是一种多元化的经营行为。但是在定位理论的视角下，如果这些产品都被命名为"小米"，那么它就是在搞多元化；相反，如果小米将路由器命名为"玉米"、平板电脑命名为"稻米"、行车记录仪命名为"大米"、空调命名为"香米"，那么就不会被称为"多元化"，而是"多品牌战略"。因此，在讲定位理论的假想敌

时，我们将品牌延伸和多元化合并，只提品牌延伸。另外，在品牌理论尚未成熟的年代，品牌延伸被称为"产品线延伸"，其实产品线延伸只是品牌延伸的一种形式。

（一）"十恶不赦"的品牌延伸

在定位理论的字典里，导致品牌失败的原因除了兵力不足、对手的强大等客观因素外，核心的主观因素只有两条：广告、营销、战略不符合心智定律算一条；品牌延伸算是第二条。

对于品牌延伸，定位理论的态度从来都是十分坚决的，那就是彻底否定。定位理论对品牌延伸的彻底否定体现在方方面面。

首先，定位理论的提出建立在对品牌延伸的批判上。定位理论起源于营销视角的转变，即从产品卖点转移到顾客心智。不过，激发里斯提出定位理论的直接因素来自品牌延伸。特劳特在《产业行销杂志》上发表的最早的定位文章就是从批判通用电气和 RCA 往计算机领域延伸并投入大量广告预算挑战 IBM 领导地位开始的。里斯、特劳特还有他们的定位理论因为成功预测了通用电气和 RCA 计算机新项目的失败而一战成名。

其次，批判品牌延伸也是定位理论的"固定节目"。几乎每本定位理论的相关书籍都会有专门的章节来论述品牌延伸的"危害"，品牌延伸的失败案例也遍布书的角角落落，甚至序言部分也不忘将老品牌的没落、中国各行业的低端竞争、新产品上市失败基本上都归因于丧失焦点的品牌延伸行为。

不过，定位理论对品牌延伸"至死不渝"的批判，主要还是源自第三条原因，即定位理论和品牌延伸是两种对立的营销思想。从广告传播上看，定位理论倡导用极简的信息占据心智，而品牌延伸明显地违背了"一词占有心智"的标准；从营销战上看，定位理论倡导基于兵力原则的四种战法，目的是占领心智击败对手。而品牌延伸"分散"了兵力，将战斗扩展到不同的战场中去；从战略层面上看，定位理论倡导"聚焦一个差异化的定位"并"围绕定位配称"，而品牌延伸打破了焦点，"稀释了"公司资源；从品牌上看，定位理论主张"品牌成为品类的代表"以及"通过分化建立新品牌"，以多个"专家品牌"搭建品牌体系。而品牌延伸让同一个品牌名称代表多个品类，造成心智混乱，原有市场受到新产品的干扰，新产品也因为无法被定义而无法成功。

面对扩张的机遇，定位理论的对策似乎只有推出新品牌。在几十年的咨询工作中，艾·里斯觉得有些遗憾，他花了大半生的时间"与那些大企业不断争论在将产品线延伸至新领域的时候，需要使用第二品牌，而不是使用原来的品牌"。柯达经常被他用来举例。"一个是胶片品牌，一个是数码摄影品牌。它们就是要把它们的胶片品牌用在数码摄影领域，最终它们破产了。这显然行不通。第二品牌才能行得通。"

然而，现实的世界并非专业品牌攻城略地而延伸品牌纷纷落幕，童话里的故事情节并没有在现实中上演。事实上，不论是分化出来的专业品牌还是延伸出来的综合品牌，都有成功的和失败的。对于反例，里斯和特劳特永远拿时间说事："品牌延伸的成功是暂时的，未来专业品牌将一统天下""不懂定位理论的企业迟早会被历史淘汰"。尴尬的是，在同一家企业里，品牌延伸和专业新品牌同时并存的现象也是俯拾皆是，不知道这种企业到底是懂定位还是不懂定位，是有时懂定位还是有时不懂定位。

总之，在定位理论眼中，品牌延伸与不懂心智一样，都是导致品牌失败的罪魁祸首。只是，里斯和特劳特关于那些延伸品牌为什么能够成功的解释并不能令我们满意。

(二) 品牌延伸是主流的扩张方法

里斯和特劳特反对品牌延伸的依据在于，品牌只能与一个品类建立关联，而品牌延伸则打破了这种品类关联，从而导致消费者心智混乱。定位理论认为，营销的战场发生在顾客的心智中，混乱的心智只会导致品牌失败。艾·里斯指出："市场营销并不讲求严谨的逻辑，绝大多数公司想要的是什么？它们想要成长，它们想要扩张。但是，当你通过延伸你的产品线的方式进行扩张的时候，往往会破坏既有的定位。产品线延伸的方式之所以不起作用，是因为你只能在心智中赢得胜利，因此你只能凭借一个专注的想法在心智中取胜。"

在这里里斯又犯了一个老错误——用定位理论的原则而不是客观事实作为评价标准。里斯要证明品牌延伸错误不能依据自己尚未被证明的观点或者个案，这不是科学的方法。他必须首先证明品牌延伸一定会引起心智的混乱，还要解释品牌在心智中为什么必须只能代表一个单独的品类而不能代表两个或者两个以上品类、在不同的顾客心智中是否会有相同的结果等等。基于假说和经验定位理论原则说事，很难获得广泛的认同。

里斯还有意隐瞒了一些数据。根据尼尔森公司的调查数据，快消品新品牌的成功概率只有10%—15%。推出新品牌的成功概率并不高,而且也不经济实惠。(当然,里斯和特劳特会说成功的新品牌是因为符合定位理论,不成功的新品牌是因为违背定位理论)

里斯和特劳特认为品牌应该聚焦于某一品类,否则就会引起混乱,而戴维·阿克认为品牌延伸是有效的品牌策略。好的品牌延伸不仅不会引起认知混乱,反而还会强化品牌联想。顾客也可以清晰地认知延伸品牌的关联产品,例如多芬(Dove)从香皂延伸到洗发水、护肤霜、厕所香氛,每个产品都很成功,多芬香皂的销量也在逐年提高;迪士尼的动画片、电影院、电视台、主题乐园和酒店业务也都实现了协调发展[①]。

与新品牌令人惊讶的低成功率相比,品牌延伸的成功率似乎高得多。戴维·阿克的研究发现,在一些出类拔萃的消费品公司所开发的新产品中,95%的新产品采用品牌延伸策略进入市场。另一项由尼尔森公司进行的调查表明,在1977—1984年进入超级市场的新产品中,40%运用了品牌延伸策略。因此,品牌延伸已成为许多公司实现战略性增长的源泉[②]。

当年乔布斯刚做苹果的时候,美国的定位咨询公司都站出来炮轰,说违背了定位理论的"跷跷板理论"。在消费者的心智里,没有这种融合手机,不要跟消费者的心智作对,乔布斯的苹果必定失败。而实际上呢,乔布斯把电话+播放器+电脑进行融合,开创了一个新时代。

除了苹果,3M、IBM、西门子、飞利浦、三星、通用电气、维珍、华为等知名公司,无不是品牌延伸的成功典范。

李光斗认为,理论往往赶不上实践的脚步,特劳特先生似乎忽略了一个更重要的变化:消费心智的变化。柯达的由盛转衰便是最佳诠释。柯达是做胶卷的,定位很清晰,但数字化时代来了,柯达牢牢地被消费者定位成胶卷,就把自己给定"死"了。同样是做胶卷,日本富士为什么能平安地度过危机?因为它在卖胶卷的同时还做了很多数码品牌延伸。

如果娃哈哈仅仅定位成"吃饭就是香"的儿童营养液,如果百度只做搜索,如果中国电信只做固定电话……也许现在这些知名品牌早就不知所终了……

---

① David Aaker.Ries & Trout Were Wrong:Brand Extensions Work. Harvard Business Review,April 05,2012.
② David Aaker. Brand Extensions:The Good, the Bad, and the Ugly. Sloan Management Review, 1990,(31):47-56.

公牛把自己定位为插座,一下子就把自己定"死"在这个领域,从此它只能在插座领域里摸爬滚打,没有扩张其他电工产品进行品牌延伸的动力和机会;健力宝把自己定位成保健品,并且一直死守在这个定位上,虽然一度被称为"中国魔水",但最终还是退出了人们的视线……①

在批评小米的互联网平台战略时,邓德隆建议雷军要好好学习马云:"雷军要向马云学习,用一个新的定位、一个新的品牌、一套新的战略把握其他行业的机会,马云并不是把所有的产品都冠上淘宝的名字,比如淘宝支付、淘宝旗舰店,而是阿里巴巴、淘宝、天猫、支付宝,在每一个地方都有战略定位,围绕它有套环环相扣的战略配称,从而建立起强大的品牌群。"

依靠品牌延伸建立起强大互联网帝国的除了小米还有 QQ,这样的例子真的是数不胜数。最早 QQ 就是做即时通信工具的,后来不断加入各种附加功能,还在 QQ 的躯体上生出了很多延伸品牌,比如 QQ 空间、QQ 邮箱、QQ 音乐、QQ 游戏、QQ 影音等,去打社交媒体、邮箱、游戏、音乐等其他领域的业务。按定位理论来说,这是对其定位的损害。

心智派反对品牌延伸的另一条理由是品牌延伸后会导致原有品类销售的下滑。然而,很多品牌做出延伸决策的重要原因之一就是预料到现有市场存在下滑的风险,希望通过新品类转移实现品牌生命周期的延长。翁向东指出,品牌延伸不能因为原有产品销量有少许下降就认为是失败的。对企业家而言,如果测算下来,品牌延伸后总的业绩与销量上升了,品牌的综合收益比不延伸时高,那就要毫不犹豫地延伸。联合利华旗下的夏士莲大搞品牌延伸,也许其洗发水这一单项产品的销量与利润不如宝洁的潘婷与飘柔,但旗下的雪花膏、沐浴露、香皂都十分畅销,夏士莲品牌所获得的总体利润不一定比潘婷与飘柔少,因此夏士莲的延伸是完全有效的。②

(三)里斯的"品牌乌托邦"

里斯认为,延伸品牌之所以能够成功是因为它所覆盖的产品品类还没有出现专家型品牌,一旦出现了专家品牌,延伸品牌就会变得模糊,市场就会被这些专家品牌一点一点侵蚀掉。如果企业发现了新品类的机会,就应该推出第二品

---

① 见李光斗 2017 年 6 月 9 日的新浪博客。
② 见翁向东 2013 年 8 月 1 日的新浪博客。

牌、第三品牌……最理想的状态就是一品牌代表一品类,让企业成为专家品牌聚集的平台。然而,里斯梦想的"一品牌一品类"和"多品牌帝国"其实就是个乌托邦,现在不可能实现,将来也不可能实现。

1. 品牌不都是品类代表

品牌延伸不可能在任何情况下都模糊品牌,例如那些采用核心价值模型来积累品牌资产价值的品牌,其品牌的核心在于理念、核心能力和价值观,而不是具体的品类。比如360,它的核心价值是安全,这是它在做免费杀毒软件时积累的核心价值,因此360手机安全卫士、360安全浏览器、360行车记录仪、360监控摄像头等等都做得都非常好。就是因为定位理论存在理论缺陷,因此在心智和品类的框架下根本就无法完美地解释品牌延伸问题。

里斯和特劳特也高估了新品牌,准确地说是亲族品牌之间的差异。比如,他们认为用现有品牌延伸新品类是错误的,此时应该推出新品牌。百度意味着搜索,因此百度云、百度网盘、百度AI、百度地图等新业务是不会成功的,但是如果命名为"十度云、千度网盘、万度AI、亿度地图"就可以成功。相对于阿里巴巴、腾讯的快速发展,百度近年来业绩确实逊色不少,但将其归因于一个名字是不是太幼稚了?里斯和特劳特对苹果公司的做法就十分推崇,认为苹果使用了新名称来命名新品类,如音乐播放器叫iPod、平板电脑叫iPad、笔记本电脑叫Mac、手机叫iPhone。问题是,苹果的成功真的在于为产品取了不同的名字吗?难道消费者不知道iPod、iPad、Mac、iPhone都是苹果公司的产品?如果这些产品都叫"苹果",那么这些产品就注定会失败?里斯和特劳特根本不知道,在中国人们也经常管这些产品叫苹果播放器、苹果电脑、苹果手机……中国的消费者的大脑并没有任何混乱的迹象。

品牌延伸的典范还有华为。定位理论的拥护者居然认为华为的成功也是因为符合了定位理论。事实上,在老百姓的心目中,华为是"民族企业的骄傲""高科技企业""科研投入最大的中国企业""不上市但依然成功的企业""最强大的民营企业""手机品牌""通信解决方案提供商"等一大串的品牌联想。从产品线上来看,华为是个彻彻底底的延伸品牌,是定位理论极力反对的品牌模式。

其次,消费者做购买决策时也未必是选所谓的"品类代表"品牌。"品牌回忆式"的购买决策是符合心智模式的,在这一模式下,消费者是先有了购物需求然后在大脑中备选品牌,这时候脑中阶梯就形成了,这时在该品类数一数二的品牌就很容易胜出,排第一的品牌就更有优势。但是,里斯和特劳特忘了任何品类的消费者购买决策的涉入度是不一样的，这决定了品牌在购买决策过程中能够起到多大程度的作用。

比如，你家的电磁炉已年过五岁，突然不幸"退役"了，你想买一台新的电磁炉。对你来说，电磁炉是购买频率很低的物品，而且你认为各个品牌的电磁炉功能和质量都差不多，这时候你会觉得买个知名度大、品质靠谱的品牌就可以了。于是"美的""九阳""奔腾"映入了你的脑海，而这些品牌没有一个是所谓的电磁炉专家品牌。对你来说，专不专家并不重要，你的心智也谈不上混乱，因为你心里根本不会去想美的到底是代表电冰箱还是电风扇，九阳一个卖豆浆机的是不是不擅长做电磁炉，你只知道这些品牌你听过，都很靠谱。

里斯说，任何品牌都存在两个极端，高档的和低档的，那存不存在"更高端的电磁炉"这一定位呢？肯定存在，但是你现在只是想明天下班后不至于又要叫"饿了吗"，所以你根本不会考虑买一台售价3 800元的电磁炉。你打开手机京东商城，那酷炫的小家电页面充满诱惑地告诉你，现在下单买"半球"牌电磁炉，除了锅碗瓢盆之外还会获赠一台煮蛋器，价格只有199元！明天中午就能送到。还等什么？你毫不犹豫地下单买了一台"半球"电磁炉，心里想象着煮蛋器的模样，然后把坏掉的"苏泊尔"电磁炉丢进了分类垃圾桶。

再次，定位理论没有站在产业价值链的高度看待产品的生产问题。里斯将品牌和品类的关系看得过分简单了，似乎企业看到品类的机遇就可以立刻上马一条产品线。因为在产业的价值链视角下，企业的优势不可能只体现在品牌上，而是体现在供应链、生产流程、管理模式、营销管理、分销网络等各个层面。对于延伸品牌来说，延伸出来的产品可以共享价值链上的资源，从而降低成本、提升效率，企业和消费者才能实现共赢。倘若每一品类都用一个新的品牌来代替，那么将是对整个社会生产资源的巨大浪费。做广告出身的里斯和特劳特只考虑广告层面上的问题，做一件事要提供哪些资源、花多少成本不是他们要考虑的事情。推出新品牌表面上听起来高大上，实际上是低效运转。如果你用新品牌推出品类，意味着你将以更高的成本和更低的性价比来面对市场，如果你失败了，定位理论顶多就是少了一个鼓吹品类战略的案例，而你则损失惨重。

2. 多品牌战略存在的问题

里斯和张云将广泛采用单一企业品牌战略的日韩企业方法成为J模式，将广泛采用一品类一品牌的美国企业方法成为A模式，并明确指出未来属于A模式的企业。事实上，我们并没有等来日韩企业的A模式转变，倒是美国企业纷纷检讨多品牌战略的问题,并开始向 J 模式转变。

近年来,宝洁、联合利华、庄臣、玛氏、卡夫、高露洁、雀巢、通用磨坊等里斯极力推崇的多品牌战略企业,业绩连年出现下滑,问题就出在多品牌战略对资源的巨大浪费上。因为一品类一品牌战略不仅仅是用一个新的品牌来命名新品类这么简单,任何一个品牌都将是一个巨大的成本中心,甚至还要有一个规模不小的团队来跟进运营。宝洁为了维持其庞大的品牌帝国,必须付出巨额的广告开支,从而让人们的心智头脑中始终保持"品牌—品类"的条件反射式关联。没有哪个厂商可以在很短的时间内针对每个消费者的不同需求提供相应的品牌。

目前,宝洁公司已经开始在亚太地区的电视广告节目中宣传其有关信息,试图将完全不同的生产线联系在一起。简而言之,现在就算是有钱人也支撑不起多产品品牌策略。他们必须改变企业观念,更好地利用产品品牌和公司品牌的互补优势。

值得一提的是,像海飞丝、飘柔等过去有着清晰定位的品牌,现在都开始通过品牌延伸的方式来创造新的市场空间。去超市的货架上看看就会发现,飘柔已不再是代表柔顺的洗发水单品,而是作为母品牌依据不同发质延伸出"滋润去屑""去屑控油""兰花长效清爽""绿茶长效清爽控油""滋润去屑柔顺""微米净透""丰盈飘逸""活性炭"等众多新功能产品。定位理论必然会将宝洁和联合利华的没落归因于品牌延伸,但是主流的营销观念认为,它们应该从"品牌老化"上找原因。

舒尔茨认为,宝洁模式或者说多品牌战略仅仅适用于包装产品,也仅仅是在 20 世纪 50—70 年代(中国市场可以延后 20 年)有效,宝洁模式是很难复制的,因为宝洁和其他包装零售品公司成功打造品牌帝国的前提是,它们自始至终都控制了整个营销和打造品牌的系统[1]。作为最早进入中国市场的日化企业,宝洁和联合利华迅速占领市场,再次建立这种系统优势。如果你还没有控制住市场,千万不要尝试复制宝洁模式。

在移动互联网时代,"小而美"的细分品牌基于"用户痛点"和"市场细分"如雨后春笋般崛起,不断蚕食着宝洁们、联合利华们、老干妈们的市场。里斯梦想的"一品类一品牌"可能永远都只是个乌托邦。当然,里斯会说:这些延伸品牌

---

[1] 唐·舒尔茨、海蒂·舒尔茨:《唐·舒尔茨论品牌》,人民邮电出版社 2005 年版,第 69—70 页。

迟早会消亡。

笔者认为，一品类一品牌至少面临两方面的挑战：

第一，你的运气不可能一直那么好。

品牌同产品一样都有生命周期，只是两者的发展曲线并不完全吻合。里斯为企业开出的最新秘方是不断分化出新品牌，并为新的品类取一个全新的品牌名称，也就是一品类一品牌战略。事实上，成功地打造品牌是十分困难的。除了好的产品、成功的策略、充足的资源、高效的团队这些可控因素外，某种程度上还要看你的运气。那么，你的运气究竟得有多好，可以让你的新品类新品牌不断地成功地走向市场呢？

第二，忽视了新产品的市场规模。

不是所有的新产品都值得企业投入大量的资源来运作独立的品牌。比如3M公司旗下的几百种产品，大部分都是专业性强、市场规模小、竞争对手少、品牌认知度低的产品，如果所有的产品都以一个新的品牌推出，营销费用将是一个无底洞，所获得的市场收益却不见得比单一品牌更多。如果你的新产品不是像可口可乐、王老吉、雷克萨斯一样的既有革命性又有市场规模保证的产品的话，那么一方面你要思考是否应该进入这个市场，另一方面则要评估是推出新品牌还是进行品牌延伸。当然，对推出新品牌和品牌延伸的评估绝不仅仅是考察新产品的市场规模，还要考虑很多其他变量的影响。

（四）新产品上市的正确方式

尽管品牌延伸是企业扩张业务的主要形式，但是品牌延伸依然是一种充满危险性和不确定性的商业行为。推出一个新品牌的成功概率不高，遗憾的是品牌延伸也不总是带来好消息。对于延伸问题，传统的战略观认为，是企业资源和能力的有限性决定了企业不可能无限延伸，而定位理论则认为是因为心智模式的存在导致了业务无法延伸。例如春兰当年是比现在的格力更加强势的空调专业品牌，但是陶建幸认为，必须走多元化的道路才能把春兰做大做强。在心智派定位理论视角下，春兰的错误在于春兰这个名称代表的是空调，顾客心智中没有为春兰摩托、春兰卡车留下位置，所以春兰做摩托和卡车是不会成功的。那么春兰空调为什么没落呢？定位理论认为是因为摩托和卡车产品的推出模糊了春兰作为空调的认知。

细心的读者可以发现，这个结论前后是矛盾的。如果顾客心智没有为摩托和汽车留位置,那么顾客依然认为春兰代表空调,既然依然认为春兰是空调,那么心智怎么又能模糊掉呢?用心智解释品牌延伸和多元化的失败存在逻辑矛盾。

在传统企业战略视角下,春兰的错误在于空调、摩托车、汽车全是不相关的行业,这在产业上是冲突的。任何企业,掌控的资源和具备的能力都是有限的,一旦跨越产业界限和核心能力,资源和能力势必会分散。春兰就是因为这种毫不相关的多元化,导致了新业务毫无特色,既有的空调产业也因为资金不足导致质量、技术、服务、推广统统下滑,最终日薄西山。

同样是延伸,小米、华为、万达为什么可以成功?难道心智发生变化了吗?定位理论认为心智模式是个普遍真理,跟行业不相关,那么我们只能用传统的企业战略来解释了。小米的定位并不像邓德隆说的那样是"网络直销廉价手机",而是用价值观解释为"为新科技发烧",因此围绕着移动互联网开展的业务彼此之间在产业上是关联的,再加上代工模式的成熟,平台化战略有了很大的可操作空间。我们可以接受小米手机,当然也就可以接受小米的平板电脑、摄像头、智能家居,甚至是智能空调。但是对于格力来说,空调跟手机却是不同的行业。这就解释了为什么人们可以接受小米空调,却不接受格力手机的问题。

上文提到,新品上市的成功率仅有10%—15%。因此,绝大多数的企业选择了以品牌延伸的方式推出新产品。里斯在极力反对品牌延伸的同时,给出"分化"的方式,并建议企业将品牌塑造为品类代表。那么在"分化"和"品类"的思路下,新产品的成功率会提高吗?答案是:不知道。因为里斯和特劳特对传统的市场调查非常排斥,更认为市场无法预测。里斯则直言不讳地认为,新产品的市场是"0",但就是因为新品牌和新品类刚开始没有市场,所以才能够进入心智成为品类代表。里斯的意思可能是,新产品就要充满信心地做下去。里斯的话虽然很有煽动性,但是让人心里很没底,这跟南太平洋小岛上的居民都不穿鞋的故事是同样的道理。可以说,里斯是用一种"机会主义"和"冒险主义"的态度看待新产品上市的问题的,这多少有点不靠谱。

其实关于新品上市,试销是唯一真正管用的方法,虽然这个办法也不是全能的。试销代价高昂、见效缓慢,而且可能会被竞争对手发现我们的秘密,但是它能让你真正了解自己的品牌在未来的市场上,面对活生生的顾客时究竟会成功还是失败,而且这是唯一的方法。如果有足够多的人认为你的产品或服务值得他们第二次或者第三次购买,那么你的品牌差不多就成功了。但是,如果不是这样,那么你至少可以得到一个预警信号——你的品牌可能会失败。其实道理就这么简单。我们要关心的是顾客在市场上的表现,而不是他们怎么想、他们信什么或者他们说什么。

很多互联网产品将内部测试、培育天使用户的方式作为上市前的准备,其实也是一种试销行为。试销除了测试顾客态度和购买意愿外,也为产品提供了修正的机会。里斯夸大了竞争对手的反应,尽管试销也要做好保密工作,但不至于因噎废食,用听天由命的态度看待新产品上市。当然,定位理论支持者会拿几十年前"新可乐"遭遇滑铁卢的事情来说事,但笔者认为虽然试销存在诸多缺陷,但总比里斯振聋发聩的"大胆去做"要靠谱。

四、定位理论的学派

任何理论,只要被大家广泛接受之后,就会因时代的变迁、新问题的提出、理解的不同而面临增删、修正、批判甚至淘汰的命运,同时也会因为侧重点的不同而产生新的学派。更何况,定位理论在提出一种革命性的营销思想的同时,理论本身又存在着这样那样的硬伤。如果说早期的定位理论是里斯和特劳特的双簧戏的话,那么随着两人的分手,更多的营销专家加入了定位理论的队伍,当然这中间伴随着品牌理论、战略理论研究的起飞,彼此借鉴也会影响各自的发展进程。这些新加入进来的专家对定位的理解各不相同,在继承他们所认为的定位理论的精华基础上与自己以往的研究领域相结合,做出对定位理论的改造和延伸,不过也让定位理论的概念变得更加模糊不清。

(一) 心智派——里斯和特劳特的定位理论

从学派的角度来讲,里斯和特劳特的定位理论理应归属于"心智派"。不管是两个人合作期间还是分开后独立发展的阶段,定位理论都是以"心智"作为基础概念和原则的。

1. 心智派定位理论的特点

关于心智派定位理论的主要内容,本书前面几章的内容已经做了相对完整的论述。尽管里斯和特劳特以及他们各自的中国团队已经出版了20余本定位理论专著,大体来说心智派定位理论的主要特征就是"以心智为基础,以竞争为导向"。此外,心智派定位理论与其他流派定位理论的最大不同在于心智派定位理论是一种综合性的理论。在这一点上，其他理论就不同了。比如，科特勒的定位理论只是一种营销理论，戴维·阿克的定位理论只是一种品牌理论，波特的定位理论只是一种战略理论。唯独里斯和特劳特的心智定位，既是广告理论，又是营销理论，同时也是战略理论和品牌理论。

经过对定位理论发展历程的总结，我们可以十分清晰地概括出定位理论的升级路径：

最初，定位理论是一种广告理论，教你如何在产品同质化、广告信息泛滥的市场上脱颖而出，进入消费者的心智，从而赢得广告的战争。

接着，定位理论成为一种营销理论，教你如何根据自己在市场中的角色和兵力来制定"作战计划"，在与竞争对手的博弈中找到自己"数一数二"的独特优势，从而赢得"营销战"。

然后，定位理论升级为一种战略理论，要求企业把"心智"作为比股票、技术、人才都重要的战略资源，并将这些资源围绕着"心智定位"进行重新组合，从战略的高度做到"聚焦"和"与众不同"，从而建立企业的长期竞争优势。

接下来，定位理论找到了战略的核心——品牌。企业战略是品牌战略的集合体，未来企业的竞争是品牌的竞争，顾客"用品类思考，用品牌表达"，只有不断用新的品牌来占据新的品类，企业才可以长盛不衰。

最近几年，定位理论又上升到经济层面，指出只要各个企业做到精准定位，让各自的品牌在心智中占据特定的位置，淘汰令心智模糊的品牌，就可以有效抵御经济危机的破坏力。在"一品类一品牌"和"多品牌战略模式"的引导下，民族企业才有崛起的希望，也才能在国际分工中找到自己的位置，让国家在国际竞争中胜出。

定位理论经历长期的升级，最终的落点在"战略定位"上，即将定位视为战略的核心，而作为广告、品牌、营销的定位理论和方法仅仅是战术的体现，这些理论和方法的一元化组合构成了一致性的战略，即定位。它的结果则是帮助企业形成差异化的竞争优势，从而击败对手获得成功。

2. 里斯和特劳特在理论上的分野

尽管同属心智派，但是里斯和特劳特分手后的理论发展道路还是有区别的。现在，让我们穿越到 20 多年前的美国。假设面临挑战的柯达找来里斯和特劳特做战略咨询，两人分属不同的公司，并且都想拿下柯达这个大单，现在需要他们做战略方案的比稿，那么会发生怎样的情况呢？

特劳特会建议柯达应该进行重新定位,顺应科技发展的趋势将重心放在数码技术上,并主动发起自我攻击。公司在 CEO 的带领下全面转向数码业务,并用一个较长的时间塑造"最正宗的数码摄影品牌"的定位,逐步改变"胶卷"这个旧的心智认知,信任状就是柯达是数码相机的发明者,这个故事要反复讲,一定要抢在富士或者新品牌的前面占据这一心智定位。新的战略可以让柯达再次变得与众不同,并且顺应了未来的发展趋势。是的,新的战略就是这样的"显而易见"。

里斯的建议跟特劳特不同,他会建议将"柯达"这个名称仅用于目前的胶卷品类以及整个公司层面上。数码相机是新的品类,是从旧的胶卷相机中"分化"出来的。柯达代表的是胶卷,这种认知无法改变。你也不能直接用柯达来命名数码相机,因为一个品牌不能代表两个不同的品类。你要做的是尽快推出第二品牌,名字就叫"柯楠"。数码技术代表了市场的未来,公司应该聚焦在新的品类上,将过去柯达的资源更多用于推广新的"柯楠"品牌。消费者用品类思考,用品牌表达,当他们想到数码相机的时候首先就会想到"柯楠",但是市场还是把握在柯达公司手里。随着科技的推陈出新,柯达不断分化出新的品类,并陆续推出第三、第四……第 N 品牌,最终形成一个类似宝洁的品牌帝国。

笔者以柯达为假想案例的目的并不是比比里斯和特劳特谁更厉害,而是指出两人的不同。事实上,两种改革方向都有成功的机会,也都有失败的可能。遗憾的是,柯达既没有重新定位,也没有推出第二品牌,柯达甚至都没有搞品牌延伸。他们对新问世的数码拍照技术藏着掖着,希望保护好既有的胶卷市场,柯达陷入了"路径依赖"(Path-Dependence)的陷阱中去了。现在,被竞争对手攫取市场的柯达虽然没有消失,但是风光已然不再,目前已经转型为"数码印刷"公司,未来如何尚无定论。

3. 固守基础上的升级:特劳特的定位研究

说特劳特"固守"是因为尽管特劳特晚年虽然在"战略定位"上有一定的创新,但是谈不上创见。一直到最后特劳特都是在早期定位理论的框框里思考问题,固守"心智"和"同质化市场"。对于新兴市场和创业公司,特劳特都没有给出太多的指导意见。

在理论颠覆上,特劳特似乎步子有点迈不开。他后来的著作《简单的力量》《与众不同》《大品牌大问题》《显而易见》基本上都是在炒早期定位理论的冷饭,只是突出强调了"差异化"的竞争战略,从而拉近了自身理论与波特战略定位的距离，并据此将定理论硬生生抬高到了战略的高度；在如何面对营销环境的变迁上，则是深化了早期定位理论中"重新定位"的观点，但是"重新定位"多少透露出定位理论被动地面对环境变迁而不得已做出调整的姿态。也就是说，与里斯相比，特劳特在面对新的社会环境上的思想相对保守，还是在用同质化市场作为理论出发点，也还是用静态的眼光看问题。直到去世，特劳特也没有实质性的理论创新。

在中国，很多定位理论学习者对于特劳特的了解超过对里斯的了解。这可能是因为特劳特在中国的分公司进入中国更早一些，特劳特在中国的合作伙伴也更善于炒作。事实上，对于定位理论本身发展的贡献，里斯是远远超过特劳特的。特劳特的贡献，更多体现在理论推广上。

特劳特对产品层面上的创新也不感冒，他研究的重点是如何在同质化的市场上变得"与众不同"，特劳特甚至直接将定位定义为"与众不同"。说到底特劳特还是就心智论心智，坚持"认知大于事实"，甚至是"只有认知没有事实"。特劳特在这样的经营哲学思想下，能够动用的"武器"就十分有限。

4. 重返产品竞争力：里斯的定位研究

相反，里斯后来的创见可谓是颠覆性的。他在早期定位理论的基础上提出了革命性的概念。"分化"和"品类"的概念都跳出了"同质化市场"的圈圈，开始鼓励企业发现新的机遇，去主导一个品类。里斯之所以这么做，缘于定位理论的一个重要的Bug。

早期的定位理论奠定了自身完整的理论框架，却有一个严重的问题，那就是定位理论对产品过于轻视。尤其是第一本——《定位》，直接指明定位理论不是要对产品做的事情，他们的关注点在于传播层面上的策略、实践和效果，凝聚为一点就是对消费者心智产生的影响。在营销战框架下，定位理论关注的又是在一个既定的市场上，具有不同角色和资源的企业应该如何展开争夺心智的战争，我们依然看不到产品的影子。即便定位理论发展到了战略阶段，定位理论也是囿于"产品同质化"和"心智不可改变"的教条，而一直在实质性的产品创新层面上毫无建树。

毕竟时代已经变了，定位理论诞生的20世纪六七十年代，营销的环境还只是工业时代同质化产品间的混战；80年代也没好到哪里去，大企业能想到的就是模仿与抄袭，通过多元化经营来透支面相上看起来十分强大的品牌影响力。然而，到了90年代中期以后，一切都变了。

一方面，科技加速发展，并催生了大量新产品、新品牌，新产品加上新品牌和新模式，构成了我们现在常常说的"新物种"，新物种自然需要新的理论来指导实践。以既定的同质化市场为基准的定位理论，显然对不上新的市场环境。

另一方面，以往羡煞别人的强势品牌，如 IBM、柯达，再到后来的爱立信、诺基亚，要么走到了十字路口，要么直接被淘汰。是它们心智占得不够牢吗？是它们竞争对手太强大吗？显然都不是，"死盯"着对手或者心智，也出现了死角。

里斯注意到了这个问题，他意识到定位理论不能老在既定的同质化市场上打转转，去研究领导者如何保持优势、跟随者如何翻盘、挑战者如何天降奇兵、大量的模仿者如何在夹缝中求生存，而是应该跳出来去深入研究如何创立一个新的品牌，定位理论的目光也应该转向用产品去建立新的竞争优势，并开创根深蒂固的市场领导品牌。

里斯不满足于心智层面上的差异化，而是重点探讨了品牌的起源和品类战略，研究企业如何以"分化"的方式开创新的品类并主导这一品类。里斯的战略定位要求企业发现市场上的趋势和机会，用新品类占据市场。这说明，里斯已经不再固守"认知大于事实"的理念，而是要求企业在事实上有所开创，并借助定位让品牌占据这一认知，这就是"认知和实事同等重要"了。

正如吴春芳所说，虽然定位理论是里斯和特劳特的共有"财产"，但是他们各自的关注点或者说侧重点会有所不同：里斯的"定位"更加侧重或者关注于如何在蓝海中实现与众不同的品牌差异性，即成为第一的品类思想阐述；特劳特则更加侧重或者关注于如何在红海中实现与众不同的品牌差异性，成为第二对立面思想的定位阐述。[①]

（二）需求派——菲利普·科特勒的定位理论

前文提到，菲利普·科特勒在为《定位》千禧年纪念版作序时高度评价了定位理论，并以市场营销学为基础，讨论了定位理论对 4P 框架和市场细分理论的影响，帮助定位理论在市场营销中上升到战略的高度。但是，科特勒并不是将定位理论原封不动地拿来为己所用，而是适当地加以改造，融入他经典的营销 4P 框架当中形成 STP+4P 框架，令定位成为营销管理的战略环节。

---

① 吴春芳：《定位理论中特劳特、里斯的同与不同》，http://zl.qudao.com/wuchunfang/2012 - 9048.shtml。

其实，STP＋4P并不是一种原创理论，它是各种营销思想的综合体，让企业可以将这些理论运用到营销实践中去。4P理论是杰罗姆·麦卡锡（Jerome McCarthy）提出的，那么STP呢？也都名花有主：S市场细分来自温德尔·史密斯（Wendell Smith），T目标市场也来自麦卡锡，而P市场定位则来自里斯和特劳特。

菲利普·科特勒的伟大之处，不在于提出像定位这样的营销观念，而在于他是一位营销理论的集大成者和全球传播者。

1. 科特勒对4P理论的改造

4P理论产生于20世纪60年代的美国，随着营销组合理论的提出而出现。1953年，尼尔·博登（Neil Borden）在美国市场营销学会的就职演说中创造了"市场营销组合"（Marketing Mix）这一术语，其意是指市场需求或多或少地在某种程度上受到所谓"营销变量"或"营销要素"的影响。杰罗姆·麦卡锡于1960年在其《基础营销》（*Basic Marketing*）一书中将这些要素概括为四类：产品（Product）、价格（Price）、渠道（Place）、促销（Promotion），即著名的4P。1967年，菲利普·科特勒在其畅销书《营销管理：分析、规划与控制》第1版中进一步确认了以4P为核心的营销组合方法，认为"如果公司生产出适当的产品，定出适当的价格，利用适当的分销渠道，并辅之以适当的促销活动，那么该公司就会获得成功"。所以市场营销活动的核心就在于制定并实施有效的市场营销组合。

但是，怎么才算适当的产品、适当的价格、适当的渠道、适当的促销呢？标准是什么？或者说，早期的4P理论是缺少核心的，也就是没有灵魂。里斯和特劳特的定位理论则完美解决了这个问题，那就是在4P之前要加上定位，以定位概念作为营销战略，统领产品策略、定价策略、渠道策略、广告和促销策略。《定位》出版后的1984年，科特勒将定位理论吸收到《营销管理》第5版之中，形成了著名的"STP＋4P"理论。

科特勒在《定位》千禧年纪念版的序言中陈述了定位理论对4P框架的影响：

第一，定位影响到产品。当年沃尔沃做出了一个明智的决定——诉求安全，后来成为传世经典的沃尔沃"安全定位"。这个过去的瑞典小公司，成长为世界上最强大的汽车品牌之一（被福特收购的时候，沃尔沃也依此卖得一个好价钱）。

> 定位理论过时了吗?

第二,定位影响到价格。哈根达斯(Haagen-Dazs)当年决定推出高价雪糕系列,建立了高级雪糕的定位。哈根达斯在过去几十年里一直是经久不衰的营销成功案例之一。沃尔玛(Wal-Mart)和西南航空(South west Airlines)在低价的一端亦不输风光。

第三,定位影响到销售渠道。海茵丝(Hanes)的连裤袜是百货店面渠道的领导品牌。它推出了一款专门在超市渠道销售的连裤袜,叫 L'egg(egg,蛋),采用蛋形纸箱包装。"超市出售的连裤袜"的定位使 L'egg 大获成功,后来成为全美销量最大的连裤袜品牌。

第四,定位影响到促销。小凯撒(Little Caesars)之所以能成为披萨业中的老大,归因于它把"买一送一"的促销概念上升为定位策略。它的"两份披萨一份价"的电视广告被认为是有史以来最难忘的广告之一,同时也使小凯撒成为增长最快的披萨连锁店。然而接下来,小凯撒放弃了这个策略,从此一蹶不振。这个例子不仅从正面展示了定位的力量,而且也从反面论证了定位的威力——建立定位以后再去改变它将无比艰难。

营销并非是一门静止的学问,相反,它变化着存在。定位就是最有革命性的变化之一。正因为有了定位,营销界才成为一个生动、有趣、令人兴奋和吸引人的竞技场。

科特勒的评价,充分肯定了定位理论对 4P 的影响,让 4P 有了战略层面上的指导,从而保持营销活动的"一致性"。这就是定位理论上升为一种营销战略的证明。

需要指出的是,科特勒对 4P 的改造是很频繁的,对营销的定义也不停地升级,并没有把营销框架停留在 STP+4P 的层面上。这点很容易理解,因为科特勒不发明理论,他是营销学的集大成者,他的工作本身就是不断吸收新的理论以及让营销管理不断适应新时代的需求。

2. 科特勒定位理论与心智定位的区别

科特勒对于定位理论改造的积极作用在于将定位上升为营销战略,同时丰富和完善了自己的营销管理学科体系,为 4P 理论注入了灵魂。科特勒名著《营销管理》(第 15 版)中指出:所有的营销战略都建立在 STP 的基础上;同时,科特勒的定位理论与里斯和特劳特的定位理论又有着本质的不同。里斯和特劳特的定位理论核心概念是心智,并将营销定义为争夺心智的战争。换句话说,里斯和特劳特的定位认为思考营销问题的原点是定义竞争范畴,然后制定差异化的营销战略,再用此战略指导营销传播活动的开展,整个过程则要符合心智规律。科特勒批判地继承了里斯和特劳特的定位理论,他对定位定义如下:"定位是设计公司的产品和形象以在目标市场的心智中占据一个独特的位置的行动。目标是要将品牌留在消费者的心中,以实现公司的潜在利益最大化。一个好的定位能够阐明品牌精髓、辨识为消费者达成的目标,并揭示如何以独特的方法实现,从而有助于指导营销战略。组织中每个人都应该理解品牌定位,并以此作为决策的依据。"

根据STP理论,市场是一个综合体,是一个多层次、多元化的消费需求集合体,任何企业都无法满足所有的需求,企业应该根据不同需求、购买力等因素把市场分为由相似需求构成的消费群,即若干子市场。这就是市场细分。企业可以根据自身战略和产品情况从子市场中选取有一定规模和发展前景并且符合公司的目标和能力的细分市场作为公司的目标市场。随后,企业需要将产品定位在目标消费者所偏好的位置上,并通过一系列营销活动向目标消费者传达这一定位信息,让他们注意到品牌,并感知到这就是他们所需要的。

不难看出,里斯和特劳特的定位理论给出的方法重点放在竞争对手的研究上,属于竞争框架。科特勒将定位理论引入自己的营销管理体系,开发了STP模式。科特勒的定位理论是建立在顾客满意的基础之上的。他强调企业应该致力于满足市场需求,但是不同的目标市场有不同的需求,要满足这些不同的需求,企业应该实施差异化战略。

由此可见,里斯和特劳特所持的是竞争导向的营销观,所谓的定位是在预期顾客的心智中定位,可以表述为"竞争—心智"框架;科特勒是市场需求导向的营销观,所谓的定位是一种战略性的价值主张,可以表述为"需求—价值"框架。里斯和特劳特搭建的市场营销"竞争—心智"框架与科特勒搭建的市场营销"需求—价值"框架,成为定位理论两个主流流派,很多人也将两个定位流派混淆或者混用。两者的矛盾在于:对于企业来说到底是顾客需求重要还是竞争对手重要?营销的作用到底是传递价值还是抢占心智?两者观念和方法上的不同深刻地影响到定位理论未来的发展,本书也会在后面的环节对两者的思维方式进行重点探讨。

(三) 竞争战略派——迈克尔·波特的定位理论

里斯和特劳特以及他们两人的追随者对迈克尔·波特及其战略定位理论

定位理论过时了吗?

或者说是竞争战略理论,前后的态度是大相径庭的。一方面,他们极力推崇波特及其理论,甚至把波特当自己人看,可能是因为波特站在战略的高度上从而一并拔高了定位在理论上的高度。波特在《什么是战略》一文中提出的"战略就是去创建一个价值独特的定位"就是他们经常引用的一段话。另一方面,他们又试图推翻波特的理论,将其心智定位理论凌驾于战略定位之上。比如,他们一再声称和宣传"定位理论击败了瑞夫斯的 USP 理论、奥格威的品牌形象理论、科特勒的营销管理理论、波特的竞争价值链理论,成为史上对美国营销影响最大的观念"。

尽管特劳特和里斯晚年都试图将定位理论上升到企业战略的高度甚至国家战略的高度,他们在中国的伙伴公司的宣传口号也都是"战略定位领导者",但是,无论是从战略和营销的发展历程上来看,还是从研究背景上来看,"战略派"的这个标签都应该贴在迈克尔·波特身上,而不是特劳特身上或里斯身上。

1. 波特的竞争战略是定位理论的分支吗?

波特的定位严格意义上来讲不属于定位理论的体系,迈克尔·波特从来没有将自己的理论称为"定位理论"或者"战略定位"。20 世纪 90 年代,管理学大师亨利·明茨伯格(Henry Mintzberg)研究了世界著名战略管理学家的成果,总结出十个战略管理流派,其中波特的战略思想被明茨伯格称为"定位学派"。定位学派形成于 20 世纪 80 年代,强调战略制定是一个分析的过程。其起源可追溯到古代军事著作如中国孙武的《孙子兵法》和德国克劳塞维茨的《战争论》中的一些战略思想(里斯和特劳特的"营销战"思想也是受了《战争论》思想的启发,这倒是一个重要的共同点)。定位学派与战略管理设计学派和计划学派一样,侧重于阐述战略制定的方法,但更强调战略实际内容的重要性,对战略管理理论和实践产生过并继续产生着重大影响。其主要代表人物和著作有美国哈顿、申德尔以及波特及其《竞争战略》。定位学派主要观点为:战略即定位——通过行业结构分析和企业自身在行业内的竞争地位分析,寻找一个能区别于其他企业的适当位置,降低与其他企业的竞争对抗。其常使用五种力量模型、企业地位和行业吸引力矩阵、价值链等分析工具。

波特的理论产生于 1980 年,那时里斯和特劳特还没有将定位理论上升到战略的高度。没有任何证据表明,波特的理论是受到了里斯和特劳特理论的影响,所以波特的理论是其独立提出的。为什么要把波特及其理论单独拿出来作为定位理论的一个派别呢?主要是两者之间有很多的交叉点,近年来定位理论的拥趸又很推崇波特,将其理论视为己出。波特教授创建的"战略定位+经营配称"理论框架,被定位理论全面吸收,战略定位负责对外竞争,经营配称负责服务战略定位,这一框架成为战略定位咨询最核心的工具之一。由此,定位理论提升到了战略的高度。是心智定位更多借势和借鉴波特的战略定位,而不是相反。所以,可以将波特的战略定位作为定位理论的一个流派,但是不可以视为分支。

2. 波特竞争战略与心智定位的异同

波特在理论界和企业界的研究与实践基础上,提出分析产业结构和竞争对手的理论与方法,形成了著名的定位学派。波特认为,战略定位是企业竞争战略的核心内容,形成竞争战略的实质就是要在企业与其环境之间建立联系。尽管企业环境的范围广泛,包含着社会的、政治的、经济的、历史的和文化的因素,但企业环境最为关键的部分就是企业投入竞争的一个或几个产业。产业结构强烈地影响着市场竞争规则的建立以及企业竞争战略的选择。因此,一个企业的战略目标就在于使企业在产业内部获得最佳位置,并通过影响和作用于各种市场竞争力量来保护这一位置。从本质上讲,战略定位就是选择与竞争对手不同的经营活动或以不同的方式完成类似的经营活动等。在同一产业中,战略定位——相对于竞争对手的战略和结构上的差异,往往是企业持续竞争优势和超额利润回报的重要来源。

在这种思路下,企业战略的核心是获取竞争优势,而获取竞争优势的因素有两个:一是企业所处行业的盈利能力,即行业的吸引力;二是在行业内的相对竞争地位。因此,企业要获得竞争优势就必须选定有吸引力的行业。这就是说,战略管理的一项首要任务就是选择有着潜在高利润的行业。围绕这一命题,该学派采用了各种方法和技巧,分析企业所处行业的状况。其中,最著名的方法是波特行业"五种竞争力模型"。这一模型说明行业的盈利能力主要取决于供应商、购买者、当前的竞争对手、替代产品及行业的潜在进入者五个因素。

企业需要考虑的第二个战略任务就是如何在已选定的行业中进行自我定位。企业的定位决定了其盈利能力是高于还是低于行业的平均水平。在行业不理想、平均盈利能力低的情况下,定位适当的企业仍然可以获得较高的盈利。此时,企业可以结合具体形势,选择适当的战略,以增强或削弱其在行业内的竞争地位。总成本领先(Overall Cost Leadership)、差异化(Differentiation)和专一化(Focus)等三种战略为最常用的一般战略。

总成本领先战略要求坚决地建立起高效规模的生产设施，在经验的基础上全力以赴降低成本，抓紧成本与管理费用的控制，并最大限度地减小研究开发、服务、推销、广告等方面的成本费用。为了达到这些目标，就要在管理方面对成本给予高度的重视。

差异化战略是将产品或公司提供的服务差异化，树立起一些全产业范围中具有独特性的东西。实现差异化战略可以有许多方式：设计名牌形象、技术上的独特、性能特点、顾客服务、商业网络及其他方面的独特性。最理想的情况是公司在几个方面都有其差别化特点。

专一化战略，又翻译成"集中市场战略"或者"聚焦战略"，指的是主攻某个特殊的顾客群、某产品线的一个细分区段或某一地区市场。正如差异化战略一样，专一化战略可以具有许多形式。虽然低成本与差别化战略都是要在全产业范围内实现其目标，专一化战略的整体却是围绕着很好地为某一特殊目标服务这一中心建立的，它所开发推行的每一项职能化方针都要考虑这一中心思想。

波特的三种战略可以视为战略定位的三种方向，与里斯和特劳特的领导者定位、追随者定位、差异化定位，以及营销战的四种战法有一定程度上的交集。只是在心智定位的语境中，更加强调品牌在心智上的独特性，因此三种战略需要进一步加工细化，落实到营销传播的层面，而运营管理层面上的各要素应当与营销传播层面的战略定位相配称。可见，波特是从产业以及业务运营的层面对企业进行定位，而特劳特等人则是从既有产品以及品牌传播的角度进行定位。

此外，心智定位对总成本领先战略持反对的态度，认为品牌就是应该靠俘获顾客的心智来谋取高溢价，因为靠成本和价格建立起来的竞争优势迟早会被竞争对手模仿甚至超越。然而，里斯和特劳特忽视了企业可以拥有复合竞争力，一方面拥有品牌的竞争力，另一方面又有效获得总成本领先的优势。这方面的案例数不胜数，比如可口可乐，既有占据可乐品类心智定位的品牌优势，又有总成本领先的优势。同理，老干妈也是品牌优势与竞争优势双壁垒复合的品牌之一。

心智派战略定位和波特的战略定位有交集，但大部分是各自独立的。迈克尔·波特的"战略定位"不在消费者的心智认知中，而是在基于"五种竞争力"和"价值链"的竞争优势中，是一个"具有优势的位置"。总之，波特的战略定位理论与方法的本质在于，在企业经营环境约束条件下，寻找和确定适合企业生存与发展的理想位置。近年来，波特理论的静态性和对外部环境的过度依赖受到了一定程度的批评,但是其领导的"定位学派"依然是炙手可热的管理学派。

(四)品牌资产派——戴维·阿克的定位理论

戴维·阿克是加州大学伯克利分校哈斯商学院营销战略教授、铂慧品牌和营销咨询公司管理咨询副主席,也是品牌和品牌资产领域最具影响力的权威学者之一,是当前美国品牌界的领军人物,被《品牌周刊》誉为"品牌资产之父"。戴维·阿克的理论被称为"品牌资产学派",主要特点是将品牌视为企业最重要的无形资产,并用量化的手段对品牌资产进行界定。戴维·阿克将品牌资产定义为:与品牌名称和标志相联系、能够增加或减少公司所销售产品或服务的价值的一系列品牌资产和负债。品牌资产包括品牌知名度、品质认知、品牌联想、品牌忠诚度、其他资产等五个方面。

除了品牌资产,阿克还著有《创建强势品牌》(*Building Strong Brands*)、《品牌领导》(*Brand Leadership*)、《品牌组合战略》(*Brand Portfolio Strategy*)、《品牌相关性》(*Brand Revelence*)等著作。其中内容也大量涉及定位理论,因为阿克的研究集中在品牌理论上,因此阿克的定位理论研究范畴也就集中在品牌领域,可以直接称为"品牌定位"。阿克的品牌定位理论当然不是从心智出发,而是通过营销传播的手段来传达阶段性的价值诉求,从而积累强大的品牌资产。

1. 定位是品牌形象和价值主张的结合体

阿克认为,品牌定位是品牌形象与价值主张的组成部分,它展示了品牌相对于竞争对手的优势,需要向目标受众进行积极传播。在这里,品牌形象并不等同于奥格威的品牌形象论,阿克的品牌形象包括"作为产品的品牌""作为组织的品牌""作为个人的品牌""作为符号的品牌"四个方面,每个方面还包含多个元素,例如"作为个人的品牌"就包含"个性""品牌关系"等多个因素;价值主张则包括功能利益、情感利益、自我表达利益三个方面。"利益"跟"属性"和"卖点"是不同的概念,当年里斯和特劳特批判 USP 理论、品牌形象理论是从产品出发看问题,忽略了顾客因素,而"利益"则也是站在顾客角度,谈品牌与产品为其带来的好处。因此,"利益"也好,"价值"也好,事实上已经是站在顾客的角度看问题了。

品牌定位的四个显著特征可以表述为"组成部分""目标受众""积极传播"和"展示优势"。

从定位的组成部分来看，有了品牌定位，品牌形象和价值主张就能得以广泛和深入地开发。品牌形象和价值主张并不需要清晰地表述哪些内容需要进行传播，因为品牌定位具有这种作用。对有些品牌而言，品牌形象和价值主张会融合为一句陈述，并担当着品牌定位的角色（或许会有微调）。但大多数情况下，前者比后者的内涵宽泛很多。比如说，对形象至关重要的元素并不一定在积极的传播战略中发挥作用。对麦当劳而言，"清洁"无疑是其形象和文化的重要组成部分，但清洁就不太可能是品牌定位的一部分，因为它无法把麦当劳和其竞争对手区隔开来。

品牌定位是形象和价值主张的子集，在不改变形象和价值主张的前提下，品牌定位可以改变。例如土星在刚成立第一年时将自己定位于"世界一流的轿车"。而在随后的时间里，品牌定位的焦点放在了品牌形象的其他子集上：建立在友谊和尊重之上的顾客关系。其形象和价值主张并没有改变，改变的只是定位焦点和相应的沟通方案。

但是选择品牌形象中的哪些元素作为品牌定位呢？有三个地方需要关注：核心形象、结构中的着力点和价值主张。

第一，关注核心形象。根据定义，核心形象体现了品牌的核心与永恒的本质。因此品牌最为独特、最有价值的方面通常都体现在核心形象中。此外，每一核心形象要素周围都围绕着一系列品牌元素，它们除了使核心元素更丰富、更有质感，也给执行提供了多种备选。最后，品牌定位应当包含核心要素，这样传播元素才不至于偏离品牌的本质。

第二，形象着力点。品牌定位也可以基于一个着力点，这个着力点无须一定属于核心形象的范畴。例如，"麦当劳叔叔"就可以成为麦当劳品牌的着力点，他是麦当劳关注乐趣和儿童的核心，同时也是罗纳德·麦当劳屋的基础，他所传递的信息非常有趣，能够使顾客产生尊敬，并且提高知名度。因此麦当劳可以有一种定位的选择，就是突出"麦当劳叔叔"。

第三，价值主张。驱动关系的利益顾客利益是价值主张组成部分，也是"品牌—顾客关系"的基础，它可以作为品牌定位的另一个主要候选内容。例如，耐克推出由体育明星做代言人的鞋子，提供了提高成绩的功能利益和自我表达利益。如果迈克尔·乔丹是代言人，就为如下的品牌定位提供了基础。

从目标受众来看，品牌定位应该瞄准特定的受众群体，他们可能是目标细分市场的一个子集。例如，山地自行车公司可能把目标受众定义为严谨、缜密的西海岸骑行者,而其目标市场要比这一群体大得多。

从积极的传播来看,意思是指应该设立特定的沟通目标,其重点是改变或巩固品牌形象或"品牌—顾客关系"。如果这些目标可行,也应该辅以测量标准。例如,目标是建立或改善"朋友式"的关系,就应该设立"捷威是你的朋友"和"捷威会伴你左右"等问题,开发出"同意—反对"量表。这样的量表可同时用于沟通方案测试和沟通效果追踪。

最后是展示优势,品牌定位应该能展示其相对于竞争对手的优势所在。定位应当明确指出价值主张中的一种优势点,这一优势能够与顾客产生共鸣,并且产生差异化,体现着与竞争对手不同的实物。体现这种优势的方向有三个,即"与顾客产生共鸣""与竞争对手形成差异""与竞争对手相匹敌还是将其击败"。

2. 戴维·阿克定位理论与心智派定位理论的区别

从上面的内容可以看出,阿克的定位理论同心智派定位理论的相同点在于都希望通过定位来实现品牌的差异化,并将定位视为品牌战略。但是,两者还是更多体现在不同点上:

阿克的定位是阶段性的品牌价值主张。由于企业的品牌传播是一个从无到有,由浅到深的过程,再加上企业的资源也是有限的,因此,传播主题也就是定位就不可能一步到位,而是表现出阶段性。但一个阶段的传播目标达成之后,就要对传播主题进行调整,来适应新的传播目标。例如,可口可乐的口号每几年就要变更一次,这些都是阶段性传播目标的改变造成的。事实上,可口可乐并不像里斯和特劳特所说的那样,一遍又一遍地重复自己是"正宗可乐"。

心智定位则不同,它要求企业固守一个定位,然后让企业的资源围绕这个定位进行配称,这就是战略定位。除非竞争格局和技术环境发生巨大变化,这时需要重新定位或者推出第二品牌,否则定位就要不断地重复。可见,阿克提出的是一种动态的定位观,而心智派则是静态的定位观,至少在一个特定的品牌上是这样。

阿克认为,品牌为顾客带来的价值不是单一的产品功能或者单一概念的差异化,而是品牌形象和价值主张的复合体。这表明,里斯和特劳特主张"一词占领心智",认为定位是一个单一概念,而阿克认为定位由多个概念组成,只是局限于传播目标而需要逐步展开。再简单一点说,心智派定位是一个词,资产派定位是分阶段呈现的一组词;心智派定位追求最大限度的简化和固化,资产派定位追求定位的丰富性和阶段性。

另一个不同是,心智派定位只承认单一品类的品牌才拥有清晰的定位,一切延伸性品牌和跨品类品牌都没有定位。而以阿克为代表的资产派定位并不局限于单一品类品牌,认为任何形式的品牌都可以拥有定位,只要它们提供了不同的形象和价值。

里斯和特劳特在谈论心智问题时,默认了所有的消费者的心智都是一样的。比如,一听到沃尔沃,所有的消费者都想到了"安全",而不会有人认为是"豪华"。但是阿克不同,他认为不同细分市场的定位有可能不同。关键联想的一个子集可能用于某个细分市场,而另一个子集则用于其他细分市场。这就是为什么朝日啤酒对二十几岁的年轻人强调年轻、西方化和"酷"这些特质,而对年龄稍大的啤酒消费者则强调清爽的口味。对不同的消费者采用不同的沟通方式和内容,这只对接受了市场细分的人来说具有意义,对于里斯和特劳特来说市场上只能有一个声音。

阿克认识到企业的宣传和消费者的理解是有差异的,不是企业想树立什么定位消费者的心智就会产生企业所期待的定位。阿克创造了品牌定位的对立词"品牌印象"。品牌印象反映了品牌目前的感知状况。品牌定位与品牌形象类似,更多是对未来的期望,反映了战略制定者希望与品牌相联系的感知。也就是说,阿克最早指出了企业所宣传的定位跟顾客所理解的定位是两码事。这正是心智派定位理论的缺陷:认为自己给品牌设定的定位会一成不变地进入顾客心智,然而这在现实中是不可能的。

(五)广义和狭义的定位理论

至此,定位理论被分成了狭义的定位理论和广义的定位理论。

狭义的定位理论专指"心智派"定位理论,包括里斯和特劳特合作期间的定位理论、两人分开后各自发展的定位理论、里斯和特劳特弟子们沿着"心智"框架发展出来的定位理论,以及非里斯和特劳特弟子们沿着"心智"框架发展出来的定位理论。在默认的情况下,本书所说的"定位理论"专指里斯和特劳特主导的"心智派"定位理论。

广义的定位理论指的包含"心智派"定位理论在内的所有可归属于定位理论的思想、研究、实践和成果。这些思想、研究、实践和成果要么被命名为"定位",要么吸收了定位理论的"思想",但不能脱离"通过找一个相对稳定和有竞争力的'位置'来支撑广告策略、品牌策略或是公司战略"的框架。

五、本章小结

定位理论的研究方法、概念模型、理论体系、理论核心都存在严重问题,使其不能成为严谨的理论。那些被里斯和特劳特称为"定律"的碎片式结论,也只能算是两人的经验总结。不过,从理论的角度来讲,说定位理论过时了还为时过早,为你的策略找一个"位置"的想法依然充满了诱惑力。受到定位理论启发的人们纷纷从自己的研究角度出发对其进行改造,定位的理论分化愈演愈烈,这在拓展我们视角的同时也让定位理论变得越来越混乱。

第四章
从实践的角度看定位理论是否过时

实践是检验真理的唯一标准。

理论存在的意义主要有两个：解释世界和指导实践。科学理论是这样，定位理论也是这样。定位理论之所以存在，一是帮助我们理解营销活动，从而积累更多有价值的经验，避免失败和错误的发生；二是指导营销活动有把握地开展。

以下问题想必也困扰过你：定位可以做什么，不可以做什么？什么时候用定位，什么时候不用定位？用了定位理论，效果如何？没用定位理论的，能不能用定位理论来解释成败？互联网时代，定位理论的适用性如何？本章将试图解答以上问题。

一、"定位"的定位和"定位理论"的定位

在定位理论是否过时问题上，论战双方之所以没能走到良性互动的轨道上来，很重要的一个原因就是没有界定清楚概念并且缺少衡量标准。双方所说的"定位"可能不是一回事，质疑方讲的是广告层面上的定位，拥护方讲的是战略层面上的定位，双方的争论无异于鸡同鸭讲；在具体案例上，质疑方认为案例成功跟定位理论无关，失败的案例却要定位理论承担责任。拥护方认为成功是因为符合了定位理论，失败是因为不符合定位理论，案例成败沦为罗生门。

这涉及一个问题，就是在实践中人们是如何理解定位和定位理论的。套用定位理论的话来讲，就是人们是如何在心智中定位"定位"和"定位理论"的。在具体案例上，本节将给出"是否使用了定位理论"的标准，如果没有这样一个标

准,那么定位理论的矛盾双方永远都会有开脱的借口,从而走向谁也不服谁的尴尬循环。

(一)"定位"的定位

定位和定位理论是不同的概念,由于"定位"一词已经深入人心,甚至已经深入生活,现实中人们对"定位"的理解更加宽泛;相反,定位理论则是一个专业名词,只有企业和广告咨询公司才会涉及。

在第二章中,我们探讨了定位理论传入中国后产生的分化和误用,并站在心智定位派的角度对定位的各种误用进行了分类,还引述了张云对定位误用提出的解决方案。然而,所谓的误用其实是实践中人们对定位真实的理解,这里面有对定位的误解,但也包括人们对定位的改造。于是,笔者站在门派偏见之外,总结了现实中人们对定位的理解,这有助于我们深化定位在实践中的研究。

1. 指心智定位

这是定位派最渴望的局面,就是人人都认识到定位是在预期顾客的心智头脑中占据的优势位置。可惜,现实中并不是所有人都这么认为。

2. 指 USP 或价值主张

大部分时候定位被人们用来专指产品独特的卖点或者价值主张,诸如"拼得多,省得多""可以吸的果冻""Just do it.""为发烧而生"等等。其中,卖点专指产品本身的差异,而价值主张则覆盖了从产品属性到功能,再到利益和情感直至价值观念的方方面面。

3. 指目标市场

把定位当成目标市场或者市场细分也是常见的情形,这种理解基本上属于科特勒的 STP。比如,"我们的品牌定位为 90 后年轻市场"。

4. 指品牌形象

很多人甚至也把品牌形象视为一种定位,例如卡地亚是"皇帝的珠宝商"、万宝路象征"男子汉气概"等等。

5. 指竞争战略

定位有时也专指波特的战略定位,即产业价值链和竞争结构中的位置,目的是实现企业整体的总成本领先、差异化或者聚焦化的竞争优势。

6. 指商业模式

"你是谁?你的业务是什么?你靠什么盈利?你的企业定位是什么?"诸如

此类问题都称为"德鲁克之问"。德鲁克所说的定位实际上是指企业如何定义或者说是商业模式。

7. 泛指各种策略

这些策略包括品牌定位、市场定位、营销定位、产品定位、价格定位、渠道定位、包装定位、形象定位、广告定位、公关定位、新零售定位、模式定位、管理定位等各种说法,有些说法甚至有些似是而非、匪夷所思。事实上是讲品牌策略、市场策略、营销策略、产品策略、定价策略、渠道策略、公关策略、新媒体策略等各个层面的策划与执行。这种情况其实跟定位和定位理论没什么关系,只是营销人员的口头语罢了。

8. 指产品的档次

尽管在心智定位中,高档和低档确实是一种定位方式,然而里斯和特劳特认为只有占据市场两端的品牌才是真正意义上的档次定位,即某一品类定价最高的品牌占据高档定位,定价最低并有较高的市场占有率的品牌占据低档定位。然而,在很多人眼里,所谓的档次本身就是定位的全部,并且应该粗略地分为高、中、低三个档次。例如,"我们的咖啡厅定位为高端,主要面向高级白领人士"。

9. 指产品的类别或者型号

该观念在汽车行业中尤其常见,上文中提到的"蔚来 ES6 定位为中型纯电 SUV"就是一例。

10. 指目标和方向

"本集团未来发展的定位是'五年一百亿',同时全面挺进欧美市场",这种情况与其叫定位不如叫定向。

11. 指角色和作用

例如:"国家明确云南在'一带一路'中的定位:发挥云南区位优势,推进与周边国家的国际运输通道建设,打造大湄公河次区域经济合作新高地,建设成为面向南亚、东南亚的辐射中心"。

12. 以上观念的综合

很多时候,当我们说到"定位"的时候,往往包含了品牌的目标市场、卖点、诉求、差异化、档次、价值观、愿景等等几乎所有的关于品牌的规划、目标、方案的方方面面。当人们问"你们品牌的定位是什么"时,实际上只是想大体了解你品牌的目标市场、定价、渠道、推广口号、品牌形象等一系列的策略是什么而已。

这充分体现了人们对定位理解的模糊。

可见,现实中人们对定位的理解是千差万别的,除了各个流派的参与导致了定位的内涵和外延发生变化外,里斯和特劳特多次的理论升级也是导致定位多义性的重要原因。两人一会儿说定位是心智头脑中的位置,一会儿说定位是与对手的差异化,一会儿说定位是品类的代名词,一会儿说定位就是战略,还夸张地说定位就是一切。

定位的多义性表明,定位的普及是一种概念和观念的普及而不是心智定位理论的普及,企业普遍意识到要为它们的战略、市场、品牌、产品、定价、渠道等策略性问题找一个相对稳定的位置,并通过一个浓缩的概念来降低沟通的门槛,这一过程并没有局限在心智定位提出的理论和方法上。这同时也说明,用心智定位的原则作为评判标准将不同的理解全盘否定是不明智的,定位理论的未来发展可能不止心智定位一条路。

(二)"定位理论"的定位

接触定位理论十五年来,笔者心中一直有个问题无法释怀,那就是定位理论到处给人定位,用自己的原则对各种品牌的营销活动评头品足,但是"定位理论"的定位是什么?这涉及理论认知的问题,即定位理论在营销人员的心智中占据怎样的位置。

1. 心智派对"定位理论"的定位

虽然从定位理论的专著、定位大师的言论以及社会上的评价中可以找到一些"为定位理论定位"的蛛丝马迹,但是笔者认为,这些所谓的"定位"并不是像"沃尔沃安全""怕上火喝王老吉""全国两大酱香白酒之一"一样的定位口号,最重要的是不符合定位理论的原则。

(1) 争夺用户心智的战争

"争夺用户心智的战争"是1981年出版的《定位》一书的副书名。该说法有很高的概括性,指出了广告和营销的战场发生在顾客的大脑心智中而不是超市的货架上。同时其又将广告与营销比喻为战争,"定位"就是要在战场上找一个优势位置,从而赢得这场战争。这一定位口号点明了定位理论与其他广告理论和营销理论的不同,但是这句话似乎有被弃用的趋势,因为在中国市场上,定位的系列丛书更偏爱"有史以来对美国营销影响最大的观念"这句话。

另外,"争夺用户心智的战争"不像是一句定位口号,而更像是对"定位"的定义。按照定位理论的原则,定位必须要跟顾客现有的认知发生关联,顾客心中显然没有"心智""营销是战争"的观念。"心智""营销是战争"都是定位理论提出来的新词,说"定位"是"争夺用户心智的战争"等于是用定位解释定位,从而沦为同语反复。显然,定位理论的定位需要用更加通用的词语和句子来表达才行。

(2) 有史以来对美国营销影响最大的观念

这句话可以说是用得最多、影响最大的一句关于定位理论的口号了。国内几乎每本定位理论的译著上都在最显著的位置印有这句话,其来历备受质疑,但这不是本章要讨论的话题,我们只需看这句话算不算对定位理论的定位。

"定位理论是有史以来对美国营销影响最大的观念"这句话表述的是一个绝对概念,属于"第一品牌""行业领导者"的定位,等于在说美国这么强大、经济这么发达,这么好的理论在中国应该也最受欢迎、最有效。这句口号把竞争对手的理论重新定位为影响不太大的理论,抢占了顾客头脑中"第一营销理论"的心智位置,因此是一种定位。问题在于这句话只印在定位系列丛书的中译本上,美国的原版著作中并没有这么讲,能不能说"有史以来对美国营销影响最大的观念"只是讲给中国人听的?这样一来,此定位概念就只存在于中国市场而不存在于美国市场。另外,这句话据说是因为 2001 年美国营销学会评选"20世纪对美国营销影响最大的观念",定位理论排名第一而来,这是否意味着 2001 年之前定位理论没有定位?

(3) "一个中心,两个基本点"

"一个中心,两个基本点"是鲁建华对定位理论核心的高度概括,意思是"以打造品牌为中心,以竞争导向的观念和进入顾客心智为基本点"。这句话因为简单易记,精确概括了定位理论的核心而为国内定位界所接受。但是,这句话依然属于"定义"而非"定位",并且是对定义的缩写。将一句话缩写是中国人的特长,"五讲四美""三好学生"就是缩写的著名案例。"一个中心,两个基本点"估计翻译不成英语,同时也是里斯和特劳特极力反对的命名方式。

(4) 战略就是定位,定位就是战略

这种表达方式颇似本书提出的"A=B,B=A"定位等式,因此非常适合作为定位的定位口号。对于战略管理能力缺失的中小企业来说,定位理论确实起到了战略速成手册的作用,这是定位理论的贡献。然而,随着企业的发展,直接将营销层面上的概念当成唯一战略要素,战略就失去了有效性。

（5）定位就是一切

"定位就是一切"几乎成了特劳特晚年的口头语,尽管只是富有浪漫色彩的一种表达方式,但是也可以反映出特劳特对定位理论的定位:不管数字时代如何变化,只要心智不变,以心智为基础的定位理论就不会过时。定位理论是广告、营销、品牌和战略的基础与前提,不符合定位理论的广告、营销、品牌、战略是无效的,符合定位理论的广告、营销、品牌、战略才会走向成功,企业才会获得竞争优势,从而击败对手获得成功。用我们的"定位等式"对这句话进行检验,将其反过来说那就是"广告、营销、品牌、战略的根本就是定位"。这句话对吗?对定位理论的坚定支持者来说是对的,但是对于其他人来说是夸大其词。

（6）第三次生产力革命

"定位理论是第三次生产力革命"是2011年由特劳特中国公司董事长邓德隆在"定位经典丛书"的总序中提出来的。大部分人并不认同"第三次生产力革命"的说法,认为逻辑上讲不通,说法也太过夸张。

此外,特劳特先后用过"与众不同"和"显而易见"、里斯用过"聚焦"来描述定位,但是,这些表述显然不是完整的定位口号。如你所见,定位理论的口号有很多,每一句的侧重点都不一样,走了一条塑造"品牌形象"丰富"品牌联想"而非塑造"定位"的理论推广路线。显然,定位理论的自身传播并没有遵循定位的原则进行聚焦。

定位理论就是这样走向了自己的对立面——"定位理论"的名称下覆盖多个品类,从而在顾客的心智头脑中引起混乱。

2. 用定位的套路为"定位理论"定位

既然定位理论已经造成心智混乱了,那还有没有可能为"定位理论"找到一个精准的定位概念呢?可以！但对定位理论进行定位一定要遵从定位的原则:

一是确定品类。经过五十多年的发展,定位理论成为涵盖广告、营销、战略、品牌的理论体系。但是,按照定位理论的原则,品类必须单一。广告、品牌是营销的下级概念,可以合并为"营销"。定位虽然在特定条件下可以上升为一种战略,但是战略不一定就是一种定位,更不一定是一种心智。因此,定位理论作为战略理论并不被普遍接受,只能是一种营销理论。再者,"营销"和"定位"一样,既可以是名词,亦可以是动词,既可以指营销理论,也可以指营销活动和营销实践。

二是确定竞争对手。"USP理论"和"品牌形象理论"只是一种广告理论,已经不与定位理论正面竞争；波特的战略定位更多是与其他战略管理理论竞争，特劳特对波特的批评在于是从价值链上找定位还是在心智中找定位，属于纯粹理论上的隔空争论，在实践中的冲突并不频繁；随着菲利普·科特勒与凯文·莱恩·凯勒的合作，品牌资产、品牌关系、整合营销传播理论被很好地引入到《营销管理》中去，定位理论在营销传播和品牌理论的竞争对手似乎也成了菲利普·科特勒的营销管理体系；在营销理论上，定位理论明确否定了"需求导向""STP""4P框架"，矛头直指科特勒及其营销管理体系。综上所述，定位理论的主要竞争对手是科特勒创立的营销管理体系。

三是寻找顾客心智中的差异化位置。定位理论的顾客是谁？是营销人员、做品牌的企业、营销学习者、广告公司和咨询公司。在他们心目中定位理论是什么呢？笔者简单采访了一些营销人士（定位理论反对传统的调研方法，所以笔者没有采用问卷或者焦点小组访谈等方法，而是简单了解心智，动用理性进行推理），得出了几个关键词：简单、易学、系统、有效、广泛（感觉所有人都在说定位、用定位，定位是营销的必经环节）。

四是建立定位。将以上三点贯穿起来可以得到定位理论的定位：

定位口号：最易学易用、系统、有效的营销理论

信任状：学习和使用者数量全球领先

将其变成朗朗上口的定位口号就是：定位理论是营销的方便法门

这一口号的意思即定位理论在企业、营销机构、营销人员（定位理论的消费者）的心智头脑中是一种营销的方便法门，人们一想到既简便又系统、效果还不错，并且深刻影响了美国、中国乃至全世界的营销理论，首先想到的就是定位理论。这也是其他营销理论不具备的："USP理论"和"品牌形象理论"只是老掉牙的广告理论；"竞争价值链理论"虽然高屋建瓴，但是不能用来指导品牌、广告、设计、推广；"品牌资产理论"复杂且运营周期漫长；"营销管理"体系庞大，虽系统、影响力大，但是不够简单……这样，"营销的方便法门"的定位，就符合顾客心智，并且具有充分的差异性，是可以成立的定位口号。

定位理论如此重要，怎么可能只是"方便法门"？其实该定位毫无贬低之意。方便法门是借用了佛学用语，所谓"方便"，是指善巧、权宜，是一种能够利益他人、化度众生的智慧和方式，是一种能随时设教、随机应变的智慧。定位理论相对于体系庞大的营销学来说，具有善巧、权宜的特点，但是就是因为它的简单、系统、有效，让很多企业和品牌受益，也让营销理论的学习者受益。

事实上，不同人眼中有不同的定位，尤其是经历了多次升级后的定位理论，人们对它的认知是混乱的，甚至连心智派定位理论的支持者对定位理论的定位也是众说纷纭，这与定位理论追求简单、一致的定位颇不相符。最大的可能是，定位理论并不存在定位。

二、定位理论的解释力和指导力

上一节是从认知的角度看人们是如何理解定位和定位理论的，本节我们将回到实践领域考察定位理论的效果。对定位理论解释力的分析也分为两个方面：一是将时间轴拉长，考察里斯和特劳特书籍和文章中提到的案例是否真的按照两人所预测的那样发展或灭亡；二是考察定位理论在中国的正反两方面案例，看它们是否真的按照定位理论支持者分析的那样发展。由此，我们可以就定位理论是不是真的具备强大的解释力和指导力得出结论。

（一）定位是任人打扮的小姑娘

1. 起底经典案例：令人尴尬的解释力

可口可乐、苹果、宝洁都是定位理论推崇的企业，在里斯和特劳特眼中，它们是定位理论实践的典范。很多经典定位案例，其实并非里斯和特劳特亲手打造的，而是它们总结的，例如：

1958 年，佳洁士牙膏的定位"看，没有蛀牙！"，出自 Benton & Bowles；

1959 年，甲壳虫打造的经典定位"想想还是小的好"，是 DDB 的经典案例；

20 世纪 70 年代，为七喜汽水做出"非可乐"创意的是 JWT。

当然，我们并不能因为经典案例并非出自里斯和特劳特之手而否定定位理论。问题的关键在于，这些经典案例是否真的是以定位理论为指导，更进一步说，这些品牌的成功能否归功于定位理论。

定位理论认为，可口可乐的定位是"正宗可乐"，其竞争对手百事可乐的定位是"新一代可乐"。可口可乐之所以成功，是因为通过"正宗可乐"的定位率先进入心智，成为可乐这个品类的代名词；百事可乐则通过"新一代可乐"的定位，成功将可口可乐重新定位为"上一代人喝的可乐"，将自己定位为"新一代的选择"。

真的是这样吗？

定位理论过时了吗？

按照定位理论的原则，可口可乐应该将自己的口号定为"可乐领导品牌"，并在广告中日复一日地重复这种诉求，然而事实并不是这样的。中国的顾客感受颇深，我们从来没有见到可口可乐哪条广告是在讲自己如何"正宗"的，也从来没听过可口可乐说自己是可乐品类的领导品牌。相反，我们看到的广告几乎都是品牌形象广告，我们见过可口可乐赞助奥运会，看过可口可乐瓶身创意，但是，如果问可口可乐的定位是什么，估计没人知道，至少没人像说"怕上火喝王老吉"一样脱口而出占领了他们心智的专属词。

再来看百事可乐，它的"新一代的选择"定位成立吗？还是把眼光放在中国市场，我们见过百事可乐明星海报，看过"祝你百事可乐"的贺岁广告，甚至穿过"百事流行鞋"。但是，百事可乐从来没有直白地讲自己是"新一代的选择"。其实，"新一代的选择"只是美国20世纪80年代末由"流行天王"迈克尔·杰克逊拍摄的一条电视广告中的广告语。在那个时代，"新一代的选择"的定位确实帮助百事可乐跻身第二大可乐品牌的位置，所以定位理论确实是有效的。

然而，这种定位只是阶段性的。不管是可口可乐还是百事可乐，它们的广告语都是几年一变，主要目的就是时刻保持新鲜感，"新一代的选择"和"请喝可口可乐"都不例外。在此，"正宗可乐"和"新一代可乐"谈不上是可口可乐和百事可乐的定位，充其量只是其阶段性的传播诉求罢了，将"两乐"的成功归功于定位理论似乎有点操之过急。

同样的案例数不胜数。百事旗下的"七喜"，曾被定位理论说成是"非可乐"定位。然而，这句广告语也只是七喜刚刚上市时的阶段性口号，我们在中国从来没见过七喜所谓的"非可乐"广告。那么，七喜在中国消费者的心智中代表什么呢？这谁知道呢！

以上案例说明了什么？说明可口可乐、百事可乐、七喜所谓的定位案例只存在于广告教科书里。现实中，这些案例提到的"定位"只是它们的阶段性广告主题，并非品牌定位，更不是战略。对于这三个品牌来讲，营销的手段更多是形象、创意、互动，而不是干瘪的定位广告。

自称定位理论坚定信仰者的周鸿祎，一直不遗余力地推介定位理论。但是，他的"360帝国"是在定位理论的指导下建立起来的吗？

提到360公司大家会想到什么？安全卫士，免费杀毒。周鸿祎推出免费杀毒软件，从传统的杀毒软件公司手中夺走了市场份额，在顾客心智中建立了牢固的品牌认知。如果按照定位理论的思维，360还是应该沿着免费杀毒软件这条路子走下去,否则就是"在犯错"。

幸亏周鸿祎只是口头上支持定位理论。因为免费杀毒软件只是第一步,通过免费杀毒软件聚拢起庞大的用户资源,进而变现,才是奇虎360的商业模式。后来我们都知道,在获得了强大的用户黏性之后,周鸿祎陆续推出了360浏览器、360文件管家、360云盘、360搜索等,搭建了一个小而美的生态系统。那么周鸿祎在用什么理论指导实践呢?其实是他自己的产品七字诀:痛点、刚需、高频次——典型的需求导向思维。

事实上,企业的广告、营销、品牌和战略大部分情况下都表现为一个过程,是随着环境和自身资源能力的变化而不断调试和改善的过程,企业和品牌是在摸索中找到自己的"位置",而不是一上来就让你站着不动,更不是硬着头皮往前冲。

定位理论书籍的一大特点就是案例多,例如大众定位为小型车、IBM定位为大型主机、安德玛(Under Armour)定位为运动内衣、佳洁士代表防蛀牙膏等等。经过一定时期的发展,这些品牌要么改变了策略,要么搞了品牌延伸,它们并没有像里斯和特劳特所说的那样就此代表一个品类或者一种属性。

2. 管窥蠡测:经典定位案例的阶段性

对经典案例梳理一番后你会发现,对定位理论从一而终的品牌并不多见,大部分品牌并没有按照定位理论设定的那样长期坚持一个定位,然后成为品类的代名词,接着在环境剧烈变化时进行重新定位或者分化出新品类,再纷纷走向多品牌组合的康庄大道。

里斯和特劳特推崇的经典定位案例几乎都是阶段性的广告运动、阶段性的营销战役、阶段性的品牌诉求和阶段性的营销战略。定位过后,大部分品牌要么走向品牌延伸的道路,让品牌不再代表某个单一的品类;要么舍弃那些简单粗暴的定位口号,开始不断丰富品牌的联想,让品牌不再与一个单一的词相挂钩;要么打造集团品牌、母品牌、产品群品牌、子品牌、副品牌、要素品牌,打造更加多元化的立体品牌架构,而不是都像宝洁一样的多品牌战略;还有很多品牌走向了灭亡——符合定位的和不符合定位的。

但不管这些品牌如何发展,定位在大多数情况下都表现为一种阶段性的策略而不是稳定的企业战略。在这些阶段性的策略中,定位理论是有效的,只是定位理论不具备唯一性。企业的营销工作往往需要大量不同理论和工具的指导,没人会把定位理论当成唯一有效的工具。在中国,定位理论有一大帮忠实

"粉丝",他们视定位理论为唯一有效的能够拯救中国企业的战略工具,像加多宝、香飘飘,但是这些品牌太年轻了,如果把时间线拉长,这些品牌也难能坚持定位,倒向其他营销理论的可能性非常大。

张会锋简单统计了里斯和特劳特早期合作著作中出现的全部案例,得出了较为令人信服的结论:仔细阅读里斯和特劳特的著作后,发现他们引用的案例极少是亲身咨询或指导或做出预见并在长期观察后得到确切验证,尽管自1972年至今其理论已提出几十年,完全具备纵向研究的基础。根据张的统计,他们合著的三本经典畅销书共采用案例520个左右,其中《定位》193个、《营销战》130个、《22条商规》197个。除去70%左右反复引用的案例,实际案例数在150个左右,其中只有"长岛信托"和"西部联盟的邮递电报"两个案例符合纵向研究特点,有一定预见性。至于"汉堡包战""可乐战""计算机战"等少有的几个综合案例则针对行业展开,未能确切证明所涉公司"真的"在执行定位策略,未能控制"定位"之外的变量,将其成败归之于定位并不能令人信服。①

很明显,所谓的经典定位案例,充其量只是用定位理论的话语体系来对这些品牌的营销活动进行的二次加工。没有证据表明这些品牌受到了定位理论的启发,更没有证据证明这些品牌是按照定位理论的原则做事的。用定位理论支持者的话说,这只是一种"暗合"。即便是那些确实使用了定位理论获得成功的品牌,其案例也表现出很强的阶段性,而非长期的战略。诸如"大众代表小型车""IBM代表大型主机""七喜非可乐"等都仅仅是这些品牌的阶段性定位,有的甚至不是定位。

里斯和特劳特截取了一些符合定位原则的片段,然后加工成定位理论的经典案例,进而得出"成功的品牌都符合定位理论,失败的品牌都不符合定位理论"的片面结论。所以,那些所谓的经典定位案例无非是"任人打扮的小姑娘"罢了。

3. "绝世武功"还是"事后诸葛亮"?

如果说定位理论在实践中往往表现为一种阶段性的策略的话,我们还是承认了定位理论的价值,然而定位理论在解释力层面上一个广受诟病的问题在于它"事后诸葛亮"的行事作风,即事后依据定位理论的原则来对不是按照定位理

---

① 张会锋:《里斯和特劳特定位理论反思——一个基于认知的实证研究》,《管理世界》2013年第7期,第115—116页。

论操作的案例进行一番成败的分析,结论自然是成功的案例暗合了定位理论、失败的案例违背了定位理论。对于不符合定位理论又获得成功的品牌,定位理论拥趸一贯的解释就是"成功是暂时的,终究会走向失败"。这对于当事人来说,近乎一种无礼的诅咒了。

定位理论在中国有一批忠实的拥护者,他们言必称定位,而且喜欢用定位去点评一切。就在前不久,谢伟山点评了很多知名企业,并认为苹果、百度、腾讯、华为、小米、海尔这些企业都不行,因为这些企业多个品类使用一个品牌,而这会让客户心智的认知产生困扰,不符合品牌无法跨品类延伸的定位原则。类似的话邓德隆也说过,他们的评判原则非常简单——只要不符合定位理论就错了!如果一个理论无法解释一个成功实践,他们的第一反应不是理论有问题,而是实践有问题,这种"理论自信"让人有些惊讶。[1]

当然,事后诸葛亮也并非当不得,毕竟不论案例成功还是失败,事后的分析和总结总是有益的,可以让我们总结成功的经验,避免失败的重演。但重点在于,用定位理论对案例进行的解释是否具有说服力。

有时候企业获得了心智上的"品类第一",并不是因为使用了定位理论,而是因为高市场占有率的客观事实形成的必然认识,此时定位是个结果,而不是指导品牌走向成功的方法。那么品牌背后的成功因素是什么呢?很可能是一系列的决策和调整带来的,定位理论的功劳也有,但绝非定位一种理论之功。

用定位理论的原则考察营销案例是可以的,它提供了一种分析视角。然而,把定位理论当成大棒,不分场合地到处挥舞,只能引起人们的厌恶,而吸引来的也只是缺乏理论素养的企业家的盲目追捧。

(二)设立标准:怎样才算使用了定位理论?

定位理论不是全知全能的,当它试图以放之四海而皆准的姿态对实践强行解释和强加指导时,必然面临尴尬的境地。因此,定位理论必须明确在实践中的适用范围,在合理的范围内发挥作用,而不是越俎代庖,挑战自己不擅长的领域,更不能否定其他理论存在的价值和意义。那么,如何判断一个品牌是否符

---

[1] 陈雪频:《信徒们合力托起的"定位理论",并不是把万能的屠龙刀》,https://www.tmtpost.com/2456100.html。

合定位呢？或者换个容易懂的说法：怎样做是"定位的"，怎样做是"非定位的"？

第一，从概念上看，我们讲的定位和定位理论专指"心智定位"，以及以心智定位为基础的一系列关于战略、品牌、营销、广告的概念、理论、方法、观念。因此，借助科特勒的 STP＋4P、波特的竞争战略定位、阿克的品牌形象与品牌诉求或者其他非心智流派的定位策略，都不能算是实践了定位理论。

第二，定位理论是一个完整的体系，严格说来企业的业务战略、营销战略、品牌策略、广告和公关等推广方式全部以定位理论为指导，才能说明该企业的实践是符合定位理论的。例如加多宝和香飘飘就是在各个环节都以定位理论为指导。这里品牌无论成败，都充分实践和体现了定位理论的原则。这不是用一个过高的条件来要求定位理论，因为定位理论多年来也是这么宣传自己的——全能。

第三，系统实践定位理论的公司和品牌都是极少数，可以说是屈指可数，绝大多数品牌只是在品牌战略、营销战略、营销传播、广告运动的某一时期或某一环节上运用定位的原则，但是要清晰地进行说明。

例如可口可乐，它在战略层面上大致上坚持了单一品类的定位原则，但是之后的传播集中在品牌形象、体育赞助、广告创意、社交互动上，并没有体现在定位上。三只松鼠创始人章燎原在访谈中表示："我觉得定位在生活方式，品类，高端、低端人群……都是定位方式的一种。比如三只松鼠这个品牌，很难进行一种从一而终的定位，当年上线的时候，定位为互联网的坚果品牌，主要为了区别于线下的坚果品牌。走到今天，问起我们是不是一种生活方式，我也说不清。但是消费者感受到的是我们能够通过萌萌的形象传递给他爱和快乐，然后在这个基础上我们提出了我们的核心使命：要让天下人爽起来。"

第四，除了在品牌不同的发展阶段上探讨定位的执行问题，也要在不同层面上讨论定位问题：战略层面上，是否以心智资源作为战略资源，而不是企业内部的资源；品牌层面上，是不是多品牌战略，一品牌一品类；营销层面上，是不是竞争导向，要么成为行业第一，要么打打防御战，要么占据数一数二的位置；广告和推广上，是不是一以贯之坚持一个简单的定位，从而进入顾客心智。

例如沃尔沃，"安全"基本上是沃尔沃主流的宣传主题，可以视为一种定位。

然而从企业战略层面上来讲，沃尔沃的发动机业务和卡车业务并不在"安全"定位的范畴内。因此从企业战略来讲，沃尔沃的定位是多元化的而非心智定位的。沃尔沃甚至宁愿保留发动机和卡车业务，而把乘用车业务卖给了吉利，这不符合定位理论"心智资源是企业核心资源"的命题。另外，沃尔沃在传播层面上也不是一味重复"安全"，近年来反而在"豪华"上着墨较多。问题在于沃尔沃销量的下滑是否可以归因于没有坚持"安全"的定位。笔者认为这才是一个可以讨论的"有效问题"。

第五，某个细微环节上体现了定位理论的原则是不能视为应用了定位理论的，定位理论的应用要么是系统性的整体应用，要么是某个发展阶段的战略性应用，或者是广告、营销、品牌、战略某一个层面上的运用，定位理论才具备指导力。毕竟很多理论都存在交叉点，某些细节上的重合都是正常现象，所谓的"暗合"无疑是自我安慰。

接下来要问，我们所认识的品牌中，是依靠定位理论建立起来的多，还是依靠其他营销理论建立起来的多？答案很明确，绝大多数的品牌都不是依靠定位理论建立起来的。人们之所以会认为定位理论的贡献大，主要是自以为用了定位理论，实际上用的只是传统的营销方法——市场细分法、满足需求法、品牌形象法、USP法或者其他什么方法，但是用"定位"一词指代了以上全部的营销策略，并归功于里斯和特劳特，怪只怪定位理论名气大。

(三)"打着红旗反红旗"——定位理论在实践中的异化

简单讲，异化就是走向自己的对立面。由于定位理论先天不足——概念的模糊和过大的弹性，横扫广告、营销、品牌、战略的理论跨度，以及将个人经验放大后形成的"定律"，都给定位理论的各个环节留下了隐患，在实践中出现自相矛盾的情况也就在所难免。

1. 定位的同质化

这一点很有讽刺意味，因为定位理论这剂药是用来治疗同质化这个病的，但是用多了之后病毒有了抗药性，结果自己也得了同质化的病。

在如今的行业竞争中，模仿现象蔚然成风，每当一个好的概念被提出，各路追随者会迅速复制。而且受定位理论的影响，无论先来后到，都希望能够在这个行业中争当第一，于是打出各式雷同的口号。在这种内容和定位都高度同质化的市场中，想要提高一点点的市场份额，便要付出高昂的代价。

提供定位咨询的代理公司在定位的同质化中也起了推波助澜的作用，它们总想用一套固定的模板将咨询业务做成流水线产品，然后卖给不同的企业。本书第二章为大家展示了僵化定位的三套模板：正宗、专家和销量领先。

除了定位口号上的同质化，还有品牌传播的同质化。在王老吉获得成功之后，中国的定位咨询公司建立起"定位＋央视广告＋渠道拦截"的推广模式，投入重兵截取顾客心智，在洗脑广告时代与叶茂中的"冲突广告"平分秋色。随着传统电视媒体的衰落，中国的定位咨询公司又建立起"定位＋发布会＋楼宇电视"的推广模板——电视不管用了，就砸分众。

同质化的定位策略直接的后果就是导致定位策略失效，大家都在同样的媒体上喊着一模一样的口号，还如何凭借差异化的诉求进入心智？里斯和特劳特所说的心智憎恶混乱也发生在了定位理论身上。

定位的同质化也反映出定位理论在广告创意和媒介投放策略上打法的单一。品牌设计先是"品牌＋品类＋定位口号"，接着是"品牌＋定位口号＋信任状"，然后又是"品牌＋定位口号＋视觉锤"，它们共同的要求是"字要大"。定位理论刻意追求简单粗暴的广告内容和密集覆盖的投放策略，导致本来应该千变万化、绚丽多彩的广告沦为街头的叫卖，也让品牌变得空洞无物而徒有其表。本来创意、互动、体验都有机会成为定位的传达工具，但是里斯和特劳特无情地堵上了这些出口，只留下了一条套路，长期来看，这条路将会越走越窄。

之所以出现定位的同质化，除了定位咨询公司"流水线作业"的动机外，根本问题在于定位理论对广告、营销、品牌、战略过分狭隘的理解，导致了操作方法的过分单一，而单一的方法一定会落入"套路化"的窠臼。

例如，定位理论认为品牌只是品类的代名词，而忽略了品牌的核心是要构建偏好和认同，如果这些尴尬的"某某行业的领导者""销量遥遥领先"有效的话，那么下面这些品牌的口号就会变成这样：

比如说耐克，就不应该说"Just do it."，按照定位的逻辑，耐克应该宣称"运动服饰行业领导者"；阿迪达斯就应该说"销量遥遥领先"，而不是"Nothing is impossible."；苹果就应该说是"智能手机行业领导者"，而不是"Think different"。如果这样展开的话，所有这些伟大品牌都不会存在。事实上，耐克"Just do it."的价值观激励着热爱运动的人，这才是耐克品牌的根本。

2. 被巨额广告绑架的定位

定位建立在心智上,心智建立在认知上,认知建立在重复上,这种逻辑链条决定了定位理论对硬广告的过分依赖。尽管里斯提出了"公关建立定位,广告维护定位"的思想,然而现实中,根本没有咨询公司这么做。显然,劝客户多砸广告更加符合广告公司的利益。于是,定位理论将节省广告开支的初心抛在脑后,做好了随时拥抱大客户的准备。

定位理论拥趸们津津乐道的成功案例无不建立在广告轰炸上。某定位专家甚至很直白地讲"没有两个亿广告预算,就不要找我做定位咨询"。没钱砸广告,就没资格拥有定位。对于那些资金紧张的中小企业来说,定位不存在于消费者的心智头脑之中,而是躺在策划公司的 PPT 里。

对巨额广告的重度依赖源于"心智崇拜",也暴露了定位理论不擅长内容策划、关系管理、社会化营销的短板,因为这些数字时代的玩法显然超出了心智所能驾驭的范围。

3. 美式口号遇阻:法律法规与伦理问题

定位理论的很多方法,尤其是广告方法,针对的是美国市场。但中国有自己独特的市场规则和法律法规。所以当我们照抄照搬定位理论时,就遇到了法律和伦理问题。比如,美国是允许对比广告的,即在广告中直接指出竞争对手的不足,当然要有证据。但是在中国,对比广告则是被明令禁止的。

不过,里斯和特劳特指出,给竞争对手重新定位不同于对比广告。对比广告是说你的产品跟对手相比有多好,而重新定位则是推翻旧的心智,并试图建立新的心智,从而为自己的品牌寻找一个新的空位。然而,两人只是从策略的角度出发给对比广告做一个他们认可的解释而已。两人认为,重新定位和对比广告不仅合法,而且不违背道德,并且指出"为了确立定位,你必须经常提到竞争对手的名字,还要把传统的广告制作准则抛到脑后"。他们还说"从长远看,多少说点贬损别人的话也比在广告中自吹自擂要好一些"。

在中国,对比广告是有严格法律限制的:《广告法》第十三条规定,广告不得贬低其他生产经营者的商品或者服务;《反不正当竞争法》第十一条规定,经营者不得捏造、传播虚假信息或者误导性信息,损害竞争对手的商业信誉、商品声誉;《广告审查标准》第三十五条规定,比较广告使用的语言、文字的描述,应当准确,并且能使消费者理解。不得以直接或影射方式中伤、诽谤其他产品;《广告审查标准》第三十二条规定,广告中的比较性内容,不得涉及具体的产品或服务,或采用其他直接的比较方式。对一般性同类产品或服务进行间接比较的广告,必须有科学的依据和证明。

很明显,里斯和特劳特所提倡的对比广告和给竞争对手重新定位并不适合中国,当然也有很多企业做到了在不违反法律法规的前提下变相地为对手重新定位,不过这种操作方法也不能按照里斯和特劳特所讲的那样直接在广告中体现竞争对手的品牌和元素。

尽管定位理论指出过为了让定位确信不疑,品牌还要提供"信任状",然而在实践中,对于"第一"的疯狂追求很容易让企业陷入虚假宣传的泥淖。

《广告法》第十一条规定,广告使用数据、统计资料、调查结果、文摘、引用语等引证内容的,应当真实、准确,并表明出处。《广告审查标准》第三十三条规定,比较广告中使用的数据或调查结果,必须有依据,并应提供国家专门检测机构的证明。

此外,"第一品牌""领导者""最……的品牌"也是定位理论僵化的重要表现,并且这些口号也是违反法律法规的。

《广告法》第四条规定,广告不得含有虚假或者引人误解的内容,不得欺骗、误导消费者。广告主应当对广告内容的真实性负责。《广告法》第九条规定,广告不得使用"国家级""最高级""最佳"等用语。因为最高级广告用语违背了事物不断变化发展的客观规律,影响了消费者的判断与选择,扰乱了正常的市场经济秩序,不利于营造公平有序的竞争环境。

为什么大家总是对"第一品牌""领导者""遥遥领先"此类广告如此着迷呢?根本原因在于定位理论对"成为第一"的迷信,成为第一是个结果,做起来是很难的,于是奉行机会主义和追求简化的企业和顾问公司就走向了一条捷径——"说第一",毕竟说比做要简单得多。

三、定位理论在实践中的适用性

虽然自己从来没有明说过,但定位理论似乎不认为有哪个行业是自己不适合和不擅长的,从食品饮料等快消品到电器汽车等耐用品,从租车旅游等服务业到大学政府等机构,甚至是总统选举和个人的自我发展,定位理论都试图成为"救世主"。我们承认,一切面向市场的产品、服务、非营利机构、思想或是个人,都有必要进行市场营销,甚至都有可能建立自己的品牌和影响力。但是,是不是不管何种产品、何种行业、何种机构、何种人、何种思想,也不管他们的发展阶段,都适合应用定位理论?都应该以竞争导向的思维,在其顾客心智中去占一个有利的位置,然后日复一日地重复呢?

(一)定位理论在消费品行业中的适用性

尽管定位理论强调企业要有外部性思维,要从产品导向转向顾客导向,然而定位理论所讲的顾客导向仅仅指品牌要进入心智,对于顾客需求、个体差异、决策机制、行为体验,定位理论是不研究的。而事实是,不同的行业顾客表现出来的决策和行为模式从客观上来看是存在差异的,定位理论所说的"心智憎恨混乱""大脑喜欢简单的信息""一词占领心智"等规律事实上只在部分领域起作用。

FCB方格是1980年博达大桥广告公司(Foote Cone & Belding)的理查德·伍甘(Richard Vaughn)开发的一个用来描述消费者购买决策行为特征的工具。我们可以借此来考察不同消费品和行业消费者的购买决策特征,并据此探讨定位理论的产品和行业适用性。

定位理论默认为所有的消费者、产品、服务、行业都是一样的、都是同质的,因此品牌应该占据顾客心智头脑的一个位置,并永远停留在那里就可以了,营销传播要做的就是不断地灌输定位信息。总之,顾客是被动的接收者。伍甘的模型出发点在于,在营销传播过程中,消费者是积极的参与者,对于不同的产品和服务,消费者会用不同的方法来思考,进而做出决策。

FCB方格根据购买者"高涉入度—低涉入度"和"思考(认知)—感受(情感)"两个维度形成了四个方格,每一方格内分布的产品,其购买者有着不同的购买决策行为特征。高涉入度(High Involvement)表示该产品和服务对消费者是重要的,需要花费更多时间和精力来思考是否购买以及如何购买。低涉入度(Low Involvement)表示该产品和服务对消费者来说不是特别重要,不要花很多时间和精力深思熟虑。理性(Thinking)指的是消费者在决策过程中会对不同方案进行比较,通过仔细考虑做出决策。感性(Feeling)是指消费者在决策过程中更多依赖感觉和情感来选择产品和服务。

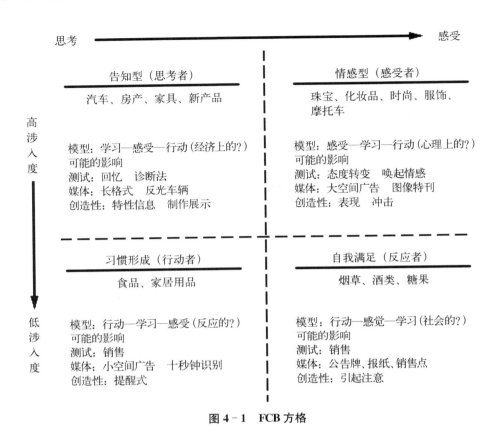

图 4-1 FCB 方格

1. 方格 1：思考者（Thinker）类型

这一类型的特征是高涉入度、理性决策。产品类型如汽车、住房、家具等。购买决策遵循模式为：学习（Learn）—感受（Feel）—行动（Do）。广告应重视足够理性的诉求支持，鼓励试用比较。

对于定位理论经常提到的几个案例，如人们一想到最安全的汽车就会想到沃尔沃，人们一想到完美驾驶机器就会想到宝马，这一点是毫无疑问的，沃尔沃确实是以安全气囊等安全技术闻名于世，宝马也是以操控性傲视汽车行业。然而，定位理论却止步于此了。人们只是一想到安全就会联系到沃尔沃，这距离人们买一辆沃尔沃还相差很远，定位只管认知不管成交吗？

现实中，人们购买一辆汽车的过程是十分复杂的，除了所谓的"定位"，人们还要考虑价位、油耗、品牌、空间、内饰、外形、实测报告、网络口碑、试驾体验、"老司机"的推荐等等，而亲朋好友的意见还有可能起到决定性作用。对于车企来说，除了"定位"所承诺的核心差异化，各项技术也必须紧跟时代潮流，并且还要在营销传播中突出设计感、舒适度、互联网技术甚至是价值观念等元素。毕竟,如果只有"安全"一条信息,人们首先想到的更可能是挖掘机。

因此,在"高涉入度、理性"消费品领域,定位理论所主张的心智模式,是非常不充分的,必须在营销传播中体现更多理性元素,来帮助消费者思考和决策。

2. 方格2:感受者(Feeler)类型

这一类型的特征是高涉入度、感性决策。产品类型如香水、时尚服饰。决策模式为:感受(Feel)—学习(Learn)—行动(Do)。广告应重视感性的打动。

高涉入度且感性的产品以各种奢侈品为主,定位理论似乎非常不擅长做奢侈品,我们几乎没有见过几则奢侈品的成功案例(宝马可能是个例外,但我们无情地将宝马列入了方格1,因为豪车虽然奢侈,但不够感性)。笔者曾服务过多家奢侈品和轻奢品企业,对此有独特的看法,因此将会单独讨论奢侈品这个话题。

高涉入度、感性决策消费在传播中依赖富有创意的广告和公关活动,并且对体验过程有着很高的要求。除了产品和服务,往往要求商家配备完善的客户服务体系,为客户提供增值服务体验,维系紧密的客户关系。

相反,崇尚浅显、直接诉求的定位理论,理解不了感性决策品牌的广告为什么只在画面中放一个明星和小小的Logo,连句穿透心智的口号都没有。试想一下,如果维多利亚的秘密(世界著名内衣品牌)在户外广告的画面上放一个大大的Logo,然后配一句"销量遥遥领先"将是怎样的画风?

3. 方格3:行动者(Doer)类型

这一类型的特征是低涉入、理性决策。产品类型是一些介入程度低的食品饮料、日用产品等,多为求便性的习惯性购买。决策模式为:行动(Do)—学习(Learn)—感受(Feel)。广告应重视购买后的认同。

低涉入度、理性决策领域包含了大部分的家电行业、日用品行业和部分偏理性的消费品行业。因为消费者是低涉入度的信息接收者和购买决策者,因此,定位所倡导的简化的定位信息、不断重复的广告、差异化的竞争策略,就很容易进入顾客"心智"。而理性决策机制决定了该类产品和服务的定位,应当以差异化的功能属性为主,并需要提供"信任状"来让消费者信服。在定位理论的指导下,很容易造就"品类代表"品牌。知名案例包括"怕上火喝王老吉""雅迪,更高端的电动车"等。

但是,品牌的定位承诺必须实至名归,因为低涉入度的产品虽然简化了信息传播和思考的环节,但是体验环节依旧重要。如果消费者的体验并不能达到广告所承诺的效果,消费者将立刻与品牌说再见。相反,良好的体验乃至"尖叫感"则会带来众多忠诚客户。

4. 方格4:反应者(Reactor)类型

这一类型的特征是低涉入度、感性。产品类型主要是满足个人特殊嗜好的饮料、电影等。决策模式为:行动(Do)—感受(Feel)—学习(Learn)。广告应重视消费者的体验和自我感觉。

比如可口可乐,其消费群基本上是感性的习惯性消费者,新品上市时做一个理性的诉求是可以的,但是长期做理性的诉求就无法密切品牌与顾客的关系。这影响了可口可乐的营销行为,为什么可口可乐并没有像定位理论建议的那样用"正宗可乐""碳酸饮料领导品牌""全球销量遥遥领先"的品类定位口号,而是在讲一些"快乐""爽""感觉""激情"等在定位理论看来毫无意义的形容词呢?就是因为这种产品是感性消费。为什么可口可乐当年更改配方的策略会失败呢?定位理论认为是因为认知大于事实。其实,这恰恰说明了品牌除了品类,还有情感价值——更换配方意味着背叛。

低涉入度、感性型产品前期注重理性诉求,长期注重感性诉求,因此定位起作用的阶段主要体现在品牌运营的前期。品牌在确立了一个定位之后,就要向感性、情感、价值观的方向升级,但在原地不动的话品牌就会老化。比如,王老吉和加多宝在确立了"预防上火饮料"的定位后就要向感性转移了,抱着定位不放就会走向衰落。看来,可口可乐的案例还是要仔细参详。

FCB模型给我们的启发就是,不同类型的消费品顾客在决策上投入的时间和精力是不同的,因此心智模式所说的消费者"憎恨复杂,喜欢简单"就不是普遍的真理。很多产品,消费者在购买前甚至在购买后都愿意主动获取更加丰富的信息来辅助自己的决策,购买后的信息获取和网络互动则进一步增加了产品的价值感,或者辅助自己未来的购买决策。

读过"定位"系列著作的人似乎都有一个直观的感受,书中的案例大多是大众熟悉的产品,比如饮料、汽车、电脑、旅游目的地等。定位理论是一个有效地帮助企业建立品牌认知的工具,在那些主要依靠品牌认知驱动、产品差异化不大的消费品行业里——比如饮料、保健品、服装等,定位理论在对广告投放时的精准表达尤其有效。定位理论也很简单,人们基本上一听就懂,上手操作也很快,而且有一些成功案例,这些都推动了定位理论的流行。

但是读过 MBA 的人士都知道，课堂上讨论的案例似乎除了消费品外，还会涉及很生僻的产品或者行业，比如挖掘机、航运、处方药、政府采购、B2B 工业品、原材料、专业服务机构等等。虽然现在定位理论也逐步涉足移动互联网服务、App 等里斯和特劳特以往著作中尚未涉及的领域，但我们依然有理由相信，定位理论所擅长的领域还是以消费品为主。那么，在广告行业、奢侈品行业、工业品行业、非品牌竞争行业中，定位理论是否依然有效呢？笔者认为，这是一个非常值得探讨的课题，但至少这些行业并非"心智导向"。

当然，FCB 方格也是有缺陷的，它只是依据产品类型将购买决策简单分成了四类。然而现实中，四种类型可能不足以说明问题，各种类型也可能同时并存，不同的消费者在同一类型产品中也会表现出不同的决策过程。不过，FCB 方格至少在行业纬度上揭示了"心智模式"并不唯一。

（二）定位理论在工业品和 B2B 行业中的适用性

工业品和 B2B 行业的成功定位案例在里斯和特劳特的书籍里并不多见，当然也不是没有。IBM 就是两人经常引用的案例，在定位理论的话语体系中，IBM 代表着大型主机。IBM 之所以成功就是因为占据了一个强有力的心智位置，并成为"大型主机"这个品类的代名词。其实，IBM 几十年来一直在变换着产品线和品牌口号，在产品生命周期不太长的高科技领域通过正确决策始终保持领先地位。但在特劳特看来，IBM 成功是因为使用了定位和重新定位战略。在 2019 年出版的《21 世纪的定位：定位之父重新定义"定位"》一书中，张云则带来了最新案例捷克缝纫机——B2B 企业的定位战略实践。

然而，在里斯眼中，定位理论在 B2B 行业最典型、最具说服力的案例当属定位理论自身的传播。关于定位理论的早期传播，本书第一章就已经详细地阐述过，这里不再重复。显然，里斯是把自己的理论和自己的公司视为了 B2B 行业和产品，多少带着点偷换概念的嫌疑。

工业品、B2B 行业跟 B2C 消费品行业在营销模式上存在着根本的不同，这是我们把 B2B 行业和工业品行业单独摘出来的主要原因。定位理论适用于快消品行业，依赖于大规模广告迅速抢占消费者心智，不断提升市场份额。而对于定位理论在 B2B 行业中的适用性，则存在质疑：行业下游客户以专业顾客为主，在客户对品类特性充分了解的前提下，心智规律是否重要？大规模广告在 B2B 行业的投放效率低下，难以充分接触消费者，在此条件下如何传播？定位

> 定位理论过时了吗？

理论应该如何指引 B2B 企业的战略推进？

首先，顾客的组成不同。B2C 的顾客是个人，个人是符合统计规律的。但企业首先是组织，这是一个虚拟的概念。而且组织的数量也是有限的，所以无法通过概率来统计。B2B 行业往往是整个产业链中的一个中间环节，顾客可能是直接购买者，也可能是总装厂、OEM 厂，甚至终端也有影响，而且采购决策者多，到底谁是你的顾客，针对谁的心智建立认知优势，这个界定比较困难。

顾客的变化带来传播方式的巨大差异。消费品行业的潜在客户是大众消费者，目标客户广泛，品牌商倾向于采用具有普适性的大众营销手段尽可能多地覆盖消费者。B2B 产品属于低关注品类，如何做定位传播是一个难题。即使花钱在电视和报纸上做广告，但看到的顾客有几个？而且 B2B 的采购金额较大，试错成本也大，即使看完后也很难做出决策。像三一重工、潍柴动力投入大量资源在大众传播媒体的毕竟是少数；像英特尔、利乐，因为属于消费品的核心部件，从而成为大众消费者熟知的 B2B 品牌，也是一种较为特殊的情况。B2B 行业的潜在客户是企业用户，客户量少但单位产值高，品牌商更倾向于采用点对点的营销方式深度影响消费者，销售员扫街、定期拜访、参加展会等方式都是典型的传播手段。总的来说，B2B 企业在传播上更多是依赖公关。这一点里斯也承认，认为 B2B 企业应该谋求公关建立定位的解决之道。科特勒也写过一本名为《B2B 品牌管理》(B2B Brand Management)的书，有兴趣的读者可以看一下。

其次，资源投入方向差异。B2B 消费者具备较强的专业性，同时，更高的采购成本会延长决策流程，顾客在接触品牌后会进一步通过产品或服务建立深度认知。因此，相比于简洁有力的定位口号，能说话的产品或者超预期的服务是建立 B2B 品牌认知的最佳方式。在战略的指引下，B2B 企业应投入更多资源用于产品和服务的提升。

再次，决策思考的方式不同。里斯和特劳特总结了五大心智规律，告诉你怎么用直觉和提炼的心智快照影响顾客决策，但是在 B2B 行业，光这一点是远远不够的。B2B 行业主要颠覆了心智模式，因为大规模采购更加理性，决策过程把关人多，决策过程建立在搜集大量资料信息、反复对比、深入沟通的基础上。并且，企业购买的决策者往往不止一个人或者一个部门，甚至还涉及复杂的审批和决策流程。心智模式各种假设在这里并不成立。

B2B 行业的特殊性带来了品牌逻辑的变化。是企业品牌重要，还是产品品牌重要？企业名代表的是抽象品类种的定位，产品品牌代表的是在采购决策品类中的定位。对于做单一产品的企业来说，两者可能没什么差别，但是大部分企业都是有差别的。消费品行业的顾客只关注品牌，并不管是谁生产的。但是B2B行业不一样，顾客都会关注企业本身。因为B2B业务是一个长期合作的关系，所以需要关注企业的背景，要做体系认证，还要了解它的财务状况，确认是否具备供应商的资格。

总而言之，工业品和B2B行业的顾客并不依赖心智和认知形成差异，B2B企业的核心竞争力在于技术和成本领先，因此定位提出的聚焦观念还是非常值得借鉴的。但是，心智定位则面临颇多掣肘。

心智派人士肯定定位理论在工业品行业和B2B行业有效性的理由有些老掉牙，就是心智不变。张云在《21世纪的定位：定位之父重新定义"定位"》中指出："虽然消费主体不同，但心智规律不变，是定位理论能在B2B行业发挥作用的根本原因。里斯先生提出定位理论的首要原则为'商业的终极战场是消费者心智'，消费者做决策时，对品牌认知的重要性高于事实本身。B2B消费者虽然具备更强的专业性，但同样遵循心智规律，优先通过既有认知做购买决策。例如，饲料生产机械的供应商发现，很多下游客户的采购员通常没有饲料机械的知识背景，与普通消费者类似，他们也依靠认知判断品牌的优劣。"

张云同时又指出，"定位理论的不断进化，使其对各种类型的商业具备更强的普适性。品类战略作为定位理论的最新发展，提出'品类是品牌背后的力量'，品牌的强弱取决于品类的大小和品牌在品类内的主导力，战略规划的第一步是寻找最具潜力的主干品类。品类战略的实施同样深入企业运营细节：产品线规划、渠道规划、公关与营销等，这些都能够指引B2B品牌从多维度建立客户认知。"

从张云所举的案例可以看出，与其说定位理论同样适用于B2B行业，倒不如说定位理论更喜欢服务那些接近于"大众消费品"的B2B行业。一方面企业顾客要像普通顾客一样缺乏专业性，从而更依赖"心智"来辅助决策；另一方面，B2B也要符合定位理论聚焦的法则，局限在一个特定品类上。这样，定位理论才能够在所谓的工业品和B2B行业中发挥作用。那么，对于专业的企业顾客、品牌集中程度高的行业以及多元化的B2B企业，心智定位是否有用呢？一个捷克缝纫机的案例并不能说明太多问题。可见，依旧是定位理论在挑企业，而不是企业在挑定位理论，定位理论并不普适。

(三) 定位理论在奢侈品行业中的适用性

综观服装、箱包、手表、化妆品、珠宝、汽车等各类奢侈品牌可以发现,奢侈品牌几乎都没有所谓的心智定位,我们也不知道它们是第几品牌。虽然个别品牌符合定位理论的一些原则,比如日本的御木本(Mikimoto)专注于珍珠、劳斯莱斯占据了"皇家"心智,但这也是事后诸葛亮似的强行解释。绝大多数奢侈品牌都不是在定位理论的指导下建立起来的,我们也有理由相信,定位理论以后也不会指导出奢侈品牌。定位理论对奢侈品牌的指导力甚至不及品牌形象理论,在品牌形象理论的指导下诞生了劳斯莱斯、绝对伏特加(Absolut Vodka)、哈撒韦衬衫、箭牌(Arrow)衬衫等奢侈或者快时尚品牌。而提到定位理论,似乎只能想到宝马汽车,而宝马是少数可以通过理性的定位口号进行传播的产品。除此之外,就没有别的案例了。

定位理论支持者会说"药中茅台"东阿阿胶和"中国两大酱香白酒之一"的青花郎就是定位理论可以打造奢侈品牌的明证。不幸的是,东阿阿胶一蹶不振,青花郎也实在算不上奢侈品。

每个"披着"老定位理论"羊皮"的广告人,心中都藏着"定位式广告＋高端提价"的灵魂,通过持续吹嘘高端和畅销,为消费者和企业家注入一时快感。事实上,欧美发达市场没有一个高端品牌通过广告创立,高端品牌往往从少数人起步,而广告是一项大众宣传艺术。①

法国奢侈品牌大师文森特·巴斯蒂安(Vincent Bastien)和让-诺埃尔·卡普费雷尔(Jean-Noel Kapferer)旗帜鲜明地指出,扔掉"定位",奢侈品没有可比性:

> 在消费品营销中,你会发现每一个品牌策略的核心问题都在于品牌的定位、独特的销售主张和独特并有力的竞争优势等。每一个经典品牌都要明确自己的定位,并通过产品、服务、价格、供货、沟通等渠道向顾客传达这种信息。定位使一个品牌区别于其他品牌,也因此,使它比起新业务领域的目标品牌和与之竞争的品牌,更受顾客的青睐。由此看出,经典品牌总是努力根据市场环境、主要竞争对手以及试图争取的客户群的需求来找

---

① 许战海:《反思"定位式广告"》,《销售与市场(管理版)》,2020年第3期,第45页。

到一个关键的事实来定义自己。

没有什么比奢侈品对这样的营销方式更陌生了。对于奢侈品来说，自身的独特性才最重要，而无须与竞争者进行什么比较。它表达的是品位、创造性的身份以及创造者内在的激情；它直接宣称"我就是我"，而非"我要看情况而定"这正是定位的概念所暗含的意思。成就品牌克里斯汀·拉克鲁瓦的是它明媚阳光般的、洋溢着地中海风情的艳丽生动的色彩，而绝非它与其他设计师相比较下的自我定位。"永远不要与他人比较"是奢侈品的座右铭。

一个品牌的身份赋予了品牌强大的独特性、持久性和正统性，这正统性加强了人们对品牌经久不衰的印象。香奈儿拥有的是身份而非定位，而身份是不可分割、不可商榷的——它就是它本身的那样。

奢侈品是"最优的"而不是"可比较的"。比起总是在与竞争者的比较中寻找自己的位置，它更喜欢忠实于自己的身份。奢侈品担心的是被复制，而进行大批量生产的品牌害怕的则是"没有特点"和被忽略。[①]

定位理论的很多观点不适合打造奢侈品牌，因为：

第一，奢侈品重在稀缺性，而定位追求销售额。以西班牙餐馆 El Bulli 为例，每晚只接待 50 位客人，食客需要至少提前一年订位。既然需求这么旺，为什么它不开第二家、第三家店，或者干脆开个连锁店？爱马仕 Hermès 的 CEO 说过，如果一种产品卖得太好，就会停止生产它。

第二，奢侈品不重视需求，当然不重视所谓的心智或是竞争。它更注重的是从创意、设计本身出发，成就一件艺术品。因此，做奢侈品也和时尚工厂不一样，时尚只有一季，但对奢侈品来说，有两样东西最重要：艺术性和精神内涵。

根本上讲，定位理论是诞生于美国的理论。美国人信奉实效，发明的理论也具有简单粗暴的特点。因此美国虽然经济发达，但是也不具备孕育奢侈品牌的土壤。奢侈品牌主要还是诞生在法国、意大利以及英国。来看看美国的蔻驰（Coach），蔻驰这样的品牌不能算奢侈品，因为它违背了奢侈品的稀有原则。中国市场目前对蔻驰的需求很大，它就无限制生产，甚至加倍来满足中国市场，

---

① 文森特·巴斯蒂安、让-诺埃尔·卡普费雷尔：《奢侈品战略：揭秘世界顶级奢侈品的品牌战略》，机械工业出版社 2013 年版，第 66 页。

这不是奢侈品的做法。成功的奢侈品品牌，是反市场营销的，一般的品牌在满足需求进行生产之后，会进入到市场营销阶段，但是奢侈品不会进入这个阶段，奢侈品要做的是供给。

奢侈品之所以奢侈，靠的还是历史、设计、故事、家族荣誉、品质、原料、服务等各种要素，极力淡化产品本身的功能和作用。也就是说，奢侈品追求的是品牌内涵的丰富性，而不是一词占领心智，过度简化的信息会让品牌失去质感，缺乏无形价值的品牌是不能算奢侈品的。

缺少奢侈品牌、长期占据"微笑曲线"的底端，一直是中国制造业的短板。除了茅台，几乎很难再找出一家严格意义上的奢侈品牌了。于是，如何打造中国的奢侈品牌，成为中国企业和品牌策划界的一道难题。如果真的如定位理论所说，打造品牌就是在消费者心智中找个第一位置，那么这个问题似乎不难以解决。事实上，问题并没有这么简单，缺少品牌传承，缺少贵族气质，历史、文化积淀薄弱，决定了新生品牌没有奢侈品基因，打造奢侈品牌几乎成了不可完成的任务。再加上中国的服装、珠宝、皮具等行业的领导者大都是营销人员出身，而非像欧美地区一样老板都是设计师或者工匠出身，产品缺少创造和气质。因此，短期内在奢侈品领域出现中国品牌也成了奢望。

所以，中国要培育自己的奢侈品牌，占据微笑曲线的高端，必须正儿八经地发掘历史和文化、依靠艺术家和匠人，开发出有强大奢侈品基因的产品，以此为基础来打造奢侈品牌，而这些因素在定位理论那里只会被轻视。

定位理论天生就不具备建立奢侈品牌的基因。更令人绝望的是，定位理论认为顾客的心智无法改变，在奢侈品牌上顾客的心智是什么？就是中国没有奢侈品（除了茅台）。所以，一方面定位理论不擅长经营奢侈品牌，另一方面，定位理论也不认为中国能有奢侈品牌。如果你想在中国建立奢侈品牌，还真的要听巴斯蒂安和卡普费雷尔的话——扔掉定位。

（四）定位理论在新兴行业中的适用性

对于定位理论服务的行业，邓德隆也承认"现在我们的转型实际上是向服务这种创新型企业（指的是互联网、新经济、高新技术等企业）转型，倒不完全一定是高科技和互联网企业。我们现在更愿意去和不断创新的企业打交道，帮助它们研究创新如何被用户接受，创新如何转化为成果，以及下一步创新的方向在哪里。"

但是我们来看一下定位理论是如何服务这些创新型企业的：瓜子二手车是靠铺天盖地的电视广告、分众广告和户外广告来推广的，即使是移动互联网，也只是采用开机贴片、视频广告等硬广告形式。其他创新型企业和品牌，比如毛豆新车网、快狗打车也清一色采用硬广告形式。也就是说，定位理论依然是用工业时代的钥匙开数字移动时代的锁，虽然锁最终打开了，但是付出的代价却是九牛二虎之力。这种方式是否具有可持续性，非常值得怀疑。

数字化时代，企业的关注点一定要放在产品及产品创新上，不断强化过去的定位不是重点。

除了产品和行业，定位理论的案例和当前服务的对象似乎也是以初创企业和新品牌、重新定位品牌、单一品类品牌为主。那么对于成熟的企业和品牌、非单一品类品牌，以及当下火热的小米、苹果等"平台型企业""生态圈企业"，定位理论是否也能产生作用呢？

我们不需要推理就可以得出否定的结论，因为心智定位派旗帜鲜明地反对品牌延伸、反对强强联合、反对生态圈、反对一个品牌代表多个品类，既然反对又谈何指导呢？

定位理论无法解释也无法指导多元化、生态化、延伸性的集团和品牌。站在这些企业角度来看，是定位理论存在适用范围的问题，站在定位理论的角度来看，是这些企业都错了。

从这个角度看，越是身处一个竞争较为充分的成熟市场，就越有可能从"定位"理论中得到借鉴。但定位理论很难解读以技术、产品为驱动的品类创新，比如"特斯拉""苹果"，甚至是类似"小米"这样的互联网企业，为什么？因为这些企业的定位通常不是基于对竞争对手的审视，而是基于对自我价值的探索。通俗而言，它们的与众不同不来源于根据竞争对手的市场细分和差异化，而是在一个本不存在的市场开创出一种新价值，对此，定位理论无能为力。过多关注"细分策略"而非"赋予品牌真实的全新价值"，这一点才是定位理论在移动互联网时代最大的局限。[1]

尽管里斯在新技术革命时代做出了理论升级的尝试，但是他所提出的"分化"思想缺乏可操作性也缺乏指导力。在理论部分，我们已经知道，里斯对"融合"思想的批判是毫无道理的。苹果、特斯拉、微信、小米都是在技术融合的思

---

[1] 宇见：《"定位"真的错了吗？》，https://www.sohu.com/a/2298861_121365。

潮下诞生的新物种。而在分化思想下产生的"音乐手机""女性手机""拍照手机""手机工厂店"全部被淘汰了。

今天成功的互联网品牌基本没有聚焦的,阿里、腾讯、百度、网易、小米、华为、美团、头条、360统统不聚焦。因为在互联网时代,你根本就不知道对手会从哪里冒出来。事实上,在互联网时代根本就不存在守成这一回事。今日市场如逆水行舟,不进则退。你想守住自己的地盘,最终只能越做越小。聚焦并占据一个品类的营销打法,其实更适用于一个固定不变的年代,当你有明确对手时才能聚焦。而在一个变革的年代,当你不知道对手来自哪里时,聚焦是错的。何况在传统时代,聚焦就无法解释品牌延伸。在互联网时代,聚焦就更无法解释平台型和生态型公司。①

(五）定位理论在不同类型企业中的适用性

前面讲的是不同行业中定位理论的适用性,得出的重要结论是,定位理论更适合大众消费品。而在其他类型的行业中,定位理论那些被锁定死的"定律"就变得处处掣肘了。比如"顾客喜欢简单的信息",对于集团采购客户来说就变得不知所以了。对那些理智型的、学习型的个人顾客来说,简化的信息则无法满足他们的决策需求;所谓的"品牌是品类的代表",放在奢侈品上显得不可理喻;而在面对平台型和生态型企业时,定位理论则更加格格不入了。除了行业,定位理论在不同规模企业身上以及在某一企业和品牌的不同发展阶段也表现出了适用性上的差别。

1. 发展阶段

定位理论给人一种假象,就是任何品牌的重点工作都在于前期的品牌规划,当然前期品牌规划确确实实非常重要,但不能强调了前期就不顾及日常的运营。定位理论重点关注竞争对手和顾客心智,旨在找到一个独占的位置,因此十分适合初创企业和转型企业（重新定位）使用。但是,一种定位建立起来后做什么呢?定位理论的回答很直接——重复,当环境、技术、竞争发生剧烈变化时,品牌面临重新定位的过程,然后继续重复新的定位。于是定位—重复—重新定位—继续重复,循环不止。这说明,定位在维护和升级一个品牌上几乎是碌碌无为的。

---

① 空手:《定位是个任人打扮的小姑娘》,https://m.sohu.com/a/252447904_114819。

还有一些成功的品牌，虽然起步时有明确的定位，但是在后来的发展过程中逐步放弃定位，而通过其他方式丰富品牌。这时候定位就好比是火箭的第一级，升空之后，达到一定的速度就要摒弃，从而成为一种阶段性策略选择。

邓德隆介绍了瓜子二手车赖以成功的定位理论、制度创新，以及特劳特公司自身从"战略顾问"到"创业伙伴"的转变。这说明特劳特中国公司已经将客户的主体有意识地放在了新品牌上，确切地讲是放在了有钱砸广告的新品牌上。

定位只是帮某一产品在某一阶段抢占市场份额而已，但是长期来看拼的还是综合能力或者品牌价值，定位并不能帮企业培养品牌价值，也不能制造企业的综合能力。定位最简单的打法就跟分众传媒江南春所说的一样，寻找差异化定位，抓住时间窗口，在紧密空间里饱和攻击。

2. 本地化服务

拿饭店来说，根本就不可能由数一数二的品牌垄断行业，重要的是便利性而非心智占位。在这个问题上，似乎营销战的四种战法更有解释力，成千上万的本地化服务企业打的都是游击战，而不是心智战。这也印证了本书第三章关于心智定位与营销战属于不同理论体系的推论。

3. 企业规模

当然，不是说里斯和特劳特喜欢拿大型企业举例，就说明定位理论适合大企业而不适合小企业。正如本章第一节所说，定位书籍中的很多案例都是经过挑选的"片段"，毫无证据表明这些大企业是采用了定位理论的方法或者受到了定位理论的启发，同时也并未排除心智定位以外因素的影响。其实，定位理论的适用性跟企业的大小没有关系，只跟品牌结构有关系，定位理论只适用于单一品类品牌。就算你的企业再大，你只用单一品牌来运作一个单一的品类，那么就可以使用定位理论。看清楚，这里说的是"可以"，而不是"必须"。就像可口可乐，它是一个单一品类的大品牌，你可以说可口可乐的定位是"正宗"，但这不意味着可口可乐不去使用品牌形象理论、事件营销、品牌代言来推广它的产品。相反，就算企业和品牌再小，如果不是单一品类，而是延伸品牌，那也同样不适用于定位理论。

然而，我们并不建议小品牌盲目地扩张生产线，在品牌并不具备实力的情况下，采用聚焦战略，将有限的资源集中到一个品类上去，成功的概率会大大提升。为什么海尔、华为这样的大型企业可以多品类使用同一品牌而且能获得成功？因为它们的组织能力足够支持它们在几条战线同时作战,很多中小企业之所以需要聚焦在一个品类里面,说白了还是组织能力不够,它们只能在一条战线上获胜。

除了自身的资源与能力,品牌所能涵盖的品类领域确实是一个复杂的问题,这不是用一个品类维度或者一个品牌形象维度可以解释的。可口可乐虽然足够强大,品牌也已经超脱了产品本身而上升为一种文化和价值观念,但是盲目延伸到其他品类或者搞一下口味配方,都面临巨大的风险。而香飘飘没有及时做出延伸,错过了奶茶实体店这波红利,品牌往文化方向升级变得乏力。由此,可口可乐太强大了,所以不能延伸;香飘飘太强了,所以必须要延伸。在相同的条件下,我们得出了截然相反的结论。这说明,品牌本身的复杂性是超过我们预想的,还有更多的影响因子在影响着企业的决策。

4. 中美市场差异

定位理论之所以诞生在西方,是因为西方市场经过长期发展,竞争已是空前激烈,市场高度细分,并且每个细分市场都出现了具有统治(品牌、产品、渠道等各个方面)实力的霸主,新产品只能在夹缝中求生存,否则就会陷入霸主的阴影难见天日,同时品牌延伸的风险极大,很容易被新市场上的原有霸主击溃。

目前中国市场竞争的激烈程度与发达国家相比是轻量级的、低水平的,许多行业还远未出现霸主品牌,在这种环境下,如果照搬定位理论在西方的实践经验,大量"烧钱"推新品牌,或等待企业有足够资金支撑新品牌后再去占领空白市场塑造自己"第一"的形象,可能企业能够跻身市场时也已经是弹尽粮绝、体力不支了,或者在这段时间中,已经有真正的行业霸主产生了。中国企业在这样的行业中需要做的不是"定位"而是圈地,借助品牌在原有行业中建立起来的品牌影响力进入相关产品市场,使新产品天然地获得强大的品牌支持,率先占领市场份额,在行业中真正专业的霸主品牌出现之前,占领消费者心智,成为该行业真正的霸主品牌。这是中国市场与西方市场的差别所在,中国有大量的行业市场尚且处于无品牌竞争状态,中国企业有更多成为跨行业霸主品牌的机会。[①]

当然,说中国市场完全落后于西方似乎已经不合时宜了,中国在移动互联网、数字技术等领域已经实现了弯道超车。在欧美国家,历史上的策略工具其

---

① 翁向东:《崇拜洋定位理论会害了中国企业》,《销售与市场(渠道版)》,2011年第6期,第14页。

实早已面临"老化"问题，除了定位理论，品牌形象理论、USP理论以及其他广告和营销理论都曾在自己的时代大放异彩。然而，放到现在的中国，似乎又都没法很好地兼容。原因之一是，中国的社交媒体及互联网环境的复杂程度其实已经超过了西方国家，更何况这些理论还诞生于多年前。当然，这意味着我们有更为多元的媒介环境可以加以利用，但如何把所有的媒体合而为一当成一个整体去看待，如何让内容落地，又如何处在有效的传播管理之内——这些都还是待解决的新问题。

（六）数字时代定位理论的适用性

定位理论在数字时代的适用性是质疑者的主要关注点，虽然这并不是讨论定位理论有效性的唯一维度，却是实践层面上最重要的维度。

一种理论的诞生，必然伴随着深刻的经济、社会变革；同理，一种理论的过时，也必然伴随着新的经济、社会变革。在此过程中旧的理论要么升级以适应新环境，要么被其他新理论代替。现在，时代已经变了，那定位理论变了吗？基本假设没变，但具体的操作方式在不断升级。那产生了新的理论来代替定位理论了吗？有新理论，但新的理论目前只能与定位共存，只是角度不同。

1. 心智定位派的观点

特劳特多年前接受采访时指出："在我看来，互联网只不过是又一个新的营销工具或者媒介，你用它来讲述你的故事。……有意思的是，对于互联网企业来说，定位理论显得更加重要。……毫不夸张地说，对于互联网企业而言，定位就是一切。亚马逊在心智中代表了网上书店后，巴诺就难再出头了；谷歌在心智中占住了'搜索'的定位后，微软与雅虎就无力回天。无论后者的管理有多么好、财力多么大、人员有多么努力也行不通，因为心智定位不易改变。"

然而，特劳特已经去世多年，他并没有经历太多数字化时代波澜壮阔的变革。对于数字化时代，还是要更多听一听现在人的观点。

随着互联网更深地渗透到传统行业，特别是"互联网思维"广为人知后，更多的企业愈发焦虑会被互联网淘汰。邓德隆却认为："大家觉得互联网对企业是完全的颠覆，实际上大家不用担心什么。现在大量被淘汰出去的传统企业，即使没有互联网，随着行业、产业最后集中到行业数一数二的企业手中，它们最终也会慢慢地消失。比如运动品牌现在剩下哪个数一数二了？耐克、阿迪。牙膏剩下高露洁、佳洁士。只不过原来的淘汰过程会慢一些，而到了移动互联网时代,这个淘汰的速度会大大加速,大多数传统行业现在出现不景气,核心原因并非互联网,而是没有找到自己的'定位'"。

里斯和张云在《21世纪的定位:定位之父重新定义"定位"》一书中借助亚马逊创始人贝佐斯之口证明定位理论在移动互联网时代没有过时:"很多人问我一个问题,10年以后的变化会是什么?但极少有人问我另一个问题,10年以后不变的是什么?我认为第二个问题更重要。"里斯和张云认为,贝佐斯的言外之意是企业的战略应该聚焦在不变的东西上,而不是聚焦在那些不断变化的东西上,因为变化的东西具有极大的不确定性。这恰恰是定位理论得以跨越时间、空间的背后的原因——定位理论建立在人类的心智上,世界在变,战场不变,心智不变。

冯卫东认为:"定位理论虽然发源于工业时代,但其有效性却源于心智规律,不管前工业时代还是后工业时代,心智规律都没改变(否则就不成其为规律),从而定位理论都是有效的。当然,定位理论效力最大的情形是顾客心智发生信息过载的情形。工业时代,大量的同质化产品和泛滥的广告,最终都在顾客心智中引起信息过载,导致绝大多数信息被顾客的心智屏蔽而无法进入心智,从而无法左右顾客选择。互联网时代信息更加泛滥,顾客心智信息过载现象有增无减,所以定位理论的效力也有增无减。"

那么数字时代如何进入心智呢?邓德隆在接受《哈佛商业评论》专访时指出,"新商业时代不再是BAT,而该是PAT"。邓德隆一语惊人,"P就是Positioning(定位),即为企业寻找发展方向,让企业不至于在越发激烈的竞争环境里迷失。AT就是像阿里和腾讯这样的公司,它们会不断地为各行各业提供技术的基础设施,为之赋能"。

可见,定位派人士的解读并没有超出特劳特的范围,他们认为定位理论在数字化时代不会过时的依据就是——心智不变。而定位的重要性则体现在战略性引导上。

2. 从心智外的视角看定位理论的价值

心智定位派认为,数字化时代不仅没有过时,相反变得更加重要。在这里,心智派的核心论据在于"心智不变",然而停留在心智上的论据显得过于抽象。我们还是要细分开来,看定位理论具体观念的价值。

(1) 新时代也需要一个位置

定位理论最大的价值莫过于它巧妙的思路——为广告、营销、品牌、战略找一个位置,先不说这个位置是不是在心智中找,至少这一思路启发了人们要走"差异化"和"一致性"的道路。沟通方式的多元化和互动化,消费者主权的崛起,并不意味着品牌沟通可以天马行空,完全顺着消费者来。新的时代可能心智规律并未改变,但只盯着心智肯定无法更加深入地理解顾客,还是要为广告、营销、品牌、战略找一个位置。真正有意义的问题是,除了心智,定位的这个位置到底应该怎样找?是固定在一个位置上不动,还是抓住机遇飞跃?

(2) 聚焦的价值

定位理论的思维逻辑是垂直化、聚焦化,当然就特别适合垂直化、聚焦化的企业和品牌。互联网时代,那些聚焦、垂直、小而美的项目,适合而且应当考虑以定位理论为指导。移动互联网时代商业模式用一句话来说就是重度垂直,在激烈的市场竞争环境下,今天的市场已经很难再出现新的巨无霸企业。唯有专注和聚焦于某一个垂直细分领域,并将其做深、做精,才有机会脱颖而出。

新兴品牌虽然有无限的市场,有机会,但人财物等资源是有限的。集中一个领域做透,并快速建立商业模式,从而获得资本的青睐,已经是互联网时代创业的固定模式。而不顾资源短板,在一个产品尚未成功之时,就贸然推出新的项目,已经成为创业公司倒闭的重要原因。

(3) 品类分化的价值

21世纪,人类正迎来有史以来最大的一场科技革命,互联网、人工智能、云计算、大数据、无人驾驶等超级技术的诞生速度远超以往任何时代。从商业的角度看,互联网、移动互联、电动汽车、无人驾驶汽车都属于全新品类。同时,互联网进一步分化出了无数基于互联网的新品类,移动互联同样如此。超级技术为我们带来了人类历史上最多开创新品类、打造新品牌的机会。

对于众多的新创企业、中小企业、大企业发展新事业或者行业的新进入者、后来者而言,里斯的品类战略可能更加合适,因为没有实力与已经占据领先地位的大企业竞争,最好的战略就是避开它们,借助商业分化的力量和趋势,开创、聚焦、发展和主导新品类才是这些企业真正的未来。

当然,由技术革命催生的新品类不都是分化的功劳。比如无人驾驶汽车并不是哪一家公司突发奇想,为了与市场上现有的汽车区分开来,刻意从传统汽车中分化出一个新的品类。无人驾驶汽车建立在各项技术的协同进化上,是整个社会进步的产物,并不是哪一家公司的专利,因此属于典型的融合型产物。

（4）营销四种战法的价值

本书曾经指出，营销战比心智定位具有更强的普适性。里斯和特劳特曾经试图将营销战发展为超越心智定位的新的营销理论，但是在《营销战》和《营销革命》出版后没有将这条路走下去。相反，他们尝试将营销战作为心智定位的一个组成部分，也就是营销层面上的定位理论的一部分。

说营销战比心智具有更强的普适性在于，营销战不仅讨论了市场领导者、挑战者、搅局者，也讨论了数量更多的模仿者和后进者。这对企业如何看清自己在市场中的位置并采取与自身地位和资源实力相匹配的策略，有着很强的指导力和可操作性。

相反，在心智框架下，里斯和特劳特更推崇数一数二的差异化。但是数量巨大的小企业，并不具备打造数一数二品牌的实力，这直接导致了"第一品牌""遥遥领先"口号烂大街的结果。

此外，心智定位更适用于大众消费品，对于奢侈品、B2B、专业市场等不以心智为基础的领域，心智定位缺乏解释力和指导力。然而，不论何种市场，营销战的四种战法总能找到匹配的位置。尽管很多人认为数字时代是用户时代，很多创新产品并不是基于竞争而获得市场的，但是领导者战法还是很好地解释了该种情况。同时创新产品获得成功后依然会面临挑战者的模仿、搅局者的弯道超车、模仿者的干扰等竞争情况，营销的四种战法提供了很好的应对思路。

可惜的是，里斯和特劳特对营销战没有展开进一步的研究，甚至束之高阁，着实令人感到惋惜。

（5）外部性思维的价值

对手和顾客都很重要，在该问题上定位理论迈出了第一步就没有迈出第二步。要突破局限于心智的顾客理解，不断深入顾客内心、情感乃至价值观念；突破局限在产品层面上的竞争观念，不断深入市场的深层次逻辑，从你死我活的产品竞争到竞合乃至生态圈的搭建，数字时代为我们提供了技术上的可能性。在 20 世纪六七十年代，企业只能借助单向的大众媒体做重复性的广告灌输，此时最重要的概念就是"心智"，进入心智就意味着成功。现在，技术让双向互动、消费者主权、去中心化成了可能，仅仅进入心智已经不代表拥有竞争力。如何更好地深入顾客内心、良好地互动、提供顾客想要的价值才代表品牌拥有强大的竞争力。因此，外部性思维在数字化时代更重要了，只是心智定位的外部性思维已经老掉牙了，需要从头到脚的更新。

3. 数字时代定位理论面临的挑战

定位理论具有很重要的价值,在数字时代有很多凸显其理论强项的领域,然而定位理论的基础和假设却已发生深刻的变化,定位理论真的不需要变吗?

(1)传播的变革

移动互联网时代,顾客与品牌的沟通方式发生了改变。定位理论诞生在后工业时代,主要的特征是产品同质化,品牌传播主要是广告的单向传播,消费者是被动接收信息。而移动互联网时代,随着技术的发展,消费者在品牌传播中逐渐占据主动地位,并通过互动、点评、把关人等多种形式实现互动。因此,停留在研究心智、主要依赖广告和公关建立品牌的方法就过时了。

传播的变革要求定位理论必须作出调整,一是必须打破对传统广告的过度依赖,实现从粗放的灌输式单向传播向精准式互动传播转型;二是寻求定位与碎片化信息的有效衔接机制。数字化、移动化时代顾客掌握了转播的主动权,但这并不意味着品牌要随波逐流或者"见风使舵",相反,要追求形散神不散的传播生态。即用定位来约束品牌的数字传播行为。对此问题,里斯、特劳特还有他们的接班人都没有提上日程。

(2)品类和产业的变革

定位理论很难解读以技术、产品驱动的品类创新,比如"特斯拉""苹果"甚至是类似"小米"这样的互联网企业。如今的科技发展,产品可以形成降维打击,当一种全新的高等级产品出现在新的领域,而这种产品又能完全替代甚至消灭其前任的同类产品时,定位法则就似乎失去了效果,它强调更多地关注竞争对手,而科技进化过快的行业,可能竞争对手跟你都不处于一个维度。

小米做空调与格力做手机都被视为一种品牌延伸行为,那为什么人们可以接受小米空调,却不接受格力手机呢?定位理论用"心智"和"品类"来解释品牌延伸不能成功的原因,却对成功的品牌延伸视而不见;传统的战略研究者用资源和能力来解释,也无法揭示两者的差别;品牌专家则用更加复杂的多因素心理模型来说明这一点,得出的结论却经常彼此矛盾。笔者提出用"产业维度"来解释看似相同条件下品牌延伸成败差异的观点,旨在进一步丰富品牌延伸理论。产业维度指的是所能涵盖产业的多少,高的产业维度可以涵盖较多的产业,而低的产业维度只能涵盖较少或者单一行业。

小米的定位并不像邓德隆说的那样是"网络直销廉价手机",而是用价值观解释为"为新科技发烧",围绕着移动互联网开展的业务彼此之间在产业上是关联的。我们可以接受小米手机，当然也就可以接受小米的平板电脑、摄像头、智能家居，甚至是智能空调。也就是说小米所处的是"高科技产业"，高科技并不是具体的产品，而是一个动态的概念，这决定了属于高科技产业的产品小米基本上都可以做。

但是对于格力来说，是用有形的产品品类来界定自己所处的产业的，也就是空调产业，空调跟手机是不同的行业。当格力推出手机的时候，人们会质疑：一个做空调的企业能做好手机吗？

这样看来，小米做手机是降维打击，格力做手机是同维度的品牌延伸和多元化。产业的降维打击很容易成功，甚至不能当成一种多元化；同维度的品牌延伸不具备产业维度的张力，因此要克服品牌认知、品牌联想、品牌忠诚度、渠道等各个层面变量带来的匹配度的问题。

互联网赋能、AI 赋能，绝不仅仅是一种新技术在营销层面上的运用，而是借以升级企业的产业维度，尽快摆脱具体产品形态对企业的束缚，转而用价值观、核心竞争力来定义产业。

（3）营销的变革

王赛认为中国的营销变革主要体现在三个方面：第一个变化是从单项能力到系统能力。今天如果有人跟你说，改句传播口号就能让企业获得指数增长，那你 100% 碰到骗子了。营销拼的是系统作战能力，哪有一句话解决战斗的？第二个变化是数字化连接的变化。手机如同每个人的数字器官一样，记录着你的数据。在这个背景下，营销与大数据、与社群进行融合，王赛把它叫作"数字时代的营销"。这和"数字营销"不一样，应该让数字化贯彻到产品设计、客户管理、市场进入战略、传播等所有的价值层面，完成整个市场商业模型的重构。第三个变化是营销的"市场战略化"。菲利普·科特勒有一句话，市场导向的企业，要具备营销"无处不在"（Marketing Everywhere）的特性。营销并非市场部或者销售部的事，而应该是从 CEO 到每一个员工的思维，它应是企业商战中的第一思维。①

消费者主权、媒体的进一步细化、品牌忠诚度的降低、品牌升级与价格战并存。在移动互联网时代，比起明确的品牌定位，以品类开道，抢占用户的手机桌面才是很多企业应该首先考虑的第一任务。互联网的逻辑打法在于先聚集一

---

① 王赛：《对不起，营销领域除了科特勒，目前还没有其他门派》，《新营销》，2018 年第 1 期，第 24 页。

帮用户,然后围绕着这群有共同特点的人,卖给他们任何东西,关键是可以跨品类。从这里我们发现,定位理论始终强调的基于品类去发展品牌显得似乎没那么重要了,互联网可以绕过定位这个环节,而是去直接绑定用户的场景。正如罗振宇所说:产品的本质是连接的中介,工业时代承载的是具体的功能,互联网时代连接的是趣味和情感,这进一步打破了品类的限制。①

(4)品牌的变革

信息大爆炸时代给品牌带来至少两方面的挑战:一是"信息不对称"逐步在消弭。网上的比价软件,使商品的成本变得越来越透明,价格战使品牌溢价越来越困难;同时,各类创新的方式和手段,也随着信息化水平的提高得以瞬间传播,品牌差异化也变得越来越难做。

二是品牌的经营方式发生了变化。过去的品牌是标志性的、高高在上的、具有欺骗性的;今天的品牌是亲和的、有趣的、内在含义非常丰富的。过去经营品牌,是企业内部少数几个人的事,而且是把大量的费用给了媒体和广告公司;今天的品牌是由用户和企业共同创造的,企业自己有很强的团队,自己产生内容,自己通过粉丝传播。②

里斯认为,品类先于品牌产生,因为顾客的心智顺序是先要想到买哪种品类的产品,然后再按照该品类在其头脑中的品牌排序进行选择。如果你的品牌排在这个品类的第一位,最好是能够成为这个品类的代名词,那么你的品牌就是强势品牌。这种观点从逻辑上来讲可以说是天衣无缝,整个品牌选择过程也找不到问题,但是,移动互联网改变了这一切,以前顾客要先知道自己买什么品类,再选择品牌,现在,逻辑有时候会倒过来,那就是可以先选品牌,再考虑去买个什么东西。

现在社交互联网时代,定位理论更是遇到了极大的挑战,品牌不再仅仅是品类的代名词,而是商业生态圈。苹果为什么会如此成功?苹果自己的解释是:"苹果成功的秘密在于把最好的软件装在最好的硬件里。"苹果不仅仅靠硬件盈利,极致、简约的硬件只是苹果的载体,操作系统和应用才是苹果胜出的关键。苹果软件为苹果搭建了一个生态圈,苹果不仅仅是手机,还可以是音乐播放器、iPad,甚至是支付系统、汽车……苹果建立了自己强大的生态系统。

---

① 李东阳:《"定位已死"到底是不是个谎言?》,首席营销官公众号,2019-10-25,第48—49页。
② 傅骏:《一个老广告人的反思》,《中欧商业评论》,2014年第9期,第45—49页。

互联网＋背景下，基于生态圈的品牌建设更利于企业"跑马圈地"，让品牌有更强的延展性、更强的盈利能力和更强的应对品牌危机以及品牌老化的能力。当一个产品受市场需求变化影响，盈利能力丧失时，生态圈的商业模式可以产生"东方不亮西方亮"的效果。

先有产品再有品牌，是传统的品牌观念。在传统品牌观念下，即便是有了品牌再去想产品，在现实中也大多表现为"品牌延伸"的形式。而如今变了，无数 App 或公众号都是先聚集一帮人，然后围绕着这群有共同特点的人，卖给他们任何东西，关键是可以跨品类。比如"罗辑思维"，虽说最主要卖的是书，但他们也卖油画、手表、盆栽、箱包和茶叶什么的……请问这么乱七八糟的有规律吗？有，唯一的规律是消费者的一致性，而非品类的一致性。

当然，数字化时代的变革肯定不止这些内容，笔者只是想说，如果再不改变，定位理论迟早会被淘汰。

四、本章小结

实践中，人们总是自觉不自觉地"误用"定位，说明定位的普及是概念的普及，而非心智定位理论的普及，这隐隐约约透露出人们对定位理论的改造。然而，不是说所有人都正确理解了定位的核心是心智，一切就万事大吉了。事实上，心智定位的所谓成功案例要么是过度包装的片段，要么是昙花一现的孤证，很多行业甚至无法应用定位理论。实践中，定位理论并没有带来更多惊喜。现在，在数字化技术和移动互联网技术快速发展的今天，定位理论面临严峻的挑战，当然也有机遇。

第五章
从观念的角度看定位理论是否过时

>听其言,观其行,审其思,方能知其根本;
>听他言,观他行,审他思,方能明其优劣。

定位不仅仅是一种营销理论或者营销方法,还是一种思维方式。本书前面几章对定位的理论和方法进行了系统的分析,本章的主要内容是系统论述隐藏在定位理论背后的那些没有言明的观念。

一、定位理论的思维方式

定位理论的思维方式可以总结出十几条甚至更多,但根本性的思维方式有三种:简化思维、点状思维、排斥思维。

(一)简化思维

简化思维是定位理论应用最普遍的思维,是定位理论的出发点和归宿,深刻影响了定位理论的整个体系,也在某种程度上决定了点状思维和排斥思维;简化到极致就是点,要想简化就要有排斥思维保驾护航。然而,定位理论的简化不是令人心旷神怡的"极简美学",它在带来巨大便利性的同时也导致了"顾此失彼",定位理论的片面性由此而生。

1. 简化思维在定位理论中的体现

定位理论的简化思维体现在两个方面:定位理论对广告、营销、品牌和战略等实践领域所做的简化理解以及定位理论自身的简化。

"把事情简单化。"特劳特认为,"借助持续、简单的信息在顾客心智立足,占据一个位置。而最佳的效果,即是让企业在顾客心智中拥有一个字眼,就像沃尔沃代表'安全',英特尔代表'微处理器'"。又说"我很早就发现,品牌并不是靠投入大量金钱与传播就能进入顾客心智的,而是要以准确定位为前提。进一步说,进入心智的最佳方法是简化信息,最有力的战略定位是聚焦在一个词上"。

对传播的简化构成了定位理论的基础框架,形成了以"心智"为基础概念的理论体系。发展到营销理论阶段时,里斯和特劳特又发展出通用的"营销四种战法",这一点十分类似于波特的通用战略(总成本领先、差异化、专一化),企业只要符合某种条件就可以在四种战法里面选择一种与对手展开竞争。之后,里斯和特劳特都很少提及四种战法,而是倾向于去建立一种更加简化的模型。

随着品牌在营销地位的凸显,里斯和特劳特将品牌与营销合流,营销的方法成为品牌的方法。在其他品牌专家开发出更加复杂和多元化的品牌模型时,里斯和特劳特依然坚持用简化的思维来处理品牌问题。特劳特将品牌理解为差异化,并将品牌置于战略的核心。里斯将品牌视为品类的表达,企业永续经营的秘诀就是不断分化出新品类并用新品牌来命名。那什么是战略呢?战略就是定位。

除了广告、营销、品牌和战略这些大的实战板块,里斯和特劳特甚至认为产品也应该是简化的。两人极力反对"融合"论,而推崇"分化"论,其中一个重要原因就是他们认为融合会让产品变得复杂,而复杂的产品会让消费者手足无措。他们以 PDA 为例,指出融合了电子邮件、手写输入、会议议程、工作表格、地址簿、打印接口等各种功能的"个人数字助理"之所以失败,就在于不够简化。当然,后来事实已经证明了里斯和特劳特对融合的判断是错误的了。

为了与他们的简化实践观相匹配,里斯和特劳特开发出了一套极其简化的理论体系。特劳特曾充满自豪地说"定位的概念简单到了使人难以理解其威力的地步。"

定位的基础概念和理论体系是简化的。两人认为营销就是发生在消费者心智头脑中的战争,定位的根本大法就是在心智中找个位置。这样,企业做营销根本不需要做规模庞大的实证分析和定性研究,弄清楚心智就够了,可能心智都不用研究,现实中定位专家的个人经验就够用——他说心智是啥就是啥。除了心智,整个定位理论的核心也只是"认知""头脑阶梯""聚焦""视觉锤""配称""品类"等区区几个概念。如果将定位作为一门课程考试的话,考生复习一晚上差不多就能记住了。但正是为数不多的概念构建起了定位理论的大厦。比起百年来汗牛充栋的营销理论著作,比起营销必读的大部头教科书——菲利普·科特勒的《营销管理》,定位理论真的可以称作简之又简的随身"口袋书"。

2. 简化思维的优劣

定位理论本身是简化的,同时其系统性和操作性又很强,自成一派,可以称为"小营销管理",这也是定位理论被普遍接受的根本原因。作为经典的科特勒《营销管理》庞大且复杂,而定位理论可以说是迷你版的营销管理,完美覆盖了营销过程的方方面面,并给出可操作性很强的方法论。你掌握不了庞大复杂的营销管理,就可以去学习定位理论。所以,我们在第四章把"定位理论"定位成"营销的方便法门"。

接受定位理论意味着接受定位理论的简化思维,不能把广告、营销、品牌和战略往"复杂"里想,尽管大部分时候所谓的复杂仅仅意味着全面。当以定位理论来指导公司的战略和营销工作时,意味着要把股东利益、国家政策、法律法规、公司资源、社会关系、经济环境、产业环境、股票市场、金融政策、渠道关系、媒体环境、人口结构、消费习惯、消费心理等变量都忽略不计,专心致志于"心智"和"竞争"。即使对于"心智"和"竞争",也不必担心为定量或者定性研究制定复杂的研究计划,不必花重金聘请调研公司和创意执行公司,只需将钱留给"正宗的"战略定位顾问公司和广告投放就可以了。或者自己把定位理论研究透彻,凭借常识和推理就可以知道消费者的心智是什么,而对手在消费者心目中的心智位置则可以通过观看它们的广告和口号而获得。

但是简化的思维也必定是有害的,用定位来思考问题意味着顾此失彼。

定位理论本身是过度简化的,从中所学到的公司战略、企业管理、营销管理、广告策略是不完整的。试想一下,你公司的战略不是基于价值链上的优势、对未来发展趋势的评估、消费者购买趋势的研究、公司未来布局的考量、公司内外部资源的合理匹配,只是追求虚无缥缈的缺乏支撑的"心智",你的公司能走多远?

你的营销策略不是基于对日新月异的互联网技术、大数据技术、人工智能等技术的深刻理解,不是对年轻群体消费习惯、价值理解、消费形态、互动话题胸有成竹的把握,不是对天猫、京东、唯品会、拼多多、微商等新零售渠道的掌握,只是简单重复定位口号,或者最多在 Logo 上加上品类名称或者视觉锤,你的营销能走多远?

特劳特、里斯、邓德隆们告诉你"把定位理论看 100 遍"就其义自见了,其他知识都是来干扰你的。事实上,如果你只学过定位理论,或者严格按照定位理论在运作,那么有朝一日你失败了,定位理论是不会站出来替你承担责任的,他们只会说你没有及时"重新定位"或者没有"分化新品类,开创新品牌"。

(二)点状思维

简化到极致,所有的概念和过程都会被压缩成一个点,所以说点状思维是简化思维的结果。点状思维虽然脱胎于简化思维,但是它可以独立地起作用,影响定位理论体系的构建和实践中战略战术的选择。比如,特劳特认为"战略就是让你的企业和产品与众不同,形成核心竞争力。对受众而言,就是鲜明地建立品牌"。通过简化的思维,战略不再是过程而是一个结果,这个结果就是一个点——与众不同。

1. 定位就是一个"点"

对定位理论了解不多的人往往会对"定位"这个概念做望文生义的理解,认为定位就是一个位置。其实这样理解并没有错,因为定位对应的英文"Positioning"本来就是"位置"的抽象名词形式。当年里斯听从特劳特的修改建议将他的理念改为"定位",也是感受到"定位"是比"岩石"更加形象的词语。用里斯和特劳特的话讲,定位就是在预期顾客心智中的位置。那什么是位置呢?笔者认为位置就是一个点而已。

既然是一个点,那它就不能是一条线,不能是一个面,也不应该是一个立体。拿品牌来说,点状的品牌就是定位清晰的品牌,就是单一品类的品牌。与点状品牌相对的线性品牌就是做了延伸的品牌,立体品牌就是多元化的品牌,就是要做生态圈的品牌。显然,里斯和特劳特是反对后两种品牌形式的。

但是,如果我们只是将定位解释为"预期顾客心智中的位置"的话,似乎这个点还没有被很清晰地定义出来。既然定位是心智中的位置,那什么又是心智中的位置呢?说了跟没说一样。后来,邓德隆在特劳特战略思想的基础上指出:定位就是针对竞争确立优势位置。这就改变了之前用心智解释位置的传统,改用竞争来解释这个位置了。同样,什么是竞争中的位置呢?是营销的四种战法吗?是市场占有率吗?跟心智中的位置是同一个位置吗?概念和表述的模糊,导致很多人就算读了很多定位理论的相关书籍也依然搞不懂到底什么是定位、什么是位置。为此,笔者尝试通过一个三维坐标系来赋予定位一个确切的位置,因为在三维坐标系中一个点的位置才是明确的。

第一,"概念或属性"是个关键变量,我们将它作为 x 轴,称为"概念的确定性",指的是一个品牌必须等同于一个非常明确的品类或属性。

第二,有了明确的概念,就意味着有了一个清晰的点,但是这个点在空间中还是飘忽不定的。这样就要加入另一个变量"竞争导向",我们将它放入 y 轴,称之为"相对于竞争对手的位置"。

第三,有了前两个变量,这个点在一个平面上的位置就固定下来了,但是如果放到一个三维立体空间中,它的位置还是不固定。这样我们就引入第三个关键变量"长期坚持",我们将其放入 z 轴,称之为"时间上的稳定性"。

于是,"概念的确定性"加"相对于竞争对手的位置"再加"时间上的稳定性"三个变量就将这个点的位置固定下来了。

概念的确定性、相对于竞争对手的位置、时间上的稳定性这三个变量在里斯和特劳特的著作中都有讲过,但是他们一直都只是用"预期顾客心智中的位置"来解释定位,并没有把这三个变量放在一起来解释定位。笔者越俎代庖,提出了用三维坐标系的方式来理解定位这个"位置",算是解了众多定位理论学习者心中的烦恼。举个例子,沃尔沃在"概念的确定性"上代表"安全

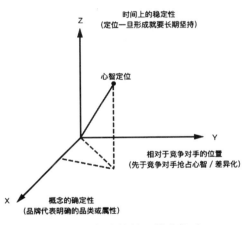

图 5-1　心智定位的三维坐标系

的汽车",在"竞争导向"上也与对手充分区别开来,在"时间上的稳定性"也是一直坚持"安全"这个核心。可以说,沃尔沃就是通过三位元素确立了自己明确的定位点。

这个三维坐标系所体现的思维方式一开始就深深地扎根于里斯和特劳特的理论思想中了,成为定位理论潜在的思维方式,甚至决定了定位理论的升级路径:

"清晰的概念和属性"维度延伸成为定位理论的品牌理论和部分战略理论。"品牌起源于分化""顾客用品类思考,用品牌表达""品类战略"等观点的实质都是在为品牌寻找"清晰的概念和属性"。一个品牌既然已经明确代表一个品类

和属性了,那么它自然就获得了竞争力,同时新的品类和不同属性就不能再用这个品牌名称命名。新的品类自然要用一个新品牌来命名,于是就有了分化,品牌的起源问题也找到了理论突破口。后来,里斯将定位理论战略化,他的方式是"聚焦",即公司的各个部门、资源都应该围绕"这个清晰的概念"进行配置。可见,里斯的战略观是概念性的。所以说,里斯后来的品牌观点和战略观其实并不新颖,他的观点早就蕴藏在"清晰的概念和属性"的底层逻辑中了。

"相对于竞争对手的位置"维度延伸成为定位理论的营销理论和部分战略理论。定位理论一开始就是竞争导向的,这种导向性体现在一个品牌的定位不是企业对自己产品所做的事情,而是由竞争对手决定的,结果就是形成一个竞争维度上的坐标位置。里斯和特劳特在竞争导向上的初步成果就是"营销的四种战法",该思想更倾向于定位的战术用法,因此是一种营销理论。后来,特劳特将定位理论战略化,他的方式与里斯概念性的"聚焦"不同,走了一条直接将"赢得竞争"上升为战略目标的路线,这样战略就被固定在"差异化"上了。特劳特进一步指出:定位就是战略。

由此,也可以这样解释里斯和特劳特在定位理论上的不同:里斯的定位理论是概念性的,特劳特的定位理论是竞争性的。

"时间上的稳定性"维度决定了定位理论的战略性。注意,这里说的是"战略性"而非"战略"。也就是说,"时间上的稳定性"是战略的必要非充分条件。定位作为一种战略是由"清晰的概念和属性""相对于竞争对手的位置"和"时间上的稳定性"三者共同决定的。里斯和特劳特强调,一个好的定位应该长期坚持。不管是广告、营销、品牌还是战略,只有坚持下去才能深刻地影响心智、竞争和企业内部的管理运营,定位才具有战略性。

在具体的定位案例中,三个维度不是分开的,而是一个紧密的整体,共同决定一个确切的定位位置。例如,里斯和特劳特为 IBM 确定的定位"集成电脑服务商"以及为西南航空确定的定位"单一经济舱飞行"都体现出"清晰的概念""相对于对手的位置""时间上的稳定"三个特征。同样,王老吉"预防上火的饮料"的定位也是三个维度思维的体现。

2. 点状思维的优劣

点状思维排除了各种因素的影响,而将需要考虑的因素集中在定位一点上。这个"点"体现在广告上,就是心智定位;体现在营销上,就是战法;体现在品牌上,就是差异化或者品类代表;体现在战略上,就是聚焦或者战略定位。可以看出,只要具备定位的点状思维,就可以简单地解决广告、营销、品牌、战略层面上的决策问题,达到"单点突破"的效果。

对于初创企业、中小企业等人力和资源都有限的企业来说,单点突破的思维是可贵的,可以让企业集中力量办大事,同时排除分散资源和空虚不实的目标。甚至很多大型企业的新兴业务也应该寻求单点突破。大企业虽然不缺资源,但是新项目因为没有知名度或者进入了一个已经有领导品牌的领域,就不具备竞争优势。在这种情况下,也应该将广告、营销、品牌和战略集中到一点上。现实中,因为盲目自大而倒掉的大企业的新项目也屡见不鲜,点状思维和单点突破策略应当引起重视。

(1)因果倒置

定位在很多时候看起来像事后诸葛亮,除了定位理论的拥护者喜欢对别的品牌做事后点评以外,点状思维的思考方式是背后的主要原因。

就里斯和特劳特对定位理论各种核心概念的定义而言,基本上都是静态的点。比如,特劳特对战略定义"战略就是让你的企业和产品与众不同,形成核心竞争力。对受众而言,即是鲜明地建立品牌"。在这里,"与众不同""核心竞争力""建立品牌"描述的都是结果,都是静态的点;再如里斯对品牌的解释"品牌就是品类的代表,消费者用品类思考,用品牌表达",既然你的品牌都代表了一个品类了,你已经成功了,这也是一个结果;再比如"心智中的位置""成为第一""品类代表"等等其实都是一种结果。如果你把里斯和特劳特对定位理论关键观念的定义都过一遍的话,你就会发现,这些定义基本上都是在表达一个结果,而非动态的过程。

里斯和特劳特的定位理论之所以是一种巧妙的理论,就在于他们想到了用成功的结果来定义他们的理论和思想。如果一个生意做得不太如意的老板,突然有人站出来跟他兜售一种让他成为第一的理论,什么促进销售或者提高知名度都不是什么大事,他会不会动心?用结果和固定的点来解释本该属于动态过程的战略、营销、品牌,自然就造成了定位理论以结果代替过程,即事后诸葛亮的缺陷。不过,特劳特不这么认为,他说定位就是如此"显而易见"。

"事后诸葛亮"或者"因果倒置"在实践中是有危害的。首先是将定位理论引向庸俗化,前面提到的几种定位套路如"领导品牌""销量领先"都是在因果倒置思维下急功近利的结果。其次,因果倒置会麻痹企业,将一种规划出来的定位认为是占据了心智的定位,从而忽视品牌的日常运营和维护,这样定位根本就建立不起来,并最终沦为伪定位。

（2）定位的静态性

点状思维也决定了定位理论的静态性。

定位不管有没有形成,它都是同一个点。例如"预防上火的饮料"在没进入顾客心智之前就出现在加多宝和成美的会议桌上了。这样一来,到底是心智重要还是前期策划重要呢？如果前期策划有问题,那么执行过程中要不要改呢？但是,里斯和特劳特一直告诫我们新产品的市场需求是0,定位要长期坚持,如果坚持不住怎么办？

既然定位是一个由三种变量确立的位置,那么这个位置就很难发生变化。里斯和特劳特毫不掩盖他们对坚持一个定位的执念,认为心智不变,定位也不变。事实上,这个世界上永远不会改变的就是变化本身。心智会变,认知会变,就怕消费者已经跑了你还在原地打转转。技术会变,创新无限,原来的顾客会被新产品带走。里斯和特劳特说"成为第一好过更好",他们实际上没说全,更好的马掌确实不是个好想法,但是骑马的人会被更好的汽车抢走。时间也会变,因为变化的顾客和产品概念会缩短产品生命周期,从而让一个定位变得不再有效。这时,固守一种定位就是盲障。

里斯和特劳特其实考虑了变化,希望通过重新定位和分化来解决定位理论动态性不足的矛盾。然而,重新定位和分化都是重新建立一个"点",并且是被动地建立一个"点"。一个已经适应了简化思维、点状思维的组织似乎很难再有对环境变化时刻保持警惕、对产品创新一直怀有激情的状态。

（3）思维方式的点、线、面、体

如果说点状思维适合初创企业、新品牌和单一产品的新项目的话,那么对于具有一定规模的企业来说,用点状思维考虑问题就不现实了,老板往往要通盘考虑。完整的思维方式其实有四种,分别是点状思维、线性思维、平面思维、立体思维。

沃尔沃是"安全的汽车",这里有一个明确的概念"安全"与对手相区别,这个概念不是某个广告的创意,而是需要长期坚持的"战略",这就是一个典型的点状的思维方式了。

线性的思维方式比如奇虎360,它虽然也有一个明确的概念叫作"安全",但是在竞争框架中,没有具体到一个产品上,而是一系列产品上,这就是一种线性的思维方式。它先用免费的杀毒软件来获取"流量",然后占据安全的概念,接着利用"安全"概念线性地进行产品延伸,这样就有了安全的杀毒软件、安全的浏览器、安全的杀毒助手、行车记录仪等等。这就是典型的线性思维。

平面思维类似于战略中的同心多元化,它不是用一个单一概念,而是用核心价值观或者核心技术来延伸产品线,这样一个品牌就可以拥有不同的消费者。比如迪士尼,它已经无法用一个概念来定义自己了,所以它不是一个明确的点,甚至不是一整套的产品线。一千个人眼中就有一千个哈姆雷特,同样一千个人眼里就有一千个迪士尼。你喜欢它的电影,那它就是电影;你喜欢它的动漫,它就是动漫;你喜欢它的电视台,它就是电视台;你喜欢它的乐园,它就是乐园……这样就形成了一个平面,靠一个共同的价值观——娱乐,支撑起一个庞大的体系,这是一个平面。它针对的不再是同一拨人,而是不同年龄、不同性别、不同国籍的人形成了一个品牌的矩阵,这就是面的思维。

最后是立体化的思维。除了传统的多元化企业,立体化思维典型的代表就是我们现在常说的生态圈、平台型企业、跨界融合等新生业态。比如阿里巴巴、小米、华为、腾讯等等,它们已经不再集中于一个单一的产业了,它们甚至不是典型的多元化。过去的多元化只是在做加法,互相之间没有一个"灵魂",而这些平台跨了行业、跨了人群,形成了水陆空立体化的"作战"体系,这就是立体的思维。

并不是说线性、平面和立体的思维就是超越点状思维的高级思维方式,它们彼此之间并不是谁比谁更先进的关系。它们分属不同层面,有特定的适用范围。就像物理学中的微观量子物理、中观物理以及宏观天体物理之间的区别,并不是谁比谁更先进的问题,而是在各自合适的领域发挥作用。比如说你用了立体的思维,但是在具体的产品上,你可以用点状的思维来处理问题,这就是定位理论在新的时代还有生存空间的理由。

(三) 排斥思维

什么是排斥思维呢?就是如果一个问题的处理方法有两个以上的选择时,即便这些选择都有成功的概率,但是我们坚持认为有且只有一种选择是对的,其他选择都是为错误的,无须验证和推理。

1. 排斥思维在定位理论中的体现

排斥思维也可以说是非此即彼、非黑即白的思维,笔者甚至惊讶地发现,国内某定位机构的培训主题就叫"非黑即白战略"。

理论上,里斯和特劳特通过攻击经典的广告、营销、品牌、战略理论来建立定位理论的地位和影响力。在广告上,他们指出 USP 理论、品牌形象理论的不足,从而建立了顾客导向的广告观,一度领导了广告理论的发展方向。两人不遗余力地抨击广告创意,将具有艺术和科学两面性的广告强行归属于科学。

营销上,定位理论排斥了"需求"和"产品"的核心地位,突出了"心智"和"竞争"的主导地位,建立起以心智为核心、以竞争为导向的营销观。在注重顾客洞察、品牌价值、社群关系、互动传播的今天,里斯和特劳特依然固守心智并鼓吹心智不变。

品牌上,定位理论坚持认为品牌不是形象,品牌的背后是品类,定位的最高追求就是让品牌成为一种品类的代名词。在重视品牌资产、品牌人格化、品牌关系的今天,里斯和特劳特们依然"不忘初心",坚持品类战略,坚决排斥新涌现的品牌观念。

战略上,里斯和特劳特坚持认为,战略的本质就是品牌和定位,而品牌和定位的本质又是心智。尽管里斯和特劳特深受波特理论的影响,但还是因为波特的理论不是基于心智而将其否定。战略的方法就是定位的方法,找到定位等于找到了战略。除此之外,还要加上运营配称、重新定位、多品牌战略、品类战略、全球化等新的理论发现,才构成战略的完整体系。特劳特告诉我们,要么定位,要么灭亡。你根本就不用学习那些所谓的战略理论,它们都将简单问题复杂化了,学习定位理论就足够了。

可见,在理论体系的搭建过程中,定位理论充分体现了"排斥思维"——将各个领域的理论成果清一色地排斥掉了。理论上,定位独尊!

实践中,定位的方法和工具也都秉承排斥思想。在定位眼中,一切事物都要分出个一二。在我们眼里,企业、品类、品牌都是非常重要的,但是在定位理论的思路下,一定要分出个谁第一谁第二,于是就有了"顾客购买品牌而不是企业""品类大于品牌";竞争中,一定会形成一个领导者、一个挑战者、多个模仿者,于是就有了"二元法则";新产品的形成,一定是分化出来的,不能是融合出来的;品牌要想强大,必须聚焦在一个狭窄的领域,坚决不能做品牌延伸;认知和事实要分出个高低,于是就有了"认知大于事实";顾客购买产品也要在头脑中排个品牌次序,于是就有了"心智阶梯";公关和广告不是搭配关系,也要分个谁先谁后,于是又有了"公关第一、广告第二";现实的案例中,成功是因为符合定位,失败是因为违背定位;有人质疑定位理论,那一定是此人没学好定位理论。更可悲的是，深得里斯和特劳特真传的中国弟子们，也要在谁才是"定位之父"上闹得不可开交、有伤大雅。

过度排外且自带戾气，就像电影台词里讲的"我只是想打死两位，或者被两位打死"，在定位的世界里，不存在求同存异、备选方案、并行不悖和多元化，只有"定位理论是对的"。这一点，倒是证明定位理论的竞争导向思维确实不是说说而已。

2. 排斥思维的优劣

排斥思维其实也有一定的好处，比如提高了决策的效率。当一件事情有多种解决方案时，定位理论指出了唯一的答案——其他的方法都是错的，即使短期内收到了良好的效果，但是长期来看终归走向失败。对于专业知识欠缺，实践经验不足或者被纷繁复杂的环境搞得不知所措的团队和组织领导者来说，往往需要找出"华山一条路"，然后坚定不移地走下去。

但是，排斥思维毕竟是一种独断的论调，大部分情况下还是会让人"捡了芝麻，丢了西瓜"。面对环境的变化，不是让定位理论适应环境，而是要环境适应定位理论。但是过于简化的理论很难真实反映客观的世界，在把握住一些关键点的同时，也必然后失去很多有价值的东西。对其他理论和方法的否定，也将定位的思想和方法唯一化。正如本章后边将要论及的营销观、传播观、品牌观、战略观，任何一个领域都经历了百家争鸣的观念变迁，为我们展示了波澜壮阔的理论发展史。谁说自古华山一条路？当是条条大路通罗马！

排斥思维最大的害处是消灭了"机会"，准确地讲是消灭了企业对机会的把握能力。里斯和特劳特极力强调定位一旦形成就应该长期地、坚决地坚持，坚持意味着压抑对"扩张"的冲动，这又必然要求企业的领导人形成专断的领导风格，领导人自己的工作重点也将放在推动定位执行上，而非推动组织和产品创新上。同样，团队和组织也会逐渐形成以定位为核心的企业文化和以贯彻定位为己任的行事风格。这种领导风格和组织文化一旦形成，企业就会变得循规蹈矩，而对外部环境的变化失去敏感度，对产品和技术创新也会失去兴趣。定位的这种弊端不论是在美国还是在中国早就已经呈现出来了。

在排斥思维的影响下，定位理论经常异化为只有立场没有对错的空洞理论。虽然简化思维和点状思维也都有缺点，但是至少也将定位理论发展成一种特色鲜明的理论流派，还不至于对定位理论造成危害。排斥思维就不一样了，它为定位理论只留了一条路，并且越走越窄。

理论的健康发展建立在以开放的胸怀接纳吸收上,而不是怼天怼地怼空气的盲目排斥上。放弃排斥思维是定位理论长期发展的重要抉择,只有更好地融入世界,定位理论才会成为一个性能优越的"标准化组件",在更广阔的天地中发挥作用,这就是定位理论的"重建"和"涅槃",对此我们将在最后一章给出答案。

(四)如何看待定位理论的三种思维方式

笔者指出定位理论三种思维方式的目的是想让大家知道,不是说把里斯和特劳特的二十几本书和那些条条框框的方法牢记于心,就可以熟练运用定位理论了,必须把自己的思维方式扭转到跟定位理论同一频道上。遇到实际的营销问题时,你愿不愿意用简化的思维去看待这个世界,而拒绝用更加全面系统的思路去寻找证据?当你遇到多种解决方案时愿不愿用排斥性思维,设定一条唯一的出路?当你去定一个所谓的定位概念后,你愿不愿意把你的资源全部固定在这一个点上,而不是随机应变,逐步根据环境的变化去调整?当你的品牌经过高速发展行将没落时,你愿不愿意坚决放弃然后马上推出第二品牌,而不是去搞品牌延伸?这就是定位理论的思维方式,你要使用定位理论首先要改的就是思维方式,而不是技巧。

三种思维有各自的特点,但它们之间不是截然分开的,相互交叉后又产生了新的思维倾向。如图5-2所示:

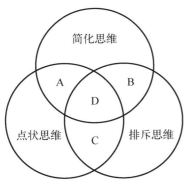

图5-2 三种思维方式的组合

A区域为简化思维+点状思维,让定位理论变成一种极简思维,"一词占领心智"就是极简的体现,但是也造成了定位理论过度简化而失真的缺陷;

B区域为简化思维+排斥思维,让定位理论变得具有很强的可操作性,也排除了各种因素的干扰,但是也将定位理论的原则和方法唯一化和绝对化了,隔绝了向其他理论学习的路径;

C区域为点状思维+排斥思维,让定位理论具备了战略性和稳定性,但是也将定位理论变得静态,从而难以应对变化的环境,缺少变革的动力;

D区域为简化思维+点状思维+排斥思维,三者共同构成了定位理论独特的思维方式和气质。

三种思维方式在实践中是有优势的。首先,对于缺乏现代管理、现代营销知识和经验的企业来说,定位理论是很不错的入门理论和方法,因为它的体系足够小和简单,易于学习和掌握。其次,定位理论适合创业团队,时刻鞭策着他们要集中资源,攻克特定的心智空位打造竞争优势。毕竟,面对一个项目浅尝辄止、盲目多元化发展、重模式轻营销已经是创业团队屡犯的错误。再次,定位理论擅长打造品类代表,这跟"爆品战略""大单品战略"其实是没有矛盾的。在移动互联网时代,小而美的品牌和分化而来的新产品只会越来越多,定位理论主张的"品类思考、品牌表达""一词占领心智"十分适合这类产品。

三种思维方式更适合初创企业以及中小型企业等业务十分单一的企业,对于大型的集团一般是无法适用的,因为这些企业更讲究科学、数据、全面、综合,也更希望自己的品牌价值的最大化积累。这还间接解释了为什么现在定位理论在中国比在美国发展得更好,现在美国各个行业的品牌集中度已经非常非常高,并且以大型企业、强势品牌、连锁经营为主,市场格局已经基本上确立。这些企业需要的是更加综合复杂、理性的方法来看待问题,定位理论这种简化的和相对静态的工具,不太适合它们的需求。相反,中国因为经济发展迅速,市场以中小企业为主,你方唱罢我登场,急需这种简单、点状、静态的理论来指导。失败的企业被淘汰,没有人记得他做了什么,而成功的企业成功之后,往往会最大化地利用自己的粉丝群和流量,于是就舍弃了定位理论,转向了品牌延伸、核心价值以及整合性的互动性的思路。

简化思维、点状思维、排斥思维已经渗入定位理论的每一个毛孔之中,虽然里斯和特劳特以及他们的继承者从来没有在相关的著作中或者演讲中对自己的思维方式进行过强调或者说明,但是从本章接下来的内容中你将会看到的,这三种思维方式已经淋漓尽致地体现在了定位理论的营销观、传播观、品牌观、战略观之中,从而带上了三种观念背后的优势和缺陷。

二、定位理论的营销观

很多人虽然学习过定位理论,还把定位理论二十几本书翻了个遍,却依然不知道定位理论到底有怎样的营销哲学倾向,也搞不懂它在营销史上处在一个怎样的位置。要想有这样的宏观认知,只局限在定位理论的领域或许永远找不到答案,需要拓展自己的知识范畴,把定位理论放在整个营销理论框架中和发展历程中才能找到满意的答案。

(一) 营销观念的演进

任何观念的产生,都建立在特定的社会物质基础上,营销理论作为一种社会意识,也必定由当时客观的市场供求关系和企业生产行为所决定。因此,各种先后出现的理论也必然带上了显著的时代特征。通过研究营销观念的发展历程,可以清晰地看到定位理论在营销史上所处的位置。这对于理解定位理论独特的营销哲学和价值观念、判断定位理论是否过时,都具有重要意义。

根据菲利普·科特勒的观点,市场营销观念是企业开展市场营销活动的指导思想,是实现高效营销的根本保证。尤其是现代市场营销观念,在对企业开展市场营销、满足消费者需求、实现企业利润方面,具有决定性的作用。市场营销观念随企业外部环境的变化而变化。因此,从某种意义上说,市场营销学的产生和发展就是新的营销观念产生和发展的过程。

不过,营销观念的划分并没有统一的标准。笔者融合各家观点,将营销观念划分为:生产驱动的营销、产品驱动的营销、顾客驱动的营销、竞争驱动的营销、价值驱动的营销、人本主义与全方位营销以及人本升级与数字驱动的营销等七个发展阶段。需要指出的是,该划分法是基于西方发达国家尤其是美国市场的发展提出的。中国市场由于其特殊性,这一发展进程被大大压缩,表现出多元化并存的特点。

1. 生产驱动的营销

生产观念是企业最古老的观念之一。20世纪初,企业最关注的问题是生产。1922年,弗莱德·克拉克(Fred Clark)给营销下了一个定义:促使商品所有权转移和实体分销所做的努力。一直到1960年,美国市场营销协会关于营销的定义还是"市场营销是引导货物和劳务从生产者流向消费者或用户所进行的一切企业活动"。此时营销的核心是如何提高生产效率以及降低生产成本。

生产观念时代最伟大的案例当属福特T型车了。1908年9月27日问世的福特T型车,被誉为20世纪最有影响力的汽车。它从诞生到1927年停产,一共生产了1 500万辆。它是世界第一款大量使用通用零部件并进行大规模流水线装配的汽车,这极大地提高了T型车生产效率,降低了生产成本。

生产观念的核心是以生产者为中心,企业以顾客买得到和买得起产品为假设的出发点,因此,企业的主要任务是扩大生产经营规模,增加供给并努力降低成本和售价。企业不考虑或很少考虑(其实也没必要考虑)消费者的需求。在生产力水平低、市场表现为卖方市场的情况下,这种观念的存在有其客观必然性。

2. 产品驱动的营销

产品驱动的营销分为产品观念和推销观念两个时期,此时企业关注的都是自身产品而非消费者。不同点在于,前者认为有了好产品消费者自己就会找上门,后者认为有了好产品也要积极推销。

二战之后,美国一跃成为世界超级大国,国内生产力得到大幅度提高并独享了欧洲衰落后庞大的国际国内市场。这时的企业关心的已不是生产技术和效率的问题了,而是产品问题,企业需要通过生产出好产品来吸引人们购买,以此扩大销售、取得利润。如果说生产观念着重强调"以量取胜"的话,那么产品观念则是着重强调"以质取胜"。由此可见,产品观念就是广告人常说的"酒香不怕巷子深"的观念,但它已经多了一层淡淡的竞争色彩。

20世纪50年代伊始,美国经济日趋繁荣,技术的进步和竞争的加剧,一方面使市面上的产品变得同质化,另一方面使产品的升级换代也在加快。因此,对于这一时期的企业来说,仅仅是把产品生产出来,等着消费者自己找上门来已经不够了。企业必须积极主动地向消费者推销产品,告诉他们产品有什么好处,为什么要买自己的而不是买别人的,从而打动他们掏钱包。如果说产品观念秉持"酒香不怕巷子深"的自信,那么推销观念则是有了"酒香也怕巷子深"的谦虚。

1950年,乔尔·迪安(Joel Dean)开始使用产品生命周期这一概念,随后西奥多·莱维特(Theodore Levitt)在他那篇著名论文《利用产品生命周期》("Exploit Product Life Cycle")中对这一概念做了深入的发挥。而在广告界,达彼思广告的董事长罗瑟·瑞夫斯于50年代初提出了著名的USP理论,即独特的销售主张。这一理论强调,每一则广告必须向消费者提供一个主张,让其明白购买广告中的产品可以获得什么功效和利益。

这就是50年代营销界和广告界发展出以产品为中心的理论,解决企业如何实现更好地交易的问题,功能诉求、差异化的卖点成为帮助企业从产品中获取利润的核心方法。

3. 顾客驱动的营销

但是,产品导向的观念马上显露出了问题。

1960年,西奥多·莱维特在《哈佛商业评论》上发表了成名作《营销短视症》("Marketing Myopia")。他在文中指出，企业不适当地把注意力放在产品上，而不是放在市场需要上，在市场营销管理中缺乏远见，只看到自己的产品质量好，看不到市场需求在变化，致使企业经营陷入困境。

于是，以消费者为导向的观念开始萌芽。这种观念认为，不仅仅需要产品有功能性的差异，更需要企业向消费者传达情感与形象。

1955年，西德尼·莱维提出了"品牌形象"的概念，"广告教父"大卫·奥格威马上借用了此概念，指出每一广告都应该是对品牌形象的长期投资。奥格威的立论逻辑正是基于20世纪60年代的商业环境。产品的同质化，造成消费者购买决策主要依赖感性而非理性，因此描绘品牌形象比强调产品具体功能重要得多。而且，消费者购买的不只是物理意义上的产品，更是一种心理上的满足，所以广告应该为产品赋予情感和个性，以满足用户这种需求。

1957年，通用电气的约翰·麦基特里克(John B. Mckitterick)提出了"市场营销观念"(Marketing Concept)的概念，第一次明确提出企业的生产经营活动，应由从前的"以产品为出发点、以销售为手段、以增加销售来获取利润为目标"的传统经营观，向"以消费者为出发点、以市场营销组合为手段、以满足消费者需求来获取利润为目标"的市场营销观转变。

同样是1960年，杰罗姆·麦卡锡在其老师理查德·克莱维特的理论基础上提出了著名的4P理论，让市场营销理论成为一门体系较为完善的科学，并有力地指导了企业的市场营销行为，成为市场营销的基础框架。

4P奠定了市场营销的理论基础之后，菲利普·科特勒在1967年出版了集大成的营销理论著作《营销管理》，因为这部巨著的问世，科特勒被美誉为"现代营销学之父"。什么是营销？科特勒说，营销就是管理消费者的需求。科特勒以"需求"为核心，以"STP+4P"为基本框架，广泛吸收和采纳全世界最新的营销思想，构成了营销管理系统、庞大、科学的理论体系，也引领了企业的走向以需求为导向的市场营销观念时代。

总而言之，市场营销观念是一种以消费者的需求为中心的经营思想。它认为企业的一切活动都应以消费者为中心，满足消费者的需求是企业的责任。具体表现为："消费者需要什么，我就生产什么，就卖什么。"因此，企业十分重视市场调研，不断地满足市场需求和发现尚未满足的市场需求。

4. 竞争驱动的营销

历经了战后高速发展之后，到60年代末美国经济急转直下，德国、日本的重新崛起,抢占了美国在全球市场上的很多份额。1969年更是爆发了资本主义世界经济危机。高失业、高通胀、企业破产倒闭,震惊了从黄金时代过来的美国人。此时,赢得竞争变成比满足需求更重要的课题。

于是,里斯和特劳特振臂一呼,指出市场营销的本质不是为客户服务,而是战胜竞争对手。市场营销是以竞争为导向,而非以需求为导向,所有的企业都去满足顾客需求将会导致产品同质化。

科特勒是最早将军事理论引入营销领域的专家,但是将这一想法发扬光大的是里斯和特劳特,他们提出的营销战思想完美诠释了竞争驱动的营销思想。他们指出,营销是一场决定生死的战争,只不过营销的战场并不在超市的货架上,而是在消费者心智之中,或者说是消费者大脑的记忆中,企业必须在消费者大脑中占据一个位置。这就是特劳特和里斯两人在他们的广告理论——定位理论基础上提出来的营销观念。

由于竞争的加剧,市场上的产品越来越多,企业面临同质化的问题。消费者连记住你是谁都成了问题,别说买了。里斯和特劳特指出一个品类下面消费者最多只能记住7个品牌。如果是购买不太频繁的品类,最多只能记住两三个品牌。因此,赢得竞争的最好方法就是成为第一,这个第一不是说你最早发明一种产品而是指第一个进入消费者的心智。

接着,战略专家迈克尔·波特于1980年出版了《竞争战略》一书,加上他随后出版的《竞争优势》、《国家竞争优势》,迈克尔·波特成为全球第一战略权威,现代最伟大的商业思想家之一,还被誉为"竞争战略之父",他的学派被人称为"定位学派"。怎样打败竞争对手呢?波特教授提出了三种基本的竞争战略:总成本领先战略、差异化战略、专一化战略。

5. 价值驱动的营销

从生产驱动的营销到竞争驱动的营销,都是生产力不断发展乃至经济危机发生的背景下的营销升级,大的背景还是处在工业时代,或者说都处在传统的营销时代。随着各种革命性技术的出现,曾经确立行业领导者地位的产品正在面临整体淘汰的局面。定位理论说打败竞争对手才能长盛不衰,但是我们很遗憾地发现,当柯达战胜其他所有胶片公司时,消费者已经不用胶片相机了;当诺基亚在手机业的领导地位不可撼动时,手机业务却沦陷了;当大润发"卖身"阿里巴巴,创始人黄明端黯然离场时,他说:我战胜了所有对手,却败给了时代。

所以光打败竞争对手就够了吗?

2005年,W. 钱·金(W. Chan Kim)和勒妮·莫博涅(Renée Mauborgne)提出了蓝海战略。他们建议企业不要只关注打败竞争对手,而是要为消费者创造价值;不要只在现有的市场结构下做定位选择,然后圈一块地闭门造车,而是要通过价值创新打破既定市场结构。只有以突破竞争为目标,从用户价值出发,对产品价值链进行重新设计,并实现成本结构的重组,才能创造出新的消费需求,最终从竞争激烈、利润率低、缺乏想象力的红海走向广阔的、全新的蓝海。

当里斯和特劳特指出"需求"会导致同质化时,他们所谓的需求指的是市场上业已存在的需求,是去市场上做截访调研时消费者讲出来的需求。社会营销观念是一种以社会利益为中心的市场营销观念。它认为:企业不仅要考虑消费者的现实需求,更要考虑潜在需求;要善于引导消费,在获取效益的同时,还要考虑生态效益和社会效益。在实践中不仅要善于发现消费者的需求、研究消费者的需求,更要善于创造消费者的需求,"想消费者所未想,急消费者所未急"。

从关系营销到蓝海战略,从中可以感受到营销对人的回归,创造用户价值,建立用户关系。

到了2004年,AMA再次更新营销的定义:"市场营销是一项有组织的活动,它包括创造价值,将价值通过沟通输送给顾客,以及维系管理公司与顾客间的关系,从而使公司及其相关者受益的一系列过程。"

在此背景下,科特勒将营销管理的框架再次通过"价值"来重新组织,将营销的过程分成发现价值、创造价值、传递价值和传播价值四大模块。科特勒在《营销管理》第12版(2006年)中指出,营销管理作为艺术和科学的结合,它需要选择目标市场,通过创造、传递和传播优质的顾客价值,获得、保持和发展顾客。随着市场营销概念的发展,科特勒关于营销的描述也逐步走向顾客价值。

1990年,美国学者罗伯特·劳特朋(Robert Lauterborn)教授在其《4P退场,4C登场》("New Marketing Litany:Four Ps Passé;C-Words Take Over")一文中提出了与传统营销的4P相对应的4C营销理论。4C营销理论以消费者需求为导向,重新设定了市场营销组合的四个基本要素。

随着营销理念的升级,品牌和广告理论也在加速发展。戴维·阿克提出了著名的品牌资产理论,认为品牌资产包括品牌知名度、品质认知度、品牌联想、品牌忠诚度以及其他附着在品牌上的资产等五项资产。可以看出,戴维·阿克同样是站在为顾客创造更多价值的角度上来理解品牌的。凯文·莱恩·凯勒的品牌资产理论甚至直接被称为"基于顾客的品牌资产"。这样,营销就不再仅是为消费者提供产品本身的价值,当然也不是击败竞争对手的行为了。

至此,我们可以看出,以竞争为导向的营销思维依然会导致"营销近视症",不论是盯着自己的产品还是盯着竞争对手,所获得的成功都是暂时的。要想跳出产品的生命周期,必须回归顾客视角,必须深入挖掘需求,为顾客创造和传递更多价值。

6. 人本主义与全方位营销

全方位营销观念认为,在营销中任何事情、任何环节与任何参与者都很重要,因此一个广阔、整合的视角非常必要。大致来说,全方位营销包含三个层面:

一个层面是传播手段的全方位整合,也就是整合营销传播,要求对可以触及顾客的媒体或者说接触点进行一元化的重组,从而实现传播效果的最大化。

另一个层面是对顾客的全方位理解,这就突破了以顾客需求为导向时期仅仅是把顾客当成消费者的理念,从而把顾客当成有血、有肉、有思想、有情感的完整的人,要求企业上升到价值观和人性的高度来理解营销,而数字技术、互联网技术的发展让这一理念得以实现。

还有一个层面是对利益相关者全方位的理解,这就突破了仅仅把顾客当成营销对象的理念,从而把社会、政府、社区、投资人、员工、媒体等等全部纳入营销对象的范畴,实现了营销对象的全方位整合。

除此之外,全方位营销还要求企业应当更具责任感,重视企业对社会和环境的贡献。总而言之,全方位营销在各个层面上都体现出人本主义的营销哲学。

关系营销致力于与主要顾客建立互相满意且长期的关系以获得和维持企业业务。不过,关系营销的对象不仅仅是顾客,还包括员工、合作伙伴(渠道、供应商、经销商和代理商)、财务圈成员(股东、投资者、分析师、银行)。营销人员必须在这些成员中创造财富并平衡利益。

除了价值创造,如何有效地向消费者传递价值也成为一项重要的课题。

1999 年 Gartner Group 公司提出了客户关系管理学说(CRM,Customer Relationship Management)。同时,企业也要关注伙伴关系管理(PRM,Partner Relationship Management)。深化供应商、分销商之间的合作关系,将它们看作像终端客户传递价值的合作伙伴从而使每一方都获益。

在 4C 理论基础上,唐·舒尔茨提出了著名的整合营销传播理论(IMC,Integrated Marketing Communication)。整合营销传播是指将与企业进行市场营销有关的一切传播活动一元化的过程,一方面把广告、促销、公关、直销、CI、包装、新闻媒体等一切传播活动都涵盖于营销活动的范围之内,另一方面则使企业能够将统一的传播信息传达给顾客。

1981 年,瑞典经济学院的克里斯琴·格罗路斯(Christian Grönroos)发表了论述"内部营销"(Internal Marketing)概念的论文。他认为,公司设置了强有力的营销部门,并不意味着这家公司实施了营销导向;公司实施营销导向的关键问题,是要培养公司经理和雇员接受以顾客为导向的观念。菲利浦·科特勒指出,"内部营销是指成功地雇佣、训练和尽可能激励员工很好地为顾客服务的工作"。这也就是说向内部人员提供良好的服务和加强与内部人员的互动关系,以便一致对外地开展服务营销。

从营销的最新发展来看,营销的对象已经超越了利害关系人的层面,认为企业不能单纯追求盈利,而忽略社会和环境责任,否则企业就有可能走向消费者和全社会的对立面,将面临无源之水、无本之木的困境,既不可能做大,也不会做强。绩效营销是指营销者更加关注营销活动及其投入带来的商业回报,并更广泛地关注营销对法律、伦理、社会和环境的影响和效应。在实践中会发现,当不把盈利作为唯一出发点时,它反而成了水到渠成的结果。

7. 人本升级与数字驱动的营销

自科特勒营销革命 3.0 和以人为本的营销概念提出以来,世界已经发生了翻天覆地的变化,尤其是科技上出现了巨大的革新。这些技术在近些年完成了跨界的融合,而这种融合也大大影响了全世界的营销活动。共享经济、即时经济、多渠道整合、内容营销、社会关系管理等新的概念层出不穷。在数字经济的转型期,需要一种新的营销策略,因此科特勒及其合作伙伴又提出了营销 4.0 的概念。营销 4.0 对以人为本的营销理念进行了升级,并将营销的主要驱动力归结为数字技术。

营销 4.0 以大数据、社群、价值观营销为基础,企业将营销的中心转移到如何与消费者积极互动、尊重消费者作为"主体"的价值观,让消费者更多地参与营销价值的创造。在数字化连接的时代,洞察与满足这些连接点所代表的需求,帮助客户实现自我价值,就是营销需要面对和解决的问题,它是以价值观、连接、大数据、社区、新一代分析技术为基础而造就的。营销需要面对客户购买过程中方方面面的需求，提供了具有深度和广度的人本营销升级版方案。

数字时代激发了社会化营销、内容营销、大数据营销、社群营销等方法的快速发展。营销理论进入多元化、碎片化、去中心化的时代。

回顾百年营销思想发展历程，可以理出一条脉络：

首先，从营销思想进化的路径来看，营销所具有的战略功能越来越明显，其逐渐发展成为企业发展战略中最重要和最核心的一环，即市场竞争战略，帮助建立持续的客户基础，建立差异化的竞争优势，并实现盈利。

其次，营销五十年的发展过程也是客户价值逐渐前移的过程，客户从过去被作为价值捕捉、实现销售收入与利润的对象，逐渐变成最重要的资产，和企业共创价值，形成交互型的品牌，并进一步将资产数据化，企业与消费者、客户之间变成一个共生的整体。

最后，营销与科技、数据连接得越来越紧密，企业中营销技术官、数字营销官这些岗位的设置，使得相对应的人才炙手可热，这些高管既要懂营销，又要懂如何处理数据、应用数据、洞察数据，并了解如何应用新兴科技将传统营销升级。

然而，与上述观念相对立的是，数字时代是个多元化、碎片化的时代，反映到营销上则是法无定法的时代。这个时代的最大特征就是没有一家理论可以通吃，也不再有模板、套路供企业拿来就用。

（二）定位理论在营销观念上的得与失

定位理论最早建立了顾客心智导向和竞争导向的思维，并引领了营销理论十年的发展。但是，定位理论局限在了浅层次心智和机械的竞争观上，没能赶上营销理论在价值、人本、全方位、数字化观念上的脚步。因为西方百年营销进程在中国被压缩到 20 世纪 90 年代以来的 30 年时间内，价值导向、人本导向、全方位营销、数字技术驱动更是高度重叠，所以在西方 80 年代就已经被普遍质疑的定位理论在中国要到 2010 年以后才开始产生不同的声音。也因为此种原因，很多中国的营销人士以为是数字和移动互联网时代的到来才导致定位理论失效。事实上，当营销理论近百年的发展历程展示在大家眼前时，定位理论在营销观念上的得失可以说是一清二楚。

需要强调的是，营销观念的发展并非淘汰式，后面出现的营销观念不是对之前观念的颠覆。就算是在数字技术快速发展、消费者主权意识深入人心的今天,不论是供不应求的生产观、大讲卖点的产品观、你死我活的竞争观还是客户至上的需求观都还有生存空间。因为整个市场的发展是不平衡的,行业的特点是不同的,产品所处的生命周期是不一致的,消费者对产品的认知和使用习惯是不统一的,所以企业的营销行为根本不可能被某一种特定的观念所统治。其实不仅仅是营销观念,传播观念、品牌观念、战略观念都是如此,这就是理论与观念的多元化并存。

不过,观念过时却是客观存在的。这里所说的"观念过时"指的是某一种观念无法解释和指导当下及未来的营销实践,它所对应的营销方法处于过去时。过时的观念虽然不至于被淘汰,但是适用范围和效果都在不断缩水。

是的,定位理论就在经历这种"观念过时"的危机。

1. 定位理论在营销观念上的脱节

对于以上营销观念的划分,定位理论支持者可能并不接受,他们有自己的分类标准。定位理论对于营销观念的演变划分主要见于张云、王刚编著的《品类战略》一书。本书将营销观念的演变划分为工厂阶段、市场阶段、心智阶段三个阶段。"工厂阶段"即前文所说的生产驱动的营销和产品驱动的营销两个阶段,"市场阶段"对应的则是顾客驱动的营销观念阶段,"心智阶段"一看名字就知道是定位理论独特的营销观念划分方法。定位理论显然不认为自己只是20世纪70年代的阶段性营销理念。它会认为,从20世纪六七十年代以后至今统统属于"心智阶段",甚至未来的营销也都处在"心智阶段",因为"心智不变"。

与营销观念的实际发展对比来看,定位理论没有跟进"价值驱动""全方位营销""人本主义"和"数字驱动"等观念的升级。那么,这是否意味着定位理论在营销观念上过时了呢?这关键要看"心智观念"和"竞争观念"能否有效囊括或者替代"价值驱动""全方位营销""人本主义"和"数字驱动"等新兴的营销观念。要回答这个问题,就要先来考察定位理论的时代特征和功能属性。

从背景上来看,定位理论需要解决的是"传播过度""产品同质化""竞争白热化"的时代问题,要实现的目标则是"进入心智""实现差异化"和"击败对手"。问题就在于,在当下的数字化时代,"传播过度""产品同质化""竞争白热化"是不是急需解决的问题?"进入心智""实现差异化"和"击败对手"是不是获得成功最紧要的课题?

如果心智模式是这个时代的特征,那为什么现在的品牌都在花很大的代价开展内容营销、建立社群、与用户积极开展线上线下互动?如果说产品同质化是这个时代的特征,那为什么现在的企业都在苦练内功搞产品创新、迭代、建生态圈、建平台？如果传播过度是这个时代的特征,那为什么我们还要开发更多的媒体形态,并进行精准投放和整合营销传播？

对于营销观念的脱节,定位派人士仅仅用一个"心智不会过时"的理由来搪塞外界的质疑,但这更多是在搪塞自己。因为心智过不过时跟定位理论过不过时是两码事,心智过不过时跟定位理论能否把握住营销观念的进程也是两码事。营销观念的不断升级说明了品牌仅仅在顾客头脑中占一个位置是不够的,还要提供从产品属性到产品价值再到价值观念的一系列从低到高的价值；品牌传播不仅仅是借助大众广告越过干扰直达顾客,还要不断深化与顾客的关系,做到媒体的整合运用；既然顾客是中心,那么就要把顾客当成完整的人来看,而不是只会接受简单信息的心智机器；既然现在已经是网络时代、数字时代,那么数字媒体、社交媒体、移动媒体就应该是营销的主要驱动因素,做品牌就不能再是单向灌输的大众广告。

是的,定位理论的营销观念对于当下的营销环境已经逐渐失去对应关系,定位理论在营销观念上确实过时了。

2."由外而内"思维的再讨论

定位理论最津津乐道的是它"由外而内"的思维方式。该思维并不是里斯和特劳特的首创。这个"外"是相对于企业和产品而言的。1957年,通用电气的约翰·麦基特里克提出了"市场营销观念",第一次明确提出企业的生产经营活动应由从前的"以产品为出发点、以销售为手段、以增加销售来获取利润为目标"的传统经营观向"以消费者为出发点、以市场营销组合为手段、以满足消费者需求来获取利润为目标"的市场营销观转变。1960年,西奥多·莱维特在其成名作《营销短视症》中指出,企业衰退的原因在于它们所重视的是产品,而不是顾客,由此催生了菲利普·科特勒在1967年出版《营销管理》。

显然,传统的营销管理本身就建立在外部性思维上,里斯和特劳特批判需求导向,将由外而内的思维唯一化为自己的心智理论,用一套消费者的记忆机制来代替市场需求机制,事实上是想用传播的手段来代替营销的思维。定位的"由外而内"起于产品终于产品,心智起的作用仿佛匆匆过客,是一种苍白的相对的"由外而内",从本质上讲还是一种"由内而外"的理论。

舒尔茨认为,竞争导向的外部性思维是有很大优势的,但是也导致了新的问题。他指出：作为品牌策划的思考过程,定位的确迫使营销传播主体不得不考虑本品牌与市场中其他品牌的关系问题。而且,定位还需要确定对一个品牌来说,什么是唯一的、什么是与众不同的。所以,有必要从一个局外人的角度来思考问题。这是好事,但也是坏事。在绝大多数情况下,从局外人的角度来思考问题都会引发品牌理论的另一个"致命错误"——营销传播主体不再以顾客、创造价值和为公司赚取经济回报为工作重心,而是把注意力集中在竞争对手身上,时刻注意竞争对手在做什么、竞争对手是怎么做营销的、竞争对手在登什么广告,等等。这真是有趣之极,他们只是站在观察者的角度为观察而观察。可惜,竞争对手不会帮你去赚钱,只有你的顾客才能够让你赚到钱。①

从定位理论的发展过程以及它被鼓吹和被误用的事实可以看到,定位理论面临的最大问题是:定位是聚焦于企业内部的、盯住某点就不放的日常事务性活动,它阻碍了企业将精力集中于人和利润之上。还有,当企业全面"包围"了竞争对手或者"占领了某个位置"以后,品牌的成功与否就取决于人们是否购买你的品牌,而不再取决于你自己。只有人们购买你的产品和服务,才能为你的企业创造销售额和利润。所以,回到前面的话题:品牌和品牌管理中最重要的因素是你的顾客,在一定程度上讲,还包括你的员工。人就是人,不要把人看作计算机,当然也不能把人看作浩大的品牌管理方案中的功能单元。

3. 从产品竞争到综合竞争再到合作共生

20 世纪 80 年代,里斯和特劳特总结美国几十年的营销史,剖析了以消费者需求理论指导营销的危险,转而提出"营销的本质是战争"的观念。他们认为:营销学权威们过往对营销所下的定义已经不合时宜。如科特勒认为,营销是"人类通过交换来满足需要和需求的活动"。在过剩经济时代,营销更像是一场商业对手之间的战争,企业应该以竞争导向的思维来赢得市场,通过打击对手来发展自己。仍然停留在消费者导向的需求营销,已经完全不适用于新的时代。

对定位理论竞争观的批评主要有三个方面:一是认为定位理论对竞争对手的界定有问题,在定位理论视角下,同类产品互为对手,但是在传统营销视角下,满足同一需求的相同或不同的产品都是竞争对手;二是认为定位理论夸大了竞争,真正的市场是竞合;三是认为品牌更多思考的是如何做最好的自己,而不是盯着对手看。

---

① 唐·舒尔茨、海蒂·舒尔茨:《唐·舒尔茨论品牌》,人民邮电出版社 2005 年版,第 98—99 页。

定位理论的竞争观是狭义的直接竞争，忽略了间接竞争的影响。许多营销策略家都曾强调一个教训，即在定义竞争时不要过于狭窄。有关无比较选择的研究表明，即使一个品牌在其品类中没有面临直接的竞争，也不和其他品牌共享与产品有关的品质属性，它仍然会和其他品牌共享抽象的品牌联想，并在广义的品类中面临间接竞争。有个笑话大家都听过，说消灭小偷的是微信和支付宝。但在定位看来，小偷的竞争对手是第一个进入市场的小偷或者有差异化竞争优势的小偷。

通常，竞争会发生在利益层次，而不是属性层次。因此，提供享乐利益的奢侈品（如立体声音响设备）不仅与其他耐用品（如家具）之间存在竞争，还可能与"度假活动"发生竞争。[①]

香飘飘因为受到实体奶茶店和外卖平台的冲击而被迫走向了重新定位的道路，新的定位口号是"小困小饿就喝香飘飘"。然而新的定位只考虑了所谓的"心智"，但没有思考竞争框架。最早，香飘飘的竞争对手只有一个，就是后来的优乐美。随着对手变成实体奶茶店和外卖平台，香飘飘的销售神话成为历史。然而，"小困小饿"的定位本来是想转变竞争领域，获得新的增长，不想却将竞争对手放大了。这样一来，士力架、红牛、康师傅、营养快线等所有的包装类食品和饮料几乎都成了香飘飘的对手，其重新定位难以获得成功也就不足为奇了。倒是在2020年初新冠肺炎期间，因为实体奶茶店无法正常开业，奶茶忠实粉丝无法忍受没有奶茶的生活，为香飘飘带来了一波逆势增长的红利。

特劳特的部分追随者四处公开批评科特勒的理论，强调定位要"精准"，要"有穿透力"。显然，里斯和特劳特所理解的营销只是单一产品层面上的营销而不是综合竞争力的竞争，是你死我活的丛林法则而不是和而不同的竞合。盯着竞争对手的营销团队会牺牲创造力和对外部技术环境的敏感度，未来竞争的发展方向是竞合，至少不是你死我活。

定位理论另一个比较大的陷阱是把竞争窄化为消费者心智认知的竞争，认为品牌在消费者的心智位置强，竞争优势则强。这很容易让企业家重消费者端口的营销传播和心智影响，而忽略打造运营价值链的竞争全局观。品牌的本质是成为满足消费需求、解决消费痛点的最佳方案。这个最佳方案不仅仅完成于消费者的认知端，更完成于企业运营价值链。如果不从这个高度看竞争，定位

---

① 凯文·莱恩·凯勒：《战略品牌管理》，中国人民大学出版社2014年版，第55页。

就沦为了影响大众认知的传播策略,缺乏全局观无法指导企业建立真正的竞争优势。①

目前中国市场上的竞争是原材料与营销资源的比拼,而不是价值链的竞争。产品与产品、企业与企业之间的竞争只能打压自身的生存空间,只有共享价值链才能获得更大的发展。②

4. 从"心智"回归"人性"

彼得·德鲁克提出,企业有且只有两个基本功能:营销和创新。企业的目的只有一个,那就是创造顾客。定位理论的支持者想当然地把自己当作德鲁克管理思想的继承者,既然企业的目的是创造客户,那么以"占据心智"为目标的定位理论自然是暗合了德鲁克的理论。定位理论把自己作为超越科特勒的营销理论,同时又指导公司通过研究心智来开发新的品类,自然也就解决了企业的创新问题。于是乎,定位理论把自己当成了德鲁克管理思想的最佳实践者。

不能不承认,定位理论是非常重视顾客的,只是定位理论重视的不是"作为人的顾客",而只是顾客的"心智",但心智并不是顾客的全部。从这个层面上讲,定位理论忽视了顾客的"人性"。

"顾客导向"是企业今天最常使用的一个说法,但也仅仅是一个时髦的口号而已。很多企业并没有真的看得起顾客,它们总是试图操控顾客。这一点可以从许多广告的语气中感受到,也可以从购买的现实过程中体会到。③

从消费者的需求出发,不会必然导致同质化,因为消费者是不同的,消费者与消费者之间的需求存在差异,因此如果所有的产品都从各自的目标对象入手,那么直接产生的是产品的差异化而不是同质化。特劳特的结论有一个重要的假设,那就是消费者的需求都是一样的,事实上这是不可能的。营销理论认为消费者是不同的,因此要对消费者进行划分,然后选择一个目标市场,从而实现差异化。相反,倒是定位理论过度关心竞争对手,容易关注对方的长处,导致了大家取长补短,从而导致品牌之间的差异变弱。需求是市场的前提和基础,甚至竞争也是以需求为前提和基础,如果不符合需求,那么差异化就是没有市场的差异化,最终被市场淘汰。

营销史上有个经典的段子:乔布斯说他从来不做用户调研,他说如果亨

---

① http://m.sohu.com/a/274246608_160576。
② 陈春花:《超越竞争:微利时代的经营模式》,机械工业出版社2016年版,第52页。
③ 陈春花:《超越竞争:微利时代的经营模式》,机械工业出版社2016年版,第42页。

利·福特在发明汽车之前去做市场调研,他得到的答案一定是消费者希望得到一辆更快的马车。而按照西奥多·莱维特的理解,生产马车的企业一定会被生产汽车的企业取代,但是,消费者对"更快"的需求是持久不变的。

复旦大学管理学院市场营销系蒋青云认为:"从营销理论的角度看,我认为定位只是现象层面的东西,定位真正起作用的是启动了消费者对哪种价值的偏好"。①

有需求才有市场。市场从需求中来,而不是从认知中来,这是朴素的商业真理。滴滴的创始人程维在下班高峰期打不了车的遭遇,城市出行不畅的痛点,催生出了国内共享车出行的市场,而在消费者认知中,共享车完全是个新事物,其靠着"烧钱"的推广,才对全民进行了共享车出行的认知教育。没有城市出行难这个痛点,不谈需求只谈认知,不着眼于研究社会趋势及消费需求的变化,而仅着眼于消费者心智认知,这样的商业思维确实是本末倒置。品类理论里对品牌的定义确实是到位的,但问题在于品类分化的商业机会是从哪里来的。需求洞察为先,认知研判为辅,最后占据消费者心智最佳位置,这才是完整的消费者端商业思维。当然,这个需求没有被充分满足,品牌才有市场机会,这就是竞争的视角。②

特劳特团队的核心成员,在王老吉凉茶取得一定成果后,亲自参与创办了九龙斋酸梅汤。2007—2017 年 10 年奋斗,九龙斋酸梅汤本身也投入了巨额的"定位式广告",年营业额却一直未突破 1 亿元人民币,这充分证明脱离市场需求为了差异化而差异化的"定位式广告"不是万能的。

定位时代的人不是完整的人,只有心智,不具有完整的人格,但是在互联网时代,必须把消费者当成有血有肉、有思想有感情的完整的人。因此需要借助各种媒体与其进行深入的互动和沟通。在定位时代,任何品牌和企业都是相对的,即相对于你的竞争对手你是什么,而在互联网时代,品牌是绝对的比较,强调品牌对用户的绝对意义和价值。

定位理论在解释为什么要当第一时,经常拿第一高峰说事:人们记得第一高峰是珠穆朗玛峰,第二高峰是乔戈里峰,但是第三、第四、第五高峰就很少有人记得了。然而,当我们国庆假期出游时,可能选择爬泰山、黄山或者家后面的

---

① 摘自蒋青云在第二期"上海品牌沙龙——品牌定位:价值与局限"主题沙龙上的发言。
② http://m.sohu.com/a/274246608_160576。

山,谁知道它们是第几高峰?所以,人们并不一定通过第一、第二的排序来进行品牌选择,第一高峰还是脱离了需求讲差异化。脱离了需求的"第一品牌"是没有意义的,是第一那又怎样?我喜欢你,那你就是第一。每个人心目中都有第一。

三、定位理论的传播观

谈定位理论不能不谈它在广告方面的主张,只不过这里的广告指的是包含广告、公关和促销在内的广义的营销传播。定位理论否定了诸如USP理论、品牌形象理论、品牌延伸、广告创意等理论,直至唯定位独尊。因此,站在理论层面上探讨定位理论的得失,就要回答以下问题:面对里斯和特劳特的"责难",广告人是如何反击的?被里斯和特劳特否定的广告理论真的那么不堪吗?这些理论后来怎么样了?广告创意真的无用吗?定位与创意是势同水火还是应该互相结合?里斯和特劳特提出的一系列传播手段是普适性的规律还是两人的成功个案?在数字和移动互联网时代,定位理论的这些方法有没有效?够不够用?能用定位的原则来解释或者否定新兴的传播手段吗?

(一) 传播观念的发展

本书不打算讨论传播理论和传播模型的发展,而是集中讨论广告和营销传播观念的发展,这样做可能更有针对性。

1. 简化和重复的途径

1885年,德国心理学家赫尔曼·艾宾浩斯(Hermann Ebbinghaus)出版了《关于记忆》一书,提出了著名的"艾宾浩斯遗忘曲线",这一成就也令他成为与冯特齐名的心理学家。这条曲线告诉我们人们在学习中的遗忘是有规律的,遗忘的进程不是均衡的,在记忆的最初阶段遗忘的速度很快,后来就逐渐减慢了,相当长一段时间后,几乎就不再遗忘了,这就是遗忘的发展规律。

艾宾浩斯曲线对广告的影响深刻,因为观众观看广告也是一个学习过程,也受遗忘规律的约束,即初期遗忘速度快,后来逐渐变慢。这对广告商的启发就是,产品上市的初期要投放大量的广告,不断向顾客的大脑灌输重复的信息,这样顾客才能不断记住你的产品和品牌。后期广告也要维持在一定的水平,不断提示产品的存在。复杂的广告信息过多,增加了顾客的记忆难度,因此广告在重复的同时也要尽量地简单。于是,追求简化和重复的传播观念很快就成形了。

简化和重复的传播观几乎统治了大众传播时代,不管是报纸、广播、电视还是早期的互联网时代,广告都要维持高频次的重复。不管广告有没有创意,投入巨资肯定没错。20世纪90年代到21世纪第一个十年,是我国大众传播尤其是电视传播的黄金时代,铺天盖地的广告轰炸制造了一个又一个的品牌奇迹。步步高无绳电话、脑白金、急支糖浆、安踏、恒源祥、蓝翔技校的广告里频繁地穿插在电视剧中,成为那个时代特有的文化现象。虽然惹人烦,但是我们印象深刻的还就是那些广告的品牌。

定位理论将简化和重复发展到了极致,简化到"一词占领心智",重复要站在战略的高度坚持到底。在定位的推动下,以重复为主要特征的大众广告也发展到了顶峰。直到现在,定位理论津津乐道的成功案例也是清一色依靠高投入、重复性的大众广告建立起来的。说定位理论是重复和简化传播观念的代言人一点都不为过。

简单和重复是从属于大众传播时代的传播观念,随着数字时代的到来,顾客占据了传播过程的主动性,霸王硬上弓一样的硬性推销不再那么好用。媒体的大爆炸让顾客很难再聚集在某一种媒体平台上,大规模投放广告变得又贵又没效果。总之,简化和重复的传播观念在数字时代遇到了巨大的挑战。

2. 创意的途径

如果说简单和重复是将广告硬塞给顾客的话,那么创意就是期望使用具有创造性、新颖性和独特性的广告信息来吸引顾客关注。有创意的广告作品能够通过恰当的传播途径,让商家的真正意图有效地刺激或影响受众,使作品在受众的大脑中留下深刻的印象。

早在1940年,詹姆斯·韦伯·扬(James Webb Young)就在《广告时代》杂志上发表了《产生创意的技术》一文,提出并讨论了广告创意问题。他在《怎样成为广告人》一书中,提出了一个发展创意的模式:收集原始资料—咀嚼信息—消化信息—产生创意—发展创意。但是,广告创意直到50年代才受到广告界的关注,到60年代才得到深入的理论探讨和广泛的实践应用,并形成了三大创意流派:以大卫·奥格威为代表的科学创意流派、以威廉·伯恩巴克为代表的艺术创意流派和以李奥·贝纳为代表的芝加哥创意流派。

三大创意流派与早期的广告理论有着较为明显的继承与发展关系。科学创意流派比另外两个流派更多地遗传了理性推销派的基因，它强调广告是科学而不是艺术，指出广告人应在科学的市场调研的基础上确定广告的内容，认为真正决定消费者购买行为的是广告的内容而不是形式，创意的核心是选择正确有效的科学承诺方法和技巧。

艺术创意流派崇尚广告的艺术创新，认为一个好的广告必须具备相关性（即与商品、消费者相关）、原创性（即与众不同，打破常规）和冲击力（即对消费者心理的渗透和影响）三个基本特质。

芝加哥创意流派在吸收了 USP 理论思想的基础上，强调广告艺术的自然风格，认为广告人应当用"坦诚而不武断""热情而不感情用事""平实而不乏浪漫情调"的态度和方式对"产品与生俱来的戏剧性"进行自然而简洁的广告宣传，以赢得消费者的注意。

广告创意集大成者乔治·路易斯说过，广告人的工作是用创意让客户的 100 万元预算看起来像 1 000 万元，这是对创意的极高褒奖。

在对于创意的理解上，里斯与广告公司存在着"根本性的差异"。里斯说，"我和特劳特站在了坚决反对创意的立场，是因为我们想要在人们的心智中建立属于我们自己的位置。换句话说，你必须在占据这个位置之前击败对手"。"它们（指广告公司）对于创意的定义是不一样的，它们不认为通过一个不同寻常的想法帮助品牌进入心智是创意。就像如今的艺术品一样，艺术品的基本要点就是与众不同。除非你产生了一个崭新的且与众不同的想法，否则你永远无法成为一个有创意的艺术家。不一定要更好，但必须新颖、与众不同。"

里斯同时也承认定位系列的文章"深深冒犯了"广告代理公司们。"我印象中，所有在广告公司工作的人对定位都没有好感。另一方面，我们在客户中却收获了很多粉丝。"

里斯和特劳特显然把创意等同于毫无商业目的的艺术了，颇有自己设一个靶子自己打的意味。其实定位和创意并不矛盾，定位完全可以通过极具创意的方式表达出来，达到名利双收岂不更好？但是，里斯和特劳特根深蒂固的排斥性思维，让它们坚持从两个里面选一个，当然它们选择了简化与重复的"洗脑广告"。我们只听说过定位理论崇尚高额的广告预算和重复的定位广告，从来没有听说过定位理论津津乐道的极具创意又节省预算的广告运动，这不能不说是一种遗憾。

其实，与里斯和特劳特坚决反对创意的态度相反，乔治·路易斯并不反对定位理论，他只是认为里斯和特劳特的工作多此一举。他说，定位的道理非常浅显。20世纪50年代晚期在DDB服务期间，有才华的广告人能在公司成就他们既有创意又能攻陷敌人阵地的作品，其实那时"定位"及"策略"就几乎无意识地百分百被认为是广告创作过程的第一步，人们接受且了解这些被传授下来的观念，定位及策略正如天平的两端，是原始作品的基础。①

路易斯还举了几个例子来说明，在里斯和特劳特之前，"定位"的观念就已经在"麦迪逊大道"（美国广告公司聚集地）大行其道了：世界金融中心被定位为远离麦哈顿的喧嚷与繁华；古德曼瞒报被定位成"逾越节"的必需品；大众甲壳虫被定位成小型车……

路易斯对定位理论的批评主要集中在定位理论对广告创意的轻视。大家还记得优耐陆公司吗？没错，就是特劳特在加入里斯广告公司之前当广告部经理的那家公司。当时，特劳特是甲方代表，路易斯是服务优耐陆的乙方。路易斯为优耐陆的乙烯基皮革产品创造了"牛哥海"（Naugahyde）这个虚拟卡通形象（类似米其林"轮胎人"）并大获成功。当时，特劳特对路易斯的广告方案大加赞赏。所以，路易斯对于后来特劳特加入里斯公司并成为定位理论的创始人之一感到大惑不解。因为他们的新理论对于创造"牛哥海"卡通形象等广告创意行为由赞赏转向了贬低："今天，创意已死，麦迪逊大道的新游戏名称是'定位'。"

于是，当年互相欣赏的甲、乙双方成了对手。路易斯批评道："定位的问题在于它很容易将创意的神秘性变形为一堆诱人但毫无意义的词句，而觉得不需要伟大的创意。"

现实中人们又是如何看待创意的呢？

国内有一群广告人/营销人刻意贬低创意的价值，将创意放在生意的对立面，甚至宣称越没创意的广告越能帮助销售。这不过是因为他们根本就做不了创意，然后游说客户拿一大笔预算去"砸"广告，"砸"出来一点效果就迫不及待地宣称，"你看，还是洗脑广告有效吧！"……创意是创造性思考、创造性解答。它一方面面向企业，一方面面向用户。它至少应该包含两个部分：有创见的商业策略，解决企业问题；有创造力的内容表达，满足用户所需。②

---

① 乔治·路易斯：《蔚蓝诡计》，海南出版社1996年版，第42页。
② 空手：《广告业好着呢！广告公司才不是PPT贩卖机！》，http://mobile.adquan.com/detail/2-49749。

由彼得·菲尔德(Peter Field)执笔的 IPA 报告《创意的危机》不仅详述了好创意的效应,还详述了偏离品牌建设的破坏性影响。在 2016—2019 年用于品牌建设的预算在创意活动中所占的比例下降到了 66%,比最优水平低了 10%。创意给短期销售活动带来的价值很小,所以短期主义的趋势可能会降低它所能带来的价值。

调查表明,60%的受访者相信创意的力量。通过对 IPA 数据库中的实效营销奖(Effectiveness Award)获奖案例进行研究,彼得·菲尔德的报告表明,就产生的实际效果而言,高效的创意案例的效率是低效创意案例的 8 倍。它对关键业务的影响之一是增长。不仅如此,在创意方面表现出色的品牌对定价权的影响是表现不佳品牌的 2 倍以上。它们不仅带来了更大的增长,而且还提升了利润率。事实上,它们对盈利能力的提升几乎是前者的 16 倍。

不过,不同的企业,对创意的重视程度也有很大的差异:在那些引入"品牌健康"指标的企业,74%的受访者认为创意很重要;而在那些将单一的销售 KPI 作为绩效考核的企业中,只有 55%的受访者认可创意的力量。后者认为"让信息触及消费者"比"传递更有创意的信息"更重要。

该研究通过数据表明,创意在传播中的威力还是巨大的,轻视创意往往是由于过分强调销售或短期利益的营销观念导致的。不过也会有人据此理解为,创意是大企业大品牌做的事情,中小企业还是不要掺和进来吧。

不过后来,里斯和特劳特在创意问题开始出现松动,他们不再反对创意,然而他们支持的是符合定位的创意。

在创意这一点上,我们看到了定位理论目光的短浅。

3. 整合的途径

舒尔茨认为没有什么"魔法"或者"灵丹妙药"可以用来为企业创立品牌。无论从事广告、公共关系或者赞助活动的人怎么说,品牌的成功绝不是单一的某个因素、某一种方法、哪一个传播系统、某一个广告或投机性的新闻发布会的偶然创意使然。创建和维持一个品牌一定要通过"整合"来实现。品牌之所以得以创立、维护并取得成功,是因为品牌所有者或者打造者采取了一系列广泛的、具有全局观的、协同一致的行动,并且进行了必要的投资。企业品牌的成功取决于企业内外部因素的协同合作与一体化运作。

在 4C 理论基础上,唐·舒尔茨提出了著名的整合营销传播理论。整合营销传播是指将与企业进行市场营销有关的一切传播活动一元化的过程,一方面把广告、促销、公关、直销、CI、包装、新闻媒体等一切传播活动都涵盖于营销活动的范围之内,另一方面则使企业能够将统一的传播信息传达给顾客。其核心思想是以通过企业与顾客的沟通满足顾客需要的价值为取向,协调使用各种不同的传播手段,发挥不同传播工具的优势,从而使企业实现营销传播的低成本化和效果最大化。后来,南开大学的申光龙又将整合营销传播的对象从终端顾客拓展到利害关系人的层面上。

受舒尔茨理论的启发,广告公司也开始研发新的传播工具。20世纪90年代初,奥美提出了"品牌管家"这一品牌管理思想,用以确保企业所有与品牌相关的营销活动,而不只是广告,都能实现对品牌的长期投资,都能反映品牌的核心价值与精神。广告公司并不只是想创意、制作广告的,而是要对企业的品牌管理负责,而品牌则是企业最重要的资产之一,是销售的直接要素之一。奥美的品牌管家,包含了产品、形象、消费者、通路、视觉管理、商业信誉六大方面,这是一套完整的企业营销规划。

到了90年代中期,随着整合营销传播理论的风行,奥美又提出了"360度品牌管家"理念,强调对每一个与消费者接触的点都要进行充分管理,以精准传递信息,达到预期效果。在奥美提出品牌管家前后,各大广告公司都相继提出自己的品牌管理理念,从广告代理公司向品牌代理公司转型。

除此之外,还有智威汤逊的全方位创建品牌、达彼思的品牌精髓/轮盘、麦肯的品牌印记、精信的品牌性格,然后是萨奇提出的至爱品牌、电通的文脉品牌和电通蜂窝模型。

但在数字营销热了几年以后,人们发现仅仅将数字营销当成营销组合中的一部分是远远不够的。整合营销传播不是各种传播工具的大杂烩,它是有核心的,这个核心就是顾客价值。

段淳林指出了舒尔茨整合营销传播概念的缺陷——主体与核心价值缺位。虽然舒尔茨的整合营销传播理论把单独的营销因素看成一个整体,并借助多重传播手段和多渠道的传播方式如广告、公共关系、促销、消费者购买行为、员工沟通等,完成或实现与消费者之间建立良好关系的营销目标。但是这一理论只是从消费者行为及反应的角度解读品牌与消费者关系,没有指出传播过程中维系品牌与消费者关系的深层次原因,这意味着消费者沟通内核的缺失,即提出了"如何传播",却没有解决"传播什么"的根本问题。从消费者对产品的认知、使用和购买行为等消费者行为层面出发的创意,使得整合营销传播在具体实施时只能停留在产品功能及属性的诉求层次,其所处的营销阶段是营销1.0,本质上依然是由内向外的传播,品牌与消费者的关系是价值认知,无法实现真正意义上"以消费者为出发点"的沟通,其整合的对象也只能停留在与消费者行为紧密关联的营销工具上,仅仅具有工具性意义,是一种工具整合。这种工具整合最大的意义在于实现了品牌信息的一致性和统一性,但广告策略整合依然是由外部组织或机构所主导,而不是由企业本身的营销组织完成,没有达到战略的高度。①

针对舒尔茨理论的缺陷,段淳林升级了"整合品牌传播"的概念和理论体系。在传统营销阶段,整合只是工具意义和传播策略上的整合,通过大众传播实现与消费者沟通的目的。但在传播技术、数字媒体、消费者行为都在改变的今天,整合的内涵已经不仅仅是一种传播工具或观念、方法,而是围绕品牌的核心价值,通过数字传播平台,从品牌战略的高度上升到消费者参与、价值认同与品牌精神价值的整合。因此整合品牌传播的内涵就是企业以移动社会化媒体为主要平台,使用跨媒体整合的方式,围绕着品牌核心价值开展价值共创活动,与消费者互动沟通建立价值关系,使品牌价值突破经济价值而上升到社会价值的战略组织传播过程。②

相比之下,定位理论所涉及的传播工具过于单一,广告、公关、口号、名称、视觉锤,以后陆续会有嗅觉锤、触觉锤、味觉锤。类比其实只是一种修辞方式,并不提升理论,因此在传播工具的使用上定位理论的理念也是落后的。然而,随着整合营销传播的核心落在了"价值"上,人们似乎隐约感受到定位理论在数字时代可以大放异彩的机遇。

4. 关系的途径

交易营销是与特定的顾客进行一次性交易,而不是有意发展任何持久的顾客关系,定位理论就是典型的交易营销理论,头脑阶梯也发生在购物清单环节。为了弥补交易营销理论的短板,关系营销的研究走向了深入。关系营销致力于发展和强化连续的、持久的顾客关系的长期营销战略。在关系营销中,互动营销是关键。互动营销的职能在于生产和消费的交接处表示买卖双方的相互作用,其中会出现真实瞬间。由于这些相互作用对市场营销的影响出现在互动过

---

① 段淳林:《整合品牌传播:从 IMC 到 IBC 理论构建》,中国出版集团 2016 年版,第 65 页。
② 段淳林:《整合品牌传播:从 IMC 到 IBC 理论构建》,中国出版集团 2016 年版,第 75、79 页。

程中,这部分营销称为互动营销职能。

在喜茶创始人聂云宸看来,消费者需要的不是宣讲,而是共鸣。"我们早期出品的芝士奶盖茶,是原本台湾就有的,但我们是第一个做成芝士茶的,我们很想让消费者知道,所以我们就在广告上写上我们是首创者,但后来发现这种宣传很无力。"

"很多时候消费者是在找共鸣,出于共鸣想传递的是原创的品牌,我们有启发灵感,或者本身就是一个灵感的产物。于是我们把宣传语调整为'一杯喜茶激发一份灵感',并不是想通过这种宣传让消费者知道我们很有灵感,而是想引起那些在生活中充满灵感的消费者的共鸣,让他们喜欢上这个品牌。这是价值观的共鸣。"

"松鼠老爹"章燎原则强调,定位依旧存在,但是比定位更重要的是独特性。"我们的商业模式非常追寻独特性。为什么刚才说定位理论在过去时代也许是一个捷径,今天可能不太管用?因为我认为今天更加强调独特性和显著性,只有足够独特才能脱颖而出。""所以我们做了很多外界觉得不可思议的事情,我记得这段时间有一些媒体对我们比较狠,断章取义说我们做服装、去卖酒、做牙膏牙刷,还建小镇……人家怎么说我们不管,我们只说一句话:交给未来。我认为只有独特才有可能创造伟大。"章燎原指出,"其实如果按照定位来说,三只松鼠的定位是有点泛的。三只松鼠把握了两点:第一点,核心是让主人高兴,主人高兴的事就做,不高兴的不做。也从来不考核销售业绩,而是考核主人的满意度。"[①]笔者认为,三只松鼠属于典型的运营品牌关系,而不是心智占位。

除了互动营销,内容和体验也是增进关系的重要手段。

内容营销(Content Marketing)是不需要做广告或推销就能使客户获得信息、了解信息并促进信息交流的营销方式。它通过印刷品、数字、音视频或活动提供目标市场所需要的信息,而不是依靠推销行为。内容营销是有态度的网络营销里面的核心观点之一。其实现在的消费者已经不再只满足于通过价格促销进行产品的购买,他们更希望通过内容营销的方式真正的和品牌产生更深度的关联,那么这就是为什么我们会越来越在意内容营销和会员体系的管理,从而去帮助推动生意的良性发展。

内容营销的前提和对顾客的假设已经与定位理论完全不同,在定位理论的

---

① 摘自2017年6月在北京举办的 IDG 资本"新消费时代峰会"上的发言。

视界中,顾客只能接受简单重复的信息,如果能将其浓缩成一句话、一个词就再好不过了。

罗振宇说,"过去品牌是男性的,现在品牌是女性的。"男性的品牌,是在一个主动的位置上,动各式各样脑筋,通过各式各样渠道去追求所谓的"目标用户",需要付出很高代价,而且效率极低。女性的品牌,只要把自己打扮得漂漂亮亮,就会有人把你的美图传播出去,自然会有喜欢你的人找上门来。

杜蕾斯中国90%的营销精力放在了互联网内容营销上。传统的都是正向营销(以宣传自己为主),而杜蕾斯的内容营销是反向营销,以用户为中心,反向生产用户喜欢的内容。杜蕾斯社交传播与特劳特定位理论是两种针锋相对的营销策略。在定位理论的框架下,是无法解释杜蕾斯的品牌策略的,也无法解释杜蕾斯的广告。

定位理论停留在心智层面上,这决定了以定位理论为营销指导的品牌在与消费者的关系上必然是无法深入的。根据关系的类型和强度,可以延伸出各种关系形态,例如夫妻关系,但在定位话语体系下,很难想象一对夫妻之间的关系竟然停留在心智层面上——妻子仅仅知道丈夫的名字、相貌以及最突出的特征。

5. 数字技术赋能下的精准传播

"我知道我的广告费有一半是浪费的,但很遗憾,我不知道被浪费的是哪一半,"19世纪美国百货大亨约翰·沃纳梅克的这句"哥德巴赫猜想"式的名言可以说是家喻户晓。从广告诞生的第一天起,商家就渴望广告可以精准地抵达潜在顾客,然而在大众传播时代,精准传播只是一个美好的愿望。于是,重复、简化、形象、价值主张、卖点、定位、整合、关系等各种各样的营销理论层出不穷,其目的只有一个,在纷繁复杂的环境中努力提升传播的效率。

传统的广告传播思维是广告主思维、产品思维和流量思维。这种以广告主为本位、单一灌输产品信息、广撒网式的广告传播思维,可能会将有效信息传播给无效人群或者向有效人群传播无效信息,造成企业传播资源的浪费,最终无法达到广告传播价值的最大化。另一方面,在这种传播面广、目标群体画像同质化的广告传播之中,每个消费者看到的都是相同的广告内容,用户体验较差,并且广告效果难以进行量化评定。

大数据的诞生为广告传播思维的转型提供了新机遇。在大数据时代,每个网民都被赋予数字身份,在互联网上以各种各样的数据和信息行为痕迹记录着生活，成为一个个自我属性强烈、标签身份明确的个体。这些数据的记录让每个网民的兴趣、爱好、消费行为变得可追踪、可分析、可预测，广告投放变得更加精准。同时，海量数据和大数据技术的发展催生了越来越多的自动化工具，使得千人千面、自动创意成为可能。

大数据时代中，广告传播思维发生了极大变化。从过去的面向大众媒介平台、以广告主为本位、同质化传播内容的整合营销传播思维转向精准定向消费人群、以用户为本位、融合个性化传播内容、双向互动的计算广告传播思维。精准化是指新的广告传播思维善于利用大数据等信息技术工具进行用户导航，将主要相关信息传达给有效人群，实现传播资源的价值最大化。个性化，是指根据用户标签、用户兴趣数据，利用自动化工具为消费者定制创意，让每个用户看到喜闻乐见的广告内容，提升用户体验。过去的广告是单向的、一对多的传播模式，而大数据时代的广告传播思维从单向传播转向双向传播，甚至是多向传播，实现品牌与消费者、消费者与消费者之间的信息交流与情感互动，通过多点触及消费者，满足消费者的互动情境需求。

在精准传播时代，对不同的人推送不同的信息已经成为可能，因此那种简单重复的传播观念就无法适应时代的发展。然而，精准时代的品牌需要一个相对稳定的定位来指导传播吗？

（二）定位理论在传播观念上的得与失

纵观传播观念的发展，可以发现几条规律：一是影响传播效果的因素逐渐被发掘出来，与此同时，行之有效的解决方法也不断被开发出来，用以提升传播的效果，并取得了一些进展。从粗放式的简化与重复以及被动式的创意吸引，到相对集约的整合、相对主动的关系建立，再到数字化时代互动与精准的快速发展，约翰·沃纳梅克提出的"一半广告费被浪费"的世纪难题似乎快要被突破了。二是消费者或者说受众的地位不断加强，他们从被动到主动，从单向接收到双向互动，从隶属关系到传播主体，消费者主权时代已经或者正在到来。

相反，定位理论的传播观念，似乎还停留在 20 年前。

1. 我们都是"神枪手"——定位理论的强效果观

任何营销传播观念都围绕着一个核心目标展开——如何提升传播效果。早期的广告是通过不断的重复将广告信息硬塞给顾客；紧接着，广告人认为应当通过创意来吸引顾客的目光并留下深刻的印象；后来，人们发现依靠单一的渠道是不能很好覆盖顾客的,必须将各种媒体、渠道、工具打包起来,传达统一的价值,此时的传播已经变得非常复杂;接下来,商家和代理机构认识到只是卖东西给顾客是不足以建立稳固的商业关系的,必须密切与顾客的关系,更多传达价值、观念、情感,从而建立稳固的关系;直到现在,技术的发达让以人为本不再是空洞的口号,而是有实实在在的技术和途径让顾客成为营销和传播的主体。顾客的数字化生存,让企业必须熟练且富有创意地使用数字化技术,与顾客开展深入的沟通,而数字技术也让精准传播成为可能。尽管如此,任何一种传播观念都不敢声称顾客可以按照自己所宣扬的概念来理解产品和品牌,也就是说,大家都承认传播效果是有限的。

然而,定位理论似乎并不担心传播没有效果,因为只要你按照定位理论的各项原则做事,顾客会像中了"魔咒"一样按你设定的概念来理解品牌,并在产生相应产品需求的时候想到你而不是别人,最后掏腰包购买的当然也是你不是别人的产品。任何理智的市场人员和广告人都知道,这是不可能的。

定位理论的强效果观在传播学中叫作"子弹论"。"子弹论"是20世纪20年代至40年代风行一时的传播效果理论,又被称为"皮下注射理论"。该理论认为,传播具有极其强大的威力,受传者就像射击手面对的固定不变的靶子或是躺在病床上接受治疗的病人一样,只要枪口瞄准靶子或者针头准确扎入病人身体的某部位,子弹或药水就会产生种种强大而神奇的效果。传播者只要使信息对准受众,就可以把自己的思想、情感和动机灌注到受众的脑海中,迅速使受传者的态度和行为发生改变。由于它过分强调传播的强烈的主观意志而忽视其他传播要素,尤其是蔑视受众的主观能动性,因而受到普遍的质疑。

定位理论的强效果观体现在三个方面:

第一,定位理论默认了顾客心智的高度一致性,他们拥有同样的认知,理解、处理、记忆的模式也高度一致。因此,在里斯和特劳特心目中,根本不存在市场细分,也不需要对顾客进行调研,找到他们共有的心智认知就可以了。

第二,定位理论默认了品牌策略定位与心智认知定位的高度一致性,即广告说什么受众就信什么,并且以"高保真"的形式储存在记忆之中。在顾客产生需求时,该记忆又会被完整如初地回忆起来并像发出指令一般控制了顾客的购买行为。劳拉·里斯所说的"用视觉的锤子将语言的钉子敲入顾客心智"简直就是在描述顾客"中邪"的过程。

第三,定位理论崇尚大众传播媒体的广告效果,主张投入巨额预算,不停地向顾客灌输相同的信息,只要次数够多,这些信息就会被顾客记住。强效果观直接导致了定位理论对传统广告的迷信和依赖,在电视广告失效后,定位派纷纷投入了楼宇电视的怀抱。

说来颇为讽刺,里斯和特劳特在批判USP理论、品牌形象理论和各种广告创意理论时的主要依据就是传播环境的复杂导致传统广告失效,这显然是"有限效果"的论调。但在推广定位理论的时候,他们又宣扬一种"强大效果论"。符合定位的广告不仅能进入心智,还能将顾客塑造成流水线上的统一产品。

此后,传播学家提出"有限效果论"来更正"子弹论"的错误。然而,里斯和特劳特却重拾强大效果论,认为只要符合定位理论,广告就能够像子弹一样击中"心智"。1973年,差不多是与定位理论诞生的同一时期,德国学者E. 诺利-纽曼(E. Noelle-Neumann)的《重归大众传媒的强力观》一文似乎宣告了强大效果时代又回来了。她的"沉默的螺旋"理论在某种程度上接近强大效果论,但显示的主要不是态度改变而是增强优势意见的大众传播强效果。她指责有限效果论"扭曲了对数年研究发现的解释",而"媒介无力量之说不再站得住脚"。大众传媒的累积性、普遍性、和谐性的有机结合就能产生强大效果和指引舆论。回想定位理论可知,"定位概念"就相当于那个"优势意见",定位广告日复一日的重复就会带来累积性和普遍性,最终形成强大的"舆论"。里斯和特劳特所说的"认知大于事实",从传播学的角度来讲,其实就是"强大舆论"的观念。

强大效果论的产生根基在于社会及大众传播环境发生的巨大变化,西方发达国家逐渐形成的信息社会与"子弹论"和"有限效果论"的时代有了太大的差异,原有的传播效果理论已不能充分解释由电视媒介带来的全新传播现象和社会变革,理论必然随之发生变革。

当网络作为一种新兴媒介进入人们生活时,人们却发现,网络传播的兴起,给传统的大众传播媒介带来了冲击,也给传统大众传播理论提出了新的课题。网络传播环境首先给舆论的形成带来的困难:根据诺利-纽曼的"沉默的螺旋"的假设,舆论的形成与大众传播媒介营造的意见气候有直接关系。因为大众传播有三个特点:多数传播媒介报道内容的类似性产生共鸣效果;同类信息传播的连续性和重复性产生累积效果;信息到达范围的广泛性产生遍在效果。这三个特点使大众传媒为公众营造出一个意见气候,而人们由于惧怕社会孤立,会对优势气候采取趋同行动,其结果是造成"一方越来越大声疾呼,而另一方越来越沉默下去的螺旋式过程"。数字时代的到来,导致商家无法掌控舆论环境或者说营造这种舆论环境的成本变得高不可攀。在电视广告、楼宇广告纷纷跌落"神坛"的时代,这一趋势几乎是不可逆的。

迷信广告往往会带来可怕的效果,比如业绩增长带来的利润增长被广告费和咨询费抵消甚至还不够,或者业绩增长缓慢,需要不断地增加广告投放去推动,甚至还会出现销量增长,但产能跟不上、供应链出问题等等。这时候需要及时复盘和思考,不能有赌博心态。①

定位理论所崇尚的强效果观在数字时代越来越难以找到适宜生存的土壤。顾客已经没那么容易被控制,也不会站在那里等着定位的"子弹"朝自己射来。顾客大脑的网状认知,也决定了他们不会等着别人来规定自己应该如何认知品牌。数字技术、移动互联网、人工智能等技术的发展,也让强效果观失去了可以依赖的媒介。正如营销观一节所介绍的那样,传播将走向消费者主权、双向甚至多向互动、全方位营销、人本主义和数字技术驱动。定位理论再不改变,真的会被淘汰。

2. 我说你听——定位理论的单向传播观

单向传播与强效果观是一对孪生兄弟。从传播观念上来讲,单向传播和强效果观都是基于心理学上的"刺激—反应"模式而诞生的。20 世纪 50 年代,卡尔·霍夫兰(Carl Hovland)根据心理学中的"刺激—反应"理论提出一个关于态度的形式与改变的基本模式,即:个体是否受客观环境传播的信息的影响,形成或者改变态度,必须经过"注意→了解→接受"这三个过程。就是说,形成和改变态度,第一步是要吸引主体注意信息所带来的刺激;第二步是经过态度的主体的译码,了解信息的内容;第三步是如果主体接受信息内容所传达的观点,就可以导致他形成新的态度并改变原来的态度,反之则更加坚定原来的态度。"刺激—反应"模式所依据的理论因过于简单化,具有形而上学机械论的色彩,忽略了人的思维能动能力,后来已被摒弃。

单向传播是没有反馈的、直线形的传播。传播者发出的信息,经过传播渠道,以到达受传者个人为止。传播者与受传者的关系只是单方面接受的关系。传播者就是发送信息的人,受传者只是传播的目的地和信息的接收端。反映这一观点的代表模式是拉斯韦尔的"线性传播模式"即"5W 模式"以及"香农-韦弗"的模式。前者认为传播只是一个劝说和影响的过程,后者认为传播只是单

---

① 虎哥说实话:《定位之后》,https://mobile.adquan.com/detail/2-229169。

方面的传播信息的过程,同时加上了"噪声"这个干扰因素。它们都忽视了传播过程中的反馈因素。

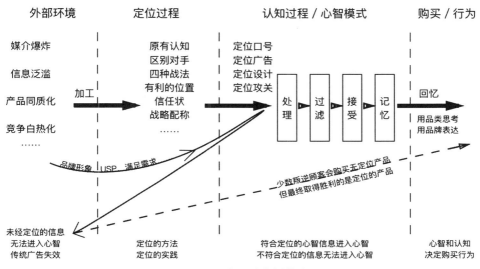

图 5-3 定位的传播模式

定位的传播模式,事实上就是基于"刺激—反应"模式下的单向传播。整个模式由外部环境、定位过程、认知过程和行为/购买四个部分组成。其中"外部环境"是定位的必要前提,"定位过程"对应的是"刺激",认知过程也就是心智模式对应的是"反应",购买/行为属于自然而然的过程,是心智过程的必然结果,所以定位理论并不讨论顾客行为。

第一步:外部环境的主要特征就是媒体和信息大爆炸、传统广告失效、产品同质化、竞争激烈化……这些外部因素导致企业必须定位。

第二步:定位的过程或者说定位的方法就是要借助广告、公关等大众传播渠道,通过简化的、差异化的、不断重复的定位信息来产生足够的刺激从而进入顾客大脑。

第三步:顾客的大脑是有防御机制的,复杂的、混乱的、与以往认知不符合的信息无法产生刺激,于是符合定位的信息可以进入大脑,不符合定位的信息会被过滤。符合定位的信息被接收、分门别类储存起来,也就是说产品和品牌进入了心智,拥有了优势位置。

第四步:顾客产生某种需求的时候会想到用什么品类来解决需求,经过定位的品牌会首先被回忆起来并成为顾客的首选,于是顾客就对该品牌产生了购买行为。

看完这个模式,就知道定位理论为什么大受欢迎了。在定位理论视角下,营销和广告是美好的,只要符合了定位的原则,顾客就像牧童一样骑在牛背上入神地倾听广告的诉说。进入心智的定位概念会产生巨大的效果,并直接影响购买行为。定位的成功会带来广告的成功,广告的成功又会带来商业的成功。整个过程根本不需要研究复杂的市场、不需要烧脑的创意、不需要卖老脸的顾客社交与互动、不需要深入研究让人无所适从的移动互联网新平台和新玩法……一派桃花源里简单祥和的气象,能不吸引被营销搞得焦头烂额的企业主吗?

单向传播和强效果观对应的是推销的营销观念,定位理论在个别媒体一家独大的大众传播时代确实是十分有效的。那时候的消费者在媒体接触上没有多少选择,大家都看一样的频道和电视节目,信息是单向的灌输,消费者没有选择。有些广告,观众即使不喜欢也要硬着头皮看,看多了、听多了,广告自然有效。然而,单向传播时代的锅,煮不了数字化、移动化时代的菜。

首先是媒体环境的巨大变化。与20世纪70年代媒体和信息大爆炸不同,那时候是单向媒体的爆炸,顾客没得选,只能什么信息都接收,于是就有了"大脑容量有限""大脑憎恨混乱"等心智模式。然而数字化时代是互动媒体、移动媒体、数字媒体的大爆炸,顾客处于传播过程的核心和主动位置上,他们可以选择接触他们喜欢的媒体和内容。不喜欢、不相关的内容连出现在他们眼前的机会都没有,你再怎么简单、重复都没用。互动的时代,留给单向传播媒体的空间和时间已经不多了,以前是央视,现在是楼宇,定位理论的支持者偏爱这几种媒体是有原因的。

然而,心智派定位人士并没有把新媒体、数字技术、人工智能当成营销和传播的驱动力。邓德隆认为:"传统企业首先应该把互联网当作一个媒体传播的平台延伸过去,其次还可以将之当作一个渠道,把货铺过去;再次,企业可以利用好互联网这个技术,去获取用户的信息,可以更多地与顾客交互。最后,互联网本身就是一个市场,你可以专门为它确定一个定位,推出一个品牌。"这种把新媒体纯粹当成广告发布平台和销售渠道的观点,与其说是轻视新媒体,不如说是轻视顾客。

其次,消费群体也在发生变化。在移动互联网时代,面对更具个性主张的

95后、00后,过去的"喇叭式"营销已经失效。他们更加感性,每个人都有自己的个性主张,他们要买的不是一个产品,而是一种生活方式和态度。北京大学市场与媒介研究中心发现,除了"宅"以外,"独立"和"奋斗"位列90后自我评价前三。这意味着,企业不能再向市场灌输一成不变的信息,而是要针对自己的目标群体提供个性化的信息。所以,在这个时代人们更强调痛点、创意、话题、内容和互动。

不仅仅是定位理论,很多基于大众传播时代的理论和模型都在消费者主权时代面临挑战。舒尔茨提出了一种新的以消费者为中心的架构,将它简称为SIVA模式。舒尔茨认为传统的4P营销理论应该被新的SIVA理念代替,即解决方案(Solutions)、信息(Information)、价值(Value)和途径(Access)。营销人员不再主导一切,权力转移到消费者手上,顾客或潜在顾客成了发送信息而不是索取信息的人,企业变成了接收者与呼应者。他指出,在现代这个供过于求、信息混杂的世界,消费者已经不是用明确的方式寻找满足他们需求的产品,而是寻求任何能够成功解决他们问题的方式。于是他们就会寻找能指引他们找到适合的解决方式的信息。消费者现在要求他们所要的东西,以及他们需要的时间、地点和方式。

即便是SIVA模式,也只是解释顾客主动寻求解决方案的一种模式。在互联网的早期,以百度、淘宝为代表的产品主要解决的是有用的问题,更多的是为大家节省时间,是满足已有的需求,是存量,这时候的数据重要性高,但是维度和量都比较少。而今天以微信朋友圈、抖音为代表的产品,主要解决的是有趣的问题,更多的是打发时间,是挖掘大家的新需求,是增量,这时候数据的重要性没那么高,但是维度和总量都要多很多。①

2013年,特劳特接受了《南方都市报》的专访,反映了定位理论支持者对于社交媒体的态度。

《南方都市报》:三年前,你曾经说90%营销费用还是流向传统媒体,现在还是这么认为吗?怎么看待社会化媒体对营销的影响?

特劳特:现在的比例有所降低,可能是80%或85%。我认为它还在进行中,还需要些工作。社会化媒体不是一个讲故事的好地方,做营销的

---

① 见卫夕指北微信公众号,2020-06-20。

人还在学习如何使用、掌控它。因为在社会化媒体上发布东西之后,其他人会反驳你或者说坏话。它更多的是假设,而不是现实。传统媒体有这个优势,你可以好好讲故事,不被打断。使用社交媒体的人常常喜欢讲述自己的生活、朋友,而不是产品,所以我认为社交媒体不是很好的营销工具,现在将它作为营销平台我觉得为之过早。我个人不喜欢它,它就像个噩梦。

《南方都市报》:那你有 Facebook 或 Twitter 吗?

特劳特:不,我不用,从不。

四、定位理论的战略观

明确地讲,笔者不认为定位理论是一种战略理论,这一观点一定会激起定位理论支持者的强烈反对,对此笔者后面会给出充分的理由。然而,里斯和特劳特确实是较早具有战略高度的广告人和营销人,他们主张站在战略的高度来审视广告、营销和品牌。后来两人尤其是特劳特直接将战略等同于具有差异化的心智定位。这样,就有必要研究定位理论在战略观念上的倾向和得失,进而推断作为广告和营销理论的定位理论能不能同时又是一种战略理论。为了达到这个目的,必须对战略观念和战略理论的发展有一个整体的认识。这对于深刻理解定位理论是必要的。

(一)战略观念的演化

美国著名战略学家安索夫(Igor Ansoff)1965 年发表了《企业战略》,后来又发表了《战略管理理论》。从此以后,"战略"这个概念就开始在企业领域使用了。这是一次重大的理论创新。五十多年来,企业战略思想和理论不仅得到了丰富的发展,而且在这一发展过程中也形成了多种战略学派。关于战略学派的划分,不同学者的方法不尽相同,本书选用管理大师明茨伯格的方法,因为他的划分目前来说最为权威,在世界上的影响也最大。

亨利·明茨伯格和他的两位合作伙伴布鲁斯·阿尔斯特兰德、约瑟夫·兰佩尔在《战略历程:穿越战略管理旷野的指南》(*Strategy Safari: The Complete Guide Through the Wilds of Strategic Management*)中将战略思想分成了十个学派。① 这十个学派又可以再分成三大类：设计学派、计划学派和定位学派关注如何明确地表述战略，重点从战略的本质进行整体性的说明，而不关注战略形成过程中的具体工作。企业家学派、认知学派、学习学派、权力学派、文化学派、环境学派对战略形成过程中企业家的个人因素、利益关系人、内外部环境等各个具体方面进行了思考。这六个学派侧重于描述战略的制定和执行过程，而不关注对理想战略行为的描述。结构学派其实是其他各个学派的综合，该学派崇尚整合，将战略制定过程、战略的内容、组织结构和组织所处的情境等战略的各个部分加以聚类，归结成清晰的阶段或时期，因此结构学派另一方面也描述了战略变革的过程。

1. 设计学派

设计学派是强调战略制定是匹配过程的管理派别，强调应探究战略制定的方法，而不是探求战略形成的规律。该学派强调企业内外部环境对制定战略的影响，还把战略分为制定和实施两个阶段。基于上述观念，设计学派建立了知名的SWOT战略分析模型，该模型考虑了企业面临的威胁与机会（外部评价）和企业本身的优势与劣势因素（内部评价）。然而，该学派将战略管理静态地划分为两个阶段，割裂了战略的形成过程。

2. 计划学派

计划学派又叫战略规划学派，认为战略是在专门的计划人员指导下、按照一定的战略计划模式（即规范）进行设计的过程。战略计划必须明确具体地规定目标、预算、实施项目和各种作业计划。在实践中，战略是由专门的计划部门制定出来的，首席执行官不是在设计战略计划，而是在批准战略计划。因此，战略规划通常被简化为绩效控制的"数字游戏"。里斯和特劳特批评麦肯锡的战略规划，事实上批判的就是"闭门造车"的计划学派战略。此后，计划学派因自身的理论缺陷被定位学派取代。

3. 定位学派

与设计学派和计划学派一样，定位学派侧重于阐述战略制定的方法，但更强调战略实际内容的重要性。定位学派认为战略即定位，此定位不是里斯和特劳特在顾客心智头脑中的位置，而是产业结构和市场竞争中的位置，因此将定

---

① 亨利·明茨伯格、布鲁斯·阿尔斯特兰德、约瑟夫·兰佩尔：《战略历程：穿越战略管理旷野的指南》，机械工业出版社2012年版。

位学派称为"产业结构学派"可能更准确。波特开发了著名的"五力模型"用于评估企业所处行业的盈利能力,然后再匹配之前讲过的三种战略,从而实现自我定位。除了波特的工具,波士顿咨询集团开发了"市场成长—市场份额"矩阵(又叫"波士顿矩阵")回答了多元化公司不同业务之间如何分配资金的问题,成为与SWOT战略分析模型齐名的分析工具。

明茨伯格认为,与其说定位学派的方法是错误的,不如说它是片面的。它所有的规定都让人们相信,在一组既定的前提条件下,必定存在一个最佳的通用战略,如果没有找到这个最佳通用战略,那一定是你自己错了。这很容易让我们联想到里斯和特劳特的心智定位:成功的案例都是因为符合了定位理论,失败的案例都是因为不符合定位理论。

4. 企业家学派

企业家学派又叫创新学派、创意学派、创业学派,认为具有战略洞察力的企业家是企业成功的关键,强调领导的积极性和战略直觉的重要性。它一方面将战略制定归功于个人直觉,另一方面认为不存在规范的战略制定过程。这一学派的核心概念是"愿景",愿景常常表现为一种想象或者灵感,而不是一份详细阐述的计划。企业家学派比较适用于新建企业和处于转变时期的企业,因为在这两种情况下,格外需要强有力的和具有敏锐直觉的领导者,来决定企业的方向和活动范围。企业家学派的一个主要不足在于对战略的形成过程没有进行详细的论述。

5. 认知学派

企业家学派没有很好地解释"愿景"是如何形成的,于是认知学派通过借鉴认知心理学的研究成果来解释战略形成过程。因为认知学派的研究还不够系统,成果也相对较少,对战略管理的借鉴意义不大,这里就不多作说明了。

6. 学习学派

在现实中,许多企业组织预先制定的战略并未得到实施,却实现了一些没有经过正式制定过程而自然涌现的战略。学习学派将研究重点放在组织在不可预测的或未知的内外部因素约束下的适应性上,指出企业必须不断学习。大家熟悉的彼得・圣吉(Peter M. Senge)的《第五项修炼》(*The Fifth Discipline*)就是该学派的著作。学习学派认为战略是通过渐进学习、自然选择形成的,可以在组织上下出现,并且战略的形成与贯彻相互交织在一起。学习学派的最新进展是讨论了无形资产、核心能力、战略意图、延伸和杠杆、混沌管理等概念。明茨伯格指出学习学派的问题在于导致战略的分散,或干脆不要战略,或迷失战略甚至导致错误的战略。

7. 权力学派

权力学派认为组织是不同的个人和利益集团的联合体,战略的制定是一个在相互冲突的个人、集团以及联盟之间讨价还价、相互控制和折中妥协的过程。我们必须承认,在很多情况下企业或多或少会受到政治和权力因素的影响,如在重大变革时期,权力关系中的重大变化也必然发生。

8. 文化学派

20世纪80年代,日本企业在美国市场的成功使得美国企业和学者开始重视对民族文化和企业文化的研究。文化学派认为,企业战略根植于组织文化及其背后的社会价值观念,其形成过程是一个将企业组织中各种有益的因素进行整合以发挥作用的过程。成功的企业被认为是受组织核心价值观主导的,如服务、质量以及创新等,反过来这些核心价值观也成为组织的竞争优势。但是到了20世纪末,随着日本经济步入停滞,美国经济得益于高技术产业而复苏,此时再用文化去解释战略就变得站不住脚。

9. 环境学派

在环境学派中,领导和组织从属于外部环境,环境居于支配地位,战略管理完全变成了一种被动的过程。组织必须适应环境,并在适应环境的过程中寻找自己生存和发展的位置。该派认为,企业不存在内部的战略过程,环境迫使组织进入特定的生态,从而影响战略,拒绝适应环境的企业终将死亡。反观定位理论,无论是"在顾客头脑中寻找一个位置",还是"定位是由竞争对手确定的",还是"自下而上地制定战略",抑或是后来的"重新定位",都像是这种环境学派观点的翻版。

10. 结构学派

结构学派又被称为构造学派、综合学派,包含了其他学派的所有内容。战略制定过程既可以是一种概念性的设计(设计学派)或者正规计划(计划学派),又可以是系统分析(定位学派)或者领导的远见(企业家学派),也可以是共同学习(学习学派)或者竞争性的权术(权力学派),战略制定过程可以是个别领导所推动(设计学派、计划学派、定位学派、企业家学派等),也可以是由企业文化推动(文化学派),还可以是外部环境推动(环境学派)。然而,结构学派并不是其他各派的简单相加,它有自己独特的视角。结构学派将战略制定过程、战略的内容、组织结构和组织所处的环境等战略的各个部分加以类聚,归结成清晰的阶段或时期,如企业的增长期、稳定成熟期等。假如企业并没有进入这样一个稳定的时期,那么战略的制定就必须描述为从一种状态向另一种状态转变的过程。结构学派将组织和组织周围的状态描述为"结构",将战略形成过程描述为"转变"。"结构"代表着组织和周围环境的存在状态,"转变"代表从一个状态到另一个状态的飞跃过程。"结构"和"转变"是结构学派最重要的两个概念,本书之后的内容还会涉及。

明茨伯格的分类展示了古典战略理论时期各个学派的主张。2000年后,随着商业环境的变革,新的战略观念不断萌生,将战略学派的发展带入一个全新的历史阶段。从理论演变的进程来看,战略研究的历程可以划分为五个时期:20世纪60年代,战略规划理论诞生,重点阐述了如何把商业机会与公司资源有效匹配,并论述了战略规划的作用;20世纪70年代,环境适应理论横行,环境的不确定性成为战略研究的核心,关注企业如何更好地适应环境;20世纪80年代,盛行产业组织理论与通用战略研究,战略研究的重点放在了行业特征分析上,强调市场力量对获利能力的影响;20世纪90年代,资源基础论与核心能力说流行,指出企业除了思考行业的吸引力之外,还要不断培养自身的核心能力。即便进入利润较低的行业,它也可以依赖其内部独特的资源与能力赢得竞争优势;2000年后,超越竞争的创新与创造理念萌动,企业逐渐认识到竞争只是为了生存和健康发展,必须超越这种以竞争对手为中心的战略管理思想。在此背景下,通过创新和创造来超越竞争开始成为企业战略管理研究的一个新焦点。[1] 整体上看,进入21世纪以来战略理论逐步由静态转为动态,由战略制定与实施相分离转为相结合,由单一转向综合。面对技术创新、社会网络化、顾客需求多样化、竞争日益激烈的形势,企业战略理论也面临着挑战。企业多元化理论、资源基础理论、核心竞争力理论、企业知识理论、环境因素理论、柔性战略理论、人本导向理论、复杂性系统理论、利益相关者理论、商业生态系统理论、社会关系网络理论、和谐管理理论等开始受到重视,研究正向纵深发展。[2]

(二)定位理论在战略观念上的得与失

纵观战略理论的发展史,我们直观的感受就是:战略理论与定位理论关系

---

[1] 邹统钎、周三多:《战略管理思想史》,复旦大学出版社2003年版。
[2] 李建兵:《企业战略理论集萃》,《现代管理科学》,2006年第1期,第45—47页。

不大,战略专家眼中的战略与定位专家眼中的战略似乎不是一回事。除了定位学派、计划学派、环境学派与心智定位理论多少有点关联外,其他战略学派与定位理论并没有多少交集。大量流派和理论的存在证明了战略是个复杂的问题,并非单一学派和某种理论可以解释的。战略对企业来说是难啃的骨头,古今中外多少战略大师的理论让我们望而却步?但是在定位理论看来,企业战略的制定十分简单——围绕着定位展开就好了,特劳特甚至认为定位本身就是战略。

特劳特指出:"战略是一个简单、焦点明确的价值定位,换句话说,战略是买你的产品而不是你竞争对手产品的理由";"战略就是让你的企业和产品与众不同,形成核心竞争力。对受众而言,即是鲜明地建立品牌";"战略是一致性的经营方向。战略决定产品规划,战略指导企业如何进行内外沟通,战略引导组织工作的重心"。还是那句话,四门功课同步学,哪里不会点哪里,学会了定位理论,复杂的营销理论、品牌理论、战略理论你根本不用学,你也学不会,学定位理论就够了。

在里斯和特劳特眼中,不是定位理论把战略想简单了,而是战略专家把战略搞复杂了。如果说定位在广告理论、营销理论、品牌理论中的争议只是流派上的差异的话,那么在战略理论中,定位理论很可能都算不上一种流派,因为定位理论根本不具备战略理论的研究范式。所以,明茨伯格也好,其他战略专家也好,根本就不会在自己的著作中将心智定位理论作为一个战略学术流派。然而,很多专家虽然不认为定位理论是一种战略理论,但是又都认可定位理论的观念。这说明,定位理论在升级为战略理论的道路上遇到的是方式和方法的问题,这才是定位理论作为战略理论所要解决的根本问题。

复旦大学蒋青云认为:"定位不能仅仅停留在广告层面,应该把它提升为科学理论。实际上,定位理论两个提出者在近二三十年来主要的工作是把定位从广告战略提升为营销战略,从营销领域进而推进到战略领域。我觉得他们把定位提高到营销领域的努力是非常对的,但提高到战略领域还有些值得讨论的地方。"[①]

1. 定位混淆了业务层战略与企业战略

特劳特和波特均将战略咨询的代名词麦肯锡作为批评的对象,指出战略不等于运营绩效,也不等于标杆管理,更不等于财务上的数字游戏。特劳特和波

---

① 摘自蒋青云在第二期"上海品牌沙龙——品牌定位:价值与局限"主题沙龙上的发言。

特都指出了差异化竞争才是战略的本质,但是两人依然将战略局限在了运营层面上,而没有很好地上升到企业战略层面。

对此,特劳特通过"曲解"的方式来弥足定位理论的不足。他将战略分成了两类:一般意义上的战略指的是品牌战略,因为顾客购买的是品牌,品牌就是企业间竞争的基本单位,而品牌战略的根本就是要在心智头脑中建立一个差异化的"位置"。那么什么是企业战略呢?企业战略就是品牌战略之和。在这里,我们似乎又看到了"战略源于战术"的影子。

心智派人士冯卫东似乎看到了特劳特解释的不足,他对上述观点做了细微的补充:"我在升级定位理论中提出了战略的最新定义:战略分为企业战略和品牌战略,品牌战略是企业战略的基本单元,企业战略等于品牌战略之和;企业战略就是发现新品类和定位的机会,并用品牌战略去捕捉适当的机会;如果只捕捉一个机会,就是单品牌企业战略;如果捕捉多个机会,通常应该采用多品牌企业战略。"冯卫东为特劳特的战略分类又加上了一条,就是企业战略的目的在于发现定位的机会,但这并不足以让定位理论成为战略理论。

一个多元化的企业具有两个层次的战略:业务层战略和企业战略,业务层战略也叫竞争战略,企业战略也叫企业范围的战略。业务战略关注如何在企业竞争的每一个业务里创造竞争优势,企业战略关注两个不同的问题,即企业应处于哪些业务之中,企业总部应如何管理业务单元的排列。企业战略是使得构成企业整体的部分之和大于它的各业务单元的相加。还有,认为存在第三个战略层次——职能层次的战略,如营销、财务、人力等职能层面的战略。这些分类的主要作用在于区分业务的发展和企业整体协调的发展,并且主要是在多元化的企业里才具有实际的意义,对于单一业务的企业而言,业务战略就是企业战略。

由此可见,定位理论所说的战略,只适用于单一业务的企业,这也符合他们反对品牌延伸和多元化的主张。在里斯和特劳特眼中,搞品牌延伸和多元化的企业本身就在犯错,自然也就不会为它们提供相应的战略解决方案了。因为对于单一业务的企业而言,业务战略就是企业战略,心智定位派对企业战略和品牌战略所做的区分似乎没有什么实际意义。

之所以说特劳特将战略定位升级为企业战略靠的是"曲解",理由就是他混淆了企业战略与业务层战略,认为把业务层战略加起来企业战略就形成了。然而,经过上一节的理论铺垫,很多读者已经对战略和战略的各个流派有了一个大致的了解，基本上可以归纳出战略的特点，这对我们审视定位理论的战略观提供了必要的参照系。相比之下，里斯和特劳特在他们不同书籍中涉及的关于战略的内容似乎与我们看到的战略思想存在很大出入：

首先，战略主体全部是单一品类的品牌或企业，也就是业务单元，而不是拥有各种品类、市场、业务组合、分公司、事业部的企业集团，因此缺乏战略应该具有的整体观和高度。如果说企业战略是品牌战略之和，那么这个企业战略存在的意义是什么？很明显，这样的企业战略是毫无意义的，专心做好产品品牌就好了。那么企业决定如何进行投资、进入哪个领域、如何分配资源的决策不是企业战略那又应该是什么呢？具有讽刺意味的是，那些具有企业战略高度的企业都被特劳特指斥为多元化企业而受到了坚决的批判。

其次，战略的目的是建立品牌、赢得差异化竞争，这也属于业务层面上的营销战略目标。不可否认的是，很多产品品牌确实具有企业高度上的战略性。例如可口可乐，尽管旗下拥有一系列的品牌组合，但是可口可乐作为产品品牌依然是该企业最重要的战略资产。可口可乐甚至可以放出豪言，即便其工厂全部被焚毁，他们依然可以几天内重新建立起饮料帝国。然而，这依然无法用以说明定位就是企业战略，因为所有类似可口可乐的企业都是经历了多年的积累，才一步步将产品发展为品牌，将业务升级为战略，进而将品牌业务战略升级为企业战略的。我们无法越过升级过程，而直接将一个业务层面上定位在品牌建立初期就设定为企业战略。

再次，定位理论严重降低了战略的维度。定位理论只关注心智和差异化，而企业战略不可能只考虑一两条因素就做出投资、并购、买卖上的重大决策。特劳特和波特的定位都聚焦于营销和竞争等市场层面上的问题，并且只适用于单一产业经营的企业，因此本质上来讲都属于业务层战略，而不属于企业战略，因此业务层战略也经常直接被称为竞争战略。

将业务层面上战略当成企业战略，或者天真地以为企业战略就是品牌战略的总和，直接后果是导致企业战略缺失。缺少企业战略，企业对于环境的反应以及对机遇的把握能力就会降低，组织也会走向僵化。加多宝、香飘飘、东阿阿胶、瓜子二手车这些定位理论喜闻乐见的成功案例，纷纷走下"神坛"，甚至面临危机，多多少少都是由于企业战略缺失造成的，而这种缺失则是对单一业务战略的固守导致的。因为企业最重要的职能就是营销和创新，很多业务对企业来说并不具备战略性或者随着环境的变迁会逐渐失去战略性。企业本来就没有战略,现在甚至连业务层战略都面临失效。试问,一堆失效的品牌战略加起来算不算是企业战略呢?

定位理论在战略观念上的根本错误在于,用自己的业务战略观念来否定各种企业战略思想,或者说定位理论混淆了战略的层次。里斯和特劳特用业务战略的逻辑和标准否定企业战略。两人对麦肯锡的批评、对波特的批评、对多元化的批评实际上都是用业务战略的标准来批评企业战略。定位理论是具有战略性,但具有的是业务层面的战略性,并不具备企业层面的战略观,因此定位理论本质上来讲不是一种战略思想。

上边的说法似乎有些残酷,倘若用一种乐观的口吻来讲,定位理论不应该用"曲解战略"的方式来实现定位理论的战略化升级,而是应该另辟他法。可喜的是,本书在最后一章给出了答案。

2. 战略不直接服务于顾客沟通

里斯和特劳特都是广告人出身,他们的专业并不是研究战略理论,他们的战略思想自始至终都没有脱离广告理论,战略定位的方法也没有脱离广告和公关。直截了当地讲,他们试图将直接服务于沟通客户的定位理论和定位方法升级为战略理论,这显然跑偏了。

信奉定位理论的一些人,多数是广告人出身,他们和广告商同属一派,共同鼓动中国企业使用"熟悉的广告味道,熟悉的广告配方"。骨子里的广告人,无论穿什么皮,都无法改变其广告人的底色。[①]

特劳特将品牌作为战略的核心,并认为心智才是战略的奥秘,潜台词是认为战略服务于传播,也就是直接跟顾客沟通。然而,企业战略的目的并不直接服务于顾客沟通,战略的主要作用是内部沟通。

特劳特曾经指出,竞争的基本单位是品牌而非企业,因此企业品牌没有意义。特劳特虽然指出了企业品牌与产品品牌的不同,但这又在战略问题上自相矛盾:战略的首要和直接的目的并非跟顾客进行沟通,顾客不关心也没必要知道企业的战略是什么,那为什么定位理论又建立了一套以心智为核心的战略思想呢?并非心智和战略不重要,而是心智与战略并不搭配,两者不是一个层面上的问题。

冯卫东认为,定位理论最初是一种营销理论,其核心是调控信息而不是改

---

① 许战海:《反思"定位式广告"》,《销售与市场(管理版)》,2020年第3期,第44—46页。

变产品。但随着定位理论的发展,其逐渐发现"有效的信息"——也就是能够左右顾客选择的信息——应当作为经营的出发点,然后再去构建事实,让事实和"有效信息"实现一致。"有效信息"的焦点就是"定位",而"构建事实"就是"配称",于是定位理论就从营销理论发展成了战略理论。

冯卫东把定位理论的战略化升级解释清楚了,但是这只能证明定位是生成战略的一条路径,并不具备普遍性。因为绝大多数的企业战略并不是根据定位定出来的,更不是为对外传播服务的。大多数企业,尤其是非快消品企业,"通过大众传播途径传播所谓的有效信息达到影响客户的目的"并不是经营中的核心问题,它们制定战略有专门的方法。

以沟通顾客为目的的战略依然停留在业务战略层面上,有时也只是业务战略的下级营销和传播策略。这些业务战略和战术,几乎没有成为企业战略的可能。

3. 战术是战略的重要来源但不能替代战略

《营销革命》抨击了某些在市场营销学界引以为经典的概念,如目标、任务陈述、战略计划等。里斯和特劳特指出:"战略应是自下而上的制定,而不是由上而下的灌输。大部分企业的营销决策是少数几个高层人员在会议室里制定的,在我们看来,这是很多悲剧的根源。因此,我们指出战略形成的两个重要方式:由外而内和自下而上。战略来自一线,来自潜在顾客的心智,而非会议室。"里斯和特劳特再次重申,好的战术是差异化的竞争优势,不是更好的产品和服务。

这里的"战术"其实就是里斯和特劳特提出的四种定位方法和四种营销战法。里斯和特劳特将战略定义为:战略是一致性的市场营销方向。战略一致性有三方面含义:一是指战略以选定的战术为中心;二是指战略贯穿在一致性的市场营销活动中;三是指一旦战略制定,方向就不能改变。战术是外部性的,甚至不考虑产品;战略则属于内部性的,需要重组企业、产品、服务来匹配战术。

可以看出,里斯和特劳特早期对战略的理解就是"一致性",是形式,而非战略内容,体现内容的是"战术"是"定位",战略是保持特定战术的保障。这其实混淆了战略与战略管理的关系。战略管理指的是运用管理的计划、组织、领导和控制等手段,对企业的一系列重大、长期和根本决策的制定、实施和过程进行管理的活动。[①] 所以,特劳特所说的战略其实是战略管理,而非战略本身。里

---

① 蓝海林:《企业战略管理》,科学出版社2018年版,第20页。

斯和特劳特认为战略是战术的保障在逻辑上讲不通。因为如果说战略来源于战术，那么这种战术本身已经就是战略了，此时战略就不能再是维护战术的保障，战略不可能既是战术又是维护战术的保障。

事实上，里斯和特劳特所谓的"战术"，其实就是业务层面上的战略，或者说是"业务单元战略"。业务层面上的战略是可以成为企业战略的来源的，但是将这种"战术"视为战略的唯一来源并且否认其他战略理论流派的学说就是错误的，因为这混淆了战略的层次，同时也混淆了战略与战略管理。

4. 将战略的模式唯一化为聚焦和多品牌组合

特劳特所说的企业战略指的是以企业为主体的战略，品牌战略指的是以品牌为主体的战略，然后企业战略是品牌战略的总和，目的是发掘新的品类，开发新的品牌，最终的品牌架构只能是多品牌组合战略，也就是宝洁模式。特劳特认为宝洁的多品牌模式和单一品类的单品牌模式（聚焦模式）才是唯一正确的战略架构，其将纷繁复杂的企业战略行为人为地窄化为两种形式。

特劳特认为，品牌是企业最重要的战略。品牌是很重要，也需要站在战略的高度来理解。但是将品牌与战略的区别模糊化，进而认为品牌就是战略，那就是错误的思想。舒尔茨提醒说，很多企业将打造品牌和商业模式混淆了。品牌只能够和对品牌所提供的基本价值主张有需要的客户建立关系。千万不要误以为品牌可以解决你在企业经营管理中所遇到的任何问题，这是不可能的。

绝大多数中国企业历史很短，经验少且资源累积不够，处于企业发展的初级阶段，所以大多数企业都必须聚焦在某一个领域，以求在做强的同时做大。但是，我们并不能因此就说中国所有的企业都必须聚焦和局限在一个领域。而且，聚焦不是什么高明的理论问题，也不是什么方法问题，而是企业依据自己的能力采取行动的常识问题。拿春兰的例子来说，春兰为什么做不好汽车？不是因为"春兰"这个名字不适合成为一个汽车品牌，而是企业的能力没有适应"做汽车"这个战略目标，也就是我们所说的"目标太大，能力太差"，与品牌无关。所以，业务延伸本质上是一个企业战略驾驭能力的问题，而不是一个品牌延伸的问题。前者的难度比后者大得多，几乎相当于地球与乒乓球的悬殊对比。①

张瑞敏在李光斗主持的一期访谈中介绍了海尔的战略转型，顺带点评了定位理论。定位专家曾建议中国企业要聚焦，比如联想应该专注做电脑，格力应

---

① 刘立波：《对邓德隆小米言论的否定，及对〈定位〉的批判》，http://m.huxiu.com/article/107941.html。

该专注做空调,海尔应该专注做冰箱,如果业务延伸得太宽泛了,会摊薄品牌的价值。张瑞敏则说:"定位理论是传统经济时代的产物,是让厂家以我为中心给消费者的心智定位。在互联网时代,这是作茧自缚。……在互联网时代,你要么拥有平台,要么就被平台拥有,现在如果还不能够拥有平台,将来只能给平台打工。"

聚焦一种特性、固守一个品类,只是企业阶段性的战术选择。因为你所聚焦的特性、固守的品类说不定哪天就被不知道从哪里来的对手给团灭了。因此,定位根本不是企业战略,而是营销战术。定位论的原点是以击败现有对手为导向,占据品类为前提。对于一个企业来说,打败竞争对手的确非常重要,但要打败对手,必须首先满足用户需求。赢得竞争、占据品类,只是满足用户需求带来的结果。战略,应该是一个价值创造体系。对于今天这个时代而言,如何通过持续创新创造价值、聚拢人,才是我们应该回归的营销不变的本质。①

5. 定位具备外部性思维但缺乏内部性思维

定位理论是最早具备了外部性思维的广告理论和营销理论,这让定位理论保持了多年的理论领先。然而,随着时代的发展,定位理论缺乏对企业组织、内部资源、企业家愿景应有的关注,从而暴露出一系列问题。

首先是企业组织的问题。定位理论视战略为静态的前期规划,忽视了组织学习和变革。

早期的定位理论要求,一种定位一经确立,企业就要长期坚持下去,之后特劳特甚至借用了波特的配称概念,要求企业围绕定位来重新组织资源和流程。这必然要求企业形成一种集权的官僚体制才能将这种"战略定位"贯彻下去。

特劳特说:"不要让那些所谓的专家、顾问和骗子让你感到营销比我所描述的更复杂。我用40年的时间告诉全球商业人生如何创造客户。创造客户的前提在于如何精准定位。……当企业有问题,我闯进公司后,清理掉整个公司的问题,'枪毙'一些点子。然后告诉企业主或者CEO:坚持战略、保持专注、继续执行(防止或禁止出现反复)。"

然而,随着定位理论的发展,里斯和特劳特各自跳出早期定位理论的范畴,分别提出了重新定位、战略定位以及聚焦战略、品类分化等新理论,从而将定位理论推向战略理论的层次。然而,一种理论的升级,不仅仅是对理论自身所做

---

① 见空手微信公众号,2018-07-31。

的事情,还必然伴随着其适用条件的变化。一个企业要想在外部环境剧烈变化的条件下实现平稳的重新定位或者在科技日新月异的新时代不断推出革命性的新品类并成为该品类的领导品牌,势必要求有极强的创造力和灵活性。

于是,组织的矛盾出现了:早期定位理论要求一个高度集权化的组织形态来确保各个部门都以定位为核心,时刻抑制想搞品牌延伸和多元化的冲动;后期的定位理论又要求一个富有创造力、机动灵活的组织形态来确保企业能够抓住时机进行必要的重新定位或者推出革命性的新品类和新品牌。满足这两种条件的企业必定是双重性格的企业。

正是里斯和特劳特一味地升级战线,没有顾及理论内在的逻辑性,导致了定位理论在战略上被撕裂了。这就是我们看到的定位理论指导下的案例往往都是初创品牌,而鲜见成功的转型案例的原因——组织已经固化,何以再有创造性的光芒?

其次是企业内部运营的问题,定位理论忽视了价值链的打造。

盲障性定位只盯着外部消费者的认知,容易让企业轻视内部操作的运营价值链打造,这也是极其危险的。为了确保香飘飘"杯装奶茶"的定位聚焦,不产生认知混乱,在香飘飘奶茶势能最强、瓶装奶茶方兴未艾、连锁奶茶未成气候之时,香飘飘放弃了瓶装奶茶的布局、停止了现调奶茶铺的尝试,以打造更强力更具前瞻性的运营价值链为奶茶的未来布局。现在看来,其是否因局限于定位的心智竞争与聚焦而错失了市场发展的想象力和可能性?……定位的使命在于聚焦和坚守,即对原有产品、业务、市场以及过去能力、既有认知的聚焦和坚守,进而通过持续性传播在消费者心智之中形成连续性积累。定位是一条单曲线模型。然而现实世界本质是不连续的,连续性只是人类思维的一个假设。对于真正基业长青的企业来说,秘诀只有一个:通过颠覆式创新去破坏第一增长曲线,跨进第二条曲线,破坏自己、颠覆自己,从单曲线模型转向双曲线模型。[①]

最后,定位理论强调了领导人在定位中的重要性,却忽视了企业家的战略地位。

"'自下而上'的营销要求深入市场一线去寻找竞争观念,然后回到总部实施有利于该方向的变革,这需要至少副总裁以上级别的人来担此职责,而不是派人代替高层去一线调研。深入一线的目的是搜集信息从中发现战术机会,而

---

① http://m.sohu.com/a/274246608_160576。

不是为一个经由自上而下思路制定的战略寻找证据。要搜集的信息很明显,当然就是消费者的心智,问他们在购买时的第一印象是什么,然后提炼出一个想法或观念。"里斯和特劳特不遗余力地强调企业家和高管要深入一线,这在数字化时代依然是十分有价值的建议,很多企业走向没落无非都是企业决策层与市场脱离造成的。

然而,我们看到的是,企业家和高管们似乎成了定位的"附庸",他们存在的价值就是推动组织以定位为最高指令,不惜一切代价维系定位的长治久安。在这里我们又看到了心智决定论和定位至上的影子。

事实上,没有几个企业的战略或者定位是依据一个心智制定出来的。战略除了受组织的目标、市场的分析、内外部的资源等因素的影响外,还受到企业文化、企业家认知、企业家愿景、内外部利益集团等诸多方面的影响。当这些因素相对稳定时,战略就会谋求稳定;当这些因素发生急剧变化时,战略就会发生调整。

举了这么多例子,笔者只是想说,定位理论在处理复杂战略问题犯了过度简化的逻辑错误,即用"定位"这一点,试图解决企业的全盘性问题。从观念的角度讲,与其说里斯和特劳特将定位理论上升到战略的高度,不如说两人把战略降低到了定位和心智上。

五、定位理论的品牌观

人们对品牌的理解前前后后经历了几十年的发展,这也是人们如何定义品牌的过程。

(一)品牌观念的演进

1. 作为区别手段的品牌

品牌最早被视为企业的商号,主要作用在于区别竞争对手的产品。1960年,美国营销协会(AMA)给品牌下了一个定义:品牌是一个名称、术语、标记、符号或设计,或是这些元素的组合,用于识别一个销售商或销售商群体的商品与服务,并且使它们与其竞争对手的商品与服务区分开来。

以科特勒为代表的传统营销理论认为:品牌是"一种名称、术语、标记、符号或设计,或是它们的组合运用";品牌的目的是"借以辨认某个销售商或某群销售者的产品或服务,并使之同竞争对手的产品和服务区分开来";品牌的要点,是"销售者向购买者长期提供的一组特定的特点、利益和服务"。

从定义可以发现,美国营销协会和科特勒早期对品牌的理解跟定位理论的理解相差无几,都认为品牌的价值在于身份标示以及和竞争对手的区别。当然也有些许不同。科特勒认为,品牌之上还附着了产品的特点、利益以及服务等价值。当然,这些价值也都是品牌之外的价值,此时的科特勒也没有认识到品牌自身所具有的价值。

品牌命名(Brand Naming)在品牌阶段受到了广泛的关注和研究。品牌名称是品牌的重要组成元素,能传递产品的主要内容和关键联想。科特勒认为,一个好的品牌名称能够使消费者产生高水平的感知和强烈的偏好,从而有助于产品的成功推出。科特勒指出,品牌命名既是艺术,也是科学,要遵循一定的命名原则。后来,许多学者先后提出了品牌命名的若干原则。

里斯和特劳特尤其重视品牌命名。两人的书有个很有趣的现象,这一章还在大谈企业战略,下一章又开始在品牌命名上眉飞色舞,充分显示出品牌名称在他们的理论中具备了赢得竞争的魔力和带领企业走向成功的战略性。

后来,里斯将研究重点放在了品类战略上,指出消费者购买的是品类,品牌是品类的表达方式。让品牌直接与品类挂钩,当顾客产生相应需求时,选择的就是你的品牌,品类战略成为定位理论品牌观念的重要里程碑。然而,品类战略并没有超出"识别观念"的品牌观,因为品牌扮演的依旧是区分竞争对手产品与服务的角色。

2. 作为形象的品牌

随着竞争的加剧和产品同质化的逐渐增强,人们意识到,品牌不只是产品的符号,还应该有更丰富的内涵。

1955年,西德尼·莱维提出了"品牌形象"的概念,大卫·奥格威马上借用了此概念,指出每一个广告都应该是对品牌形象的长期投资,成为广告界品牌形象理论的创始人。奥格威的立论逻辑,正是基于20世纪60年代的商业环境:产品的同质化造成消费者的购买决策主要依赖感性而非理性,因此描绘品牌形象比强调产品具体功能重要得多。而且,消费者购买的不只是物理意义上的产品,更是一种心理上的满足,所以广告应该为产品赋予情感和个性,以满足用户这种需求。

人们对品牌形象的认识刚开始基本着眼于影响品牌形象的各种因素上,如品牌属性、名称、包装、价格、声誉等。大卫·奥格威对品牌曾做出这样的定义,"品牌是一种错综复杂的象征,它是品牌的属性、名称、包装、价格、历史、声誉、广告风格的无形组合。"

1978年,莱维指出品牌是"存在于人们心智中的图像和概念的集成,是关于品牌知识和对品牌主要态度的总和",进一步提出了品牌和消费者的关系。

从定义可以看出,奥格威和莱维对品牌的理解是超越定位理论的。在他们看来,广告虽然要关注销售,但是更要关注其长远效果,即通过广告来赋予品牌更多的价值。在品牌形象理论时期,奥格威认为品牌要被赋予一种形象,这是品牌人格化和品牌IP的滥觞。后来,奥格威将其品牌理论进一步发展,认为品牌除了名称、包装等基本识别功能以及形象价值以外,应该还代表着历史、声誉等无形的价值。此后,很多专家加入进来,探讨品牌的形象价值。

雷诺兹(Reynolds)和古特曼(Gutman)从品牌策略的角度提出,"品牌是在竞争中的一种产品或服务差异化的含义的联想的集合"。他们还列举了品牌形象操作的策略性途径:产品认知、情感或印象,信任度、态度、形象个性等。

戴维·阿克对品牌形象的发展前文有所涉及。阿克将"品牌识别"(Brand Identity)和"品牌形象"看作是同一事物的两个方面:品牌形象反映消费者对品牌的当前感受,而品牌识别则反映战略制定者希望消费者产生的与品牌相关的联想。阿克将品牌形象分为"作为产品的品牌""作为组织的品牌""作为个人的品牌"和"作为符号的品牌"四个类别,每类又涵盖多个要素,从而为品牌形象赋予了极强的可操作性和可量化性。

对于形象,定位理论认为形象的产生源自典型用户的个人形象,是定位的结果——建立了定位,自然会有形象。可见,里斯和特劳特认为品牌形象根本就是多此一举。里斯和特劳特对品牌形象的批评,事实上是将企业形象广告等同于品牌形象理论的全部了。

3. 作为关系的品牌

作为区别手段的品牌观和作为形象的品牌观基本上都是站在商家的角度看问题,顾客在该过程中一直都是被动的。关系营销的发展,催生了基于关系建立品牌的新视野和新角度。企业建立和发展良好的品牌关系的目的是为了发掘顾客终身价值(Customer Lifetime Value)。

20世纪90年代以来,关系营销的概念被运用到品牌和产品层面,并形成了品牌理论研究的最新前沿课题——品牌关系。品牌关系最早由Research

International 市场研究公司的布莱克斯顿(Blackstone)于 1992 年提出。与品牌个性、品牌形象等单向概念不同,品牌关系是一个双向互动的概念,包括消费者对品牌的态度和行为以及品牌对消费者的态度和行为两个方面。这一新概念将品牌关系类比成人际关系,认为品牌也像人一样会对消费者产生态度和行为。

狭义的品牌关系是指消费者对品牌的态度和品牌对消费者的态度之间的相互作用。这种互动体现在两方面:一方面,品牌通过定位战略形成品牌个性展示在消费者面前,此时品牌为客观品牌;另一方面,消费者对品牌个性会形成自己的态度,即消费者如何看待品牌,称为主观品牌。因此,狭义的品牌关系也即主观品牌和客观品牌之间的相互作用。狭义品牌关系模型揭示了基于企业视角与基于消费者视角的品牌之间差异性的存在,突出了品牌的两面性(即主观性与客观性)。通过该模型可以认识到,企业要想塑造理想的品牌关系,必须达到主观品牌与客观品牌的统一。

从广义角度看,品牌关系扩大到不同品牌与不同消费者之间的相互作用。假如市场上有互相竞争的品牌 A(对应消费者 1)与品牌 B(对应消费者 2),狭义品牌关系模型只关注品牌 A 与消费者 1、品牌 B 与消费者 2 之间的关系,而广义品牌关系模型则还注重研究以下主体之间的关系:品牌 A 与品牌 B 之间的关系、品牌 A 与消费者 2 之间的关系、品牌 B 与消费者 1 之间的关系、消费者 1 与消费者 2 之间的关系等。因此,广义品牌关系模型不仅考虑品牌与消费者之间的互动,同时还考虑品牌与品牌、消费者与消费者之间的互动关系,这为研究品牌生态系统内品牌间的博弈与共生现象、品牌社区(Brand Community)内消费者间的互动奠定了理论基础。

根据穆尼兹(Muniz)和奥奎恩(O'Guinn)的品牌社区理论,构建恰当的品牌社区可以提高顾客的品牌忠诚度。企业创建品牌社区可使品牌忠诚消费者与潜在消费者充分接触,加速品牌的扩散速度。另外,在沟通过程中,消费者之间会形成以品牌为基础的联系纽带,通过这种消费者间的广义品牌关系网络媒介的联结,品牌关系整体质量会得以提升,品牌忠诚度会在更大范围内得到加强。

品牌关系是动态变化的,在傅尼埃(Fournier)的品牌关系模型中,品牌与消费者之间的关系被划分为六个阶段,即注意、了解、共生、相伴、分裂和复合。该模型以消费者与品牌的接触过程为线索,表述了在不同阶段消费者与品牌之间的关系状态,突出了品牌关系发展的逻辑流程。品牌关系经"注意—了解"的认识过程,通过消费者和品牌之间的接触,使消费者了解品牌个性,若消费者愿意与品牌继续增进情感,就能达到"共生""相伴"阶段,即品牌成为消费者生活中的一部分。但消费者和品牌之间的沟通也可能失败,出现"分裂"状态。品牌关系出现"分裂"时,企业若积极采取危机管理策略,主动修复品牌关系,则品牌关系可以"复合",重新回到"相伴"或"共生"状态。

4. 作为资产的品牌

20 世纪 90 年代品牌资产理论的提出,是品牌理论领域最重大的进展,同时也表明该领域达到了一个新的高峰,意味着品牌理论拥有了学术体系,正式成为"品牌学"。

在 20 世纪 80 年代以来频频发生的企业并购浪潮中,强势品牌以数十倍于其有形资产的价格出售,再加上频繁的价格战压力等市场因素,使得企业更加重视品牌的市值和增值,从而促使学术界提出了品牌资产的理论。从此,围绕品牌资产的研究受到了空前的关注和重视。

舒尔茨为品牌下了一个简单但又很全面的定义:品牌就是为买卖双方所识别并能够为双方带来价值的东西。这里的关键字眼是"价值",品牌为买卖双方带来的是什么价值呢? 这些价值是如何组成的呢?

前文讲过,戴维·阿克的理论被称为"品牌资产学派",主要特点是将品牌视为企业最重要的无形资产,并用量化的手段对品牌资产进行界定。戴维·阿克将品牌资产定义为:与品牌名称和标志相联系、能够增加或减少公司所销售产品或服务的价值的一系列品牌资产和负债。品牌资产包括品牌知名度、品质认知、品牌联想、品牌忠诚度、其他资产等五个方面。

凯文·莱恩·凯勒系统地阐述了基于消费者品牌资产模型(Customer-Based Brand Equity,CBBE)的内涵以及模型的使用方法。他认为所谓的"品牌资产"专指基于顾客的品牌资产,而不是由企业财务会计所决定和由企业营销业绩所决定的量化观点。CBBE 模型的创建旨在回答如下两个问题:一是哪些要素构成一个强势品牌;二是企业如何构建一个强势品牌。按照 CBBE 模型,品牌资产由四个不同层面构成,即:① Who are you?(Brand Identity,品牌识别)② What are you?(Brand Meaning,品牌内涵)③ What do I think or feel about you? (Brand Responses,品牌反应)④ What kind of association and how much of connection would I like to have with you? (Brand

Relationships,品牌关系)。

这四个层面具有逻辑和时间上的先后关系：先建立品牌识别,然后创建品牌内涵,接着引导正确的品牌反应,最后缔造品牌与消费者关系。同时,上述四个层面又依赖于构建品牌的六个维度：品牌特征(Brand Salience)、品牌表现(Brand Performance)、品牌形象(Brand Imagery)、消费者评判(Consumer Judgment)、消费者情感(Consumer Feeling)和消费者共鸣(Consumer Resonance)。其中,品牌特征对应品牌识别,品牌表现与品牌形象对应品牌内涵,消费者评判和消费者情感对应品牌反应,消费者共鸣对应品牌关系。

在凯勒的 CBBE 模型中,各个要素的设计力求全面、相互关联且具有可行性。CBBE 模型的建立取决于一个前提,即品牌力存在于消费者对于品牌的知识、感觉和体验,也就是说品牌力是一个品牌随着时间的推移存在于消费者心目中的所有体验的总和。因此,CBBE 模型是一个基于消费者关系的比较具有代表性的品牌资产模型。

不论是阿克的模型还是凯勒的模型,都标志着品牌已经不单单是区别和创意传达的载体,而是企业最重要的无形资产。

5. 作为战略的品牌

里斯和特劳特在推进品牌战略化上起了重要的推动作用。两人先是指出定位是营销战略的核心,能设定营销方案和活动的战略性方向,接着又指出战略的核心是品牌。这样,定位就起到了衔接战略和品牌的桥梁作用。

1991年,阿克根据企业战略理论提出了"品牌组合战略"的概念,并论述了公司品牌组合中各种品牌承担的角色及发挥的作用。品牌组合战略又被称为"品牌架构",它界定了品牌的边界和复杂性。阿克认为,管理品牌组合的目的在于促进品牌之间的协同作用、充分利用品牌资产、创造并保持市场的相关性以及创建和提升强势品牌等。大体来说,品牌组合的作用包括：增加公司在其他品牌尚未覆盖到的特定细分市场的吸引力;作为侧翼品牌保护旗舰品牌;作为"现金牛"品牌,为公司创造利润;作为进入市场的低档产品,吸引新顾客;作为高端权威产品,提高整个品牌组合的威信和信誉;提高商场的货架铺陈率及零售商依赖水平;吸引那些寻求多样化的消费者,防止他们转向竞争品牌;增强公司的内部竞争;在广告、销售及分销等方面获得规模经济。

品牌组合战略本质上是在品牌之间分配资源和预算,就像企业战略在不同业务之间分配资源和预算一样,目的是使品牌组合的整体效果最大化。

凯勒最早提出了"战略品牌管理"的观念和理论体系。他的代表作《战略品牌管理》被誉为"品牌圣经"。在他看来,随着竞争的加剧,不同企业之间相互模仿和借鉴对方成功的做法,使得市场的同质化趋势日益明显,品牌成为企业引导顾客识别自己并使自己的产品与竞争对手区别开来的重要标志。

凯勒认为品牌战略管理首先要形成一个开放的品牌管理视角与理念,它是品牌管理战略的基础。品牌是一种错综复杂的象征,是商品属性、名称、包装、价格、历史、声誉、广告形式的整合。在当代社会中品牌及其意义可能更加具有象征性、感性、体验性,是无形的,即与品牌所代表的观念、精神有关,它表达的是企业的产品或服务与消费者之间的关系。战略品牌管理是对建立、维护和巩固品牌这一全过程的管理,其核心思想就是有效监控品牌与消费者的关系的发展,只有通过品牌管理才能实现品牌的愿景。

(二)定位理论在品牌观念上的得与失

品牌观念的发展史是一部不断发现品牌背后蕴藏的价值、提升品牌地位的历史。定位理论显然在夸大品牌地位的同时又忽视了品牌的价值。说定位夸大了品牌的地位,是因为里斯和特劳特将品牌等同于战略;说定位忽视了品牌价值,是因为定位理论只认识到品牌的识别价值,却忽视了其他更重要的价值。

1. 品牌的背后只是品类吗?

特劳特认为,品牌就是一个名称,用于让顾客区分某产品是你的还是竞争对手的;里斯认为,顾客是用品类思考,用品牌表达。综合两人的观点,品牌就是"某个品类的代表或者说是代表某个品类的名字,建立品牌就是要实现品牌对某个品类的主导,成为某个品类的第一,当消费者一想到要消费某个品类时,立即想到这个品牌,我们就说你真正建立了品牌"。邓德隆在最近的一次媒体专访中说,定位的本质是回答"我是谁?"。

从三人对品牌的定义可以看出,定位理论看到的是品牌的区别作用,即识别你是谁,你是干什么的,品牌本身却没有价值。因为品牌只是反映了你占据了多少心智资源以及品牌是否能够代表一个品类。也就是说,品牌只有附着价值,而没有原生价值。就算品牌有价值,也只是其背后的定位所占据的心智份额以及所代表的品类占据的市场份额。不过,从里斯提出品类战略以后,品牌的身份标示作用发生了微妙的变化:特劳特一直坚持品牌的战略价值,而里斯则认为品类大于品牌。但在品牌的"身份标示"作用上,两人的观点没有区别。

心智份额和市场份额是定位理论对品牌价值认识的全部。基于这种认识，我们得出了"品类、品牌、心智关系图"（见图 5-4）。

图 5-4　品类、品牌、心智关系图

拿小米来说，邓德隆按照定位的思路，即品类、品牌、心智的关系模式，设定小米只能代表一种品类，即"廉价手机"。为什么小米会比其他手机更具性价比呢？因为它是网络直销的手机，没有中间商赚差价，"网络直销"是"廉价"的"信任状"。于是，小米品牌在心智中的定位就是"网络直销手机"。小米的品牌价值就是，"廉价手机"的品类关联和"网络直销手机"的心智占位，人们一想到要买"廉价手机"就会想到去买代表"网络直销手机"的小米。在这里，小米"为发烧而生"的价值理念，互联网思维的"生态圈"，"参与感"带来的粉丝效应，覆盖手机、家电、智能设备的产业链实力背书等等，统统被忽视，也统统不被定位理论视为品牌价值的组成部分。

事实上，随着品牌理论的发展，品牌不仅仅是差异化的重要来源，品牌本身也具有无形资产价值。虽然里斯和特劳特没有明确否认过品牌的其他价值，但是他们对于心智和品类的执念让我们相信，在定位理论的潜意识里，品牌的自身资产价值是被有意忽略的，因为这些价值的生成都不是定位理论的研究范畴。

另外，该模型也很好地解释了为什么定位理论会异常坚决地否定品牌延伸。因为品牌延伸既破坏了品牌与品类之间的对应关系，也破坏了心智与品类之间的对应关系，最终导致品牌与心智之间的关系被破坏。同样以小米为例，本来小米品牌对应着"网络直销手机"的心智，"网络直销手机"的心智对应着"廉价手机"的品类，这让小米品牌最终成为"廉价手机"的代名词。但是，在"为发烧而生"的价值理念指引下，小米打算打造以互联网思维为指导的"生态圈"，整合赋能智能终端、物联网、家电、家具等各个领域，用通俗的话讲，就是手机做好了要搞品牌延伸。在定位的视角下，小米品牌就没有固定的品类来匹配，消费者想买某种品类时也就无法与小米品牌来匹配，消费者一想到空调就买格力，一想到手机就买苹果，一想到电动汽车就买特斯拉，小米失去了消费者心智中的位置，等待它的只有失败。

"让品牌能够在消费者的心智头脑中占有一个位置"的想法确实很有煽动

性,但是要占据头脑只有让品牌代表一个品类或者一种属性这一条路吗?难道迪士尼占据"快乐"这个核心价值不比占据"动画片"这个品类更加强大?定位理论的问题还是出在了它把自己的观点绝对化和唯一化,而有意忽视了其他理论和方法的价值。

至此,有理由相信,定位理论在事实上已经将品牌与定位画了等号。如果在定位理论的范式内解释品牌,最终的结论只是"品牌=定位"。用定位理论解释品牌永远都会落入循环论证的逻辑陷阱。所以,必须跳出定位理论,采用其他理论范式来解释定位理论的品牌观。当然,这种作为参照系的理论必须是被广泛认可的、概念被广泛接受的、理论本身概念清晰、研究范畴明确的一般性理论。

在现在品牌学的视野下,品牌除了标示身份、区别竞争对手、连接顾客之外,本身也具有资产价值,甚至具有超越企业、工厂、产品的价值。为什么小米可以往智能终端、物联网、家电、家具等各个领域延伸?就是因为小米的价值不仅仅存在于心智当中,还存在于联想、习惯、情感、价值观当中,或者说,存在于完整的大脑当中。如果人只有心智,那人跟储存器就毫无差别了。也不是要对品牌延伸采取一种无条件支持态度,而是指出品牌延伸要充分考虑和测量品牌的价值分布。如果你的品牌只是品类和名称之间的桥梁,那你的品牌确实不应该延伸,除了增加成本分散资源以外,成功的可能性基本不大;相反,如果你的品牌具有多元化、强大到深入顾客的情感和价值观,那么你的"粉丝"会跟你一起走得更远!

2. 用品类解释品牌的不足

在寿文彬批评定位理论"主导了一个品类才算品牌"这一观念时,快刀何曾经回应说"定位对品牌的定义是:品类及其特性的代表,不只主导品类,还有主导特性"。意思是说,寿文彬曲解了定位理论的观念,指出定位理论对品牌的真正定义是"主导一个品类或者特性"。那么这个所谓的"特性"能不能用来解释定位理论的铁杆粉丝周鸿祎及其奇虎360的成功呢?因为奇虎360开始时严格按照定位理论的原则定位成"免费杀毒软件",但是后来又延伸到"安全浏览器""手机杀毒软件""行车记录仪"等多个品类。因此,虽然周鸿祎口头上力挺定位理论,但是360的成功除了早期做杀毒软件外,后面的发展均是定位理论极力否定的"品牌延伸"行为。

定位理论对此的解释就是,里斯和特劳特将品牌定义为"品类及其特性的代表""安全"属于特性,因此360的成功证明了定位理论的成功。事实上,周鸿祎、快刀何以及其他定位理论支持者并没有真的辨明"特性"的含义,对于360的成功也做了大量的曲解,愣是让一个"反定位"的案例变成了定位案例。

周鸿祎、快刀何混淆了"品牌核心价值"与"特性"的概念。简单来说,"品牌核心价值"是"品类"的上级概念,而"特性"是"品类"的下级概念。在品牌资产观念的指导下,品牌本身是有价值的,而"品牌核心价值"就是其中之一,它可以为顾客和企业双方都带来价值。一个内涵丰富的"品牌核心价值"有很强的延伸能力,可以覆盖多个品类。比如小米,它的核心价值是"为发烧而生的互联网科技",因此除了手机,行车记录仪、健康秤、摄像头、移动电源、空调、笔记本电脑都可以做。同样,奇虎360的核心价值是"安全的互联网科技",因此除了PC版的杀毒软件,手机杀毒软件、浏览器、网页导航、行车记录仪、监控摄像头等以"安全"为核心的互联网科技产品和服务都可以做。当然,快刀何还提出"小米的这些产品哪个做到了数一数二?",其实快刀何做了一次错误的逻辑转换,因为"数一数二"是你定位理论的原则,不是非定位理论指导下的实践原则。你用你的原则来要求别人,"特性"讲不通就顺势跳到"数一数二"上了,结果没有绕出来。

那么"特性"原则是怎样的呢?我们说它是"品类"的下级概念是有依据的,里斯和特劳特在论述"数一数二"原则时认为"品牌最佳的竞争地位是第一个进入顾客心智,并成为某一品类的代表。如果第二个进入就会差很多,但是你可以走到领导品牌的对立面或者将其重新定位。如果你进入该品类时,第一、第二都已经被别人占了,那就比较糟糕了,但你可以通过加入'特性'的方式与竞争对手区别开,从而避免与领导品牌正面冲突,占据一个有利的阵地"。显然,定位理论所讲的"特性",其实是一种差异化的竞争策略,通过对品类的细化来避免冲突,说白了就是在某品类前面加上个形容词,"特定的品类"就是"特性"的前提。比如,沃尔沃做汽车的时候,福特、通用、奔驰已经很强大了,于是沃尔沃就在汽车前面加个形容词"安全",市场变狭窄了,但进入了有利的阵地。所以说"特性"是"品类"的下级概念。

因此,在定位理论的"特性"原则指导下,小米的思路就变成了这样:在手机品类中,小米不是第一个进入心智的品牌。小米要避免与苹果、三星、华为的正面冲突,必须为"手机"品类加入一个"特性",这个特性就是"互联网直销"。在顾客的心智中,小米手机是"互联网直销手机"这个品类的代名词,心智无法改变,因此小米去做电脑、空调、移动电源、行车记录仪就是错误的。

如果不是周鸿祎口头上极力推崇定位理论,他和他的奇虎360已必然得到与小米相同的待遇：360 不是第一个做杀毒软件的，必须在杀毒软件前加上"免费"这个属性，避免与领导者直接冲突，成为"免费杀毒软件"这个品类的代名词。在顾客心智中 360 代表的是"免费的杀毒软件"这一品类，心智无法改变，因此 360 做手机杀毒软件、浏览器、网页导航、行车记录仪、监控摄像头就是错误的。

所以，周鸿祎、快刀何们都是通过混淆概念来回避话题，从而避免讨论定位理论的一些理论缺陷的。360 的成功证明了"品牌核心价值"的有效性，也证明了"品牌延伸"的合理性，但证明不了定位理论和"特性"的有效性。（笔者当然承认定位理论和"特性"的作用，笔者讲的是在"品牌延伸"这个场景中，定位理论是缺乏解释力的，也反对用"特性"来回避话题）

依此类推：

360 的核心价值是安全，定位只能是"免费杀毒软件"；

小米的核心价值是参与感强、性价比高的智能科技，定位只能是"网络直销手机"；

迪士尼的核心价值是快乐，定位只能是动画片；

维珍的核心价值是追求刺激的人生观，定位只能是唱片或者是时尚的航空公司；

星巴克的核心价值是"第三空间"，定位只能是高端咖啡连锁店；

微信的核心价值是"连接"，定位只能是移动熟人聊天工具……

其实，按照定位理论对品牌的理解，这些品牌都应该失败。

3. 对品牌资产的浪费

定位理论是否过时，是当前营销领域的热议话题，正反两方各执一词，吵得不可开交。但是，该话题被局限在移动互联网时代定位理论能否适应"消费者主权""双向互动"等传播环境的变化上，当然也包括某些理论层面上的讨论。然而，定位理论其中一个重要缺陷被很多人忽视了，那就是对"品牌资产"的浪费。

定位理论的最高理想是让品牌成为"品类代表"，并上升到公司的战略层面进行配称，即一个品牌要在某个品类上成为第一或者建立独特性，这种第一和独特性以顾客心智认知为标准。定位理论的这种观念直接导致了品牌资产的巨大浪费。如何理解这种浪费呢？这需要从品牌资产的积累以及品牌资产的使用两个层面进行讨论。

尽管提出了"心智份额"的概念，但是这个心智份额依然是一个不可量化的模糊的词语，而且"心智份额"与"心智位置"并没有什么本质上的不同，因此心智份额并不能看作品牌背后蕴含的价值，在定位理论的话语体系里，品牌依旧是品类的代表。

定位崇尚高额的广告投放（里斯更推崇公关），这决定了定位理论指导下的品牌资产积累成本高昂，与此相反的是，高投入积累的品牌资产却在潜移默化中被浪费了。在定位理论的框架下，品牌资产的功能不全。以戴维·阿克为代表的品牌资产学派认为，品牌是企业最重要的无形资产，品牌资产需要经年累月的积累。但是，在定位理论的指导下，品牌仅停留在顾客浅层认知层面上，表现为：

第一，品牌知名度虽然不断放大，但是品质认知停留在定位概念层面上；

第二，品牌联想最终的理想状态是成为品类代表，别无其他；

第三，品牌忠诚度建立在品类周期上。顾客对品类失去忠诚，同时也将意味着对品牌失去忠诚。

定位理论浪费品牌资产的原因在哪里呢？解开这个答案需要深入定位理论的"内心世界"。定位理论是一种独立于菲利普·科特勒"营销管理"体系之外的系统营销理论。这似乎在暗示定位理论要融入"营销管理"体系。因为菲利普·科特勒的"营销管理"不是一种具体的理论，它是全球各个时期营销学术成果的集大成者并且影响了全球营销进程。4P模型、品牌资产、品牌关系甚至定位理论都被吸收成为"营销管理"的方法论。只不过菲利普·科特勒对里斯和特劳特的"心智定位"稍加改造，形成了STP这种基于市场需求的定位流派。所以，菲利普·科特勒的"营销管理"是一种开放的理论体系。

相反，定位理论的理论基础（心智模式、对竞争的理解等）、概念模型（心智、认知、品类等）、思维方式都与其他营销理论有极大的不同。在过去的五十年里，里斯和特劳特都试图用定位的概念模型来解释广告、营销、品牌和战略。定位理论是一种封闭的理论体系和学说，加上自身独特的理论基础和话语体系，使得定位理论无法至少不能很好地吸收最新的营销理论成果，在移动互联网和数字技术快速发展的今天，甚至不能很好地吸收"消费者主权"的理念。或许，这就是定位理论造成品牌资产浪费的底层原因——在定位理论的世界里没有品牌资产的概念，因此也谈不上品牌资产的积累或者浪费。

创建品牌的任务可以描述为三条：首先要回答的是"你将为潜在顾客提供什么样的价值？"，其次是"你将以什么方式为顾客提供价值，以便让潜在顾客可以掏钱交换你的价值?",最后是"你如何向需要甚至渴求该价值的人群传递你的价值?"。

比如"鲁花",在定位的视角下,鲁花的定位是"正宗花生油",并通过"正宗"的定位成为花生油的品类代名词。鲁花的品牌是强大的,但是不能搞品牌延伸,所以"鲁花芝麻油""鲁花酱油""鲁花葵花籽油"是一定不会成功的。但是,定位的这种解释不具备方法论意义,因为鲁花显然不是通过"鲁花,花生油领导品牌""正宗花生油选鲁花"这种典型定位画风的广告来建立其领导地位的。鲁花是通过"滴滴鲁花,香飘万家""精选山东大花生""鲁花,5S压榨花生油""鲁花,非转基因花生油""鲁花,关爱心脑血管健康""鲁花,人民大会堂国宴用油"等一系列的广告口号或广告内容,牢牢占据了"香味""品质""产地""工艺""健康""人民大会堂背书"等花生油几乎所有的最重要的核心联想。

定位会站出来说,市场领导者可以"为所欲为"。那是因为领导品牌没出问题,领导品牌一出问题,定位反过头来又会讲领导品牌没有坚持定位概念。其实,品牌联想和品牌定位的根本区别还是在于思维方式,而不是谁对谁错。这样,沿着品牌联想的思路,全聚德就不应该采取将市场收缩回京城一地、强化老北京特色、面向外地游客的"聚焦战略",而是往胡同里开一些袖珍店或者有别于传统风格的现代店,强化"年轻""时尚""亲民"的品牌联想。

定位理论对品牌的理解是不完整的,不完整的品牌观必然会带来品牌资产的巨大浪费。想做品牌,我们必须学习更多的模型和方法。

六、本章小结

历史、理论、实践层面的探讨都是"显性"因素的探讨,而本章则是对定位理论"隐性"思维方式和观念的讨论。目前对定位理论过时与否的争论集中在理论优劣和实践效果上,对于思维方式和观念的研究则处于空白状态,笔者认为后者对于我们思考定位理论过时与否的问题可能更加深刻和重要。本章将营销观念、传播观念、战略观念、品牌观念波澜壮阔的发展历程尽量地压缩并取其精华,通过与定位理论各个层面的观念相对比,那么定位理论是不是过时的答案就不难找到了。然而,本书的目的并不是得出一个"定位理论过时了"或者"定位理论没有过时"的结论就戛然而止。本书的根本目的还是在于如何让定位理论发展得更好,如何让定位理论发挥最大作用。

第六章
定位理论的重建

> 历史上叱咤风云,却又饱受争议;
> 理论上自成一体,却又流于片面;
> 实践上简单易行,却又打法单一;
> 观念上特色鲜明,却又落后时代。
> 面对多元化冲击,定位亟须重建。

定位可能不会过时,但定位理论会。

定位是一种观念,即为传播、营销、品牌、战略等策略的实施找一个位置;而定位理论呢,就是找到这个位置的理论和方法的总结。里斯和特劳特主张在心智中找位置,于是定位理论诞生了,紧接着取得了一系列的成就并产生了一系列的问题。信奉的人推崇过高,甚至夸大其词,面对质疑毫不退让;质疑的人矫枉过正,全盘否定,甚至想将定位理论除之而后快。然而,对于定位理论只有"执迷"和"淘汰"两条路径吗?当然不是。更多的人充当了改革者的角色,要求另觅出路,也就是跳出心智,在更广阔的天地寻找位置,于是定位理论分化出了不同的流派。可见,定位的生命力是极强的,问题出在定位理论身上。"执迷""淘汰""分化"三条路线让定位名扬天下,但定位理论混乱的局面并没有改善。于是,就有了第四种路线——"重建"。

一、为什么要重建定位理论

定位的目标是要将品牌留在消费者的心中,以实现公司的潜在利益最大化。一个好的品牌定位能够阐明品牌精髓、辨识为消费者达成的目标,并揭示如何以独特的方法实现,从而有助于指导营销战略。组织中的每个人都应该理解品牌定位,并以此作为决策的依据。①

数字技术、移动互联网技术、人工智能改变的是沟通方式却没有取消沟通过程。里斯和特劳特企图通过论证"心智不变"来证明心智定位理论永不过时,事实上没有考虑到环境的变化,也没有考虑到真正不变的因素到底是什么。在这里,真正不变的是沟通的必要性。不管是通过大众媒体还是社交网络,不管是通过双向互动还是算法推送,沟通环节都是必要的,人总是要接触信息才能做出决策。个性化是建立在一致性和稳定性基础上的信息输出,能够起到这种指导作用的就是"定位",因此定位不仅不会过时,反而会愈发重要。

问题在于生成定位的理论和方法,时代的多元化发展要求定位必须有无限种可能的生成方式,而不能局限于心智和心智定位的法则。我们必须打破心智对定位理论的垄断,寻求定位的多元化生成路径。随着数字技术的发展,顾客将崛起为定位的创造者。未来,由人工智能根据算法自动生成定位也未尝不可。

后现代定位是在更为复杂和变动不居环境下的定位,它需要更广阔的视野、更深刻的洞察和更频繁的锁定。在后现代商业模式设计或战略基础设计中,价值体系的建立需要定位,商业系统需要定位,用户/客户需要定位,产品模式需要定位……,几乎每一个商业模式要素都包含定位的过程。而整个商业模式则构成了完善的复合式定位体系,这一定位突破了经典定位理论的屏障,铸成了坚实的战略地基。对于后现代战略定位而言,我们是站在巨人的肩膀上,因此才能看得更远。否则,不仅定位理论消亡,战略也要消亡了。②

(一) 心智是阻碍定位理论发展的绊脚石

理论规范化、适用范围的拓展、与新观念的有效嫁接是定位理论重建的三个核心目标,然而重建定位理论的第一步却是打破"心智"在定位理论中的"霸权"。

五十年来,里斯、特劳特和他们的弟子们频繁地为"心智"和"定位"增加"杠杆",期望用单一的变量来撬动复杂的营销和管理领域。简单的套路俘获了大

---

① 菲利普·科特勒、凯文·莱恩·凯勒:《营销管理》,格致出版社 2016 年版,第 257 页。
② 张羿:《管理救赎:后现代管理缔造》,中国财富出版社 2017 年版,第 129—131 页。

量"粉丝",但也埋下了深重的隐患。心智就像一台1.5升排量的发动机,它先是装在"广告"这辆家用轿车上,开起来灵活自如;接着装在"营销"这辆豪华轿车上,也能勉强应对;进而装在战略的卡车上和品牌的公交车上,虽有心而力不足;尽管如此,他们期待着未来将它装在火车和飞机上。小马拉大车,这就是定位理论的现状。

1. 定位理论的根本问题在于"唯心智论"

定位理论无法适应环境的根本问题就出在心智上:用一个单一的心智维度演绎理论体系,让定位理论流于片面;用营销环节的个别片段指导实践,让定位理论的适用范围有限;用不变的心智应对万变的环境,让定位理论的观念落后于时代。

总之,定位理论在理论体系、实践应用、观念发展上都出现了严重问题。然而,理论存在的价值在于解释现象和指导实践,定位理论在实践中遇到的困境才是问题的根本所在。

定位理论的各种症结在于"心智"概念,不是说心智不重要,而是把"心智"当成唯一重要的因素是错误的。唯心智论,就是把心智绝对化、夸大化、片面化,很容易掩盖掉成就品牌的真正法则,把竞争定义为消费者的心智争夺,则窄化了企业的市场竞争概念。心智再怎么重要,也不能作为营销、品牌、战略的核心,这些领域都是受复杂因素影响的,一旦将心智唯一化,理论必将片面化。

为了让广告、营销、战略、品牌都能够以心智为基础,里斯和特劳特对这些领域做了"削足适履"的改造,然而这些改造充满了对营销、品牌、战略的曲解和对其他方法的无视,这背离了理论研究的原则和精神,也让定位理论缺少科学性和严谨性。定位理论及其支持者被人斥责为"定位神教"也就不足为奇了。

2. 心智在实践中的局限性

理论的局限性必然带来实践上的捉襟见肘,当心智这台1.5升排量的发动机装在营销、品牌、战略的大车上时,定位理论显得力不从心。里斯和特劳特的做法不是更换更大功率的发动机,而是对营销的豪华轿车、品牌的公交车、战略的卡车进行减重和减配——让车子匹配发动机,而不是让发动机适应车子,直接导致了定位理论在营销、品牌、战略实践中的适用范围有限,甚至在它最擅长的广告传播领域,定位理论也跟不上时代的步伐。

(1) 心智将广告局限在了大众传播层面

定位理论在传播观念和传播方法上没有充分融入数字化时代。那些所谓的"定位成功案例"依然严重依赖单向传播的大众媒体,并且广告支出居高不下。对于新兴的社交媒体、品效合一媒体、大数据技术、AI 技术、移动互联网技术以及新的创意手法、营销工具,定位理论都像是把目光瞥向一边的看客。

（2）心智将营销局限在了产品竞争层面

20 世纪六七十年代,当里斯和特劳特大声疾呼"营销的本质在于竞争"和"企业应当具备外部性思维"时,整个营销领域的反响是震撼的。然而,同"心智"一样,"竞争"也只是阶段性的真理,不是营销和战略的全部。里斯和特劳特之后并没有跟上营销观念发展的脚步,没有跟进"价值""模式""全方位营销""价值观""生态圈"等观念,而是固执地坚持竞争导向,准确来说坚持产品层面上的竞争导向。产品竞争直接局限了定位理论的战略观和品牌观,里斯和特劳特所谓的"品牌战略""企业战略"本质上都只是"产品战略"。对产品竞争的过分强调也让企业的发展停留在"你死我活"的恶性竞争中,失去了搭建合作共赢的生态系统的机会。

（3）心智将品牌局限在了知名度层面

里斯和特劳特将品牌解读为顾客听到品牌名称时想到与之相关的品类或属性的心智份额。里斯在此基础上发展出了品类战略,认为品牌的背后是品类,并且品类比品牌更重要。心智份额其实就是品牌知名度,品类代表其实就是品牌联想中功能层面上的"品类联想"。里斯和特劳特严重忽视了品牌本身所具有的无形资产价值,造成了品牌价值的巨大浪费。心智也严重低估了品牌与顾客之间的关系,让品牌关系停留在初级的买卖关系上,忽视了顾客的情感、价值观层面的价值塑造,也无法将顾客关系往紧密的深层次发展。

（4）心智无法将定位理论上升到战略层面

尽管国内的定位咨询公司纷纷改名为"战略定位公司",但是依然改变不了定位理论没有完成战略化改造任务的事实。一方面,里斯和特劳特对企业战略、营销战略、企业战略的复杂性准备不足,当心智成为战略的核心时难以获得学术界的认同。里斯和特劳特对战略的内涵又做了大幅度的曲解,使得战略层面上的定位理论不具备科学性和理论性。另一方面,定位理论并没有在战略层面上发挥作用,只是在战术执行层上发挥作用。随着心智成为理论核心,最终,营销的问题、品牌的问题、战略的问题,统统要通过取个好名字、设计个好 Logo、想个好口号、做一大堆硬广告等传播的方法来解决。用王赛的话讲,一切都沦为了"表述型辩论"。

3. 心智是个冗余概念

心智对于定位理论虽然重要，但是其基本上是作为一个隐含的和不证自明的前提来使用的。经过五十年的发展，定位理论都没有发展出一套成熟的"心智"理论，也没有花心思去验证心智模型，在实践层面上也没有可靠的心智调研工具和跟踪机制。

"我们现在想到小米，会想到什么？一定是手机，而且是直销的手机。顾客的心智对品牌定位了，那么，所有战略和其他资源都要围绕这个定位展开，不能一厢情愿说要做平台，要做生态。做企业不能从自己出发，一定从顾客、潜在用户的心智定位出发。"邓德隆说小米在心智中是直销手机，问题是他这个结论是如何得出来的？是调研出来的吗？显然，小米只是在邓德隆自己的心智中是直销手机。定位理论缺少心智研究的可靠模型，大多数情况下所谓的心智都只是一般性的常识推理或者纯粹就是专家的猜测。

在科特勒的营销框架中"需求"是基础，几十年来全球的营销专家和心理学家建立了大量的理论和模型，用以研究需求和消费行为的机制，让需求理论成为一门科学。营销管理也成为一门研究为满足需求而存在的价值生产、价值传递系统，也是一门科学。在实践层面上，为了执行营销，我们需要研究学习，跟踪顾客的心理、决策、行为模式，需要评估顾客的体验、满意度，预测其未来行为。总之，围绕着"需求"在理论和实践上做了大量研究并建立操作模型。

但是定位理论就不一样了，其虽然不遗余力地强调"心智"的重要，但并没有实质的理论、研究和系统化的工具。虽然有心智模式存在，但是这种模式是个潜在的前提，不是任何实战案例都要去论证一番的。一个定位概念只要符合"不违背常识""简单易记""与对手相区别"等条件就可以了，心智在整个过程中只是充当了"强行解释者"的角色而可以忽略。所谓的研究"竞争对手占有何种心智资源"不是真的去大街上去做截访，也不需要组织深度访谈，把对手的包装和广告找出来看它在讲什么就可以了。

换句话说，定位的心智要么是基于专家的思辨，要么是基于竞争对手的研究，根本没有独立的、系统的"心智研究工具"。比如，"中国两大酱香白酒之一"的定位从哪里看出来有心智的影子？茅台占据酱香白酒类别代表的位置算是心智研究还是竞品研究？恐怕后者才是吧。比附酱香白酒的"中国两大酱香白酒之一"定位，也是仅仅通过竞争导向的思维就可以得出的结论。去油腻的九龙斋酸梅汤，根本不是心智，只是定位专家的灵光乍现罢了。这就让心智模式在执行层面上缺乏科学性。

心智已经完成了它的历史使命,历史上心智让定位理论具有了顾客导向的观念,并带动营销学从产品导向走向了竞争导向和顾客导向的时代。尽管定位理论的支持者一直以心智模式在数字时代并未改变为由,继续坚持心智在定位理论中的核心地位,然而,在价值导向、人本导向的营销时代,心智不是不重要,而是已经不充分了。

(二)规范化是定位理论长治久安的保障

定位理论要想真正成为一种普世理论,必须实现"四个现代化",这也是我们重建定位理论的根本目标。

1. 定位理论的"四个现代化"

定位理论的规范化包含四个方面,笔者称之为"定位理论的四个现代化"。

(1) 去"江湖"化

前文讲过,在定位理论的指导下,很多品牌取得了成功。它们的代价除了高昂的顾问费和巨额的广告支出外,还要义务地为定位理论站台和反哺,充当定位理论的"代言人"和"信任状"。这说明,定位理论除了被"神化",还被"私人化"了——定位理论不像一个公共理论,而更像是里斯、特劳特及其弟子们私人的理论。成功案例既证明了甲方品牌的成功,更证明了定位理论的成功,还证明了里斯和特劳特以及他们公司的成功。

试想一下,支付宝成功了就是支付宝成功了而已,微信成功了就是微信成功了而已,大量的App、平台的成功都只是它们自己的成功而已。我们不会因为这些品牌的成功而为菲利普·科特勒的营销管理呐喊,也不会为戴维·阿克、凯文·莱恩·凯勒的品牌资产理论鼓掌。但为什么瓜子二手车、毛豆新车网、快狗打车这些小得多的App的成功却证明了定位理论的成功呢?其实,这就是理论"私人化"搞出来的结果,一种理论与个人的利益和名誉绑在了一起,成了私家理论。

这也从一个侧面给我们带来一种启发,那就是定位理论要走得更远,必须去"私人化"、去"帮派化",把江湖气息去除。《道德经》云:水利万物而不争。真正有着大影响力的理论,必定是通用化、一般化的理论,人人都在用,人人都认为是自然而然的事情,这才是强大的表现。而不是"你看,这个品牌成功了,这证明了定位理论的伟大"。

> 定位理论过时了吗?

定位理论如何才能摆脱身上的"江湖习气",蜕变为一种科学的公共理论呢?关键在于后三个"现代化"。

(2)范式化

范式化是定位理论实现现代化改造的必由之路。定位理论之所以被泛化、异化、神化,之所以被误用、滥用,之所以概念不统一,之所以正反两方的论战沦为各说各话的骂战,都是由于缺乏理论范式。范式的缺失也抑制了定位理论的长期发展。

定位理论在国内外均处于广泛默认状态,而缺乏实证研究,进而可能影响了整个品牌定位理论的研究方法和风格。而且,有意思的是,这些后续研究(包括为数不多的实证研究)在实践领域的作用和影响力却远不及里斯和特劳特个人的魅力。如果一种理论不能取得改进或"不断地解难题",从库恩(Thomas Kuhn)的角度来看,它的范式可能是不存在的,科学性应受质疑。换言之,里斯和特劳特的观点虽然影响广泛,可靠性却未必充分,不足以起到范式作用。

还记得本书第二章提到的,为什么定位理论在传入中国的初期,虽然概念为人所知,但是大部分人不会用或者一用就错吗?笔者指出有两方面原因,一个是缺少成功的本土案例,另一个则是范式问题。什么是范式呢?来举个例子,对于很多人来说,哲学是一门非常艰深的学科,除了经典的著作句子特别长,概念特别多带来的阅读障碍外,每个哲学家采用不同的理论范式,则是最主要的原因。老子讲"道""有""无",孔子讲"仁""礼""义",老子跟孔子的范式不同;康德讲"先天认识形式""物自体""批评",黑格尔讲"矛盾""辩证""绝对精神",康德跟黑格尔的范式不同。大家的概念不同,范式也就不同,就算是同一概念,含义也可能不同,研究方法不同,评价标准也不同。

从严格的定义来看,范式(Paradigm)的概念和理论是美国著名科学哲学家托马斯·库恩提出并在《科学革命的结构》(*The Structure of Scientific Revolutions*)中系统阐述的。它指的是一个共同体成员所共享的信仰、价值、技术等的集合,指常规科学所赖以运作的理论基础和实践规范,是从事某一科学的研究者群体所共同遵从的世界观和行为方式,是开展科学研究、建立科学体系、运用科学思想的坐标、参照系与基本方式,是科学体系的基本模式、基本结构与基本功能。

乔治·瑞泽尔(George Ritzer)指出了范式对于科学研究的重要性:范式是存在于某一科学论域内关于研究对象的基本意向。它可以用来界定什么应该被研究、什么问题应该被提出、如何对问题进行质疑以及在解释人们获得的答案时该遵循什么样的规则。范式是一科学领域内获得最广泛共识的单位,可以用其来区分不同的科学家共同体或亚共同体。它能够将存在于一科学中的不同范例、理论、方法和工具加以归纳、定义并相互联系起来。

范式化意味着定位理论必须采用规范化的概念模型,里斯和特劳特对"心智""竞争""战略""认知""需求"等基本概念的定义与大家普遍接受的定义有着较大的不同,甚至有意曲解了"企业战略""品牌战略"等概念的内涵,这让理论交流无法进行。因此,定位理论必须与大家普遍接受的营销管理学、战略管理学、品牌管理学挂钩,采用一般性的概念模型;范式化也意味着定位理论必须放弃原来的类比说明、个人经验普遍化、曲解事实、忽视非定位理论因素影响、主观猜测等不科学的研究方法,而是采用变量控制、市场研究、对比实验、样本调查等实证研究方法,以及大数据、人工智能等科学方法开展理论研究,在科学的框架下验证和推广定位理论;定位仅仅是营销过程、战略过程、品牌过程的一个片段,而非全部。营销的成功、战略的成功、品牌的成功都是各种因素相互作用下产生的结果,要做到科学归因,而不是盲目地将成功归功于定位理论或者将失败归责于定位理论,这都不是实事求是的态度。要将定位纳入营销、品牌、战略的系统和整体之中,进行系统化的研究。

(3) 系统化

定位理论多年来"打补丁式"的升级方式使其失去了系统性。尽管科特勒的营销管理多年来也在升级,但是并没有脱离4C框架和"价值""市场""需求"等核心概念。然而定位理论的升级从"营销的四种战法"开始就失去了理论的系统性和整体性。

里斯和特劳特潜意识里认识到定位理论在延伸之后似乎缺少了"灵魂",在自信满满地声称"营销战"是比定位更先进的理论之后立马打住,将风头再次吹向定位,并确立了"心智"在定位理论的核心地位。然而,明明是"不具备系统性的松散经验总结",即便是硬生生找出"心智"这个所谓的理论核心,定位理论依然是形散神也散。营销的四种战法与心智定位根本就不是一套体系;定位理论在往战略理论升级时,除了曲解"战略"的本义外,还要借助"配称"的概念保证理论的完整;定位理论向品牌理论升级时,除了混淆"战略""品牌""定位"的层次,还要发明"品类"的概念来维系理论的解释力。定位理论将春装、夏装、秋装、冬装同时穿在身上就想告诉别人自己不是"三季人",却搞得不伦不类。"心

"智"之于定位理论就像周天子之于诸侯争霸,只是个虚君罢了,各路诸侯各自为政,对于这个"虚君"根本就是视而不见。

那么定位理论如何实现系统化呢?首先就是打破心智在理论中的核心地位,同时借助各领域已经被普遍接受的通用概念,嫁接到营销管理、品牌管理、战略管理的理论体系当中去,老老实实充当"寻找位置"的那个关键流程。

(4)科学化

舒尔茨认为:"一个品牌在市场上之所以取得成功,是因为品牌建设者具备了管理学、消费者行为学、传播学、市场营销学、社会学、信息技术、制图与设计、会计学与金融学以及其他业务工具方面的基础知识,而这些全是创立品牌并维持品牌在市场上的立足之地所必不可少的条件。有经验当然好,但是,一个人如果把他的品牌思想建立在毫无根基的概念和'内在感受'及'天生本能'上,并以此来实施品牌管理和品牌发展战略,那未免太冒险了。"①

科学化意味着定位理论的研究要采用科学的研究方法,而不是近乎迷信的"成功的都符合了定位理论,失败的都不符合定位理论,信不信由你"。不管是心智定位,还是其他流派的定位,或者重建后的定位,必须基于数据和控制实验来证明假说。未经证明的结论只是假设或者说是个案。五十年来,定位理论的核心概念都处在被默认的状态,拿来用就是了,没人在乎它的科学性。但是定位理论要融入营销管理、品牌管理、战略管理的理论框架中,必须接受科学的方法。

2. 适用范围的拓展

定位理论太重要了,重要到各种行业、各类企业、各个发展阶段都应该有明确的定位,然而,里斯和特劳特的心智定位模型却严重限制了定位理论的适用范围:

行业上看,定位理论并不适用于所有品类。比如国外的谷歌、苹果、亚马逊等品牌,国内的阿里、腾讯、字节跳动、小米等品牌,均无法用定位理论解释,因为这些企业本身就是在构建商业未来,过去的理论框架无法套用。即使是决策门槛相对较高的消费品,如奢侈品、美妆类产品等,定位理论也不适用。

定位理论并不是一个完备的品牌建设理论,至少并不适用于品牌建设的高级阶段。由于理论的局限,品牌在输出定位时,往往只能以"定位概念+信任

---

① 唐·舒尔茨、海蒂·舒尔茨:《唐·舒尔茨论品牌》,人民邮电出版社 2005 年版,前言第 5 页。

状+热销"的模板打造标志性广告文案,但这种广告难以解决用户情绪感受、情感和态度共鸣的"高阶难题"。①

定位理论构建于1.0的传统传播时代,本身对于传播提及很少。从信息策略的维度看,数十年不变的概念和僵化话术,已经跟移动互联网的传播环境脱节。如果不加区分地在各个平台重复同样的信息,那是刻舟求剑,难以取效。

重建定位理论除了建立科学的理论体系之外,最重要的就是打破心智的局限性,从更多的变量出发,探讨广告、营销、品牌、战略等不同层面的定位问题,也就是拓展定位理论的外延。

(三) 融合是定位理论未来发展的必由之路

"融合"不是本书心血来潮的说辞,融合是定位理论发展的客观事实。用融合的思路重建定位理论已经具备了成熟的条件。

1. 心智定位的"叛逆者"

心智定位的应用领域越来越窄,国内主要的定位咨询公司纷纷将重心转向战略定位,从它们的推广口号就可见一斑:

> 里斯中国公司:战略定位咨询开创者与领导者
> 特劳特中国公司:战略定位全球领导者
> 成美公司:专注为企业制定品牌定位战略/成功案例众多的定位公司
> 罗盘定位:中国另一家战略定位咨询公司
> 九德定位:更精准的战略定位专家
> 鲁建华定位:定位体系全球开创者/定位咨询三大门派之一
> 顾均辉:战略定位咨询
> ……

除了清一色的"领导者"之外,它们的共同点就是全部聚焦到了"战略定位"上,虽然这也是定位同质化的明证之一,但也说明了定位理论在实践中的重要变化就是往战略上转移,同时也说明定位理论的阵地变得愈来愈窄。与此同时,心智派确实出现了想走融合路线的"叛逆者"。

---

① 钟铭:《为什么你总是用错定位理论? 解读定位传播2.0指南》,时趣微信公众号,2020-02-26。

前面说过，心智定位嫡系部队出身的谢伟山后来成立了君智咨询，业务主打竞争战略。可能是早已发现了心智定位的局限性吧，其公司开始倡导用综合的方法来形成和传播战略定位。君智公司在主页这样写道："研究消费者心智的定位理论认为，企业的'品牌'在顾客的大脑里建立的有别于竞争对手的认知，是产品、技术、渠道乃至资本都无法替代的关键资源。但与定位理论初入中国时相比，当今企业的生存环境已经发生巨变。随着移动互联网的迅猛发展，消费者与企业的接触点从品牌扩展到可以体验到的方方面面，消费者所有的体验都成为企业战略的输出触点。纵观商业发展历史，任何理论都有其应用边界，商业的成功不能说是某个单一理论的成功，就像企业的成功不是运用单一知识的结果，也不是某一方团队的努力。君智咨询认为，企业的战略输出触点应从原来的品牌走向企业整体，企业必须要能利用各种知识通过产品和服务来满足消费者的某种独特需求。"

2. 融合是客观的发展趋势

里斯和特劳特在新产品、新品类的起源问题上曾经得出过错误的结论，那就是认为融合必然失败。然而，融合产品不仅没有失败，反而在移动互联网时代催生了大量的革命性产品。当然，里斯、特劳特以及他们的继承者从来没有承认过错误。为什么里斯和特劳特会对融合论得出错误的结论呢？除了两人太过于心急，没等到融合产品成熟就妄下结论外，还有一点就是对心智的过度解读。从两人早期作品批判PDA产品开始，他们就认定，融合思维下开发出来的产品身上有太多的功能，顾客根本记不住，别说用了。现在人们知道了，融合类产品，譬如智能手机、微信、支付宝，已经融入了生活的方方面面，成为各种场景的"接口"，人们对它们的理解根本不是在纸上罗列它们有啥功能，然后再挑战自己记忆力的过程，对于融合类产品人们的态度是"用就是了"。

除了产品，广告和营销也在走向融合。现在，营销的生态正在变得越来越复杂，短视频、微信、企业微信、今日头条、抖音、快手、天猫、原生广告、计算广告、大数据技术、物联网技术……林林总总的形式和媒体让人眼花缭乱、沟通渠道极度碎片化，这让所有企业都感到头疼。企业客户迫切需要更加一体化的营销解决方案，仅仅将不同媒体形式加在一起，像水果拼盘一样端给客户，看似琳琅满目应有尽有，实际却不能解决任何问题。

目前，广告代理公司、数字营销公司、创意设计公司、线下活动公司、媒体公司、公关公司、管理咨询公司、市场调查公司都是各行其是，并没有真正协同作战。未来，新一轮的整合与重组成为主题。咨询公司巨头埃森哲成立的子公司埃森哲互动，近5年来先后收购了22家创意公司、内容制作公司和数字营销公司。目前埃森哲互动已经成为世界上营收最高的数字代理机构。今后，数据与技术、创意与内容、营销与咨询、电商与销售将会无缝对接，走向融合。

3. 理论的融合

技术日新月异、环境云谲波诡、实践推陈出新，这就是我们目前所处的环境。理论永远赶不上实践的脚步，尽管营销理论、品牌理论、战略理论曾经都借鉴了里斯和特劳特的思想精华，但是他们都没有就此止步，而是随着时代的发展不断更新观念、升级理论。现在，营销管理理论、品牌管理理论、战略管理理论都因为博采众长、吸收并举而变得体系完备，并且表现出交叉融合的态势。

然而，定位因为表现为一个相对静止的"位置"或者"点"，不具备营销、品牌和战略的过程性，所以定位理论一直都停留在"技术"的层面，而没有上升为"定位管理"，因此缺乏对复杂环境的解释力和控制力，也就没能实现定位从观念到"过程管理"的转变。前面已经讲过，里斯和特劳特试图将"心智"作为核心，进而实现定位理论向营销、品牌、战略领域的扩展，该路线是行不通的。根本问题出在"心智"不具备理论解释力，导致定位理论的整个逻辑体系难以自洽。

本书认为，定位是营销、品牌、战略的下级概念，定位管理是营销管理、品牌管理、战略管理的组成部分，因此必须将定位过程融入营销过程、品牌过程、战略过程中，而不是将业已成熟的营销学、品牌学、战略学排除在外，去建立一套孤立的定位理论体系。换句话说，所谓的理论融合是定位理论融入营销管理、品牌管理、战略管理的过程，然后相互促进，高效地实现营销目标、品牌目标和战略目标。里斯和特劳特走的则是无限延伸"心智"，试图将定位理论建成一种大而全的理论，对于解释不通的矛盾点和空白点，则采用曲解和无视的态度，从理论创新走向了守旧排他，终将成为时代的弃子。

唯有融合，定位理论才能永葆青春并发挥它最大的价值。

4. 营销人员素质的提高

定位理论的火爆多多少少是钻了当时中国企业家和市场人员严重缺乏营销知识和经验的空子，经济的飞速发展迫切需要一种能够速成的营销理论，正巧定位理论符合了条件。不过，三十年河东三十年河西，中国已经不是缺少理论常识的那个中国了。相反，随着移动互联网技术的发展，中国在新营销、新零售领域正在强势逆袭。中国的企业家和市场人员已经具备了较好的理论素养和专业素质,谈起互联网生态、新媒体技术、产品运营、客户关系管理来一点不比专家差。"一词占领心智""定位定天下""心智是战略的奥秘"等说法已经不具有吸引力和可信度。人们需要的是系统、科学、适应时代发展的理论和工具。

天时、地利、人和都已满足,定位理论只待"融合"。

二、融合的视角——"定位管理学"的构建

营销理论成熟的标志是"营销管理学"的创立,品牌理论成熟的标志是"品牌管理学"的创立,战略理论成熟的标志是"战略管理学"的创立。三种学科走向成熟的共同点就是将理论主体视为系统的管理对象,融合各家理论、运用科学的方法在广泛的框架中进行动态的管理。融合是定位理论发展的未来,本书首次提出采用结构性的方法,参考"营销管理""品牌管理""战略管理"的理论框架,尝试建立"定位管理学"的初步框架。在这里,融合是思路,结构是方法,"定位管理学"是定位理论重建的目标。

定位管理学不仅仅是取一个帅气的名字沽名钓誉,也不是将各个流派简单做个加法,而是试图实现"结构"和"转变"的一体化或者说静态和动态的一体化。本书不建议为定位理论区分派别,尤其是未来的定位理论,但是各流派未必会放下门派偏见自觉走融合的道路。因此,非要给本书所说的"定位管理学"加上一个流派的话,那就是"结构派定位理论"。

(一)定位的属性

不管是心智定位,还是哪个学派的理论分支,也不管我们将要融合形成的新定位理论,定位理论之所以是定位理论而不是其他什么理论,它们之间一定是有共同的属性和特征的。梳理清晰这些属性,可以帮助我们将定位理论与其他理论和概念相区别,也可以约束我们在重建定位理论时坚持一条红线。这很重要,重建后的定位理论依然是定位理论,而不是其他什么新的发明与创造。

1. 品牌主体性

定位的主体是品牌,当我们说"你的定位是什么"时,指的是品牌的定位。因此,整个企业层面上的营销战略或者某个促销活动的主题都不属于定位问题。因为整个公司的战略层面往往包括多个传播主体,只有一个确切的品牌才具备一个确切的"位置",而一次具体的广告或者促销可以体现定位、受定位指

导,但定位并不是依据它们制定的。换句话说,广告和促销可以围绕着品牌来,受品牌约束,但是反过来,如果品牌围绕着广告或者促销展开,那么这个品牌是缺乏定位的表现。

不以品牌为竞争单位的企业,也是不讨论定位问题的。它们可以有战略,可以有目标,可以有计划,可以有策略,可以有企业文化,可以有竞争战略,但是不要把这些职能归属于定位。这些企业也不靠品牌和定位形成竞争优势。

定位的品牌主体性使其区别于商业模式、集团战略、核心能力等非以品牌为主体的企业职能。不以品牌为竞争单位的企业,也不讨论定位问题。

2. 战略性

尽管定位理论源自广告理论,里斯和特劳特也在广告、公关、视觉设计、品牌命名等营销传播的具体问题上颇有见解,但是定位理论发展至今最大的价值还在于战略层面上。定位理论应该将具体的传播方法、技巧、创意留给更擅长的人,充分发挥自己战略性指导的作用。

科特勒和凯勒在《营销管理》中指出,品牌定位是营销战略的核心,是指设计公司的产品服务和形象,从而在目标顾客的心目中占据独特的价值地位。品牌定位能设定营销方案和活动的战略性方向,规定品牌在市场上的"活动"范围。因此,确定品牌定位成为战略品牌管理流程"四步曲"中的第一步,其目的是在顾客心目中建立核心品牌联想,与竞争品牌形成差异,建立竞争优势。

因此该定位就不是一次性的主题广告或者品牌标语,而是具有战略的高度性、长期性、目标性、愿景性、一致性的传播主题。定位要区别于企业战略,因为企业战略是一种投资组合,并不一定是传播主题。

企业和品牌在不同的发展阶段有不同的营销战略目标和诉求,因此从一开始就要求企业固执于某一个定位概念上是不对的,一是容易错过机遇,浪费品牌资产,二是容易对重大的挑战反应迟钝。在变革期不对战略和定位做出调整等于没有战略或者没有定位。

定位的战略性和阶段性,使其与短期的广告主题、事件营销、系列广告主题、公共关系相区别。定位与卖点、诉求也是不同的概念。

3. 竞争性、差异性和专属性

定位是能够引起顾客注意并优于竞争对手的利益点或价值点,或者说具有竞争性的差异点。与里斯和特劳特认为定位不是企业说的算,而是竞争对手说的算不同,本书认为定位并不总是依据竞争对手制定出来的,但是定位一定要具有竞争性。本书已经批评过定位理论对竞争的理解过于狭隘,仅把同种品类的品牌设定为对手,而忽略了替代品;同时定位理论又将竞争理解为你死我活的斗争,忽略了合作和多元化并存。在一个创新市场里,往往不存在直接的对手,但是定位要将竞争门槛设定好来防御未来可能产生的竞争。所以,定位有时表现为优于对手的价值或者利益,有时则表现为预设的竞争门槛。

差异化必须是竞争性的,也要符合顾客需求,脱离了市场需求的差异化不具备竞争力,所以营销定位也常常被称为竞争定位。很多新产品之所以无法取得成功,除了策略和执行上的问题外,最根本的问题在于不符合市场需求,为了差异化而差异化最终也会落入伪定位的陷阱。

定位概念也必须是专属的,任何通用概念都不是定位。例如,某品牌定位为年轻人市场、定位为高端、定位为薄利多销、定位为中型 SUV、定位为领导品牌……这些所谓的定位概念不具有专属性,因此在心智框架下不算定位,在任何层面上也都不算定位。所以,定位检测等式 $A=B/B=A$ 依然是适用的工具。

4. 传播性

定位虽然具备了战略性,但是绝对不同于一般意义上的战略。因为战略是企业的内部行为,并不扮演内外部沟通和传播的角色。但是定位不同,沟通性是它骨子里的属性,我们用"定位"而不用"战略"来描述这一职能,就是因为定位扮演着让内外部的人都能够理解的角色。比如 360 的定位是"安全的互联网科技",对于公司内部的人员来说,一切围绕着安全展开的互联网软硬件产品都可以开发;对于顾客来说,它的每个品类产品的差异化就在于"安全"。人们很容易理解这一定位概念,这一概念可以很容易地打通"卖点""利益""广告创意"之间的关系。

定位往往表现为一个具有战略高度的品牌传播主题,可以用于规范和整合企业内外部的传播行为,对内可以形成一致性的行动,对外可以影响顾客和潜在顾客的认知,进而达成获得竞争优势和积累品牌资产的目的。当我们说到定位时,指的就是一种传播上的策略问题。从这个层面上来讲,心智定位将"心智"作为理论基础也有一定的合理性。既然要影响心智,那么就必须要借助沟通。所以定位跟战略有着本质的不同,战略的目的不在于传播,更不是跟顾客商量。定位就不同了,必须具备可传播性。因此,定位必须简单明了,必须具备传播特性,也必须事关顾客需求。邓德隆所说的"战略就是定位,定位就是战略"混淆了定位与战略与品牌的区别,也不符合理论规范。

定位的传播性也说明,波特的竞争战略理论并不能完全归属于定位理论的体系中来。波特的理论服务于战略的形成,他的战略定位或者竞争战略与战略是等价的,只是采用战略定位来命名他的理论。波特的竞争战略理论与定位理论的共同点都是要确立一个"位置",目的都是获得差异化的竞争优势,但其他方面的共同点则较少。简单地讲,特劳特的战略定位是一种定位,而波特的战略定位是一种战略。

在重建定位理论时,其他流派的理论可以直接纳入定位理论的范畴,但是在战略定位上,还需要寻找新的方向。这样做的根本目的就是建立一种具有传播性的战略定位,使其可以纳入定位理论的体系,打通战略、营销、品牌、传播之间的关联。如果说定位就是战略,那么定位与营销、品牌、广告之间的关系又无法调和了。

定位的传播性,使其与企业战略、业务战略、商业模式、盈利模式等非以传播为目的的职能相区别。

5. 衔接性

定位是沟通内外部的桥梁。里斯和特劳特是最早倡导企业将关注点从企业和产品转向顾客的营销专家。随着"以心智为核心""以竞争为导向"理论的完善,定位理论成为一种具有"外部性思维"的营销理论。随着特劳特"战略定位""配称"理论和里斯"聚焦""分化"理论的成熟,两人以往过分强调外部性而忽视内部价值的思路得到一定程度的纠正,定位理论开始成为一种"内外兼顾"的营销理论。

结构化的定位理论应当深入一步,让"定位概念"成为衔接组织内外部沟通的桥梁。对内,定位沟通的是战略与战术、策略与执行、4P、部门间的协调,也就是更加广义的"配称"。对外,定位起到将战略落实到市场,将信息传递给顾客,指导广告、公关、终端体验、社会化营销、数字营销等更加广义的营销传播的作用。通过融合性的定位理论打造,真正打通传播、营销、品牌、战略之间的关系。

定位的衔接作用,使其与非定位的广告主题、广告创意、企业文化、企业战略等纯粹的对外或对内的概念相区别。

6. 前瞻性

一个拥有良好定位的品牌应该在概念和执行上都是独特的。一个好的定位既立足于现在,又放眼于未来。它需要有抱负,这样品牌才有成长和改进的空间。只基于当前市场状况的定位不够面向未来,但同时定位不能脱离现实以致根本无法实现。定位的真正诀窍是在"品牌现在是什么"与"可以是什么"之间取得正确的平衡。①

CEO 要什么,要的本质都是增长,无论定位还是品牌,本质都要指向增长这个靶心。只有这种情境假设下,定位才能活化,更有德鲁克所言的"实践意义",如果不指向目的,不指向增长,这些定位都叫作无效动作,浪费了大量资源。

定位都包含了企业对于品牌未来发展的期待,哪怕是基于产品功能的差异化定位,也包含了企业对于该产品未来市场的预期。"怕上火喝王老吉"讲的是产品的差异化功能,但是对以一个全新市场的开拓,标志着该产品是具有战略意义的业务。

产品发展到一定阶段会积累一定的品牌资产,除了它所代表的品类和差异性之外,也包含了形象、价值和价值观,这时候品牌就不限于品类代表,而具有脱离具体产品形态的延伸性,这就是价值定位或者价值观定位。例如 360 的安全,不是特定的产品品类,而是一种核心技术和价值,这也就规范了内外部的传播和行为,具有战略性、前瞻性和愿景。小米的定位是"为发烧而生",这是一种价值观,也是愿景,还规定了业务范围,也就是激动人心的科技产品。

定位的前瞻性,使其区别于促销、危机公关等短期行为。

(二) 定位理论学派的融合和"定位管理学"的初步框架

在科学的视角下,事物系统的诸要素所固有的相对稳定的组织方式或联结方式体现为要素的组织、总合、集合,诸多要素借助于结构形成系统。

科特勒咨询集团(KMG)中国区合伙人王赛曾经说过,"我只相信理性结构,结构不对,再牛的企业家也会出问题。"所谓"结构",王赛说,"这相当于下棋的棋局,每颗子的落点都有章法与变化,形成一个必赢的'场'"。

定位管理学或者说结构派定位理论的构建源于这样的假设:定位的形成不是单一要素可以决定的,因此心智定位理论那种基于心智和产品竞争单一要素的思想便不被本书所接受。真正的定位是由企业和品牌所处的"结构"决定

---

① 菲利普·科特勒、凯文·莱恩·凯勒:《营销管理》,格致出版社 2016 年版,第 257—258 页。

的,也就是由复杂的内外部环境、企业的愿景、企业家理想、组织学习等方方面面要素决定的。因此,企业就应该跳出单一的心智和产品竞争,在结构中研究定位的形成。

然而,企业所处的环境是变化的,甚至企业的愿景、企业家的理想、团队的权力、组织的文化、组织的学习都是变化的,这一变化过程可能没那么快,但是一直在变化,结构一旦发生重大的变化,以往的定位便不再适应环境,定位的转变期便来临了。

1. 定位管理的板块

在定位实践中,结构派定位理论主张研究"结构"和"转变",在这里本书受到了结构派战略思想的启发。在理论上,结构派主张将所有的定位流派整合起来形成一个整体,探讨各流派的适用范围以及使用的条件。除了将各派理论进行整合,结构派还应该探索各派理论融合的机制。

定位理论的不同学派差别体现在观念上,也就是在哪里寻找定位上,里斯和特劳特在心智中找,科特勒在市场中找,阿克和凯勒在品牌资产中找,波特在产业链上找……结构的方法打破了定位理论的学派差别,定位就是定位,就是要为传播、品牌、营销、战略寻找位置,所以定位属于"道"的问题。而去哪里找、怎么找都只是"术"的问题。术要跟着道走,而不是道被术牵着鼻子走。现在定位理论之所以混乱不堪,就是因为大家没有把握住定位的核心,而把重点放在"心智""细分""卖点""诉求""差异化"等次级概念的争论上。记住,我们的目的是寻找那个为营销、品牌、战略赋予竞争力的"位置",而不是经由定位证明自己过去的假设多么厉害。

说到底,定位理论根本不需要流派,定位取决于企业和品牌不同发展阶段面临的内外部环境、自身优势和企业的愿景,不同的行业也决定了定位的不同。这些因素构成了一个整体,而"定位"则是这个整体的组成部分,心智也好、竞争也好统统都只是局部要素。整体结构决定了定位,而不是定位决定了整体结构。各种流派的定位理论依据不同的职能以及定位的升级路径而得以整合:

战略定位让企业集团可以在充分分析行业机会、自身优势的基础上,选择进入有利可图的产业,实现差异化的行业优势,并为成熟的企业战略奠定产业基础。

STP+4P适合对需求市场进行分析,并选择进入有机会的细分市场,规划好营销组合。

心智定位适合对营销组合中的推广策略进行进一步的细化，瞄准顾客心智和产品的差异化，集中资源将新产品迅速推向市场，获得市场优势。然而心智定位只适合发展初期的大众消费品，品牌的假设也停留在了知名度层面上，于是定位需要在坚持核心价值基础上不断进行调整。

"品牌形象—核心价值"适合与消费者建立进一步的关系，积累更多品牌资产，从产品竞争过渡到品牌竞争。

在产品和品牌基础上继续形成独特的模式，借助数字技术、大数据、移动互联网等技术将顾客关系上升到双向互动甚至多向互动，将传统的产业竞争向生态圈进化，实现顾客终身价值最大化。

本书将定位的职能也就是定位服务的领域分为：广告和传播定位、营销定位、品牌/产品定位、战略定位。因为广告和传播又从属于营销管理和品牌管理，并且更多属于具体的操作方法，广告的职能依附于营销和品牌的职能，因此本书将广告和传播定位融入营销定位和品牌定位中。另外，随着品牌重要性的凸显，现在已经没有脱离品牌的产品了，当我们讲产品定位时，实际上指的是品牌定位，因此产品定位也可以并入品牌定位中去。

于是，定位根据职能的不同就可以分为"营销定位""品牌定位""战略定位"三大板块。营销定位的职能服务于需求与供给的有效衔接，适用于市场的逻辑，解决的是定位的"宽度"问题；品牌定位的职能服务于品牌关系的不断强化，适用于对外传播，解决的是定位的"深度"问题；战略定位的职能服务于资源的有效利用，适用于企业战略和业务层战略，解决的是定位的"高度"问题。

为什么战略定位又分为业务层战略定位和企业战略定位呢？将战略定位分成两个部分的出发点在于，定位与业务层战略联系紧密而与企业竞争交集较少，现实中企业战略很少经由定位而形成，包括里斯和特劳特在内的定位专家都没有形成一套可行的企业战略定位理论和方法。目前企业战略的形成主要还是依据经典的战略理论而制定。

其他诸如心智定位、运营配称、整合营销传播、五力模型等等，都只是具体的定位工具和方法，并且可以跨层级运用到营销定位、品牌定位、战略定位的各个环节。至于具体应用哪种方法，则依据企业内外部环境、品牌的发展阶段、企业愿景、企业家认知等结构性变量而定。所以说，定位理论并不需要有学派差异，为了找到位置，法无定法。

表 6.1 定位的结构化演进和定位管理的板块

定位管理板块		定 位 方 法
定位	战略定位（企业层）	古典战略理论：计划、规划、定位、创业、企业家、文化、环境、学习、权力、结构等各个战略流派的思想和工具 新兴战略理论：生态圈理论、顾客价值理论…… 企业战略定位：定位跃升为企业战略
	战略定位（业务层）	产业导向：竞争战略、三种通用模型、商业生态系统、组织生态学…… 竞争力导向：五力模型、波士顿矩阵、营销战（营销四种战法）、聚焦战略…… 心智导向：品类战略、战略定位、重新定位 价值导向：顾客让渡价值、蓝海战略
	品牌定位	人本驱动/数字驱动：品牌关系、内部营销、体验经济、社会化营销、大数据营销、社群营销、O2O、跨界营销…… 价值驱动：品牌资产、品牌形象、价值主张、整合品牌传播、价值观营销、超级符号…… 产品驱动/竞争驱动：心智定位、视觉锤、公关、整合营销传播、爆品战略……
	营销定位	需求导向：STP+4P…… 竞争导向：差异化、心智定位+配称…… 心智导向：心智定位、分化、品类战略……

如表 6.1 所示，本书将定位过程纳入营销管理、品牌管理、战略管理三个层面的管理过程当中，因为广告和传播从属于营销管理和品牌管理，所以不再单列一个"传播管理"的单元，传播依然重要，在数字化时代变得更加重要，北京大学陈刚教授甚至提出了"创意传播管理"的概念。本书只是将其职能融合到营销品牌的管理流程之中了。

从定位的板块和管理过程来讲，诸如市场定位、价格定位、形象定位、地理定位、人群定位、渠道定位、包装定位、广告定位、促销定位等都是错误的概念，都是对目标市场、定价、渠道策略、区域市场、包装策略等概念的误读和误用，这一点在本书第三章讲过。

2. 定位管理的过程

简单地讲，营销定位是在市场结构中找位置，品牌定位是在顾客关系中找位置，战略定位是在产业结构或者更复杂的结构中找位置。定位理论就是一种为广告、营销、品牌、战略找位置的学问。之所以提出要打破心智对定位理论的垄断，根本原因就在于心智只是市场结构和品牌关系结构中的一小部分。当定位升级到营销、品牌、战略的较高层级时，心智就失去了解释力。

定位管理分为营销定位、品牌定位、战略定位三个板块，这意味着一个企业同时拥有三种定位吗？不一定。定位是以品牌为主体的，品牌可以是单一产品品牌、延伸性产品品牌、企业品牌，其中企业品牌又可分为无产品纯粹背书品牌，如宝洁；有产品但又为其他产品品牌背书的品牌，如可口可乐；企业品牌同产品品牌相同的品牌，如海尔。然而现实中品牌之间的关系可能更为复杂。品牌架构的复杂程度，决定了定位管理过程的复杂程度：单一品牌的企业，营销定位、品牌定位、战略定位很可能高度一致；多品牌的企业，大多由企业品牌体现战略定位，产品品牌体现营销定位或者品牌定位；更多的企业可能只有营销定位，而没有品牌定位和战略定位。

如果具体到一个特定的产品品牌，大多数情况下都要经历一个从营销定位到品牌定位再到战略定位的升级过程，这种升级过程成为定位管理的一般性过程，表6.1在展示定位管理板块的同时也在一定程度上反映了定位的升级路径以及各个阶段能够采用的定位方法，因为本书默认了大多数企业和品牌都是从无到有、从小到大发展起来的，多品牌组合和延伸品牌都是企业发展到成熟阶段的结果。

按照定位理论的发展进程，定位的排序应该是产品定位、营销定位、战略定位、品牌定位，或者按照范畴的大小排列为产品定位、品牌定位、营销定位、战略定位。然而，本书为什么要将营销定位置于一个更加基础的层面上呢？主要原因在于里斯和特劳特理论的漏洞：里斯和特劳特的定位研究发端于既定市场和既定产品的差异化传播研究，自始至终都缺乏对新市场和新产品的需求、规模、资源、能力、市场机会、挑战、优势、劣势等因素的评估，是科特勒把定位理论引入营销管理体系后将这些"定位前"的变量纳入进来的，从而构成了"营销定位"的体系。因此，无论是理论上还是实践上，营销定位都应该是品牌定位和产品定位的前提。

营销定位、品牌定位、战略定位之所以成为定位管理的不同板块，根本原因就在于营销、品牌、战略属于不同的企业职能，有不同的目标、思路和方法。所以过去里斯和特劳特试图用一个"心智"来抹平营销、品牌和战略之间的区别，并以此为基础建立理论体系的尝试就是错误的。所以,应该将定位的职能融入营销、品牌、战略的管理过程中去,并区分为营销定位、品牌定位、战略定位三大板块。

从定位管理的阶段上来看,定位的形成和转变有两条路径(见图6-1):一条是从营销定位向品牌定位和战略定位发展的升级过程,并且在营销定位、品牌定位、战略定位的内部也要经历连续的升级过程。例如,小米开始是互联网手机,然后一步步跃升为为发烧而生的智能设备提供商,品牌定位不断升级。另一条是分析、计划、执行、控制的管理过程,微观来讲定位的管理过程是定位的日常工作,宏观来讲要保持对内外部环境的敏感,抓住定位跃升、转变的机会。然而,转变不都是上升的,也包含对落后品牌的调整、雪藏甚至是淘汰。定位管理是双线条动态的过程,分析、计划、执行、控制是连续不断的,升级则是阶段性的跃进,一旦发生跃进,定位都要重新开始一轮分析、计划、执行、控制的过程。

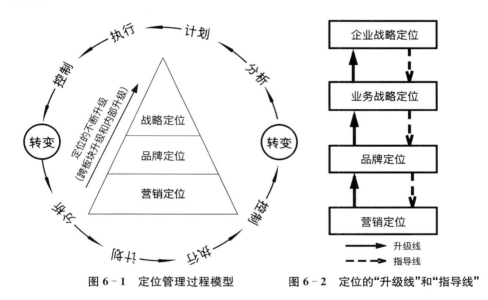

图6-1 定位管理过程模型　　图6-2 定位的"升级线"和"指导线"

营销定位、品牌定位、战略定位三者的作用关系也不单单是升级一条线路,还包括上级对下级的指导。如图6-2所示,三者的关系也有两条路径,分别是自下而上的"升级线"和自上而下的"指导线"。里斯和特劳特只认识到自下而上的升级线,认为实践和理论都是从传播到营销再到品牌和战略的升级过程,否认了自上而下的指导,认为战略就是品牌的简单相加;而很多企业又恰恰相反,走了自上而下的指导线,忽略了自下而上的升级。现实中,两条线应该是并存的。

3. 定位管理的工具

定位管理是将定位作为管理对象的管理过程,而过去所谓的心智定位、营销的四种战法、STP+4P、竞争战略、通用模型等等都只是具体的定位工具和方法。用工具和方法代替理论体系或者用我方的方法否定别人的方法都是片面的。在融合的视角下,本书用定位管理的思路来整合各家方法。

(1) 营销定位

科特勒根据需求导向提出的"STP+4P"模型、里斯和特劳特提出的心智定位以及根据竞争导向提出的"差异化""心智定位+运营配称",再加上后来的"分化"和"品类战略",共同构成了营销定位的基础工具。营销定位适用于新市场、新品牌的开拓,用于形成品牌最初的市场策略。

(2) 品牌定位

市场初具规模以后,企业要谋求品牌关系的深化和品牌资产的积累。产品驱动/竞争驱动阶段的品牌可以借助心智定位、视觉锤、公关、整合营销传播、爆品战略等一系列工具打造具有市场竞争力的产品品牌;然而,当市场到达瓶颈期甚至产品寿命周期走到尽头时,就要为品牌赋予新的价值并为顾客提供新的价值。价值驱动的定位工具有:品牌资产模型、品牌延伸、品牌形象、价值主张、整合品牌传播、价值观营销、超级符号等等;随着数字时代的到来,价值还能往人本主义方向发展,而各种数字化工具带来一系列新的玩法:品牌关系、内部营销、内容营销、体验经济、社会化营销、大数据营销、短视频营销、社群营销、O2O、跨界营销……

(3) 业务战略定位

业务层面上的战略工具应用最普遍的还是以波特为代表的专家开发的工具如竞争战略、三种通用模型、五力模型、波士顿矩阵,近年来商业生态系统、组织生态学则十分火爆。里斯和特劳特的营销四种战法、聚焦战略、战略定位、重新定位也是很好的业务层战略工具。此外还有顾客让渡价值、蓝海战略等工具。

(4) 企业战略定位

目前,企业战略的制定工具还是以古典战略理论为主,包括计划、规划、定位、创业、企业家、文化、环境、学习、权力、结构等各个战略流派的思想和工具,新兴的生态圈也可以从业务战略上升为企业战略,定位也可以跃升为企业战略。本书认为,定位是定位,战略是战略。定位可以跃升为企业战略,但企业战略却未必是定位,构成企业战略的依然要靠经典的战略理论。而对于定位理论来说则要追求不断的跃升,寻求将品牌定位、营销定位、业务层战略定位跃升为企业战略的机遇。

总结一下,定位管理的过程如下:

首先,要基于公司的业务单元制定营销层面上的定位,重点分析市场机会、明确要进入的市场、匹配企业的营销资源、建立差异化的竞争优势,为产品和品牌搭建发展的正轨。

接下来,以营销定位为基础,将定位作为品牌资产的重要基础,不断提升品牌与顾客的关系,实现品牌定位的跃进,积累更多品牌资产。

然后,抓住机遇将定位战略化,将定位升级为业务战略,进而成为公司战略。然而,定位并不总是可以成为企业战略。

至于具体的方法和工具,都可以拿来为我所用,而不必去坚持所谓的心智定位的方法。

三、定位的宽度:营销定位管理

(一) 科特勒对营销定位的发展

最早用结构化的方法升级定位理论的不是别人,而是科特勒,他的 STP+4P 本身就是结构化的营销定位模型。他发现,定位并不是一个孤立的环节,而是受市场因素的影响。消费者的心智不可能是一样的,所以必须锁定一个细分的市场;定位也不可能只通过广告影响心智来建立,产品、定价、渠道、推广必须全面支持和匹配定位,定位才能够建立起来,而通过广告影响心智仅仅体现在 4P 中的推广环节中。正是因为科特勒看到了"定位前"和"定位后"的结构化匹配,本书才认为科特勒是定位理论结构化研究的鼻祖。

虽然科特勒没有说自己建立了结构派的定位理论,但是不要忘了,科特勒是把定位置于他营销管理的体系中来研究和应用定位理论的,所以,营销管理的方法本身就是定位的方法。

1. 定位前：3C分析

严格地讲，将科特勒的定位体系称为"STP＋4P"并不严谨，因为科特勒强调市场细分、目标市场和定位的确立建立在市场调研的基础上，所以依靠专家对心智的主观推断来形成定位是不可靠的。同时科特勒并不是为了找到这个定位才发明了STP＋4P，它们只是营销管理中的一个环节，我们要把定位置于整个营销管理的体系中去理解。说科特勒伟大，就是因为他把好的理论和工具打包形成了营销管理的体系，而不拘泥于特定的流派和单一的方法，虽然增加了学习者的难度，但也提高了成功的可能性。

"3C"是战略分析的基础，即企业（Corporation）、顾客（Customer）、竞争（Competition）分析，一个好的战略必须使企业自身、顾客和竞争对手三者之间的相互关系匹配，并动态地把握它们的演化趋势。只有这样，企业才有机会赢得这场利益战争。在制定战略时，企业应充分利用其相对竞争优势，更好地满足顾客需求，努力与竞争对手形成绝对的差异化。

2. 定位中：STP

STP是营销学中营销战略的三要素。在现代市场营销理论中，市场细分（Market Segmentation）、目标市场（Market Targeting）和市场定位（Market Positioning）是构成公司营销战略的核心三要素，被称为STP营销。

市场细分是指营销者通过市场调研，依据消费者的需要和欲望、购买行为和购买习惯等方面的差异，把某一产品的市场整体划分为若干消费者群的市场分类过程。每一个消费者群就是一个细分市场，每一个细分市场都是由具有类似需求倾向的消费者构成的群体。目标市场就是通过市场细分后，企业准备以相应的产品和服务满足其需要的一个或几个子市场。市场定位就是企业根据目标市场上同类产品的竞争状况，针对顾客对该类产品某些特征或属性的重视程度，为本企业产品塑造强有力的、与众不同的鲜明个性，并将其形象生动地传递给顾客，求得顾客认同。市场定位的实质是使本企业与其他企业严格区分开来，使顾客明显感觉和认识到这种差别，从而在顾客心目中占有特殊的位置。

科特勒除了将定位纳入营销管理体系外，还拓展了定位的来源。科特勒指出，品牌不只是一个简单的标志符号，它具有更复杂的内涵。一个品牌具有六层含义，即属性、利益、价值、文化、个性和使用者。

3. 定位后：4P 的发展

定位的根本目的在于指导营销框架的展开与落地,也就是指导 4P 策略的展开与落地。营销 4P 是创造价值、捕捉价值、沟通价值和传递价值的过程,具体包括产品策略、定价策略、渠道策略和推广策略。产品策略指的是决定开发哪些新产品,产品线应该如何整合,在数字时代如何做出一款"感染性"的产品,实现市场引爆;定价策略,包括价格制定方针、如何针对市场需求动态调整定价;渠道策略,包括渠道设计、渠道管理,以及相应的销售策略;推广策略又叫沟通策略,指的是沟通目标、渠道、媒介的组合,以及如何建立品牌形象、品牌认知和忠诚,进一步建立品牌资产。

此后,科特勒又在 4P 模型上增加了"政治力量"(Political Power)、"公共关系"(Public Relations)、"探查"(Probing)、"优先"(Prioritizing)、"人"(People)等要素和环节,从而发展出 6P 模型和 10P 模型。借助这些模型,我们可以通过定位将营销的前后工作有效地联系起来。至此,我们可以很清楚地看出,营销管理的结构化操作,可以帮助我们形成一个营销定位,而定位也将营销工作的各个环节有效串联起来。

(二) 营销定位管理瓶

清华大学李飞多年来系统研究了营销定位,并出版了"李飞定位研究"系列丛书,"定位地图"以及在此基础上发展出来的"营销定位管理瓶"是其营销定位研究的核心成果。

1. 营销管理的核心是营销定位

李飞在参考科特勒营销管理框架的基础上,考虑到"营销＋管理"的整体内容,建立了一个"G-5C's-STP-4P's-3P's"营销管理框架(见图 6-3)。该框架增加了 4P 营销组合实现的基础部分,包括构建关键流程(Procedure)和整合以人为核心的重要资源(People),匹配科特勒全方位营销中内部营销的部分;将管理过程的分析、规划和实施部分与营销结合起来,构成真正的营销管理;在绩效部分增加相关利益者利益(Performance),匹配科特勒全方位营销中的关系营销和绩效营销部分;增加了目标(G)确定的部分。

根据该框架,营销管理的第一步是确定公司的营销目标,明确公司将要达到的绩效;第二步进行营销分析或研究,分析 5C(公司自身合作者、顾客、竞争者、宏观环境)等内容;第三步制订营销计划,包括创造价值的选择目标市场、营

定位理论过时了吗?

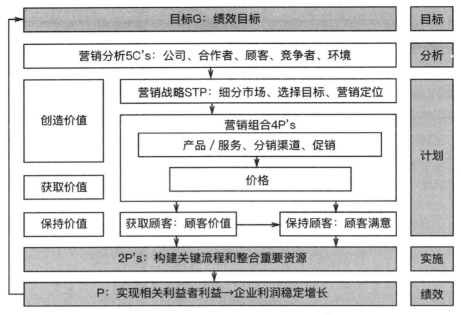

图 6-3 "G-5C's-STP-4P's-3P's"模型①

销定位和产品、渠道和促销的策略组合等内容,还包括获得价值的价格策略选择,以及保持价值的顾客满意等;第四步实施营销计划,包括构建关键流程和整合重要资源,保证计划的有效实施,从而实现绩效目标。

李飞指出,在竞争环境下营销管理的核心是营销定位。营销定位是指选择一个定位点并实现这个定位点。定位点指的是被目标顾客关注并优于竞争对手的属性、利益(包括功能性利益、象征性利益和体验性利益)或价值点。由竞争优势和营销定位的概念得出结论:可以通过营销定位来实现竞争优势。然而长期以来,营销定位似乎仅是一种概念,尚未成为一种实用的工具。实践中,亟须将其变成具体的管理工具。

2. 营销定位管理瓶

李飞给出了将营销定位从概念到管理工具的方法。他先是提出了"三步定位法"和"定位钻石图",继而形成了较为完整的"营销定位地图","营销定位管理瓶"则是最新成果。每次升级都将影响营销定位形成的因素和过程考虑进来,并逐渐体现出营销定位在营销管理过程中的核心地位。

---

① 李飞:《营销定位》,经济科学出版社 2013 年版,第 19 页。

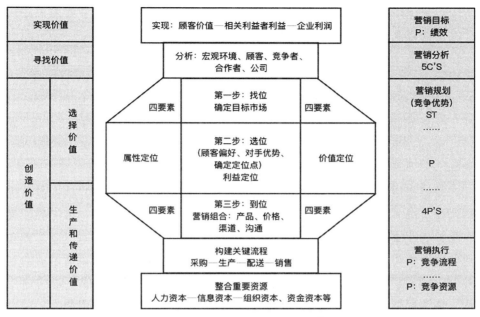

图 6-4　营销定位管理瓶模型[①]

该模型指出,定位全过程包括三个步骤:找位——满足谁的需要(Who),即选择目标市场的过程;选位——满足谁的什么需要(What),即产品定位的过程,结果是确定定位点;到位——如何满足需要(How),即通过营销要素组合来实现定位。这就初步形成了"找位、选位和到位"的基础框架。

围绕着定位过程将展开以下工作:首先,在市场研究的基础上,找到目标市场(目标顾客群),并了解他们在产品、价格、分销和沟通等方面的需求特征。其次,细分目标顾客利益并找出他们最为关注的若干利益点,通过分析竞争对手确定自身具有竞争优势的利益点,然后将该利益点确定为定位点,再根据这个利益点确定属性定位点和价值定位点,定位点的选择范围仍然包括营销组合要素的全部内容;无论在利益定位点是否实现差异化,最好仍然在价值方面找到并确定差异化的价值定位点。最后,通过进行营销组合要素的组合实现已经确定的定位。模型中的各个要素互相影响、互相依赖,它们必须保持方向的一致性,这是营销成功的重要基础。

"到位"的实现不仅仅是营销战术的组合,还需要一个与定位战略相关的业

---

① 李飞:《营销定位》,经济科学出版社 2013 年版,第 40 页。

务流程来保障,这个流程包括采购、生产、配送和销售等环节。企业必须关注几个关键内部流程,这些流程对于建立和传递差异化的价值主张至关重要,即对定位的实现至关重要。同时,业务流程效率如何又在很大程度受制于企业的无形资产,包括企业的人力资本(员工技能、才干和知识)、信息资本(数据库、信息系统、网络和技术基础设施)和组织资本(文化、领导力、员工协调一致、团队工作和知识管理)。如果把业务流程和无形资产作为实现定位的基础,就可以得到一个相对完善的营销定位地图,使企业的前后台链接为一个有效的系统。

营销定位管理瓶的根本逻辑出发点在于打造企业的竞争优势,依据竞争优势构建关键流程,依据关键流程匹配和整合重要资源。一方面,竞争优势如果不是建立在流程和资源之上,就很容易被竞争对手模仿;另一方面,竞争流程和竞争资源要转化成可以被顾客感知的价值。竞争优势的形成,可以通过由内到外(整合资源—构建流程—形成优势)和由外到内(规划优势—依优势构建流程—依流程整合资源)两条路径构建。营销定位管理瓶是将竞争优势这一层次具体化了。这个框架也清晰地呈现了营销定位和营销管理之间的关系,实际上,营销管理的核心就是营销定位也就是营销定位点的选择和实现。内容包括营销目标确定、营销研究、目标顾客选择、定位点确定、依定位点进行营销要素组合及流程再造和资源整合。过程包括分析、规划和实施。[①]

李飞的营销定位管理瓶有效整合了科特勒营销管理、哈佛商学院营销管理模型,在充分考虑企业内外部资源基础上,形成了较为完备的营销定位管理框架,应当引起定位界的重视。

(三) DPM 动态定位模型

余明阳、杨芳平指出,里斯和特劳特的心智定位、科特勒的营销管理以及李飞提出的定位地图和营销定位管理瓶模型共同的不足就是都没有重视时间推移和外部变化对品牌定位的重要影响。两人在《品牌定位》一书中,试图在已有研究基础上,从系统、动态、发展的角度,将时间因素也纳入考虑。通过分析各种决定定位的因素以及考虑到时间变化对品牌定位的作用,余明阳和杨方平提出了动态定位模型(Dynamic Positioning Model),简称 DPM 模型。(见图 6-5)

---

① 李飞:《营销定位》,经济科学出版社 2013 年版,第 39—40 页。

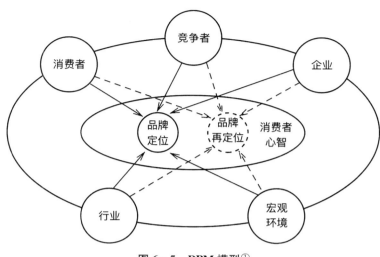

图 6-5　DPM 模型[①]

图 6-5 中,消费者心智的中间圆揭示了定位的核心就是让品牌占据消费者心智的有利位置。分布在消费者心智周围的五个圆圈表示五个影响定位的因素:消费者、竞争者、企业、行业以及宏观环境,称为 DPM 模型的定位维度。其中前三者对定位有直接、显著的影响,称为定位的三个主维度;后两者对定位有间接、缓慢的影响,称为品牌定位的两个辅维度。实线箭头表示初次定位时各个维度对定位的影响,虚线箭头表示再定位时各个维度对定位的影响。品牌的初次定位到再定位的动态过程体现了时间因素在定位系统中的重要作用。

在 DPM 模型基础上,余明阳和杨芳平又提出了定位的五步骤,即按照品牌初次定位形成的过程,可通过以下这五个细分步骤来完成品牌定位:一是找位——确立品牌定位的目标市场,解决"企业品牌为谁服务"的问题。二是选位——发现目标市场的消费者的有效需求,在他们心中占据有利位置。三是提位——从人性角度提升品牌定位,将定位人格化,赋予文化内涵、任性特性的过程,打造品牌的核心价值。四是到位——通过产品、价格、渠道方式将品牌定位的信息传达到消费者心中,从而最终实现在消费者心中确立有效位置。五是调位——由于各个定位参照维度的变化或初次品牌定位信息传递出现偏差,需要进行原品牌定位的调整。

余明阳和杨芳平强调了"调位"和"再定位"的重要性。在初次定位时要仔

[①] 余明阳、杨芳平:《品牌定位》,武汉大学出版社 2008 年版,第 21—25 页。

细分析消费者、企业自身、竞争对手这三个主维度,以品牌价值为核心进行定位,然后在初次定位的形成过程中,可以根据各个定位维度的信息进行微调。当定位已经在消费者心中比较稳定时,即使在例行的定期扫描各个定位维度发生变化的信息,也不要轻易变动定位。只有当诸多维度都发生重大变化,尤其是消费者这一主维度发生重大改变时,才要对品牌进行再定位。简言之,在初次定位的形成过程中,动态定位是指定位微调;各个维度的变化由量变积累到质变时,就要对品牌定位大调,也就是再定位。

这一系列步骤的实施,都是建立在企业进行了充分调研的前提下,即按照DPM动态定位模型对多个品牌定位的参照维度进行扫描和信息收集,并且这些调研工作要贯彻于定位形成的长期过程中。

四、定位的深度:品牌定位管理

营销定位主要是在顾客需求、企业资源、竞争环境等要素构成的市场结构中寻求一个差异化的优势位置的过程,营销定位成为定位管理过程中最基础的部分,有效衔接了产品供给和顾客需求。在营销定位基础上,品牌要寻求与顾客关系的不断深化和丰富,积累更多品牌资产,营销定位开始向品牌定位转化。

本节将产品定位和品牌定位合并在一起进行讨论:一是由于品牌已经成为定位的主体,脱离了品牌探讨产品定位已经变得没有意义;二是因为产品定位是品牌定位的一种形式,即心智定位派所极力主张的"一品牌一品类"模式,此时产品定位等同于品牌定位。当超出心智定位的框架和"一品牌一品类"模式而代表一种品牌形象、核心利益、价值观念时,品牌不再等同于特定的产品,就要用品牌定位的概念。

(一)品牌定位的参考框架

品牌重要性在学术上的一个体现就是菲利普·科特勒邀请凯文·莱恩·凯勒成为新版《营销管理》的合作者,这意味着品牌管理成为营销管理的重要组成部分,同时也意味着品牌定位成为营销定位的重要组成部分。凯勒指出"所有的营销战略都建立在STP的基础上。一家公司在市场中发现有不同的需求和群体,并以更优的方式满足之,此为目标市场,然后定位它的供应物,使得目标市场认知到公司独特的产品和形象。通过建立顾客优势,公司可以实现高客户价值和满意度,这可以引起高重复购买并最终实现公司高盈利"。于是,定位就成为打通营销管理和品牌管理的重要媒介。

凯勒给品牌定位下了一个定义：品牌定位是市场营销策略的核心问题。它是指设计公司的产品服务以及形象，从而在目标顾客的印象中占据独特的价值地位。顾名思义，定位就是在顾客群的心智或者细分市场中找到合适的"位置"，从而使顾客能以"合适的""理想的"方式联想起某种产品或者服务。品牌定位就是确定本品牌在顾客印象中的最佳位置（相对于竞争对手在顾客印象中的位置），以实现公司潜在利益的最大化。合适的品牌定位可以阐明品牌的内涵、独特性、与竞争品牌的相似性，以及消费者购买并使用本品牌产品的必要性，这些都有助于指导营销策略。[1]

凯勒的品牌定位方法是在深入的消费者、公司和竞争分析基础上实现定位的一种结构化方法。具体而言，品牌定位的决策需要：① 通过识别目标市场和相关竞争状况确定参考框架；② 在参考框架下识别品牌联想的最佳共同点和差异点；③ 创建品牌箴言（Brand Mantra）来概括品牌定位和品牌精髓。

竞争性参考框架定义了一个品牌与哪些其他品牌竞争。依据市场观点，科特勒和凯勒把"竞争者"定义为满足相同的顾客需求的产品与服务。相反，里斯和特劳特对竞争的定义是狭隘的，他们所说的竞争是直接竞争，与科特勒和凯勒所定义的"竞争参考框架"有着很大差距。

确立了定位的竞争性参考框架之后，就要定义合适的差异点和共同点联想。为了进一步聚焦品牌定位，并帮助消费者以预期的方式思考该品牌，界定一个品牌箴言常常是有用的。品牌箴言是对品牌核心与灵魂的 3—5 个词的清晰阐述。品牌箴言对定位的界定是描述性的，也不一定非要表现为一成不变的广告口号，而是通过营销的方方面面来传达给顾客。这与里斯和特劳特所说的"一词占领心智"有很大的不同。

品牌定位靶盘为提高组织中每个人对品牌定位的理解提供了内容和背景。凯勒用一个假想的星巴克例子作为图解，介绍了一个品牌定位靶盘都包括哪些部分。最里边的两个圈是靶盘的中心——主要的共同点和差异点，以及品牌箴言。差异点和共同点要尽可能精确但不要太狭窄。

共同点和差异点应该都建立在消费者从产品和服务中获得的利益上。作为差异点的"品类领导品牌"无法回答这些问题：品牌可以给客户什么？成为

---

[1] 凯文·莱恩·凯勒：《战略品牌管理》，中国人民大学出版社 2014 年版，第 51—52 页。

领导品牌可以给顾客带来更平和的心态、更多便利、获取更多创新产品的途径或者是与"赢家"相联系而获得的社会认同或个人尊严吗?

差异点也应该被以一种积极、上进的方式陈述,像"不可抗拒的味道""卓越的价值""乐此不疲的顾客服务"和"无懈可击的信任"。共同点则通常用温和的方式来表达以承认它们自身潜在的缺陷,像"足够的访问""适当地相关"和"合理的价格"。

接下来的外面一圈是证据或者相信的理由——为共同点和差异点提供事实性的或论证支撑的属性或利益。最外面一圈包括其他两个有用的品牌概念:① 品牌价值观、个性或性格——帮助建立语言的调性及品牌行动的无形联想;② 执行元素和视觉识别——影响品牌如何被看待的更有形的成分。

靶盘外的三个方框提供了有用的背景和解释。在左侧,两个方框强调了定位分析的某些输入信息:一个方框包括消费者目标群体和有关消费者态度或行为的主要洞见,这些会显著影响实际的定位;另外一个方框提供了有关该品牌试图满足的主要消费者需要以及这些需要所暗示的竞争产品或品牌的竞争信息。靶盘右侧的方框提供了定位分析的结果输出"概观",如果品牌定位努力获得成功,将会产生的理想的消费者认知。(见图 6-6)

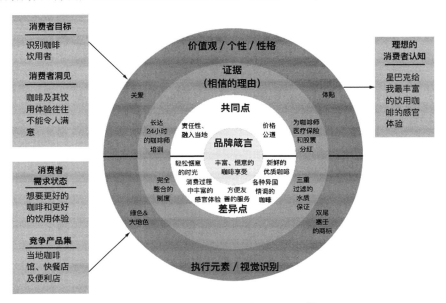

图 6-6　星巴克的品牌定位靶盘①

---

① 菲利普·科特勒、凯文·莱恩·凯勒:《营销管理》,格致出版社 2016 年版,第 269 页。

（二）纵向管理：品牌定位的升级

凯勒的参考框架揭示了一个品牌在诞生的初期如何采用结构性的分析方法形成品牌定位，定位一旦形成就要长期地坚持，但也不是一成不变。事实上，绝大多数的定位模型、营销模型、战略模型共同的缺点就是没有考虑"变化"。

不管愿不愿意承认，一个巨变的商业时代已经来临，诸多"动态""超竞争"等对新环境描述的新词语不断涌现。环境变化的速度已经超过明茨伯格写《战略历程》时的速度，在"结构"与"变革"中，变革与结构同样重要甚至更加重要。在这种新环境下，速度、柔性、创新成为管理的主旋律。为了获得长期的成功，企业不可能在一年甚至几年中只实施单一战略，相反企业需要频繁地打破组织惯性开展战略更新和创新。

需要特别指出的是，定位转变（Changing Positioning）和定位升级（Upgrading Positioning）不等于重新定位（Repositioning），准确地说重新定位是定位的转变和升级的一种形式，是单一品类品牌在心智层面上的定位变迁。例如，香飘飘从"销量领先的杯装奶茶"重新定位为"解决小困小饿的零食"，就是单一品类品牌在心智层面上的重新定位。在心智定位中，重新定位有非常明确的内涵和应用场景，特劳特在《重新定位》一书中指出了重新定位的三种形式：从多元化和品牌延伸回归心智定位；技术进步、竞争恶化、环境变迁等外力造成的现有定位的改变；对竞争对手重新定位。而定位的转变和跃进需要充分考虑企业和品牌所处的结构，影响定位转变的因素也从单一的心智和产品竞争变得更加多样化，所以定位的转变和跃进应该是重新定位的上级概念。

1. 品牌定位升级的必要性

品牌建设是企业的日常行为，所以品牌定位不能仅仅表现为品牌创立初期和品牌转型等短期阶段的任务。然而，定位理论的成功案例大多都是新品牌创立的成功案例。对于已建立定位的品牌来说，它们往往面临销售停滞不前、品牌老化、市场萎缩等问题。虽然导致问题产生的原因未必都是品牌所代表的品类走到了生命周期的尽头，但是如何升级品牌从而保持生命力确实是一个值得讨论的问题。

定位理论指导下的品牌升级有三条路径：第一种路径：年复一年重复和

强化定位概念,直至永远;第二种路径:由于受到技术发展、竞争格局变迁、认知改变等因素的影响,而调整认知,对品牌进行重新定位,然后重复第一种路径;第三种路径:里斯提出的品类战略,即分化出新的品类,通过建立新品牌的方式成为该品类的代表,然后重复第一种路径。

可以看出,定位理论指导下的品牌升级路径是线性的,而不是由点及面的膨胀式。这样做决定了定位理论只适用于单一品类、低涉入度、弱关系品牌。对于多品类、高涉入度、强关系品牌,定位理论必然面临"品牌升级天花板",即如果顾客对品牌的期待超出了浅层认知,希望获得更多情感、体验、价值观或者产品解决方案上的价值回报时,定位就走到了尽头。

比如,王老吉(包括加多宝)已经成为凉茶品类的代名词,但品牌依旧停留在"预防上火的饮料"层面上。除了"吉庆时分"等广告增加了"节日、欢乐、团聚"等品牌联想外,王老吉(包括加多宝)的品牌资产并没有多大的增加。广告日复一日地重复定位概念,消费者也变得麻木,巨额广告费没有带来新的资产价值而被浪费掉。事实上,喝王老吉(包括加多宝)的人未必都是为了预防上火,有人只是喜欢王老吉的口味,有人觉得王老吉的配方更加天然,有人认为王老吉比可乐、雪碧等碳酸饮料更适合给孩子喝,有人只在餐桌上喝,但有人会逛街的时候喝(这给了和其正机会),有人觉得过年过节喝王老吉很吉祥喜庆,有人觉得心情不好的时候喝会很愉快(心情不好是心里上火)……虽然企业没做什么,但是顾客已经在帮你慢慢地积累新的品牌联想了。可见,品牌是企业和顾客(当然还包括员工、合作伙伴、媒体等利益相关人)共建的,随着时间的推移,即便营销传播未曾体现,但顾客当中照样会孕育出新的品牌资产出来。因此。除了不断重复定位概念,品牌还是要通过广告创意、公益、赞助、公关等途径建立品牌忠诚、升华品牌价值、与老顾客建立牢不可破的品牌关系。

定位理论声称自己是最早从"由内而外"转向"由外而内"进行策略思考的理论,但对于从顾客中"外生"的品牌资产却视而不见,造成了广告费用和品牌资产的巨大浪费。

很明显,王老吉和加多宝已经触及了"品牌天花板"——顾客已经跑得比你快了,而你还是讲着老掉牙的故事。那定位理论在担心什么呢?当然是担心在"预防上火的饮料"层面上再谈口味、谈使用场景、谈气氛、谈人生、谈理想会冲淡"预防上火的饮料"这一核心定位。事实上,通过丰富品牌联想以积累更多品牌资产并不会冲淡定位,肯德基、苹果、可口可乐、华为都是这么过来的。不过问题可能没这么简单,大家都知道加多宝已经面临压力巨大的财务问题,能做的事情就是做广告和开渠道,品牌传播依然停留在过去。

那品牌应该如何升级,品牌资产如何积累呢?很简单,随着顾客建立的品牌资产的方向走。在"预防上火的饮料"层面上再谈口味、谈气氛、谈人生、谈理想,将品牌关系引向深入,塑造更多的重度使用用户;营销上讲,营销的作用是创造用户,这不是简单地去建更多的渠道、做更多的广告,而是要让现有顾客用得更多,同时转化一部分固执的不喜欢它的顾客。所以,就要建立更加丰富的使用场景:除了吃火锅时喝,运动后可以喝、逛街可以喝、上网时可以喝、客户拜访时可以喝……总之,在坚持"预防上火的饮料"的基本定位前提下,植入更多品牌联想以丰富使用场景。

当年,里斯服务宝马时,为宝马确立了"完美驾驶机器"的定位,这一定位可以说是非常成功的。不过,宝马并没有局限于"完美驾驶机器"定位概念的持续传达,而是将品牌联想不断丰富化,因为"完美的机器"不能只是嘴巴讲讲那么简单,必须各方面都要出色。同样,虽然沃尔沃的定位是"安全",人们一想到安全的汽车就会想到沃尔沃,但这不代表人们就会买沃尔沃,也不能代表其他汽车品牌不安全,也就是说"安全"不是人们购买沃尔沃的充分条件。所以,对于沃尔沃来说,依然要在广告中讲舒适、讲设计、讲省油、讲身份、讲优惠。因为只围绕一个概念讲,品牌会变得单薄而油腻。

如果定位传递给消费者的信息是单纯的产品物理属性的定位,即产品能够满足消费者生理需求,那么定位点就很容易过时,并且品牌在消费者心目中的位置也是不稳定的。而品牌价值、品牌个性以及品牌形象却能统摄更长的时间,受其他定位维度的影响比较小。通常就同一个消费群体而言,价值属于社会文化层面的内容,随着社会文化的变迁而变化;个性属于个体心理层面的内容,也具有长期稳定性;形象,由于刻板作用、晕轮效应的作用,也会在较长时间里发挥作用。因此,品牌定位的形成过程中以价值为核心,注重品牌个性和品牌形象的塑造将有利于品牌定位战略作用的发挥。[①]

对于一个不断衰退的品牌来说,拓展品牌认知的问题常常不在于品牌认知

---

① 余明阳、杨芳平:《品牌定位》,武汉大学出版社2008年版,第24页。

的深度,因为消费者在特定环境中依然能够识别或想起该品牌。更确切地说,品牌认知的广度才是真正的绊脚石,因为消费者只是在很狭窄的范围内才想到该品牌。因此,强有力的创建品牌资产的手段是增加品牌认知的广度,确认消费者没有忽略该品牌。①

2. 品牌定位金字塔

科特勒虽然拓展了定位的来源,然而同里斯和特劳特一样,并没有对定位进行分级管理。科特勒、里斯、特劳特都只是罗列了一些形成定位的方法以及各种方法大体适合何种实力的企业,并没有考虑过定位的动态升级问题。事实上,定位的概念是有大小之分的,代表价值观念的定位比仅仅代表产品功能的定位维度要高,这要求品牌要把握时机不断升级和深化定位。前文讲过的奇虎360就是从最早的免费的杀毒软件一路升级到"安全的互联网解决方案"。

定位的层级基本上是受需求层次理论影响建立起来的。马斯洛(Maslow)将人的需求从低到高依次分为生理需求、安全需求、社交需求、尊重需求和自我实现需求五种需求。越是低级的需求就越基本,越与动物相似;越是高级的需求就越为人类所特有。同时这些需求都是按照先后顺序出现的,当一个人满足了较低的需求之后,才能出现较高级的需求。然而,后续研究发现人的需求未必是机械的和线性的,品牌的定位也未必一定是从物理功能到价值观念的逐级线性升级,"越级升级"和"高起点定位"都是常见的。

根据马斯洛的需要层次理论,人的需要层次具有递进性,对品牌的需求亦如此。顾客对品牌的需求不止局限于属性、利益层次,而是追求品牌所特有的价值、文化和个性,追求品牌的情感内涵。同样,企业对品牌的发展也应定位在更高层次上,在品牌信仰模型(Brand Religion)中,品牌的发展被划分为产品、品牌概念、公司理念、品牌文化和品牌信仰五个阶段,其中品牌文化和品牌精神是品牌发展的最高阶段。

根据奥美公司的研究发现,品牌在与消费者的关系中可以扮演五种重要角色——品质、地位、奖赏、自我表达和感受。即品牌在不同的发展阶段,针对不同的目标顾客可以扮演不同的角色,如品牌在产品功能角色阶段的重点是塑造清晰的品牌个性,品牌在自我表达角色阶段的重点是寻找恰当渠道来增强品牌

---

① 凯文·莱恩·凯勒:《战略品牌管理》,中国人民大学出版社2014年版,第452页。

个性与消费者之间的认同感。对企业而言,在品牌关系发展的不同阶段,企业应根据品牌角色的转变采用差异化的品牌管理策略。

另外,不同的顾客对品牌的需求也是不一样的,如有的顾客注重品牌的属性、功能利益,而有的顾客侧重于品牌的个性、文化及情感利益。因此,企业也应在管理品牌关系过程中对顾客进行细分,根据顾客的差异化需求而采取不同的营销策略。上述两点决定了即使在相对稳定的营销环境中,企业仍要用动态的观点对品牌关系进行管理。

在这里,我们可以借用"品牌共鸣金字塔"来展现品牌定位的升级路线,因为品牌共鸣金字塔也认为品牌建设是由一系列上升的步骤组成的,同时品牌定位的升级路线同样是沿着品牌共鸣的升级路线展开的。图6-7中的(a)图展现了品牌定位的升级层次,(b)图则呈现了可以形成为品牌定位具体的操作方法。

第一个层次为"显著度",即品牌识别和品牌知名度的建立,让顾客知道该品牌代表的是什么品类、满足自己的何种需求。心智定位所推崇的"品类战略""第一品牌""心智占位"等等实际上都是围绕着显著度展开的。显著度非常重要,它是品牌资产的基础。因为解决的是品牌从0到1的任务,因此会要求较多的前期策划、广告公共、渠道建设等资金投入,也需要一个较长的时间来形成。

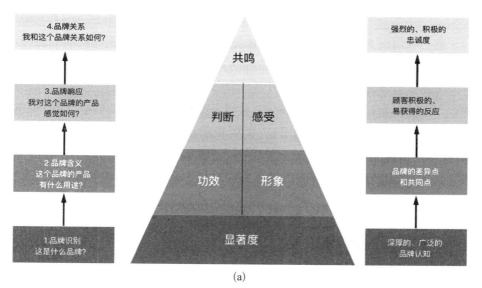

(a)

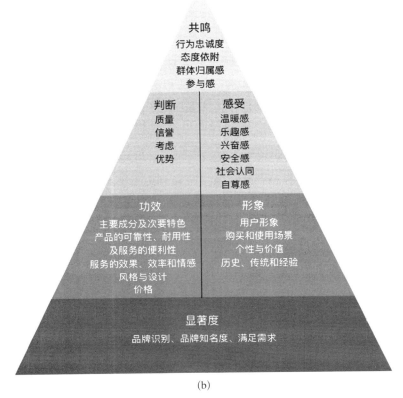

(b)

图 6-7　品牌共鸣金字塔①和品牌定位升级路线

第二个层次为"功效和形象",即该品牌所代表的产品在物理功能上的特点和心理上的特征,目的是通过塑造品牌的差异点和共同点来提升品牌竞争力,对顾客来说就是该品牌可以解决什么问题。功效上的定位点包括产品的成分、特色、可靠性、耐用性,服务的便利性、效果、效率,品牌的情感风格、设计、价格。形象上的定位点包括使用者的形象、购买和使用的场景体验、品牌的个性和历史、品牌的传统和经验等等。

第三个层次为"判断和感受",即顾客在产品体验过程中形成的理性评价和主观的感受,目的是形成品牌忠诚度,让顾客反复购买并主动推荐给他的亲友。理性的判断包括产品的质量、信誉、优势等等,主观的感受包括品牌和产品所带来的安全感、温暖感、兴奋感、乐趣感、社会认同感等等,这些方面都有助于形成品牌定位。

---

① 菲利普·科特勒、凯文·莱恩·凯勒:《营销管理》,格致出版社 2016 年版,第 287 页。

第四个层次是品牌共鸣,包括行为忠诚度、态度依附、归属感、参与感等。在品牌共鸣阶段,顾客上升为"粉丝",例如苹果的"果粉"、小米的"米粉"。"粉丝"不仅仅会主动维护品牌,而且会参与产品开发来共建品牌。

品牌定位的升级可以通过新的定位三维模型来进行演示(见图6-8)。在传统的心智定位中,定位概念是由"概念的确定性""相对于竞争对手的位置"以及"时间上的稳定性"三个变量共同确定的一个"位置"。这个位置要被顾客所"识别""理解""记忆"以及"回忆",是为"进入心智"。除了"时间上的稳定性"是要求企业必须长期坚持一个定位外,"概念的确定性"和"相对于竞争对手的位置"则构成了定位概念的主要来源。定位概念要么解释品牌所代表品类或者下级属性,要么指出相对于竞争对手的"差异点"。虽然这两个方向也包含了千变万化的"法则",掌握心智定位也有"十年磨一剑"的经验要求,但不论怎么说,在心智定位的框架下,定位的形成过程都只考虑了单一影响因素。当一个品牌面临老化、增长乏力、顾客流失、竞争加剧、替代品产生、科技进步等问题和机遇时,心智定位理论所能提供的抉择仅有重新定位、推出新品牌两种建议。

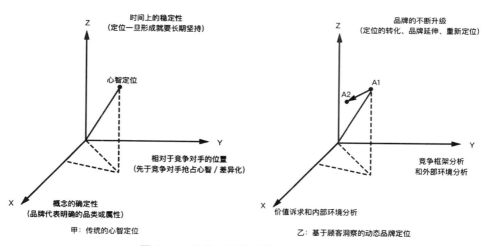

图6-8 定位三维模型的动态改进模型

笔者提出定位三维模型的升级改进模型,用于指明品牌定位的升级方式。

首先,将"心智"升级为"需求分析和用户洞察"。在心智定位中,对顾客的研究停留在浅层次认知,也就是"心智"上,仅仅体现了品牌显著度层次上的定位机会。然而,真正可靠的方法是深入研究市场需求。关于需求分析,本书不再深入探讨。数字化时代,依靠传统的定量定性分析研究需求已经面临巨大的挑战,现在的主题词是"用户洞察"。用户洞察是借助各种工具对客户数据进行全面的掌握及深入的分析和有效应用,最终形成一个完整的顾客画像,并应用到市场营销和顾客互动的各环节。在"需求分析和用户洞察"环节,企业将充分了解顾客的需求、痛点、行为习惯、态度等信息,并全面掌握顾客对品牌的功能、形象、体验、品质的感知度,从而有效获悉是坚持目前的品牌定位还是将品牌定位升级到新的层次。

然后,将"概念的确定性"也就是"品类或属性"升级为"价值诉求和内部环境分析"。心智定位停留在了最底层的品牌显著度上,尽管很多品牌能够成为品类代表或者享有很高的品牌知名度就已经是很不错的结果了,但是不能以"很多品牌不具备高知名度"为由,要求已经具备了知名度和品类地位的品牌墨守成规。事实上,强势品牌都经历了从知名度向上级品牌资产升级转化的过程。价值诉求包含了"品牌资产金字塔"中的全部内容,品牌应该沿着产品、品类、功能、属性、形象、解决方案、品质、社会责任、情感、价值观一路升级。然而,除了对品牌诉求进行细致的管理外,企业内部环境的审视也很重要,这包括企业家愿景、团队的规模和能力、企业的资源和实力、团队的集体学习等各个层面。只有满足了内部条件,品牌的价值诉求才不会沦为"伪定位"。

接下来,将"竞争导向"升级为"竞争框架分析和外部环境分析"。里斯和特劳特的心智定位理论将竞争定义为同品类产品而忽略了替代品,事实上,满足同一需求的产品和服务互为竞争对手。就像凯勒提出的"竞争性参考框架"所讲的,很多品牌所定义的竞争都过于狭窄。例如,星巴克可以定义非常不同的几组竞争者,从而提出不同的可能差异点和共同点:快餐店和便利店(麦当劳和唐恩都乐)。预期的差异点可能是质量、形象、体验和多样性。预期的共同点可能是方便和价值:家庭和办公室消费(Folgers、雀巢速溶咖啡和 Green Mountain K 杯胶囊咖啡)。预期的差异点可能是质量、形象、体验、多样性和新鲜。预期的共同点可能是方便和价值:当地的咖啡馆。预期的差异点可能是方便和服务质量。预期的共同点可能是质量、多样性、价格和社区。外部环境分析则要求企业要建立行业情报系统,对新技术、新产品、新模式进行紧密的跟踪,识别新的机会并排除短期风潮的干扰,快速做出恰当的反应。"竞争框架分析和外部环境分析"的目的是定位品牌的差异点和共同点,帮助形成品牌的差异化定位,并有效识别品牌的产品机遇。

最后,将"时间上的稳定性"调整为"品牌的不断升级",表现为品牌在坐标系中从 A1 到 A2 的跃升。品牌定位不再是一味地固守,而是随着"需求分析和用户洞察""竞争框架分析和外部环境分析""价值诉求和内部环境分析"三个大的因素的变化而不断变化和升级的过程。动态的品牌定位让品牌可以更好地适应环境而获得更好的发展、获得与竞争对手的差异化优势、不断密切与顾客的品牌关系、积累更多的品牌资产。

(三) 横向管理:品牌组合战略与定位群

品牌定位在默认的情况下专指单一品牌的定位,然而在现实中,企业往往有多个品牌。当企业不止一个品牌时,就要思考"品牌组合战略"(Brand Portfolio)的问题了,与此同时也就有了"定位组合"(Position Portfolio)和"定位群"(Position Group)的概念。在心智定位视角下,企业的品牌组合仅有单品类品牌和多品牌组合两种品牌组合形式,定位则只有单一定位和单一定位组合两种形式,完全不能反映现实中企业的品牌组合格局。(见图 6-9)

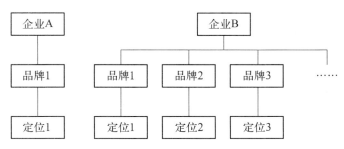

图 6-9 心智定位视角下的品牌与定位组合

现实中,随着企业品牌的数量的增加或者单一品牌的延伸,企业会形成一套品牌组合架构,当然也会形成一套伴随品牌的定位组合。心智定位将这一组合过度简化乃至失真。应当重新描绘品牌组合,还原品牌和定位的结构。

心智定位对品牌和定位结构的简化,源自对单一定位的刻板追求和对品牌延伸的一刀切式的反对,争执在于新产品或新品类推出时使用的是原有品牌还是新品牌。但在品牌资产理论的视角下,新产品和新品类的推出除了定位理论所极力反对的"品牌延伸"外,还有多种方法。就像生态圈一样,不同的植物、动物、环境之间依存关系并不相同,采用品牌延伸和推出全新品牌的二分法并不能反映品牌与定位结构的全部真相。笔者认为,应该站在品牌资产的角度,将品牌拆分,探索品牌资产不同层面上的价值对整个品牌生态圈产生的作用。笔者曾经在《论品牌资产延伸》一文中提出了"品牌资产延伸"的概念,用来解释品牌资产的使用问题,本节则可借用该概念用以解释品牌和定位的结构。该观点认为,因为品牌资产是可分的、可量化的,因此可以根据品牌资产使用程度上的多少进行分类。

1. 企业品牌/集团品牌

企业品牌/集团品牌往往不直接代表具体的产品,而是以背书和担保的形式出现,其定位方式往往是价值观、愿景、科技实力、社会责任等等软性价值,如宝洁的"美化你的生活"、迪士尼的"家庭娱乐"。心智定位派认为,顾客购买的是产品品牌,而对企业漠不关心。里斯和戴维·阿克甚至在科特勒主办的东京世界营销峰会上就有没有企业品牌而争论得不可开交。

其实,在营销上升到人本主义和价值导向的时代,企业存在的意义已经不再是简单的利润最大化与你死我活的竞争,而是更多考虑社会责任,并处理好企业与自然、社区、利益团体的关系。这绝对不是企业的单方面"自嗨",企业的形象和责任已然成为顾客重视的品牌信息,并成为影响顾客品牌选择的重要因素。直到现在,心智定位派还津津乐道于"怕上火喝王老吉"广告战役获得的巨大成功,认为这一切都是定位理论的功劳,但是他们对加多宝集团 2008 年汶川地震期间捐款一亿元所带来的"买光王老吉"公益营销效果闭口不提。加多宝失去王老吉商标使用权后,能够较为顺利地过渡到加多宝凉茶,也应该有企业品牌塑造的功劳,这不是一句口号或者一个金罐包装能够带来的。

2. 延伸品牌/IP 授权

延伸品牌/IP 授权的主要作用是将原有品牌积累的知名度、美誉度、品牌联想乃至顾客延伸到新的产品中去,从而扩大市场规模。但是品牌不能为了延伸而延伸,整个过程中必须伴随定位内涵的扩大,如价值观、生态圈、生活方式、核心诉求、核心技术等等,如小米的"为发烧而生"、华为的"构建万物互联的智能世界"。

目前如火如荼的品牌 IP 打造从一个侧面说明了品牌资产积累和品牌延伸的巨大魅力。人们为什么热衷于花钱打造并不代表任何品类或者产品属性的 IP 呢?在心智定位的视角下,这纯粹是浪费时间和表情的行为。前面几章说过,打造 IP 要先有品牌效应和顾客关注度,然后再去想如何匹配具体产品的行为,所以用心智定位根本就解释不通。真相是这样的,IP 是人格化的具有品牌效应的无形资产,因为具有了丰富的内涵而具备像品牌一样的延伸能力,同时还具备知名度和顾客美誉度,因此,也就具备了定位力。这种定位力表现为附属于 IP 的价值观、生活方式、社群话题等软性诉求。比如,印有复仇者联盟的 T 恤衫、手机壳就代表了其"粉丝"的价值诉求。

3. 副品牌

副品牌是延伸品牌与全新品牌的中间形态,一方面要延伸母品牌的资产价值,另一方面要塑造自己独特的个性。企业之所以推出副品牌,出发点在于对母品牌的细化和补充,这种细化和补充充分体现在了副品牌的定位上。常见的副品牌定位方式有档次、价格、目标人群以及功能。副品牌发展壮大后,很有可能获得独立,从而脱离母品牌,甚至自己也会成为新一代的母品牌。

例如"荣耀 honor",开始时以副品牌"华为荣耀"的形式出现,定位是"面向年轻人群的科技潮牌"。该副品牌发展壮大后独立为"荣耀",而不再是"华为荣耀"。心智定位支持者忽视了品牌在结构中的发展变化,认为华为的定位策略是代表高端的"华为"和代表低端的"荣耀"高低配,进而认为华为的策略符合了心智定位的多品牌组合定律——完全是不顾事实的理论歪曲。华为的案例充分说明了定位的形成是受复杂结构影响的动态战略决策,定位要不失时机地实现跃进。

副品牌策略在数字化时代的重要性越来越凸显。很多科技公司在母品牌成熟壮大后,往往以副品牌的形式推出新的项目。与宝洁和联合利华们不同,具有互联网思维的科技公司往往会通过内部创业的形式实现项目孵化。新项目初始阶段知名度低,用户少,需要借助母品牌实现用户裂变,副品牌就是不错的选择。心智定位派喜欢拿阿里巴巴说事,认为阿里巴巴是典型的多品牌战略企业,其实像阿里巴巴一样推出全新品牌,然后新老品牌"井水不犯河水"也是可以的,但是不是所有公司像阿里巴巴一样有钱。

4. 亲族品牌

亲族品牌是保留母品牌或企业品牌强大基因的下级品牌形式,可以是单一品类品牌,也可以作为母品牌进一步延伸。亲族品牌是主动延续母品牌核心价值基础上的品类发挥,目的是保持品牌个性的同时,覆盖尽可能多的市场,同时又不像独立品牌那样损耗资源。

心智定位派在亲族品牌问题上的观点是矛盾的。例如,面对苹果的巨大成功,心智定位派认为苹果的品牌组合符合了心智定位的原则,因为苹果旗下的不同品类使用了不同的品牌名称,如 iPhone、iPad、iPod、iWatch、iTunes、iMac

等等，完全符合心智定位所主张的多品牌组合策略。然而在面对五粮液集团不太成功的品牌表现时，心智定位派又认为五粮液的品牌组合不符合心智定位的原则，因为五粮液旗下的不同产品都多少带上了五粮液的影子，如五粮春、五粮醇、五粮源、五粮神等。这些品牌因为都带有"五粮"二字，因此引起了心智混乱，一方面影响了五粮液的高端形象，另一方面又让人不知道新品牌代表什么，所以造成了五粮液作为高端白酒一直活在茅台阴影下的局面。

事实上，苹果的品牌组合与五粮液的品牌组合在策略上完全一致，都是亲族品牌战略。苹果旗下的品牌都是"i"打头，i 就是 apple 的简化。五粮液旗下的品牌很多是"五粮"打头，当然就是五粮液的简化。为什么苹果是多品牌组合，五粮液就是品牌延伸？难道是因为"五粮"比"i"字多吗？当然不是。心智定位派用销售业绩倒推，认为成功了的符合定位，失败了的违背定位，所以就在苹果和五粮液问题上闹了自相矛盾的笑话。

那为什么同样的策略一个成功、一个失败呢？用心智这个单一变量是解释不通的，还是要回到结构中去看。决定成败的因素有很多，当故意忽略这些因素的影响而只关注一两个变量时，出现矛盾就变得不可避免。

5. 创建全新品牌（无品牌背书）

当企业面对一个全新的、有潜力的、规模巨大的市场时，以新品牌进入会带来创建该市场强势品牌的大好机遇。很多企业出于创建强势独立品牌的决心甚至不想让新品牌与企业现有品牌发生任何关系。20 世纪 90 年代以前，日本汽车一直被视为中档小型车。为了向高端市场挺进，丰田公司创造了雷克萨斯（Lexus）品牌。丰田公司致力于雷克萨斯的独立运作，而不希望它与丰田"中档小型车"的品牌联想发生任何关系。雷克萨斯迅速成长，并于 2000 年超过凯迪拉克成为北美最畅销豪华车。显然，定位理论最推崇的就是建立独立的品类代表品牌。

从定位群的角度看，不同层级的品牌形式定位的方式不同，所具备的资产价值不同，扮演的角色也不同。整个品牌组合就像是一出戏，品牌是演员，而定位则是演员的性格和特质。

图 6-10 展示的就是"定位管理学"视角下品牌组合和定位群的金字塔模型。然而，该金字塔结构只是理论上理想状态，现实中很少有这种结构的品牌和定位组合。有时，单一品牌既是单一的产品品牌又是企业品牌，例如公牛安全插座；有时，单一品牌既是企业品牌，又是大量延伸产品的母品牌，例如美的；

有时,延伸性的企业品牌下还有一个相对独立的产品品牌,例如海尔与它的高端家电品牌卡萨帝、丰田和它的高端品牌雷克萨斯;有时,不同品类均以副品牌的形式出现,如绝大多数的车企;而彻底的单一品牌延伸(如维珍集团),以及彻底的多品牌组合(如宝洁),只能算是品牌组合和定位群的极端形式,在现实中属于极少数。

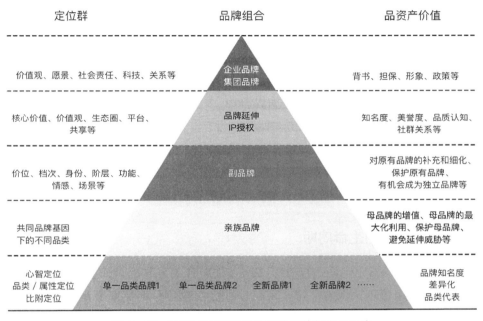

图6-10 "定位管理学"视角下的品牌与定位组合

不过,品牌组合不仅仅是企业内部的品牌应用,完整的品牌结构除了内部组合还应该包括外部组合。外部品牌包括品牌形象代言人、第三方机构背书、品牌联合、品牌赞助、事件营销、个人品牌、品牌攀附和外部品牌担保等多种形式。

外部品牌之所以有广泛的应用,就在于它们有品牌资产价值,具有跟内部品牌相类似的延伸性。当一个品牌与外部品牌发生作用时,就要考虑外部品牌的定位以及这些外部品牌对自己的品牌定位产生的作用。

这些外部品牌资产构成了品牌和定位的外部品牌组合。不论是内部品牌还是外部品牌,也不管是何种品牌形式,它们都会有特定的定位,当这些品牌和其上附属的定位组合在一起,就形成了品牌组合和定位群,成为企业品牌资产

的重要组成部分。因为定位具有战略性,该结构也可理解为具有战略性的品牌资产。(见图6-11)

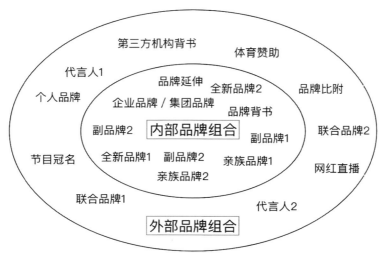

图6-11 品牌的内外部组合及其定位群

(四)品牌定位的生命周期

产品、品牌、定位不可能一直升级,有时也会人为地走向搁置,甚至走向灭亡。在心智定位理论视角下,并不探讨品牌生命周期,定位似乎是终身的。只有重新定位时,之前的定位才会走向灭亡,但是重新定位并不与品牌生命周期相联系。

在定位理论框架下,产品、品类和品牌高度一体化,导致三者的生命周期完全重叠。问题在于,我们做品牌的目的除了攫取市场占有率以外,更重要的是为了创建"百年老店",也就是突破产品生命周期的局限,尽可能去延长品牌的生命周期。不要总是拿可口可乐说事,像可口可乐这类几乎可以"长生不老"的品类几乎就是凤毛麟角。

特劳特给出的解决方案比较保守,是在极力维系定位理论体系保持原样前提下做出的适度让步,承认竞争、危机、科技对定位带来的挑战,主张通过所谓的"心智调整"来对品牌进行重新定位。

里斯的解决方案十分激进,主张一品牌一品类,当品类面临淘汰时,让它淘汰就是了,可以再推出第二品牌、第三品牌……里斯走的是一条激进且浪费的道路，显示出强烈的机会主义作风。一个品牌尚且难以经营，如何保证第二、第三品牌全都顺利上市获得成功？

品牌为什么要进化？在一个静态的营销环境中这不是一个问题，但每一个企业都是在竞争的背景下成长的，为了获得更大的竞争优势，获取更多的市场份额和更大的商业利益，只能不断推动品牌内涵适应顾客需求的变化和竞争的需要，品牌形象获得更大的知名度和美誉度，这些目标统称为品牌进化绩效。

西蒙通过对 7 个不同市场的 35 个品牌进行实证研究，提出品牌生命周期模型，确认了品牌演变的过程。摩尔（Moore）通过普拉达案例分析了奢侈品牌进化的阶段，从追求与众不同，到建立发展平台、品牌收购，在 2000 年以后公司品牌进入缩减与整合时期。这四个关键改革时期反映了品牌进化的阶段，对品牌进化的分析具有重要的启示作用。林德尔（Rindell）认为，大部分市场最后会处于品牌进化状态，因为市场面向全球开放，这股力量会对消费者产生改变。迈克·艾温（Michael T. Ewing）认为，品牌灭亡是不可避免的，不一定由管理无能造成的，这种死亡是一种自然。

品牌不可能一直呈上升曲线发展下去，走向灭亡也是不可避免的。当营销环境恶化，一些品牌就成为不值得挽救的品牌。它们的品牌资产来源可能已经枯竭或者已经恶化，而形成新的品牌资产变得愈发困难，企业不能再为品牌提供支持。在这种不利的情况下，管理层决策就有必要淘汰或者雪藏该品牌。

菲利普·科特勒认为，品牌的生命周期可以用产品的生命周期概念加以分析，即品牌也会像产品一样，经历一个从导入、成长、成熟到最后衰退并消失的过程。但科特勒也承认，现实生活中，有许多老品牌经久不衰，至今仍有着旺盛的生命力。因而，品牌的生命周期源于产品的生命周期，但又高于产品的生命周期。事实上，品牌一经产生，它就已经能够脱离它所依存的载体——具有某种具体形式的产品而独立存在了。

IBM 是里斯和特劳特推崇的符合定位理论原则的企业和品牌，IBM 符不符合单一品类品牌先不深究，但 IBM 从来没有在一个定位上"吊死"。作为高科技企业，IBM 确实把每一天都过成了最后一天——不进则退。通过主动淘汰生命周期开始走下坡路的产品，同时及时补充新兴业务，IBM 实现了品牌生命周期的持续上扬。（见图 6-12）显然，这不是里斯所讲的分化和建立新品牌，甚至也不是特劳特所讲的重新定位。

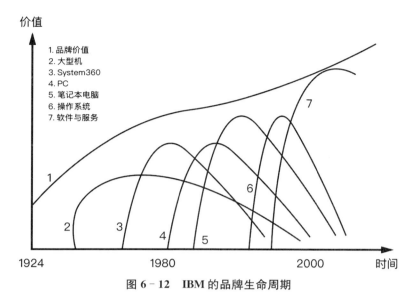

图 6-12　IBM 的品牌生命周期

企业之所以搞品牌延伸，调整市场策略，不断升华品牌理念，不停丰富品牌联想，重要的目的就是不断赋予品牌新的价值。这种价值不是一个点，而是以一条线甚至一个平面的形式铺开来，形成价值矩阵，主动进行新陈代谢，并摆脱品牌对特定产品的依赖，以此来延长品牌生命周期。保守地坚持定位，并不利于品牌的永续经营。

以知识视角看，知识是品牌成长的基础，品牌进化的实质是知识进化过程。产品知识、技术知识、品牌服务知识、品牌形象知识等构成品牌知识系统。品牌知识从一个知识驻点转移到下一个知识驻点，形成知识流，推动了品牌进化。由此，从知识视角来看，品牌进化的内涵包括三个方面：① 在品牌进化过程中，顾客对相关产品、技术知识的了解和掌握以及顾客的消费体验都以隐性知识的方式潜藏在顾客头脑中。② 外部专家、同行之间的交流学习形成的技术知识和管理知识流动使企业在比较中获得提升，形成企业外部知识对品牌进化的影响。③ 在企业内部，企业的技术与管理理念、文化的传承形成的知识流动以及企业内部切磋交流形成的知识流动构成企业知识的进化，共同推动着品牌进化。

五、定位的高度：战略定位管理

战略定位的结构化是整个定位理论结构化研究最为成熟的分支，一方面是因为波特基于竞争战略研究的铺垫,让战略定位坚持了高的理论起点;另一方面是因为,战略定位的研究者往往都是战略专家,具有良好的理论素养和学术高度。所以,战略定位总体来讲就有三派:波特的竞争战略理论、心智派战略定位理论、其他结构化的战略定位研究。

对于波特的竞争战略理论本书已经有过较为详细的介绍,从结构的角度来说,波特研究的是产业结构和竞争结构。心智派战略定位先是极力推崇波特及其理论,将自己塑造为波特理论的继承者,进而指出波特理论的不足在于没有将心智作为理论核心。里斯和特劳特的指责毫无道理,研究产业结构和竞争结构的人怎么可能将心智作为理论核心呢?两者的区别就像是鲸鱼和鲤鱼的区别,怪只怪它们取了相同的名字。

就像本章第二节指出的,波特的竞争战略理论并不能完全归属到定位理论的体系中来。波特的理论服务于战略的形成,他的战略定位或者竞争战略与战略是等价的,而定位虽然可以升级为战略,但并不直接等同于战略。除了"位置"和"差异化",竞争战略理论与定位理论的共同点很少。因此,波特的理论无法直接纳入定位理论的范畴中来,战略定位的结构化需要寻找新的方向。一个必要条件是战略定位必须具有传播性,具有了传播性才能打通战略、营销、品牌、传播之间的关联。

结构化的战略定位研究指出了波特和特劳特的不足:一是将企业战略理解为业务战略,将战略局限在了营销和业务层面上;二是对产业的理解过分单一,局限在了狭隘的产品品类上;三是理论具有静态性,无法面对日益变化的企业内外部环境;四是夸大了竞争和差异化,而忽视了其他视角;五是将竞争策略归纳为有限的几条,称为通用战略,不能反映战略的全部;六是没有全面分析和研究企业内外部环境、能力、资源、机会。结构派定位理论从波特和特劳特理论的缺陷入手,试图对战略理论进行改造。

(一)战略定位三部曲

"战略定位"术语日益流行,但它一直局限于营销定位和产品定位,并非真正意义上的战略概念,而且始终缺乏明确的定义阐述。近年来,波特、特劳特将矛头对准几乎是战略咨询同义词的麦肯锡公司:以运营效益替代战略管理,以标杆方法替代竞争策略,以财务指标替代发展方向。

上述批评可谓切中要害,但特劳特、波特及科特勒们仍局限于营销传播和运营策略层面，同样难以深层次回答和解决企业的战略方向问题。也正因如此，麦肯锡的工具方法才得以鱼目混珠、大行其道。实际上，他们相互之间不过是"五十步笑百步"。更为致命的是，不论是里斯、特劳特推崇的品类聚焦，还是波特坚持的产业聚焦，实践中多局限于单一产品的企业发展初级阶段，无以面对企业做强做大的内在需求。……真正的战略定位一定要高于营销定位、产品定位；未必独树一帜、历久不变，但一定高瞻远瞩、切实可行且与时俱进，如此才有可能解决企业扩张发展的方向问题。定位理论从营销推广、产品制造时代向战略管理时代的跃迁，当是除旧布新了。[①]

裴中阳指出，战略定位必须提升到产业高度并且与时俱进。随着自身资源和能力的不断提升，即使行业结构没有发生重大变化，企业也应该及时、主动地拓展产业边界，以实现产业结构的动态升级，否则，低水平的价格战将永无止境。他还提出了战略定位的定义：战略定位就是企业的发展方向，表现为一定的扩张路径取舍；它在对企业所处的外部竞争环境进行正确评估、对自身的资源配置及核心能力进行客观判断的基础上，确定企业的产业边界、商业形态和竞争地位，并奠立战略管理的必要基础。

经过多年的理论研究和实践探索，裴中阳提出了"定位战略三部曲"，用于引导战略定位的生成，主要成果见于《战略定位》和《方向感：战略定位走出迷茫》两本书。

"战略定位三部曲"即前文所说的产业边界、商业形态和竞争地位。其中，产业边界即企业的产品或服务所覆盖产业范畴的宽度或者涉足产业链的跨度，它决定了企业的扩张路径与资源配置；商业形态是指企业在相关产业中的组织类型和在产业链上的存在形态，它决定了企业的盈利模式和组织平台；竞争地位是指企业在所处行业中的相对地位或位置，它决定了企业的竞争策略及盈利水平。而战略定位就是这三个要素结合后所确立的企业发展方向。

裴中阳对战略定位的研究是结构化的，为战略层面上的定位理论发展提供了有益的启发。然而，裴中阳是战略管理专家，他更多是沿着波特的理论路线来开展研究，自然倾向于将战略定位等同于战略本身，也缺乏尝试打通企业战略、业务战略、营销战略、品牌战略、传播策略的动机。所以，裴中阳的贡献主要

---

① 裴中阳：《为战略定位正名：为什么波特、特劳特还是错的？》，《科技智囊》，2010年第10期，第32—39页。

还是战略定位的贡献,而非整个定位理论体系的贡献,其研究对于不同层级定位的跃进尚缺乏启发,因而很难实现定位理论的整体结构化。

裴中阳认为,定位的最重要的作用在于"为企业战略指明方向",并为战略定位奠定基础,但是这种观点如果成立的话,那么"定位"改名叫"定向"似乎更加合理。另外,认为定位是战略的基础也混淆了定位与战略的区别,如果战略定位是为战略奠定基础,那么战略定位就成了一个战略管理概念。该模型对商业形态的分类还停留在传统营销时代,尚未囊括数字化时代的商业形态。

(二)数字时代下战略定位方法论

其实,科特勒对定位理论的发展并不局限在"STP+4P"的层面。相反,科特勒一直寻求营销战略的升级路径,而战略定位就是他升级营销战略的重要基点。科特勒认为,数字时代营销战略需要再造。他提出,在企业界营销越来越扮演企业战略规划中最核心的功能,要从产品定位上升到企业定位,从业务品牌上升到公司品牌,从渠道变革上升到商业模式的改造,从品牌资产上升到客户资产的管理。

科特勒的弟子、科特勒咨询集团中国区合伙人王赛在《数字化时代的营销战略》一书中提出了以结构化的方法组合数字时代下战略定位方法论,尝试将定位理论从业务战略定位升级为企业战略定位。

王赛认为,目前的定位战略,是用局部要点替代整体竞争的战略思维。很多企业为了定位而定位,为了差异化而差异化,追求"怎么做"却从不问"为什么做"。规划差异化,绝不是为了差异化本身,从竞争战略上讲,本质上是为了构建企业的战略壁垒,建立进可攻退可守的优势位置。当回归到这个本质的时候,作为企业操盘者,其实有很多思路可以展开。

王赛认为,数字时代定位依然重要,但是需要做出一些改变。他建议要抓住最重要的三个方面:一是战略逻辑,即我们帮助CEO和CMO理清楚"当我们在讨论定位时,我们在讨论什么"。从战略逻辑上看,"定位=价值链定位+业务模式定位+品牌心智定位"。特劳特和里斯的定位仅指第三层,即"品牌心智定位";二是品类逻辑,这是定位的精华,是里斯晚年对于定位理论的升级,在今天的数字时代仍然重要;三是连接逻辑,这是数字时代的升级。品类是成功的第一步,但是可以再升级,用连接的基础扩展,甚至变成一家生态型的企业,这是更高层面的战略思维,这是传统时代定位理论所忽略并否定的。

此后,王赛又提出了"话语体系定位"的维度,补充定位理论在视觉框架上的不足。原有的里斯和特劳特定位理论实施框架其实相当单薄,落地最后几乎都变成了"一句话战略",变成了"表述型辩论"。话语体系的定位中很重要的一个工作即"定位可视化",即通过可视化的整体战略来凸显定位。至此,王赛搭建了一个由四个板块构成的"战略定位方法论"体系。

王赛的研究,将企业战略所需的资源与环境、业务模式以及心智模式进行整合,试图建立一种打通企业战略、业务战略、心智定位的全新战略定位,新的模型具有很好的解释力和指导力,证明理论的改造取得了初步的成效。除了战略逻辑与品类逻辑,王赛进而提出了连接的逻辑,认为随着品类定位的确立,定位应该不断迭代,直至上升到生态圈的高度,从而为战略定位赋予动态性。王赛的研究也从一个侧面让我们认识到,定位理论并不是全能的,要想实现战略化升级,定位理论必须与其他理论融合,从而产生新的视角。

六、结束语

尽管经历了多个阶段的升级,并最终确立了营销战略的地位,但是定位并不是战略的全部。"我只能说它是营销战略当中的一部分,因为营销战略还包括很多,包括客户关系的建立,包括如何去计算客户的价值,包括如何去切割细分市场,包括如何去通过市场机会来形成整个增长性的基础,所以某种意义上来讲,它是属于营销战略的一部分,但远不是营销战略的全部。"[1]

定位也不是品牌的全部、营销的全部、广告的全部。定位甚至没有替代USP理论和品牌形象理论,这三者是不同的理论,解决不同的问题,结果只能是并存。即使是用结构的方法,也只是将定位和定位理论置于一个更复杂、变量更多的环境中去,借助定位和非定位的理论和方法来找到那个具有战略性、传播性、主题性、衔接性、前瞻性的"位置",而不是不断做加法,让定位理论变成一个更加庞大、无所不包的巨无霸理论。换句话说,我们做的其实是减法,将那些具体的工具交出来,让更专业的人和理论去做。即使是在数字时代,广告和营销依然是戴着镣铐跳舞,这个"镣铐"就是定位。

---

[1] 《科特勒王赛关于"定位"的九问九答:是"一箭穿心"还是"一叶障目"》,https://m.sohu.com/a/318072046_465378。

（一）把工具交给"专家选手"

通观本书，笔者将大部分笔墨都用在了讨论定位的核心理论部分上了，在结构化的"定位管理学"构建中也仅仅涉及了定位的形成和升级上，对于品牌名称、广告语、Logo 设计、媒介投放、公关技巧、信任状、品牌色彩等等具体的广告、营销和品牌工具没有过多着墨。因为笔者认为定位是重要的，但是这种重要性并不体现在"全知全能"上，而是体现在专业化上。定位的专业就是为广告、营销、品牌、战略找到那个具有战略性、衔接性、传播性、差异性、前瞻性的"位置"，而其他工作则应该交给其他专家和工具去做。也就是说，一本讲战略、讲定位的书不要再教别人怎么取名字、怎么设计 Logo、怎么设计广告、怎么规划网站。不是它们不重要，而是它们并不属于定位理论体系。营销的 4P、广告的大创意、品牌的策略、业务战略都要由定位来指导，这是定位重要性的根本体现，但是法无定法，不遵从里斯和特劳特的"定律"照样可以有定位，也照样可以获得营销、品牌、战略的成功。并且，里斯和特劳特那些定律和套路已经严重跟不上时代的发展，本书的主张就是"让专业的人做专业的事"，将设计、创意、营销组合、顾客沟通、品牌传播、战略落地等环节的工作交给别人，自己专心致志地寻找位置。

除了里斯和特劳特所说的"第一个进入心智"外，其实有无数的方法可以帮助品牌跻身第一。尤其是在移动互联网发达的现在，后来者居上已经不是什么新鲜事，领导者一夜之间丧失地位的事情也频繁发生，这些后来者绝地反击的方法当然不局限于定位理论所说的那几种有限的方法。相反，数字技术、互动玩法、社交网络以及日新月异的流行文化，都让"成为第一"变得唾手可得。

比如，定位人士经常解读的一个案例就是"江小白"，认为它的成功也证明了定位理论的成功。因为江小白在群雄逐鹿的白酒市场成功分化出新品类"青春小酒"，从而开拓了一片新天地。不可否认，江小白的定位确实是"青春小酒"，属于细分市场的定位类型。然而，江小白的成功远远不是一个定位带来的。如果江小白采用了定位的战略思想，同时又严格遵循心智定位理论的方法论来打造品牌的话，那么江小白的品牌传播将会是取个"江小白，青春小酒领导者"的口号，然后在电视上和电梯里大打广告来宣传这一口号，继而在各大商超布点，然后等着第二个王老吉横空出世。结果等来的可能不是"青春小酒"的热卖，而是"油腻老酒"的滞销。

"青春小酒"只是那个有战略高度的传播主题,作文题目有了,剩下就是面向读者进行开创性的构思和演绎,而不是把作文题目抄 200 遍。江小白的成功,是定位指导下与目标顾客敞开心扉沟通的成功,并不是单纯定位的成功,甚至不是所谓围绕着定位进行配称的成功。在这里,定位充当了"导演""教练""镣铐"的角色,而不是"演员""运动员"的角色,"演员"和"运动员"是由微博、瓶身创意、视频、故事、文案等内容和创意组成的。数字时代,创意依然是镣铐下的舞蹈,定位就是那个"镣铐",但定位不是创意方法。另外,江小白在产品研发、渠道布局上也下了很大功夫。

与其让定位理论开足火力去学习新媒体、社交网络、创意、运营等工具,从而将定位理论打造成一种巨无霸营销理论,还不如承认自己的弱点,并将专业的事情交给专业的人来做。定位要做的就是把自己变成"插座",把其他工具变成"插头",当它们插在定位的插座之后,就可以源源不断地获得能量。它如果是灯,就释放光明;它如果是空调,就排放冷气;它如果是音响,就演奏华章……当然,定位也充当了 CPU 的功能,为这些工具找出那个"位置",并指导它们的工作。

(二)定位的定义——基于结构的视角

至此,在总结整本书核心思想的基础上为定位下一个新的定义:

定位是品牌在特定发展阶段和内外环境中形成的具有战略高度的传播主题,旨在为营销、品牌和战略寻求一个优势"位置"。从作用上看,定位对内可整合营销资源,协调跨部门协作,指导具体的营销工作的开展;对外可指导品牌与顾客的传播行为,保证信息传播的准确性和有效性,达到影响顾客认知、行为乃至价值观念的目的。同时定位可以有效衔接公司的营销战略、品牌战略和企业战略,保障组织目标的一致性。定位的目的在于提升组织的营销效率、形成竞争优势和积累品牌资产。

图表目录

图目录：

图 1-1　品牌起源的路径 / 044
图 1-2　定位理论的升级路径 / 050
图 3-1　苹果电脑的认知网络 / 098
图 4-1　FCB 方格 / 152
图 5-1　心智定位的三维坐标系 / 177
图 5-2　三种思维方式的组合 / 184
图 5-3　定位的传播模式 / 213
图 5-4　品类、品牌、心智关系图 / 236
图 6-1　定位管理过程模型 / 263
图 6-2　定位的"升级线"和"指导线" / 263
图 6-3　"G-5C's-STP-4P's-3P's"模型 / 268
图 6-4　营销定位管理瓶模型 / 269
图 6-5　DPM 模型 / 271
图 6-6　星巴克的品牌定位靶盘 / 274
图 6-7　品牌共鸣金字塔和品牌定位升级路线 / 280
图 6-8　定位三维模型的动态改进模型 / 281
图 6-9　心智定位视角下的品牌与定位组合 / 283
图 6-10　"定位管理学"视角下的品牌与定位组合 / 287
图 6-11　品牌的内外部组合及其定位群 / 288
图 6-12　IBM 的品牌生命周期 / 290

表目录：

表 2.1　定位理论系列著作名称新旧译法一览 / 061
表 6.1　定位的结构化演进和定位管理的板块 / 261

参考文献

1. Al Ries and Jack Trout. Positioning：The Battle for Your Mind. New York：McGraw-Hill，1981.
2. Al Ries and Jack Trout. Marketing Warfare. New York：McGraw-Hill，1985.
3. 艾·里斯、杰克·特劳特：《定位》，中国财政经济出版社 2002 年版。
4. 艾·里斯、杰克·特劳特：《营销战》，中国财政经济出版社 2002 年版。
5. 艾·里斯、杰克·特劳特：《营销革命》，中国财政经济出版社 2002 年版。
6. 艾·里斯、杰克·特劳特：《22 条商规》，山西人民出版社 2009 年版。
7. 杰克·特劳特、史蒂夫·里夫金：《新定位》，中国财政经济出版社 2002 年版。
8. 艾·里斯：《聚焦》，机械工业出版社 2012 年版。
9. 艾·里斯、劳拉·里斯：《品牌 22 律》，机械工业出版社 2013 年版。
10. 杰克·特劳特、史蒂夫·里夫金：《简单的力量》，机械工业出版社 2010 年版。
11. 艾·里斯、劳拉·里斯：《互联网商规 11 条》，机械工业出版社 2013 年版。
12. 杰克·特劳特、史蒂夫·里夫金：《与众不同》，机械工业出版社 2011 年版。
13. 杰克·特劳特：《大品牌大问题》，机械工业出版社 2011 年版。
14. 艾·里斯、劳拉·里斯：《广告的没落，公关的崛起》，山西人民出版社 2009 年版。
15. 艾·里斯、劳拉·里斯：《品牌的起源》，机械工业出版社 2013 年版。
16. 杰克·特劳特：《什么是战略》，中国财政经济出版社 2004 年版。
17. 杰克·特劳特：《显而易见》，机械工业出版社 2011 年版。
18. 杰克·特劳特、史蒂夫·里夫金：《重新定位》，机械工业出版社 2017 年版。

19. 劳拉·里斯：《视觉锤》，机械工业出版社 2012 年版。
20. 艾·里斯、劳拉·里斯、张云：《21 世纪的定位：定位之父重新定义"定位"》，机械工业出版社 2019 年版。
21. 张云、王刚：《品类战略》，机械工业出版社 2013 年版。
22. 邓德隆：《2 小时品牌素养》，机械工业出版社 2011 年版。
23. 邓德隆、陈奇峰、火华强：《中国企业如何定战略——兼论麦肯锡战略之误》，特劳特（中国）战略定位咨询公司内部赠阅刊物 2005 年版。
24. 迈克尔·波特：《竞争战略》，华夏出版社 2005 年版。
25. 迈克尔·波特：《竞争优势》，华夏出版社 2005 年版。
26. 迈克尔·波特：《国家竞争优势》，华夏出版社 2002 年版。
27. 邹统钎、周三多：《战略管理思想史》，复旦大学出版社 2003 年版。
28. 亨利·明茨伯格、布鲁斯·阿尔斯特兰德、约瑟夫·兰佩尔：《战略历程：穿越战略管理旷野的指南》，机械工业出版社 2012 年版。
29. 亨利·明茨伯格：《战略过程——概念、情境、案例》，中国人民大学出版社 2005 年版。
30. W. 钱·金、勒妮·莫博：《蓝海战略》，商务印书馆 2005 年版。
31. 彼得·德鲁克：《管理的实践》，机械工业出版 2006 年版。
32. 彼得·德鲁克：《成果管理》，机械工业出版 2006 年版。
33. 蓝海林：《企业战略管理》，科学出版社 2018 年版。
34. 理查德·鲁梅尔特：《好战略，坏战略》，中信出版社 2012 年版。
35. 陈春花：《经营的本质》，机械工业出版社 2013 年版。
36. 陈春花：《管理的常识》，机械工业出版社 2010 年版。
37. 李庆华：《"正读"经典：迈克尔·波特战略定位思想研究》，东南大学出版社 2016 年版。
38. 裴中阳：《战略定位》，中国经济出版社 2014 年版。
39. 裴中阳：《方向感：战略定位走出迷茫》，电子工业出版社 2019 年版。
40. 张羿：《管理救赎：后现代管理缔造》，中国财富出版社 2017 年版。
41. 菲利普·科特勒、凯文·莱恩·凯勒：《营销管理》，格致出版社 2016 年版。
42. 菲利普·科特勒、何麻温·卡塔加雅、伊万·塞蒂亚万：《营销革命 4.0：从传统到数字》，机械工业出版社 2018 年版。
43. 菲利普·科特勒、何麻温·卡塔加雅、伊万·塞蒂亚万：《营销革命 3.0：从产品到顾客,再到人文精神》,机械工业出版社2011年版。
44. 菲利普·科特勒、弗沃德:《B2B品牌管理》,上海人民出版社2008年版。
45. 曹虎、王赛、乔林、艾拉·考夫曼:《数字时代的营销战略》,机械工业出版社2017年版。
46. 唐·舒尔茨、史丹立·田纳本、罗伯特·劳特朋:《整合行销传播》,中国物价出版社2002年版。
47. 迈克尔·所罗门:《消费者行为学》,中国人民大学出版社2009年版。
48. 包政:《营销的本质》,机械工业出版社2015年版。
49. 郭国庆:《营销理论发展史》,中国人民大学出版社2009年版。
50. 李飞:《营销定位》,经济科学出版社2013年版。
51. 李飞:《奢侈品营销》,经济科学出版社2010年版。
52. 宇见:《洞察力:让营销从此直指人心》,电子工业出版社2018年版。
53. 凯文·莱恩·凯勒:《战略品牌管理》,中国人民大学出版社2014年版。
54. 唐·舒尔茨、海蒂·舒尔茨:《唐·舒尔茨论品牌》,人民邮电出版社2005年版。
55. 唐·舒尔茨:《SIVA范式:搜索引擎触发的营销革命》,中信出版社2014年版。
56. 唐·舒尔茨:《重塑消费者:品牌关系》,机械工业出版社2015年版。
57. 戴维·阿克:《管理品牌资产》,机械工业出版社2006年版。
58. 戴维·阿克:《创建强势品牌》,中国劳动社会保障出版社2004年版。
59. 戴维·阿克:《品牌领导》,机械工业出版社2012年版。
60. 戴维·阿克:《品牌组合战略》,中国劳动社会保障出版社2005年版。
61. 余明阳、杨芳平:《品牌定位》,武汉大学出版社2008年版。
62. 威廉·阿伦斯:《当代广告学》,人民邮电出版社2005年版。
63. 段淳林:《整合品牌传播:从IMC到IBC理论构建》,中国出版集团2016年版。
64. 段淳林、张庆园:《计算广告》,人民出版社2019年版。
65. 张金海:《20世纪广告传播理论研究》,武汉大学出版社2002年版。
66. 魏炬:《世界广告巨擘》,人民大学出版社2006年版。
67. 刘悦坦:《世界广告史》,华中科技大学出版社2014年版。
68. 丹尼斯·麦奎尔:《大众传播模式论》,上海译文出版社1990年版。

69. 沃纳·赛佛林、詹姆斯·坦卡德：《传播理论：起源、方法与应用》，中国传媒大学出版社2006年版。

70. 乔治·贝尔奇、迈克尔·贝尔奇：《广告与促销：整合营销传播视角》，中国人民大学出版社2019年版。

71. 华杉、华楠：《超级符号就是超级创意》，天津人民出版社2014年版。

72. 金错刀：《爆品战略》，北京联合出版公司2016年版。

73. 陈刚、沈虹、马澈、孙美玲：《创意传播管理》，机械工业出版社2012年版。

74. Jack Trout. "Positioning" is a Game People Play in Today's Me-too Market Place, Industrial Marketing, 1969, 54(6), 51-55.

75. A. Ries and J. Trout. How to Position Your Product, Advertising Age, 1972, 43(May 8), 114-116.

76. A. Ries and J. Trout. Positioning Cuts through Chaos in Marketplace, Advertising Age, 1972, 43, 51-54.

77. A. Ries and J. Trout. The Positioning Era Cometh, Advertising Age, 1972, 43, 35-38.

78. Sheri Bridges, Kevin Lane Keller and Sanjay Sood. Communication Strategies for Brand Extensions: Enhancing Perceived Fit by Establishing Explanatory Links, Journal of Advertising, 2000, 29(4).

79. Joanne Lynch and Leslie Chernatony. The Power of Emotion: Brand Communication in Business-to-Business Markets. The Journal of Brand Management, 2004, 11(5): 403-419.

80. R. Vaughn. How Advertising Works: A Planning Model. Journal of Advertising Research, 1980(20).

81. J. N. Kapferer. Brand confusion: Empirical Study of a Legal Concept. Psychology and Marketing, 1995, 12(6): 551-568.

82. D. A. Aaker. Brand Extensions: The Good, the Bad, and the Ugly. Sloan Management Review, 1990(31): 47-56.

83. David Aaker. Ries & Trout Were Wrong: Brand Extensions Work. Harvard Business Review, 2012(April 05).

84. R. K. Yin. Case Study Research: Design and Method. London: Sage Publications, 1994.

85. 张会锋:《里斯和特劳特定位理论反思——一个基于认知的实证研究》,《管理世界》2013(7).
86. 杰克·特劳特、邓德隆:《品牌定位的关键:研究心智》,《销售与市场》2003(1).
87. 邓德隆:《品牌定位——在消费者心智中完成注册》,《商界》2004(12).
88. 孙予加(柳莺):《大数据时代的消费者洞察》,User Friendly 2014 暨 UXPA 中国第十一届用户体验行业年会,2014.
89. 皇甫晓涛:《二十世纪美国广告创意观念的流变与价值研究》,上海大学博士学位论文,2017.
90. 段淳林、于小川:《传播模型的介入对品牌传播的影响研究》,《现代传播(中国传媒大学学报)》2010(11).
91. 段淳林、王勇、贾苏萍:《论品牌资产延伸》,《经济问题》2008(5).
92. 王勇:《企业内部品牌传播与品牌关系构建研究》,华南理工大学硕士学位论文,2009.
93. 王勇:《品牌资产延伸》,《企业管理》2008(8).
94. 卢泰宏、吴水龙、朱辉煌、何云:《品牌理论里程碑探析》,《外国经济与管理》2009(1).
95. 周志民:《品牌关系研究综述》,《外国经济与管理》2007(4).
96. 奚茜:《品牌传播发展历程阶段特性研究》,华中科技大学硕士学位论文,2012.
97. 刘悦坦:《广告"以人为本"——论20世纪西方广告理论发展的四次转型》,《广告大观(理论版)》2007(2).

后　记

　　写作此书的想法最早产生于 2016 年,因为在那之前的两三年笔者就发现,不论是前来提案的策划公司或者推销楼宇电视广告位的业务员,还是前来应聘的文案专员,都开始口若悬河地飞出"心智""定位""品类"等词语,还眉飞色舞地介绍他们针对你公司开出的"唯一有效"的良方,告诉你只要跟他们合作,你就会从不知名的区域小牌逆袭为市场"第一品牌"。笔者听了这些话之后开始是嘲笑,接着是质疑,最后觉得自己应该做些什么。

　　嘲笑的是这些策划人员、业务人员、应聘者不静下心来系统学习一下营销知识和品牌知识,而是满足于片面的概念和理论;质疑的是定位理论何时在中国变得如此受欢迎,定位理论是否真的有如此"神力";几年后,笔者陆续看到一些质疑定位理论的文章,支持者和反对者甚至掀起了一轮又一轮的网上"骂战"。于是笔者又感觉到自己应该做点什么——那就是全面系统地研究定位理论的产生和发展过程,揭示定位理论的特点、优势和不足,描述定位理论的适用范围,横向比较定位理论与其他理论的联系与区别……于是,在 2016 年笔者终于下定决心写一本关于定位理论正反两方面评价的书。要知道,这之前市面上几乎所有关于定位理论专题的书籍都视其为灵丹妙药,而缺少理性的思考。

　　事实证明,要想写一本客观评价定位理论的书是多么困难。首先切入的角度就不好确定。尽管此时网络上批评定位理论的文章越来越多,但是大部分都局限在移动互联网时代讨论定位理论的适用性,沿着这条路线下来,结论只能是"定位理论过时了"或者"定位理论没过时"这种非此即彼的答案。于是,这本书也最终会沦为一部参与到骂战中来的"口水书"。所以,本书在讨论定位理论时代性的同时,也要站在理论的高度讨论其理论特征、研究方法、概念模型和理论体系,还要更进一步探索其思维方式,与其他理论做观念上的比较也是不可或缺的。于是,就有了本书前五章的内容。

到此为止,本书的内容似乎就可以打住了,然后以开放的姿态让读者自己找到"定位理论是否过时"的答案。然而,此书好像少了自己的观点。其实,与其说笔者不想给出自己的观点,倒不如说当时笔者确实没有想到自己的观点。于是,本书因为无法自圆其说和缺少深度而被一拖再拖,一直到2019年才重启写作计划,因为笔者找到了自己的观点——定位理论需要重建。

批判一种理论,继而踩在它头上推出一种所谓的新的创见,已经是中国民间理论问世老掉牙的套路。因此,虽然明确了本书的最终观点是重建定位理论,但是炒作一种换汤不换药的"心智定位理论"是为本书所不齿的。并且,经过几年的研究之后,笔者也发现奉行中庸之道走"打补丁"的路线来弥补定位理论的各种不足,尤其是移动互联网时代对新媒体技术使用上的不足,从而将定位理论打造成"大而全"的理论根本就行不通。因为移动互联网时代变的根本就不是工具,而是思想,思想不变,加入再多工具理论依然是旧的。可见,重建定位理论就要寻找新的出路。

事实上,自改革开放以来,中国任何一个学科和理论都呈现出"镶嵌式"发展的特征,即处在前现代、现代与后现代三种潮流之中,部分保留着前现代的特征,部分实现了现代化的任务,还有部分已经与最近的后现代潮流同步了。中国的营销理论就是这样的,整体上在学习西方的经验,但是少部分的还停留在很原始的状态,另一部分又表现出本土化特征和先进性。其中,代表未来发展趋势的后现代思潮是以多元化、融合化为特征的。那么反映营销实践的营销理论也应该往后现代的多元化、融合化、开放化和去权威化的方向发展。于是,定位理论的根本问题就暴露出来了,那就是"唯心智论"思潮长期以来试图将定位理论打造成"唯一正确的真理",并且不顾一切地与品牌形象理论、营销管理理论、战略管理理论争夺理论上的"权威"地位。这样,定位理论在应用中就会暴露出"一刀切"思维固有的缺陷——让实践适应理论,而不是理论适应实践。

说到底,重建定位理论的根本方向就是引导定位理论重新回到适应实践发展的轨道上来。既然前现代、现代与后现代三种思潮是并存的,那么说定位理论过没过时都是无法反映客观现实的。我们不能嘴里讲着"去中心化",然后又藏不住那颗自己相当中心的心。正确的说法应该是不论心智定位、营销定位、战略定位、价值定位,都有其适应范围,不存在谁比谁更先进的说法。寻找定位的地点可以在心智中、情感中、市场中、竞争中、关系中、价值链中、产业中……基于以上认识,本书主张用融合的、结构的方法建立一种开放的定位理论,于是就有了"定位管理学"的概念,提倡用更加科学的方法让定位理论不再是一种一元化的"神教"。

不过,尽管本书试图重建了定位理论,但是定位的基本性质并没有改变,那就是为传播、营销、品牌和战略找一个"位置"。因此,把广告的、营销的、品牌的、战略的各种工具打包进来的思路是多此一举的,教练的任务是带团队,而不是自己亲自参加比赛。同时,定位的属性也没有变,品牌主体性、战略性、竞争性、传播性、衔接性、前瞻性是定位区别于战略、卖点、愿景、促销的根本属性。定位就是定位,不能用其他概念来替换,当然定位也不要试图去替代别的概念。此外,尽管我们批判了简化思维、点状思维和排斥思维,"定位管理学"也透露出"复杂化"的倾向,但是定位依然是一种简化的思维,至少定位在形式上是简化的。

本书也有遗憾的地方,那就是关于"定位管理学"的论述并没有充分展开,毕竟这是一本专门讨论心智定位理论的书。或许,笔者的下一本书就是《定位管理学》吧!